U0899313

电子政务地理信息服务

DIANZI ZHENGWU DILI XINXI FUWU

刘纪平　张福浩　王　亮　等　著

测绘出版社

·北京·

内容简介

电子政务是支持工业化大政府向服务型政府转变的重要技术保证，也是体现国家竞争力水平的显著标志之一。由于政府部门进行管理与决策的信息许多与地理位置有关，因此，地理信息服务在电子政务领域的应用受到了广泛的关注，也是政府管理和分析决策的重要技术支撑。本书结合作者多年为政府提供地理信息服务的实践，总结了电子政务地理信息服务的理论、技术和应用，包括：服务科学与电子政务地理信息服务，电子政务地理信息管理、交换与整合，电子政务协同地理信息处理与服务，基于本体的电子政务地理信息检索，面向电子政务的空间数据仓库构建与数据挖掘，基于工作流的电子政务地理信息服务，基于语义的地理信息服务聚合，电子政务地理信息应用模型管理，电子政务地理信息服务应用示范等。

本书主要读者对象为从事电子政务地理信息服务的管理和工程技术人员，也可供从事地理信息系统理论、技术与应用研究的高等院校教师和研究生参考。

图书在版编目（CIP）数据

电子政务地理信息服务 / 刘纪平等著．—北京：测绘出版社，2014.11
ISBN 978-7-5030-3376-6

Ⅰ．①电…　Ⅱ．①刘…　Ⅲ．①电子政务—地理信息系统　Ⅳ．①D035.1-39

中国版本图书馆 CIP 数据核字（2014）第 097236 号

责任编辑	沈万君	封面设计	李　伟	责任校对	董玉珍	责任印制	喻　迅

出版发行	测绘出版社	电　　话	010－83543956（发行部）
地　　址	北京市西城区三里河路 50 号		010－68531609（门市部）
邮政编码	100045		010－68531363（编辑部）
电子邮箱	smp@sinomaps.com	网　　址	www.chinasmp.com
印　　刷	三河市世纪兴源印刷有限公司	经　　销	新华书店
成品规格	184 mm × 260 mm		
印　　张	16.25	字　　数	310 千字
版　　次	2014 年 11 月第 1 版	印　　次	2014 年 11 月第 1 次印刷
印　　数	0001—1500	定　　价	82.00 元

书　　号　ISBN 978-7-5030-3376-6/P·708
审 图 号　GS（2014）901 号

本书如有印装质量问题，请与我社门市部联系调换。

序

进入21世纪，信息技术迅猛发展，日新月异。全球定位系统技术、遥感技术、地理信息系统技术与网络技术的相互渗透，极大地促进了地理信息在经济社会发展和人们日常生活各个领域中的广泛应用，服务大局、服务社会、服务民生的各种地理信息系统蓬勃发展。

电子政务通过运用信息技术，实现政府内部办公的自动化、决策科学化、服务网络化和资源共享化，不仅可以实现政府组织结构和工作流程的优化重组，而且有助于建立政府与公众的电子化互动管道，推动国民经济和社会信息化。地理空间数据不仅是电子政务不可或缺的重要组成部分，同时也是政务信息的重要载体，能最大限度地满足面向电子政务地理信息服务对政务信息与地理信息的集成管理、检索、分析与服务的要求。

本书作者长期从事电子政务地理信息服务的研究、开发和应用工作，承担并完成了一批国家和省（部）科研课题，围绕电子政务地理信息服务开展了一系列技术研究和攻关。结合政府地理信息服务系统建设的需要，自主研制的电子政务地理信息服务软件平台，获得科技部国产优秀地理信息系统软件推荐。根据国家和部门电子政务需要，建立了包括“全国空间信息系统”在内的一批运行服务多年的电子政务地理信息服务应用系统，有效推进了地理信息在政府管理与决策领域的广泛应用。

本书通过理论与实践结合，对电子政务地理信息服务的研究、开发和应用进行了系统、科学的总结，对电子政务地理信息服务的内涵和定位，电子政务地理信息管理、交换与整合，电子政务地理信息协同处理、检索、挖掘、服务聚合、模型管理，以及电子政务地理信息服务应用示范等诸多问题进行了深入、系统的探索。本书内容具有科学性、系统性、完整性和实用性，同时也兼顾前沿性，可为读者提供电子政务地理信息服务的相关基础知识，还能引导读者进入当代地理信息服务的前沿，是一本特色鲜明、指导性很强的优秀著作，对于推动我国电子政务地理信息服务的创新和自主开发，必将产生重要的影响。

祝贺本书的出版发行，也希望刘纪平研究员率领的从事电子政务地理信息服务的科技团队继续辛勤耕耘、开拓创新，为读者奉献更优秀的作品。

中国工程院院士 王家耀

2013年9月12日

前　言

电子政务是信息技术发展与政府改革的结合产物，是随着政府重塑理论与公共服务理论的发展而产生的。由于人类活动始终离不开其赖以生存的自然和人文环境，许多自然、环境、经济、社会现象都与地理位置有关，尤其在政府管理与公共服务事务中，不可避免要涉及大量地理信息，因此，电子政务对信息技术尤其是地理信息技术所表现出的依赖性越来越大。

近年来，我国政府机关正努力通过电子政务更有效地履行“经济调节，市场监管，社会管理，公共服务”的基本职能，地理信息技术、地理信息资源无疑将在其中继续发挥重要的作用。电子政务地理信息服务是以地理信息和综合政务信息为支撑、面向政务信息管理和政务决策应用的地理信息服务，具有服务于政府、信息综合性与权威性高、以地理数据为支撑和载体、以空间分析作为重要决策工具、服务时效性和保密要求高等特点。当前，数字城市、地理信息公共服务平台、地理国情监测发展迅速，为开创电子政务地理信息服务新局面奠定了基础，作为测绘地理信息服务大局、服务社会、服务民生的重要举措，将使测绘地理信息与社会经济建设和老百姓的生活联系更为密切，服务也更为直接，也将有助于实现测绘地理信息服务于政府管理与科学决策的新跨越。

本书作者刘纪平、张福浩、王亮长期从事政府地理信息服务技术和应用的理论研究，徐胜华从事公共应急地理信息服务模型及若干算法研究，沈晶从事空间数据仓库若干关键技术研究，王振峰从事基于本体的地理事件信息检索研究，张建博从事基于语义的地理信息服务发现与聚合，王想红从事基于三维虚拟地球的海洋环境数据动态可视化研究，栗斌从事基于政府 GIS 的数据仓库研究，王勇从事基于 Web 的三维地形可视化技术研究，孙立坚从事基于网络服务技术的空间分析方法研究，董卫华从事面向服务的电子政务地理信息发布技术研究，陶坤旺从事工作流技术在政府地理信息系统中的应用研究，周娜从事电子政务地理信息服务应用模型管理研究，刘兴万从事基于补偿服务链的地理信息服务聚合技术研究，张东从事基于语义相似度的地理信息检索技术研究。以上这些人员及其研究内容为本书的撰写提供了重要的原始素材。

本书是系统介绍电子政务地理信息服务技术与方法的专著，共分 10 章。第 1 章对电子政务地理信息服务进行了简要的介绍；第 2 章介绍了服务科学、电子政务、地理信息服务与电子政务地理信息服务的关系；第 3 章介绍了电子政务地理信息管理、交换与整合方法；第 4 章介绍了电子政务协同地理信息处理与服务；第 5 章介绍了基于本体的电子政务地理信息检索；第 6 章介绍了面向电子政务的多源空间数据仓库构建与数据挖掘；第 7 章介绍了基于工作流的电子政务地理信息服务；第 8 章介绍了基于语义的地理信息服务聚合；第 9 章介绍了电子政务地理信息服务应用模型管理；第 10 章介绍了电子政务地理信息服务应用示范。本书结尾对未来电子政务地理信息服务的发展趋势进行了展望。

本书由刘纪平、张福浩、王亮拟定大纲，各章节主要分工为：第 1 章、第 2 章由刘纪平、徐胜华撰写，第 3 章由刘纪平、赵荣、仇阿根撰写，第 4 章由刘纪平、王勇撰写，第 5 章由王振峰、刘纪平撰写，第 6 章由王亮、刘纪平、沈晶、董春、赵荣、张玉撰写，第 7 章由刘纪平、陶坤旺、张福浩撰写，第 8 章由张建博、刘纪平、刘兴万撰写，第 9 章由周娜、王勇、刘纪平撰写，第 10 章由张福浩、王亮、仇阿根、石丽红、朱翊撰写，刘纪平、徐胜华最后作了展望。全书由徐胜华、杨毅整理，最后由刘纪平、张福浩、王亮统稿审定。

本书是中国测绘科学研究院政府地理信息系统研究中心多年工作的结晶，政府地理信息系统研究中心的工作包括地理信息系统理论、技术和应用的相关科学研究，研究成果为本书的创作提供了极好的原料。

在此感谢国务院办公厅电子政务办公室、国家测绘地理信息局、中国测绘科学研究院等单位和部门的支持，特别感谢王家耀院士为本书作序，感谢课题组成员和博士后合作者、历届博士生、硕士生的辛苦付出，感谢为本书做出贡献的所有同志。本书在编著过程中参考、吸收了大量国内外有关论著的理论和技术成果，书中仅列出部分参考文献，在此向所有文献作者表示感谢。

由于编写人员较多，水平有限，书中缺点和错误在所难免，恳请读者不吝批评指正。

目 录

第1章 绪 论

电子政务指政府机构适应信息化的需要，为达到提高行政效率和决策水平，实现政府组织结构和工作流程的优化重组，建立政府与公众的电子化互动管道，推动国民经济和社会信息化发展，在政务活动中全面应用现代信息技术进行管理的组织模式，不仅可以促进政府管理的科学、高效，也为社会公众提供优质的政务服务（冯涛 等，2003）。

电子政务是随着政府重塑理论与公共服务理论的发展而产生的，不仅是支持工业化大政府向新型管理体系转变的重要技术保证，同时也是衡量国家竞争力水平的显著标志之一。地理信息是国家基础性、战略性的信息资源，因此，围绕电子政务提供地理信息服务已成为地理信息服务的重要应用领域。

§1.1 电子政务地理信息服务发展背景

信息革命的浪潮滚滚而来，信息高速公路、知识经济、数字地球和智慧地球的发展正改变着人类的思维方式、工作方式和生活方式。随着计算机技术、通信技术、网络技术的发展，以支撑政府部门的办公自动化为主的电子政务已成为提高工作效率和促进管理科学化的技术保障平台。电子政务是运用信息技术把政府与民众连在一起的互动系统，不仅可实现政府内部办公的自动化、决策科学化、信息网络化和资源共享化，还要为民众提供信息和服务。信息是电子政务提供服务的载体，技术是电子政务借以构架和实现的基础和手段。

地理信息是关于自然、人文现象的空间分布与组合的信息（王家耀，2001）。由于人类活动始终离不开其赖以生存的自然环境和人文环境，许多自然、经济、社会现象都与地理位置有关。因此，在政府事务中，不可避免地会涉及大量地理信息，特别是管理和服务对象与地理分布密切相关的政府部门，如国土资源部门、建设部门、水利部门、农业部门、交通部门、铁道部门、国防部门等，往往将地理信息作为政府部门信息的主体。地理信息系统建立与应用过程中，各种服务的集成可以形成内容丰富的地理信息服务，并作为电子政务公共服务的重要组成部分，为公众提供强大的信息展示、检索、处理和空间分析功能。因此，地理信息服务在政府办公自动化领域的应用受到了广泛的关注，已成为政府部门管理业务信息和进行分析决策的重要工具。同时，政府部门的多层次体系结构和全方位业务管理及服务职能又决定了电子政务地理信息服务必须具有多层次、多专业、多部门协同服务的特点。

自从1993年美国前副总统戈尔在美国国家竞争力评论中首次提出要"开展电子政务、重组美国政府"以来，世界范围内的电子政务建设热潮此起彼伏。正如他在"数字地球"主题演讲中所描绘的那样，数字地球支持下的政府信息管理完全可以实现虚拟外交、虚拟战争、虚拟谈判等。数字地球概念的提出，为实现整个地球观测的全数字化，以及全球范围自然、经济、社会各种数据分布式共享提供了数据支撑；而现代计算机、网络与通信、3S（遥感、地理信息系统、全球定位系统）等多种技术的集成又为数字地球的实现提供了可能。这些无疑会从数据资源和技术两个方面有力推动电子政务地理信息服务迅速发展成为政府实现数字地球的有效手段。总之，地理信息服务不仅为政府信息化提供了必需的数据组织和储备，而且在技术上可全方位、多层次、真实、高效地对地理环境进行表达、分析和模拟。反过来，电子政务的发展也促进了地理信息资源的建设与地理信息服务的技术进步。

§1.2 电子政务地理信息服务发展现状

1.2.1 电子政务发展现状

从2001年起，联合国经济和社会事务部对联合国成员国的电子政务进程进行调查，并发布年度电子政务调查报告。《2012年联合国电子政务调查报告：面向公众的电子政务》显示，2010年在电子政务应用方面，韩国继续保持排名第一，荷兰排名第二，丹麦、美国、法国和瑞典也仍保持领先。

美国是较早发展电子政务的国家，也是电子政务最发达的国家之一。美国的电子政务建设是由美国联邦政府统一发起和组织的，联邦政府设有一个专门的组织机构——政府技术推动小组，该小组负责全国的政府信息化管理和指导工作，同时联邦政府也建立了信息主管制度。目前，美国政府已经形成了比较完整的电子政务组织体系和工作程序。美国的电子政务项目由美国总统管理委员会领导，总统行政办公室与管理和预算办公室（OMB）两个部门联合执行，但主要由管理和预算办公室负责。政府还设立了信息主管制度，联邦政府的首席信息主管兼任管理和预算办公室的第一副主任，政府各部门也设立直接向部门主要领导报告的首席执行官（CEO），并设有专门办事机构。2004年，OMB在对事业结构和联邦电子政务体系结构（FEA）彻底分析后，宣布成立五个行政部门（资源、劳动力管理办公室、人力资源部、认证管理部、联邦健康系统部和案件管理部），使得建立在庞大机构基础上的电子政务服务能够以一种更加高效的方式提供。美国政府门户网站于2000年9月开通，起初使用firstgov.gov域名，2007年1月更名为usa.gov。网站按照公众、企业和非营利机构、政府工作人员、国外访问人员的分类提供服务。首页即提供电子邮件、电话、博客等联络方式，以及多语言网页切换功能。该网站自开通以来，在联合国每年发布的电子政务调查报告中一直名列前茅，电子政府成熟度指数屡占鳌头。

欧盟制定了信息社会行动纲领，各成员国也分别制定了本国的信息社会行动计划和电子政务规划，并积极付诸行动。2001 年，欧盟电子政务部长级会议达成进一步推动电子政务的共识，将电子政务纳入各国的政务议程，推动互联网服务。2003 年欧盟电子政务部长级会议为推动各国在电子政务方面的合作，实施政府承诺，在实现互联网服务等方面取得共识。2005 年，欧盟在英国再次召开有关电子政务的会议，以检查电子政务的成效，推动下一步发展。总之，欧盟的电子政务首先是从取得共识入手，有了政府高层的政策承诺，再进一步走向政府的执行承诺，从政治上进行推进。

日本于 2000 年 3 月正式启动了“电子政务工程”。这项电子政务工程的主要内容是通过互联网等网络系统办理各种申请、申报、审批等手续，实施政府网上采购。日本通过该工程实现在网上办理税金申报、有价证券报告递交、出口产品审批等 3000 多项任务。为了保证电子政务的可靠性和安全性，日本于 2000 年 3 月向国会提出了《电子签名与认证法案》，从而使电子签名具有同本人签字、盖章同等的法律效力。该项工程标志着日本已全面进入办公电子化、无纸化的时代。

在我国，电子政务起始于 20 世纪 80 年代初期，其发展过程基本上是与政府部门办公自动化的进程同步的。2002 年 8 月，《国家信息化领导小组关于我国电子政务建设指导意见》正式颁布，该指导意见确定了我国电子政务建设的指导思想和原则，提出了在此期间电子政务建设的主要目标和任务，以及必须采取的措施。将我国电子政务核心建设内容概括为“一网、四库、十二金”：“一网”指统一的电子政务网络，“四库”是指人口基础信息库、法人单位基础信息库、自然资源和地理空间基础信息库、宏观经济数据库四个基础数据库，“十二金”指 12 个业务系统。12 个业务系统可以分为三类：第一类是对加强监管、提高效率和推进公共服务起到核心作用的办公业务资源系统、宏观经济管理系统；第二类是增强政府收入能力、保证公共支出合理性的金税、金关、金财、金融监管（含金卡）、金审等五个业务系统；第三类是保障社会秩序、为国民经济和社会发展打下坚实基础的金盾、社会保障、金农、金水、金质等五个业务系统。《国家电子政务“十二五”规划》则针对电子政务发展中存在的一系列严峻挑战，根据电子政务全面支撑政务部门履行职责，满足公共服务、社会管理、市场监管和宏观调控各项政务目标的需要，提出了电子政务统筹协调发展不断深化、应用发展取得重大进展、政府公共服务和管理应用成效明显、电子政务信息共享和业务协同取得重大突破、电子政务技术服务能力明显加强、电子政务信息安全保障能力持续提升等六个方面的新目标。

1.2.2 电子政务地理信息服务的现状

电子政务中综合业务管理与辅助决策活动绝大多数与空间分布相关，可见地理信息技术在电子政务建设和应用中的作用明显。大到生态环境保护、城市规划设计、人口普查、防灾减灾乃至局部战争，小到对社区的规划、建设和管理等，都离不开地理信息和“3S”技术的保驾护航。地理信息已成为电子政务的基础信息资源，是其他政务信息资源的地理信息载体和定位基础，“3S”技术已逐步成为电子政务的技术支撑。

美国是最早运用地理信息系统（GIS）进行政务管理的国家之一。美国联邦政府的电子政务主要用于政府机关的综合业务管理和宏观辅助决策，各联邦政府的业务部门也都建立了自己的专业地理信息系统，主要用于资源开发、环境保护、防灾减灾、人口管理、城市规划、农业和林业发展、国土整理等。如图 1-1 所示，data.gov 是美国为建设公开、透明、高效政府而开通的联邦政府公开信息网站，联邦、州、地方政府机构，学术和非营利性组织以及民营企业所掌握的元数据，都通过该数据交换网络发布，其中基础地理信息是该网站发布的重要数据源。

图 1-1 美国 data.gov 政务网站

欧盟各成员国在电子政务地理信息发展方面取得了长足进步。德国建成了面向政务的政府 GIS，其中地形制图信息系统、土地利用信息系统为政务工作提供了有力的支持，如道路规划、城市改造、环境保护和经济分析等。英国早在 20 世纪 80 年代就建成了面向政府的电子地图检索和分析地理信息系统，近年来英国地方政府则将 GIS 运用在交通管理、城市规划、保险事业和社会福利等领域。法国建立的 WebGIS 与国家地理院网相连，提高了国土规划与管理的水平。丹麦的政府 GIS 以地籍数据库、遥感影像数据库和统计数据库为基础，在网络系统支持下，建成了链接国家、省府和市政府的业务运行GIS，使用效率很高。

日本的政府GIS是一种由高精度空间数据库支撑的分布式政府GIS，应用于日本全境的国土规划、环境治理、防震减灾、经济布局等多方面。

我国从1992年就开始探索基于地理信息和GIS为政府管理决策提供服务的技术。1993年国家测绘局和国务院办公厅电子政务办公室联合建成的“综合国情地理信息系统”开始为我国政府机关提供信息服务。《国家信息化领导小组关于我国电子政务建设指导意见》也将自然资源和空间地理基础信息库建设列为重要建设内容，与地理信息密切相关的一系列信息化工程如金土工程、金盾工程、金农工程和金水工程等相继开展。经过多年发展，电子政务地理信息服务极大地推动了公安、金融、海关、通信、税务、农业等部门的信息化建设，服务于中央、部门、地方的一批电子政务地理信息服务系统得到应用，不仅促进了测绘地理信息成果的广泛应用，提高了政府科学决策水平和决策效率，也逐步形成了面向电子政务提供地理信息保障服务的测绘地理信息服务新领域。

1.2.3 电子政务地理信息服务的需求

进入21世纪后，电子政务服务内容从简单的政府网页服务逐步发展为数字社区的高级服务（纪建悦 等，2002）。针对电子政务发展的不同阶段，地理信息服务需要提供以下不同程度的应用支持（见图1-2）。

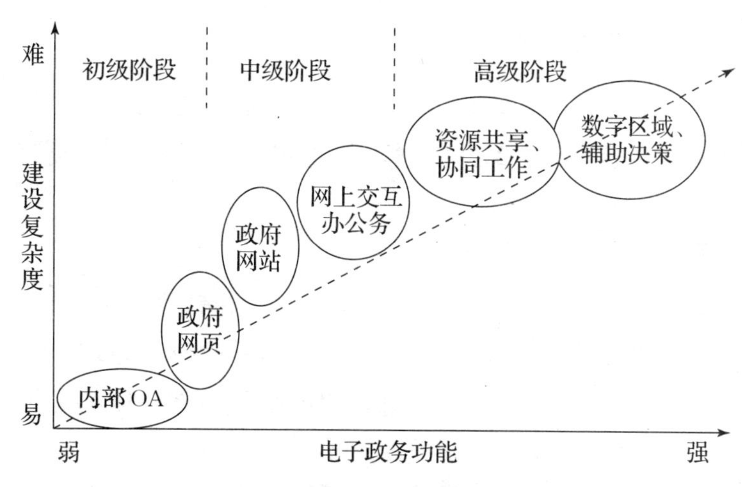

图1-2 电子政务发展阶段

1. 支持网上信息发布

地理信息不仅是重要的信息资源，可以展现基础设施、环境、资源等各种信息，同时可以作为各种与空间位置有关信息发布的载体。WebGIS的发展则为地理信息面向社会服务提供了技术支持，可以将GIS应用从一个部门扩展到跨部门、跨地区、跨行业甚至可以成为面向全社会的信息服务。

2. 作为网上信息交互的工具

对许多与地理信息有关的业务，利用地理信息处理工具可以实现各种信息网上直观的管理、处理和结果展示，地理信息服务平台已作为各种信息汇集和交互的重要工具。网上联合办公需要处理大量地理信息，需要得到地理信息管理、查询、分析的功能支持。

3. 作为辅助决策的手段

目前，电子政务主要服务于多部门网上联合办公、支持政府的宏观决策和运行控制及信息资源社会共享。作为辅助决策重要组成部分的空间辅助决策，对重大环境、社会、经济建设的很多问题可以起到支撑作用。政府的宏观决策和运行控制涉及大量空间分析、决策与预测问题，电子政务是将数据转化为信息和知识的重要手段。

为满足上述电子政务发展的不同阶段地理信息服务的要求，需要针对电子政务综合地理信息数据类型多、数据量大、层次多、关系复杂、数据交换与更新要求高、数据来源广、访问控制严格等特点（黄茹芬，2003），解决电子政务地理信息管理、交换、整合和协同处理技术，为地理信息服务提供统一、相互关联、动态的数据，解决电子政务地理信息检索、挖掘、服务、模型管理技术，为管理和决策提供多粒度、多样化、多层次的地理信息服务，开发融办公自动化与地理信息系统为一体的软件系统，为多种电子政务应用系统的构建提供工具。

§1.3 电子政务地理信息服务相关理论与技术

1.3.1 地球空间信息技术

地球空间信息技术由地理信息系统（GIS）、全球定位系统（GPS）和遥感（RS）构成，与纳米技术、生物技术并称当今国际三大前沿科技。地理空间数据已成为电子政务的基础信息资源，是其他政务信息资源的空间信息载体和定位基础，地球空间信息技术已逐步成为电子政务的技术支撑环境。

GIS 是电子政务进行综合业务管理和空间辅助决策的技术平台。统计型政务管理信息资源一般只能用于事务处理、综合业务管理和非空间分析决策，因而制约了社会经济数据的使用层次和使用效率。GIS 可在符号系统和动态多媒体系统的支持下，通过模拟地图、电子地图、多媒体系统、三维仿真和虚拟现实技术，实现对政府机关综合业务管理和空间辅助决策的可视化表达，实现对非空间数据的空间定位、空间分析和空间辅助决策，从而为电子政务系统提供科学、直观的综合信息分析和辅助决策。伴随计算机和网络技术的迅猛发展，对GIS的研究和应用也日益深化。在空间模型、空间认知、空间分析、地理信息传输、空间数据可视化、制图综合、空间数据挖掘、地理本体和地理信息不确定性等理论不断发展和完善的同时，开放地理信息系统协会（Open Geospatial Consortium，OGC）提供了在线地理信息处理和位置服务的跨平台异源空间数据和服务的互操作标准，并通过WebGIS有效促进了地理信息资源和地理信息服务的共享，以本体为基础的语义网（semantic web）技术的出现为地理信息检索从传统信息检索转向语义信息检索提供了可能（宋峻锋 等，2005；Guarino，1997），时空GIS则着力于反映事物和现象的空间状态并表达其发展变化规律，3D GIS可以管理三维空间数据，并利用三维空间数据模型实现三维可视化表达和空间分析。

全球导航卫星系统（GNSS）飞速发展，美国正在实施全球定位系统（GPS）现代化计划，俄罗斯正在着手格洛纳斯导航卫星系统（GLONASS）的补星组建，欧盟的伽利略系统（Galileo）初步组网，我国北斗卫星导航定位系统目前已经具备向我国大部分地区提供定位、导航以及通信服务的能力。GNSS技术已发展成多领域（陆地、海洋、航空、航天）、多模式（GPS、DGPS、LADGPS、WADGPS等）、多用途（在途导航、精密定位、精确定时、卫星定轨、灾害监测、资源调查、工程建设、市政规划、海洋开发、交通管制等）、多机型（测地型、定时型、手持型、集成型、车载式、船载式、机载式、星载式、弹载式等）的高新技术国际性产业（中国测绘学会，2012）。

遥感数据获取目前进入天基、空基、地基一体化时代，朝着“三多”（多传感器、多平台、多角度）和“四高”（高空间分辨率、高光谱分辨率、高时相分辨率、高辐射分辨率）方向发展，对地观测系统逐步小型化，卫星组网和全天时、全天候观测成为主要发展方向。遥感（RS）数据应用已经渗透到测绘、城建规划、土地利用、国土规划、地质（石油）资源开发管理、农林、水利、电力、环保、防灾减灾、应急服务、国防等多个政府职能领域，与此同时，遥感数据服务商（运营商）还尝试搭建起了能够为电子政务提供更专业、更全面数据服务的综合性平台。在当前的电子政务中，遥感数据作为一种重要的地理信息数据已经成为电子政务系统关键的数据支撑。

当前，地球空间信息技术与现代信息技术的融合，可以为电子政务的海量数据处理、多源空间数据和非空间数据的融合、WebGIS技术和空间分析、空间数据挖掘和空间辅助决策等提供技术支撑。

1.3.2　行政管理与公共服务理论

行政管理指国家组织为履行其行政职能依法在组织系统内部所进行的一切管理活动，也可以泛指一切企业、事业单位的行政事务管理工作。按管理的性质和内容，这些行政管理活动可分为职能行政管理、基础行政管理和事务行政管理三项基本内容。随着社会的发展，行政管理的对象日益广泛，包括经济建设、文化教育、市政建设、社会秩序、公共卫生、环境保护等各个方面。现代行政管理多应用系统工程的思想和方法，以减少人力、物力、财力和时间的支出和浪费，提高行政管理的效能和效率为目的。行政管理对内部各部门间关系的协调，是以对计划的分工执行和控制为基础的。在执行计划控制的过程中，行政管理部门应该对各部门的计划执行情况和执行进度进行协调，以调整好整体计划的实施。同时，还应该对各部门在执行工作计划的过程中，在日常事务上所发生的矛盾冲突进行调解，使各部门之间能够团结、协调一致，维持机构的稳定和正常运行。

"公共服务"是21世纪公共行政和政府改革的核心理念，包括加强城乡公共设施建设，发展教育、科技、文化、卫生、体育等公共事业，为社会公众参与社会经济、政治、文化活动等提供保障。公共服务以合作为基础，强调政府的服务性，强调公民的权利。

公共服务是使用公共权力或公共资源的社会生产过程，其中，政府是责无旁贷的主导者。公民及其组织的各种直接需求，需要通过各种形式的社会生产过程予以满足，在这些社会生产过程中，通过资源的配置和组合达到产出，这些社会生产过程就是提供服务的过程。公共服务可以根据其内容和形式分为基础公共服务、经济公共服务、公共安全服务、社会公共服务。基础公共服务指那些通过国家权力介入或公共资源投入，为公民及其组织提供从事生产、生活、发展和娱乐等活动都需要的基础性服务，如提供水、电、气，交通与通信基础设施建设，邮电与气象服务等。经济公共服务指通过国家权力介入或公共资源投入，为公民及其组织即企业从事经济发展活动所提供的各种服务，如科技推广、咨询服务以及政策性信贷等。公共安全服务指通过国家权力介入或公共资源投入为公民提供的安全服务，如军队、警察和消防等方面的服务。社会公共服务则指通过国家权力介入或公共资源投入，为满足公民的社会发展活动的直接需要所提供的服务，是为了满足公民的生存、生活、发展等社会性直接需求，如公办教育、公办医疗、公办社会福利等。

1.3.3 计算机协同工作理论与工作流技术

协同理论的核心是支持用户为实现一个目标，对采取活动的相互关系进行管理。协同理论的重点是协同问题，典型的协同问题包括：目标的识别、目标到活动的映射、活动的序列化、执行每项活动的操作者选择、各活动间相互依赖关系的管理及针对每项活动资源的分配。要建立协同问题概念模型，需要引入目标、活动、活动的参与者、资源和相互依赖关系等概念（Malon，1990）。

活动的主体执行一项或多项活动是由目标决定的。活动根据其本身和彼此之间的相互依赖关系可以用通用的对象区别，这些通用的对象包括共享的资源以及执行每项活动的约束条件。一般的相互依赖关系包括：先决条件，例如一个活动的输出可能是其他活动需要的；共享资源，例如多个活动均需要资源；同步，例如两个或更多的活动必须同时发生。

利用面向对象目标模型，协同理论中的活动主体、活动和资源分别映射为参与者、活动和资源类。目标映射为类的属性，相互依赖关系映射为联合类，用属性表示相互依赖关系的类型，如图 1-3 所示。在该模型中，资源对所有活动共享，一项活动只能与另一项活动建立相互依赖关系。

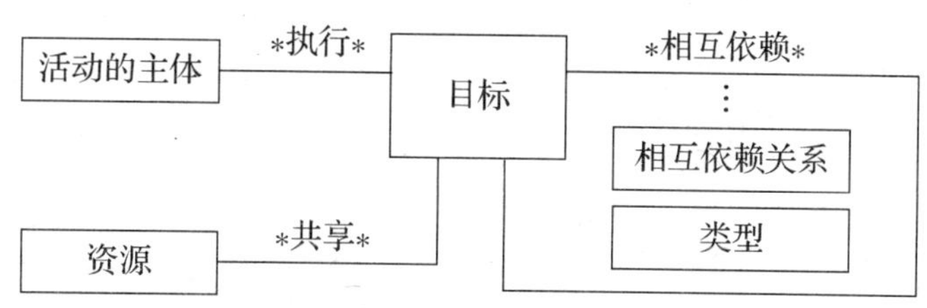

“*”代表某一时刻在一给定联合关系中包含 0 个或多个类的实例。

图 1-3 协同理论类

工作流技术起源于 20 世纪 70 年代中期对办公自动化的研究，但工作流思想的出现还应该更早。1968 年，F. Nordsieck 就已经清楚地表达了利用信息技术实现工作流程自动化的想法。70 年代与工作流有关的研究工作包括：宾夕法尼亚大学沃顿学院的 M. D. Zisman 开发的原型系统 Scoop，施乐帕洛阿尔托研究中心的 C. A. Ellis 和 G. J. Nutt 等人开发的 OfficeTalk 系列试验系统，还有 A. Holt 和 P. Cashman 开发的 ARPAnet 上的“监控软件故障报告”程序。Scoop、Officetalk 和 A. Holt 开发的系统都采用 Petri 网的变体进行流程建模。其中 Scoop 和 OfficeTalk 系统不但标志着工作流技术的开始，而且也是最早的办公自动化系统。由于当时计算机尚未普及，网络技术水平还很低，加上理论基础匮乏，这项新技术并未取得成功。

1983—1985 年，在图像处理领域和电子邮件领域出现了早期的含有工作流特征的商用系统。图像处理中，许多时候需要流转和跟踪图像，工作流恰好迎合了这种需求；增强的电子邮件系统也采用了工作流的思想，把原来点对点的邮件流转改进为依照某种流程来流转。在这些早期的工作流系统中只有少数获得了成功。

1990 年以后，随着个人计算机、网络技术的普及和推广，以及信息化建设的日益完善，工作流技术的研究与开发进入一个新的热潮。1993 年 8 月，第一个工作流技术标准化的工业组织——工作流管理联盟（Workflow Management Coalition，WFMC）成立。1994 年，工作流管理联盟发布了用于工作流管理系统之间互操作的工作流参考模型，并相继制定了一系列工业标准。据有关调查信息，截至 1995 年，共有 200 多种软件声称支持工作流管理或者拥有工作流特征。工作流技术被应用于电信、软件工程、制造、金融、科学试验、卫生保健、航运和办公自动化领域。与此同时，关于工作流技术的学术研究也十分活跃，许多原型系统在实验室里被开发出来。

进入 21 世纪，随着 Web 服务技术的兴起，多个标准化组织制定了各自与工作流技术相关的 Web 服务标准，如 XLANG、WSFL 等。2002 年 8 月，IBM、微软等企业联合提交并发布了业务流程执行语言（BPEL）规范。工作流技术已被越来越多的人认可，与之相关的标准规范、工作流引擎及产品不胜枚举。人们在开发推广工作流产品的同时，更加注重工作流的理论研究，由此推动该项技术走向成熟。

工作流是对工作流程及其各操作步骤之间业务规则的抽象、概括和描述。简单地说，工作流就是一系列相互衔接、自动进行的业务活动或任务。工作流建模，即用逻辑和规则将工作流程中的工作前后组织在一起，在计算机中以恰当的模型加以表示并对其实施计算。工作流要解决的主要问题是：为实现某个业务目标，利用计算机，在多个参与者之间按某种预定规则自动传递文档、信息或者任务。工作流需要依靠工作流管理系统（workflow management system，WFMS）来实现。工作流管理系统的主要功能是通过计算机技术的支持去定义、执行和管理工作流，协调工作流在执行过程中各工作之间以及群体成员之间的信息交互。

1.3.4 决策支持与数据挖掘理论与技术

决策支持系统（decision support system，DSS）的概念起源于美国科学家西蒙（H. A. Simon）的研究工作，并于 1970 年和 1980 年正式形成固定的研究、开发和应用领域（Simon，1960；Sprague et al，1996）。IBM 公司的 Geodata Analysis and Display System（GADS）是最早开发的大型决策支持系统（Sprague et al，1996）。空间决策支持系统（spatial decision support systems）的概念是伴随 DSS 而产生的（Densham et al，1989）。空间决策支持系统的开发与对地理信息系统功能的扩展紧密相关，尤其在处理复杂的、病态的空间决策问题过程中显得更为明显。经过多年发展，空间决策支持系统的研究、开发和应用取得了长足的进展，较为严密的空间决策支持系统概念已建立，对空间决策问题的特点、决策支持过程分析已比较深入。目前，空间决策支持系统已向协同空间决策支持系统、工作组空间决策支持系统、环境决策支持系统、空间知识库及专家系统等多个分支发展。美国国家地理信息分析中心（NCGIA）早在 1997 年就将空间决策支持系统和协同空间决策（collaborative spatial decision making）分别列入最有潜力的研究课题。

空间决策问题可分为结构化决策、半结构化决策和非结构化决策三类问题。结构化决策是程序化的，可以通过计算机解决；非结构化决策是非程序化的，决策者不能通过计算机获得解决问题的任何帮助；现实世界中的大部分决策问题介于两者之间，称为半结构化决策，这是空间决策支持系统的主要应用领域。空间决策支持系统通过将决策者的判断与计算机程序紧密结合获得较高的决策效力，因此系统的方便易用与高效决策紧密相关，系统往往通过利用交互和递归的应用方式支持分析决策，如图 1-4 所示。

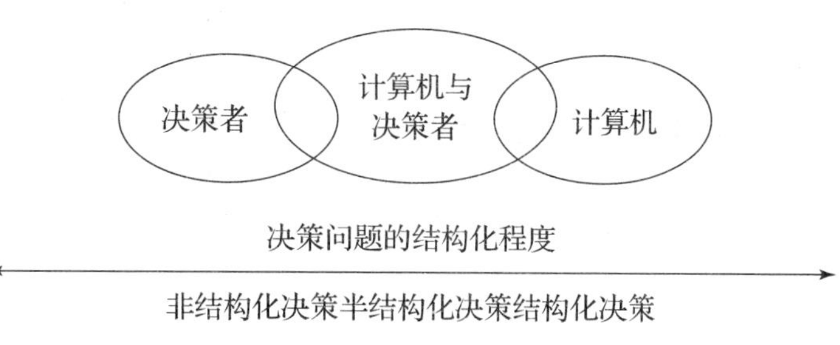

图 1-4 空间决策问题的分类

空间辅助决策以决策主题为重心，以信息搜索技术、信息智能处理技术和自然语言处理技术为基础，构建决策主题研究相关知识库、空间分析模型库和方法库，建设并不断完善辅助决策系统，为决策主题提供全方位、多层次的决策支持和知识服务，为行业部门以及政府部门提供决策依据，起到帮助、协助和辅助决策者的目的。

随着计算技术和互联网技术的发展，数据资源日益丰富。但是数据资源中蕴含的知识至今却没能得到充分的挖掘和利用，“数据丰富而知识贫乏”的问题十分突出。近年来兴起的数据挖掘（data mining，DM）技术为解决这个问题带来了一线曙光，它能够对所存储的数据进行一定的推理，从大量的数据中抽取信息，发现一些新的有意义的联系，它是知识发现研究在数据库系统中的延伸。作为 DM 的一个重要分支，空间数据挖掘（spatial data mining，SDM）被认为是从空间数据库中抽取未显式存储的、为人们感兴趣的空间模式和特征、空间与非空间数据之间的概要关系以及其他概要数据特征，其存储结构、访问方式、数据分析和操作等都有别于常规的事物处理型数据库模式。因此，SDM 比 DM 的技术难度更大，涉及的技术问题更多，是目前公认的 GIS 核心问题。

第 2 章　服务科学与电子政务地理信息服务

随着世界经济竞争白热化，服务占优经营理念在越来越多的企业经营中逐渐走上主导地位。得益于这种经营理念的影响，IBM 公司辅以美国政府的投入，联合世界部分知名大学，提出了服务科学、管理与工程（service science，management and engineering，SSME）的概念，并对其进行了深入的研究。SSME 深入挖掘并集成了自然科学、社会科学、人文科学、技术科学中的众多分支学科，它的提出反映了世界大科学环境下人们对服务型知识应用的全新解读。服务科学，以无形的服务作为基本研究对象，但并非将研究范围局限在服务业，任何产业都会有服务行为产生，电子政务地理信息服务正是服务科学与电子政务、地理信息行业有机结合而形成的服务行为。电子政务地理信息服务的迅猛发展，正在为服务创新提供有力的工具和支撑环境，同时也是推动服务创新的重要手段。

§2.1　服务科学

2.1.1　服务科学的提出

2004 年 12 月，IBM 公司首席执行官彭明盛（S. Palmisano）在“创新美国”的报告中正式提出了服务科学（service science）的概念，指出服务科学是对服务系统的研究，通过整合不同学科的知识实现服务的创新。美国竞争力委员会的国家创新计划（NII）中也将 SSME 作为 21 世纪美国国家创新战略之一。IBM 试图将相关学科的知识整合起来，形成一个被称为服务科学的独立学科，吸引学术界、教育界和工业界人士共同关注服务的研究与实践，进而提高服务产业的水平。现代服务业的实践经验和研究表明，服务供应商的竞争力不仅取决于服务能力，还取决于可被利用的服务资源（Cai et al，2008；Hefley，2008）。比特纳认为服务科学是运筹学、工程学、计算机科学、管理学和认知科学的综合运用，目的是推动服务创新，以提高服务生产效率和绩效，利用知识的不断优化，强调服务科学的多学科性质和服务科学对于服务的促进作用（Bitner，2008）。Vargo 等人（2008）强调多个服务系统所构成的价值创造体的相互作用，提出服务科学是对多种复杂资源共同创造价值的研究。同时，服务科学对中国的发展具有重大的意义，是中国由世界工厂向世界技术服务中心转型，取得在国际市场中具有高价值的突破契机（包国宪等，2009）。

2.1.2　服务科学的概念

对于 SSME 的定义，目前还没有统一的定论。彭明盛认为 SSME 是一个融合计算机科学、运营管理、决策理论、社会科学和其他学科的研究性学科，强调的是学科的交叉性。梁战平（2001）也将 SSME 描述为自然科学、社会科学、人文科学、技术科学的交叉使用，如图 2-1 所示。

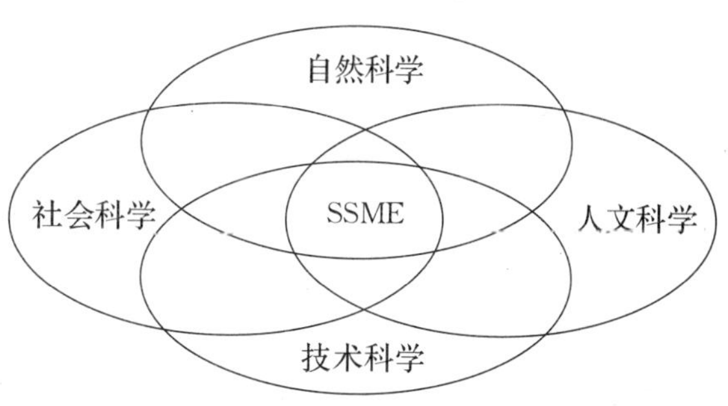

图 2-1　服务科学多学科交叉定义

全球研究中心负责人 P. Horn 将服务科学定义为：服务科学是科学、工程和管理的跨学科应用，其目的是改善服务，强调的是 SSME 的实质。

徐晓飞（1996）则将 SSME 理解为服务科学、服务管理与服务工程三个部分。服务科学指开发一个适当的服务模型，对服务行为、能力、过程、咨询人员、客户及它们之间的关系进行描述。服务管理包括如何为客户设计出好的服务，如何指导服务供应者提供有效率和受欢迎的服务等。服务工程则是应用相应的方法论、技术平台和基础设施来支持服务生命周期中的分析、设计、建模、实施以及运行管理等过程。

Spohrer 等人（2007）指出，服务科学是一门对服务系统进行重点研究的学科，它通过综合社会科学、商业管理以及工程技术的视角来解决复杂现实问题。

尽管目前对 SSME 的概念表述不同，但本质上都是应用各种不同的知识对服务性系统及其基础理论进行研究，推动服务创新，同时为服务提供者和客户创造价值。

2.1.3　服务科学的核心内容

IBM 认为 SSME 的核心是知识资源驱动的服务创新，是多种创新功能的交叉（见图 2-2）。知识资源的发展推动了服务创新，SSME 与服务创新都是在知识与信息的管理下发展的（吴建祖 等，2009）。图 2-2 还说明，SSME 的服务创新是由技术创新、企业创新、社会组织创新、需求创新交叉等形成的。

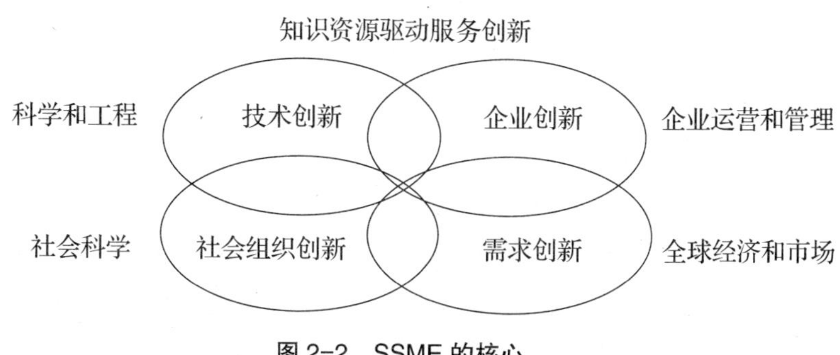

图 2-2　SSME 的核心

§2.2 电子政务

2.2.1 电子政务的概念

电子政务一词是由英文“electronic government”翻译而来，其名称最早起源于美国，后逐渐被世界各国所研究。电子政务至今尚无确切的定义。在西方国家，政府机构的信息化和网络化被称为“电子政府”（electronic government）。我国的政府机构设置和运行模式与国外有很大差别，除政府首脑机关国务院之外，还有党中央、全国人大和全国政协，为了反映我国政府机构的实际运行情况，我国将“电子政府”称作“电子政务”。西方学者的一般定义是：电子政府实质上就是将工业化模型的大政府（特点是集中管理、分层结构、在物理经济中运行）转变为新型的管理体系，以适应虚拟的、全球性的、以知识为基础的数字经济，这种新型的管理体系就是电子政府。据此定义，张清浦（2003）将电子政府的本质归纳为：

（1）电子政府是一个利用信息和通信技术，有效地实现行政、服务及内部管理等功能，在政府、社会和公众之间建立有机公开信息服务系统的集合；

（2）电子政府是一个基于数据库、通信网络和法律支持的虚拟政府；

（3）电子政府的目标是将基于工业化模型的大政府转化为以知识经济为基础的小政府；

（4）电子政府将促进政府机关的改革和政府职能的重组。

从长远发展目标考察，“电子政务”实际上是政府机关业务工作的数据化、网络化、可视化和智能化，是政府管理信息化的通俗化表达，是一项观念创新、体制创新和技术创新相结合、事关管理现代化和行政体制改革全局的庞大系统工程。从我国国情出发，电子政务的内涵有广义和狭义之分。广义的电子政务包括电子党务、电子人大、电子政府、电子政协（刘纪平 等，2003；张清浦，2003）；狭义的电子政务主要是政府行政管理部门的信息化，包括政府内部的信息化、政府部门之间的信息化和政府服务于社会及公众的信息化。

2.2.2 电子政务的特征

与我国常规政府机关的机构设置、职能划分和运行模式相比，电子政务具有以下特征（张清浦，2003）。

（1）组织结构：横向集成，纵向压缩，形成扁平政府。

（2）职能设置：由中央集权到地方分权，地方政府和企事业单位的权力加大。

（3）资源分配：由信息孤岛到信息共享，信息的开放性增强。

（4）数据内容：数据量大，数据内容丰富，除了各种政务信息资源外，还包括以空间位置为参照的自然、经济和人文数据。

（5）用户规模：由政府部门、企事业单位和个人用户组成。

（6）传输渠道：由局域网到高速宽带网。

（7）运行模式：由分割孤立运行到整合协同服务。

（8）工作方式：由以政府职能为中心到以用户需求为中心。

（9）应用层次：由事务处理、综合业务管理、决策支持等多个层次组成。

2.2.3　电子政务的基本环境

电子政务系统同一般信息应用系统相比较没有本质区别，如图 2-3 所示，主要由网络基础平台、系统支撑平台、信息应用平台、信息交换平台和信息传输平台组成（赵珊 等，2003）。

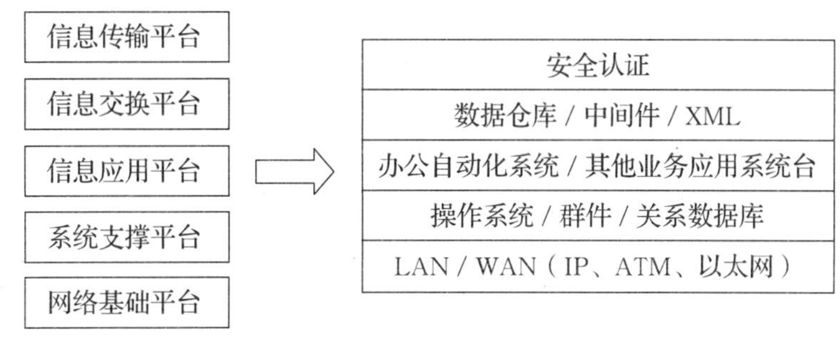

图 2-3　电子政务系统组成

其中网络基础平台主要包括局域网（LAN）和广域网（WAN），采用的协议以 TCP/IP 为主，也包括 ATM 交换和快速以太网交换的结构。系统支撑平台包括操作系统、数据库和群件，其中操作系统要考虑多种选型；数据库要遵循基本的数据库标准，如 SQL、XML 等；群件一般作为通信和 Web 服务平台，用于支持高效、稳定、快捷的电子政务协作和知识管理，具有处理非结构化数据的能力。信息应用平台是党政机关根据自身工作特点和需要建设的应用软件系统，主要以办公自动化为主，目前政务系统的应用平台采用 CA 安全认证体系保证整个系统的安全，包括目录服务体系、数据资源库平台、公文工作流平台、审批工作流平台、信息发布平台和门户平台等部分，如图 2-4 所示。

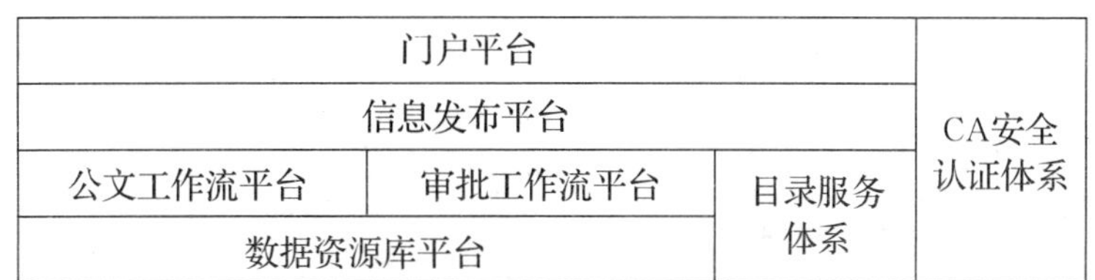

图 2-4　电子政务应用平台构成

信息交换平台用于在信息应用平台的基础上，实现共享信息的交换，采用数据仓库的思想对共享资源库进行建设和组织，利用中间件对从信息交换主体提出的交换消息和内容进行分析、组织和分发，交换过程尽量采用统一的数据交换格式，如XML。信息传输平台是在交换平台基础上，适应信息上传下达的要求，按照网络安全认证机制进行传输。

2.2.4 电子政务的技术框架

1. 网络结构

电子政务的网络必须区分内网和外网，政府内部信息交换必须运行在内部的高速网上，属于政务公开和网上交互式办公的内容运行在互联网上，内网和外网物理隔离。政府部门之间内部信息交换和协同办公必须在内部专网上进行。内网和专网与外网之间采用隔离网闸，保证信息安全。专网与内网之间保持逻辑隔离，以保障业务信息的互不干扰（陈友初，2002）。具体网络结构如图 2-5 所示。

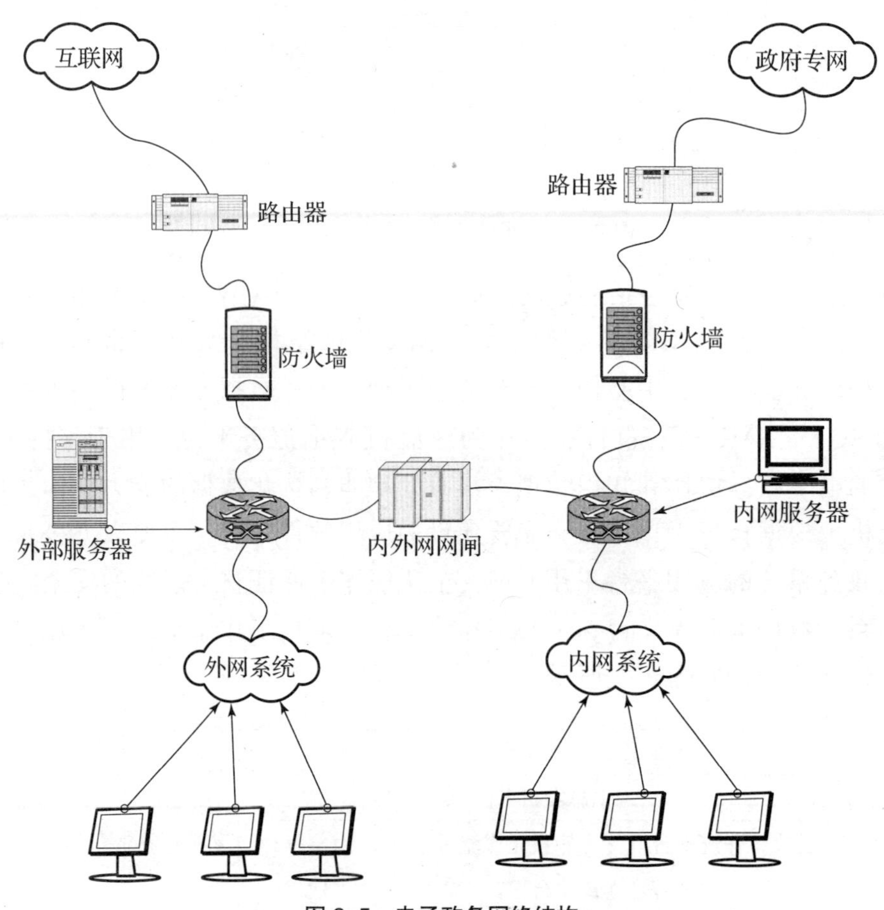

图 2-5 电子政务网络结构

2. 应用体系结构

一般电子政务采用四层技术架构（见图 2-6），安全体系贯穿于各个层次。其中，底层为硬件、外网、内网及专网网络环境；数据访问层集成各种数据资源的访问、转换、提取、过滤、析取、挖掘等操作；信息交换层支持跨平台相关数据的共享与交换；应用层提供面向电子政务应用的构建、配置部署，形成各种应用系统（陈友初 等，2002；金江军 等，2003）。

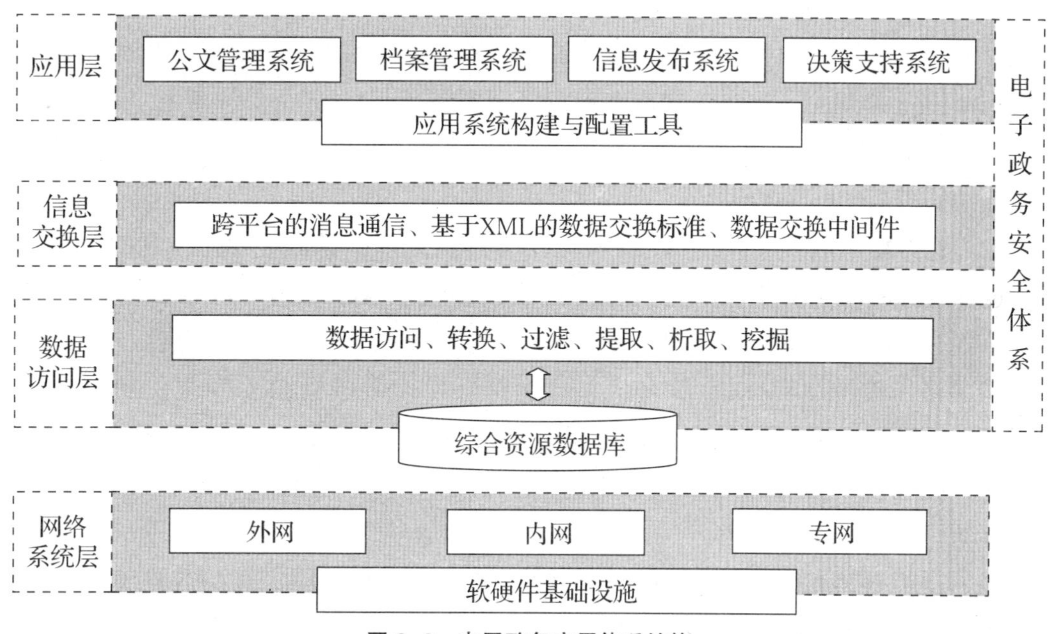

图 2-6　电子政务应用体系结构

3. 采用的主要技术

电子政务采用的主要技术包括：网络安全技术（双网隔离、子网隔离）、CA 安全认证技术、传统 OA 与网上办公集成技术、跨平台的信息交换技术、协同工作技术、数据库技术、数据挖掘技术等。

§2.3　地理信息服务

2.3.1　地理信息服务的概念

早在 1999 年陈述彭院士在《地理信息系统导论》中，从服务的角度对地理信息系统下了定义：地理信息系统是由计算机系统、地理数据和用户组成的，通过对地理数据的采集、存储、检索、操作和分析，生成并输出各种地理信息，从而为土地利用、资源管理、环境监测、交通运输、经济建设、城市规划以及政府部门行政管理提供新的知识，为工程设计和规划、管理决策等服务。陈述彭（1999）将地理信息系统看作服务的一部分来定义，充分肯定了地理信息产业的服务特性。

开放地理空间信息联盟（OGC）是一个非营利的、自愿的国际标准化组织，引领着空间地理信息标准及定位基本服务的发展。OGC 将地理信息服务分为下列几类核心服务。

（1）索引服务（catalogue service）：向用户提供服务的元数据，方便用户通过查询元数据来搜索所需的地理信息服务。

（2）数据服务（data service）：向用户提供数据库中的数据列，包括网络图层服务（web coverage service，WCS）和网络地理要素服务（web feature service，WFS）等。

（3）数据处理流程服务（processing service）：提供数据处理流程，包括网络坐标变换服务等。

（4）地图显示服务（portrayal service）：提供地理信息的可视化（制图图幅、地形显示和动态的时空变化显示），包括网络地图服务（web map service，WMS）等。

随着 SSME 的提出，地理信息服务作为服务的一种，必将在内容、形式、运作等诸多环节受到 SSME 的影响，并产生符合现代服务概念的变化。随着现代地理信息技术发展，知识与地理信息服务互相促进与结合，产生了知识化地理信息服务。知识化地理信息服务的含义是地理信息服务提供者凭借其具有的高度专业化地理信息知识，在充分挖掘客户需求的基础上，结合组织内外搜集、整理的地理信息与知识，进行地理信息知识创新，并借助适当的方法和手段，在与客户交互的过程中，帮助客户获取知识、提高客户解决问题的能力并辅助进行决策支持（常燕卿，2006；王强，2010）。

知识化地理信息服务是面向地理信息内容的服务，依据服务对象的需求，动态地收集、选择、分析和利用各种地理信息知识，对其进行深层次的开发、分析和重组，具有全方位动态服务和解决实际问题的特点，是发展知识经济和提高知识创新水平的有效途径，是对地理信息资源和知识资源的深层次开发和利用。

2.3.2　地理信息服务的特点

随着全球化进程的不断加快和人类社会城镇化、都市化的发展趋势，地理信息服务逐渐演化为一种社会基础服务，除具备基础公共服务的特点之外，还具有自身的一些特点。

1. 可拆分与聚合性

地理信息服务是在面向服务的体系结构（SOA）应用环境下，由用户目标驱动，将一组自治的、功能单一的地理信息服务按照正确的业务逻辑、合理的语义约束以及服务质量（QoS）等指标，进行动态的服务集成和组合，形成新的、增值的地理信息服务来满足复杂地理信息应用需求的过程。同时地理信息服务还具有聚合性，能够为用户提供无缝、流畅的服务发现和使用，充分利用多样的服务资源满足高层次的服务需求。

2. 共享性

传统的地理信息系统是封闭、孤立的，系统采用不同的数据格式、存储方法和处理方法，而且系统都是相互独立和封闭的平台，在语义表达方面存在不可调和的矛盾，无法直接进行应用系统之间的数据和功能的共享。地理信息服务的共享就是在不同的系统协作以及在异构分布数据库中共享所需数据和功能。地理信息服务的共享可以方便快捷、准确安全地查询、浏览、获取、交换和再加工地球上与人类生存直接或间接相关的信息。OGC 制定的开放式地理数据互操作规范（open geodata interoperation specification）使得 GIS 从专有性互不兼容的地理数据与功能发展到分布式网络环境的可互操作。

3. 支持数据与功能绑定

传统的 GIS 只能管理有限数据资源，而且数据资源与 GIS 软件紧密绑定；而地理信息服务能够基于全球海量数据资源，通过目录服务网（catalog service web，CSW）的空间数据注册、发现与绑定机制实现开放的服务聚合与互操作。

4. 通过知识的管理实现

地理信息服务把对地理信息的应用看作知识的再构，通过对知识的管理，挖掘潜在的行为规律性。这些规律作为构成新知识的蓝本存储在地理信息服务系统中。同时，这些知识蓝本也可作为用户的服务反馈加以研究。通过这种知识管理的模式，地理信息服务系统能够及时准确地为用户挑选最佳服务模式，实现使用者和提供服务者的双赢（陈则谦 等，2007；李霞 等，2007；梁战平，2001）。

5. 高度智能性

地理信息服务的基础是地理信息，信息的获取、处理、存储、分析需要现代科技的支撑。没有现代信息技术的支撑，地理信息服务只能延续纸质地图时代的被动模式。特别是“智慧城市”和“智慧地球”概念的提出，在更广阔的尺度上，为地理信息的知识积累和技术集成提出了更高的要求，对地理信息多时空和分布式的要求越来越突出。对于搭建在多时空和分布式信息上的地理信息服务来说，智能化是其适应这种变化的发展趋势之一。

2.3.3 地理信息服务的体系结构

如图 2-7 所示，地理信息服务体系主要由资源体系、技术体系、服务体系、保障体系和用户体系组成。

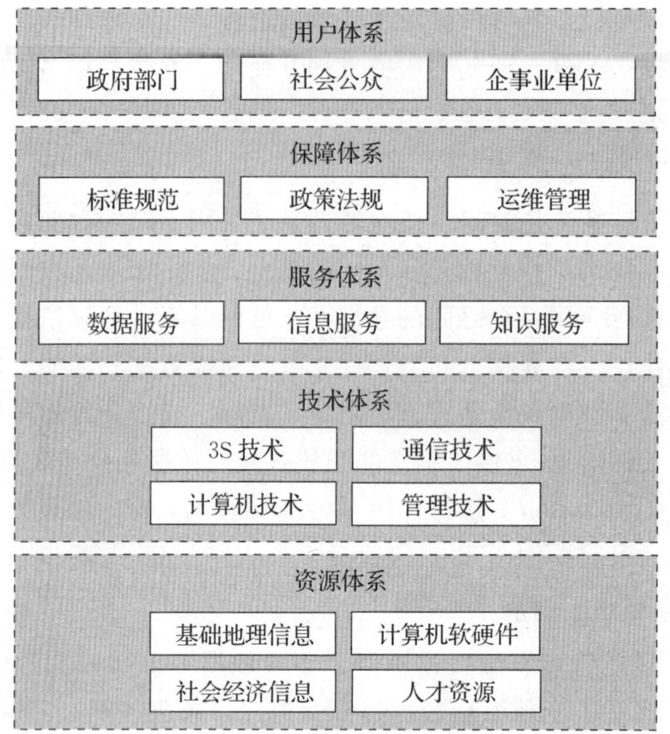

图 2-7　地理信息服务体系结构

1. 资源体系

资源体系是整个地理信息服务的基础，需要整合计算机软硬件、基础地理信息、社会经济信息等多方面的资源。计算机软硬件主要包括海量存储设备和 GIS 分析软件；人才资源包括地理信息采集、开发和使用的所有人员（何建邦 等，2003）。

2. 技术体系

技术体系是整个地理信息服务的技术支撑，具有开放集成的特点。计算机技术主要指数据技术，包括数据获取、数据存储、数据处理、数据表达、数据挖掘、数据传输、数据集成等多个方面；3S 技术包括 GPS、RS、GIS 技术，是对数据获取技术的支撑；管理技术包括管理方法和管理手段，运用运筹学、系统工程和电子计算机等新的科学技术手段来组织管理；通信技术包括传输接入、网络交换、移动通信、无线通信、支撑管理、专网通信等技术。

3. 服务体系

服务体系主要是向用户提供各种服务，主要包括数据服务、信息服务和知识服务。

4. 保障体系

保障体系是地理信息服务的应用支撑，通过建立各种服务所需的规则，以满足社会对地理信息的服务需求，包括标准规范、政策法规、运维管理等。

5. 用户体系

用户体系主要指地理信息服务的对象，包括政府部门、社会公众、企事业单位等。

2.3.4 地理信息服务模式

根据数据服务方式，地理信息服务分为离线数据服务和在线地理信息服务。依据地理信息服务的展现形式，地理信息服务可分为电子地图服务和模拟地图服务。从地理信息服务提供者的角度，地理信息服务按照服务性质可分为基础地理信息服务和专题地理信息服务。

1. 离线数据服务与在线地理信息服务

在地理信息科学发展的初级阶段，地理信息服务提供者只能提供地理信息数据目录和少量的小比例尺地理信息数据，而用户则需要到专门的地理信息服务机构索取所需的基础地理数据，这种离线数据服务方式环节多、周期长、成本较高，难以满足突发事件处置和快速应急响应以及大规模业务化应用的需要。同时，离线数据服务也包括移动端的离线地图数据下载，可以使用更少的流量，占用更少的存储空间，加快地图的显示。

在线地理信息服务则是基于 WebGIS 技术，通过自动搜索、人工查询、在线交流等方式进行匹配，以查询相关地理信息，并将用户所需的本地信息、搜索结果以一定方式进行排序输出。在线地理信息服务是利用网络提取出分布存储在不同物理磁盘上的数据，并将其逻辑地集中起来，实现资源的整合。同时，在线地理信息服务还包括针对专业应用的数据共享服务、数据处理服务等内容，以支撑专题应用系统的构建（杨娟，2007）。

在线地理信息服务为用户提供了更加快捷的地图传播方式和不同形式的人机交互。网络地图使公众更易于低成本、高效率地获取地图信息，具有远程地理信息传输、传播广泛便捷、实时动态更新、人机交互性强等诸多特点。

2. 电子地图与模拟地图服务

模拟地图是以地图符号的形式表达在纸上的地图。电子地图则是数字地图经可视化处理，在屏幕上显示出来的地图。电子地图均带有操作界面，往往与数据库连接，能进行查询、统计和空间分析，其图形数据往往是矢量数据和栅格数据的混合，反映的是多维地理信息。可以数字化模拟地图生成电子地图，也可将电子地图印刷成纸质地图。

电子地图服务以数字地图为基础，提供多种媒体显示地图数据的可视化服务。同模拟地图服务相比，电子地图服务具有良好的动态性、交互性、共享性，以及具有无级缩放、无缝拼接、多尺度显示、地理信息多维化表示、超媒体集成、空间分析功能等特点。

3. 基础地理信息服务和专题地理信息服务

基础地理信息数据指通用性最强，共享需求最大，并可作为统一的空间定位和进行空间分析的基础地理单元，能被所有与地理信息有关的行业采用。该数据主要由自然地理信息中的地貌、水系、植被以及社会地理信息中的居民地、交通、境界、特殊地物、地名等要素构成。基础地理信息服务是各类地理信息用户的统一地理载体，也是数字地球的基础信息，应用面宽，具有极高的共享性和社会公益性，其数字化信息源的数量和质量直接影响一个国家地理信息技术应用的广度和深度，关系到国家的信息自主权，是国家信息化程度和实力的重要标志。

专题地理信息服务是按照特定用户的要求，突出而完善地表示与具体要求相关的一种或几种特定功能的地理信息。专题地理信息不仅能表示地理现象分布规律及现状，还能表现专题地理信息的动态变化和事物的发展趋势和方向等。专题地理信息服务是由专业部门（如交通、水利、环境等部门）提供的更加专业的地理信息数据及其服务，可以与基础地理信息服务相分离。

4. 决策支持与数据挖掘服务

电子政务空间辅助决策指在集成的、分布的空间数据库、模型库、方法库、知识库基础上，通过协同交互式地理信息的显示、查询、分析、建模，为用户解决复杂空间问题，生成多种空间决策方案，并支持决策方案的分析与表决。电子政务空间辅助决策可以解决一组或多组异地用户借助计算机及其网络技术以及基于地理信息共享与合作完成的空间决策任务。空间数据挖掘的目的是从空间数据库中抽取未显式存储的、感兴趣的空间模式和特征、空间与非空间数据之间的概要关系及其他概要数据特征，其技术是目前公认的地理信息服务研究的核心问题（王亮 等，2005）。

§2.4 电子政务地理信息服务

2.4.1 电子政务地理信息服务的特点

电子政务地理信息服务是以地理信息和综合政务信息为支撑、面向政务信息管理和政务决策应用的信息服务。电子政务地理信息服务具有如下特点（孙毅中 等 2005；张清浦，2003，2003b，2004，2005；张清浦 等，2003；周星 等，2003）。

（1）服务于政府。一般的信息系统面向的是社会经济生活中某种特定行业或领域的用户，而电子政务地理信息服务则专门为政府宏观决策部门和各级领导的空间决策提供服务。

（2）信息具有综合性、权威性与复杂性。电子政务业务应用往往具有跨领域、跨部门的特点，电子政务地理信息服务往往需要“多个权威部门在第一时间提供权威数据”，因此信息内容具有综合、全面的特点；同时，由于各部门数据内容、数据规范、数据格式各不相同，增加了系统数据的复杂性和异构性。

（3）地理信息既是重要数据源，也是政务信息的载体，需要与政务信息集成整合。电子政务地理信息服务中，行政区域、交通、居民地、生态环境、经济法人等地理信息在政府宏观决策中起着重要的作用，不仅可以用于地图展现和快速查询，而且也是空间分析的前提，同时还是输出地图化分析结果不可缺少的信息资源。

（4）空间分析是重要决策工具。电子政务地理信息服务往往需要将多部门数据在统一的、可视化的地理环境中进行协同分析，大量的空间分析功能（如邻接、穿越、网络分析、叠加、缓冲区等）得到频繁应用，成为辅助决策人员快速发现规律的重要工具。

（5）服务的约束性更强。不同的政务人员所能接触的电子政务地理信息服务的权限不同；在不同的政务网络上，所能获取的数据资源权限也不相同；同时，对于地理信息数据的保密性要求也较高。

电子政务地理信息服务与一般地理信息服务的区别如表 2-1 所示。

表 2-1　电子政务地理信息服务与一般地理信息服务的区别

特征类别	电子政务地理信息服务	一般地理信息服务
用户	以政府为主	政府、企业、社会大众
数据类型	非空间数据和空间数据相结合，且空间数据精度高	以空间数据为主，且精度低
数据安全性、保密性要求	高	低
使用权限要求	根据政府各单位及领导级别不同，使用数据的密级不同	一般没有具体权限要求
数据处理及空间分析能力要求	高	低
多领域、跨部门信息综合能力要求	高	低
时效性要求	强	按需提供
知识挖掘辅助决策能力	要求高，需辅助政府决策	要求低，满足需求即可

2.4.2　电子政务地理信息服务的体系结构

电子政务地理信息系统软件的核心是空间、属性数据的组织、管理、操作、分析以及与其他应用软件的集成，需要支持分布式处理和互操作。为了支持分布式环境下各种空间数据的共享和互操作，需要采用由系统软件、数据表现、通用数据服务和应用组成的系统结构。服务体系结构的设计除考虑地理信息的一般处理需要外，重点要体现以下几点特殊需要。

（1）由于电子政务要在可信的、安全的网络环境下运行，通过“e 认证”互相建立信任，支持公众与政府之间、政府各部门之间的电子互动。因此，系统需要架构于信息安全基础设施之上。

（2）大量政务信息（如灾情、进度数据、更新数据）需要动态交换和加载。

（3）数据层除了对数据存储外，还需要支持数据维护、更新、转换等基本功能。

按照上述要求，地理信息服务体系结构由数据交换层、数据管理与维护层、应用服务功能层、表现层和信息安全基础设施五部分组成（见图 2-8）。

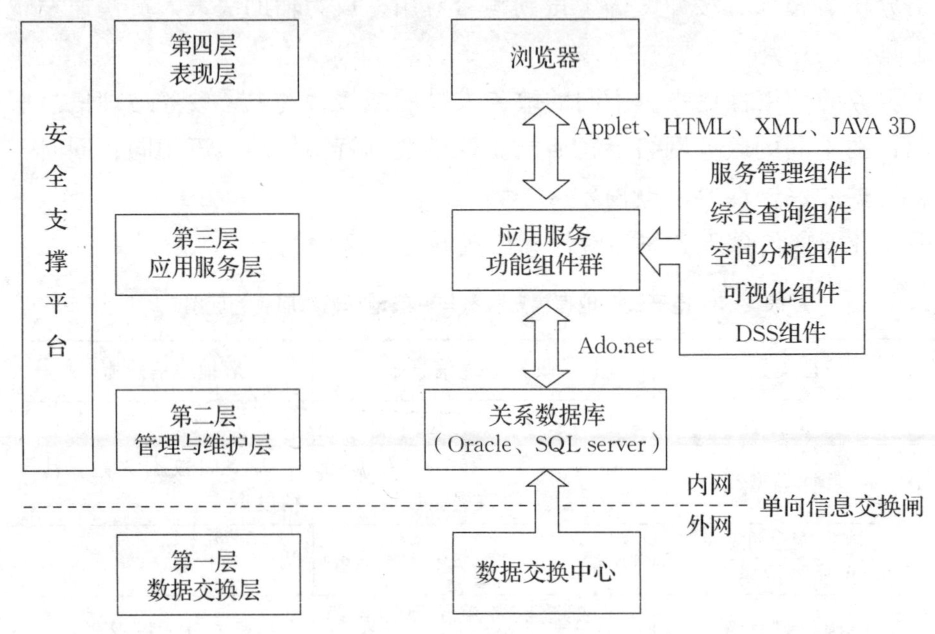

图 2-8 电子政务地理信息服务体系结构

2.4.3 电子政务地理信息服务的基本要求

1. 电子政务对基础地理信息的需求

基础地理信息是电子政务的重要信息资源，也是国家基础性、战略性的数据资源。目前，基础空间数据中的行政区划、交通线、水系、地形、居民地等信息，本身已成为各级政府部门实施行政管理、规划、行政监管的重要基础数据。无论是前文所述的 12 个重要业务系统（金关、金税、金水、金盾、金农等）的建设，还是 4 个重点建设的基础信息库（人口基础信息库、法人单位基础信息库、自然资源和空间地理基础信息库、宏观经济数据库）都不同程度地需要多尺度地理信息数据的支撑，基础空间数据库是电子政务建设的核心内容之一。同时，利用空间处理、空间分析等技术，可以从大量基础空间数据中提取各种空间特征信息，丰富基础空间数据的内容和形式；利用基础空间数据和电子政务社会经济统计数据，通过空间分析和统计结合，可以实现电子政务中各种统计信息的空间化，丰富地理信息的内涵。

基础地理信息是其他专题信息统一定位和信息整合的基础。由于部门与专业分割而相对封闭独立，无法实现地理信息的高效应用。建立面向政务的跨部门、跨地区的电子政务应用系统建设，是实现"提高行政效率，降低行政成本"的迫切要求，也是电子政务建设的难点和重点。跨部门、跨地区的电子政务建设要通过统一的网络体系建设，通过统一的信息共享定位基础——基础空间数据，实现对各类信息资源的整合和应用。因此，需要按照统一的标准和技术体系，对支持电子政务建设的基础空间数据进行不断的完善，形成标准、规范、权威、能够适应网络化运行的全国统一的空间定位基础，并作为其他相关信息与空间位置信息整合的公共平台。

2. 电子政务对地理信息技术的总体需求

随着人们对电子政务认识的不断加深和各类电子政务系统功能的不断提升，电子政务的建设对地理信息技术提出了强烈的需求。地理信息不仅是各类政府数据的可视化基础平台，同时，与各专题业务数据结合，地理信息技术可以为各级政府进行区域经济与社会发展规划、开展行政监管、招商引资、向公众提供直观信息化服务提供技术保障。同时，政务数据库的资源只有在与地理信息技术整合后，才能产生质变，才能提升各专业管理信息系统和电子政务的决策支持能力（池天河 等，2006）。主要应用需求如下。

（1）分布式数据管理：电子政务的应用是网络环境下的应用，空间数据也需要在不同的地点存储和维护，支持用户在异地进行处理。

（2）可视化工具：借助地理信息系统，不同部门的政府工作人员和公众可以直观获得各种与地理相关的基础设施、环境、资源等各种信息的规划、现状、变化的空间布局，尤其适合表达各种决策方案和处理结果。

（3）决策支持：为城市道路桥梁、地下管线、公共设施、环境评价、环境变化、用地管理等与空间分析相关的领域提供宏观管理模型，提供辅助分析服务。

（4）各种与地理位置相关信息的监测：在环境保护领域，可以对环境和污染情况进行变化监测和预测；对土地、水体、森林、海洋等地表资源进行现状调查、变化监测和分析；直观、动态反映税收信息与税收的分布，便于进行宏观分析和监控。

（5）政务信息统计：以空间数据为基础，实现人口分布、经济运行、税收统计、工农业发展统计、科教文卫统计，反映其空间分布规律。

（6）政府突发事件处理：根据突发事件模型，以地图为背景显示社会资源分布、人口分布、事件涉及范围分布与变化、应急部署，实现对突发事件的实时和准实时跟踪、显示、决策和处理，便于指挥调度。

3. 电子政务地理信息服务的技术要求

将地理信息应用到电子政务中，形成电子政务地理信息服务应用领域，需要满足以下条件。

（1）采用 Internet/Intranet 技术体系。由于电子政务的服务对象是政府机关工作人员，因此，对应用系统总的要求是易安装、易操作，使用方式统一。而 Internet/Intranet 技术由于其在使用方式上的巨大优势已成为政务机关普遍采用的技术体系，因此，作为电子政务服务的应用系统，整体也应采用 Internet/Intranet 技术。

（2）数据动态交换与更新。电子政务不同于一般应用系统的最主要特征是数据资源的权威性。主要数据由业务主管部门提供，这样一来就导致应用系统中的数据与数据源单位数据不一致的问题，因此，必须采取有效的技术手段保证各种权威数据的动态更新，以满足应用的需要。

（3）满足交互的需要。除具有一般的信息发布功能外，即使在 Web 环境下，对类似辅助决策这样的应用，电子政务应用系统应根据不同用户的要求进行交互处理，以可视化见长的地理信息服务系统更应如此。

（4）完整的功能要求。一般情况下，政府信息服务系统以查询检索为主，这一假象掩盖了政府信息系统对完整功能的需求。事实上，面向电子政务的应用系统同样需要信息交换、数据更改、维护和一致性检查，不同的是这类功能主要由少数系统维护人员使用；同时，政府信息系统的信息需要采用有效手段支持授权访问，更加关注提供信息、乃至知识的服务，这就需要更强有力的功能支持。

（5）系统要具有较高的响应速度。对于面向各级领导服务的系统，如果系统响应时间过长（如长达数秒），就很难满足需要。面对海量空间数据的处理和复杂的空间分析运算，在 Internet/Intranet 环境下实现电子政务地理信息服务，将面临较大的挑战。

（6）保证在安全平台和应用平台下运行。支持数据资源统一管理和授权访问党政部门的工作涉及部门乃至国家的利益，同一般系统相比，电子政务应用系统在安全性、保密性等方面有更高的要求。如何保证涉密信息在存取、处理和传输环节中的保密性、完整性和不可否认性，无疑是电子政务建设成败的关键。因此，电子政务空间辅助决策系统需要支持在公开密钥设施基础上的授权访问机制。

第3章　电子政务地理信息管理、交换与整合

电子政务地理信息具有数据类型多、数据量大、关系复杂等特点，本章通过研究电子政务地理信息综合数据模型、交换方法，并对多源海量政务信息与地理信息进行整合，有利于推动政务信息与地理信息融合、动态汇集，为电子政务地理信息服务提供一致的、多样的、相互关联的信息资源。

§3.1　电子政务地理信息分类体系

合理的信息分类是信息组织、深度开发、检索、共享和交换的重要基础。电子政务地理信息资源包括政府部门为履行管理国家行政事务的职责而采集、加工、使用的信息资源，政府部门在业务过程中产生和生成的信息资源，由政府投资建设的信息资源以及由政府部门直接管理的信息资源。政府信息资源作为一种重要的信息资源，具有全社会所有的公共属性，从经济学意义上讲属于公共财物。

如果说网络基础设施是电子政务的物质基础，那么，信息资源就是电子政务的内容基础。信息资源分类体系的建设是推动电子政务、电子商务、企事业单位信息化、城市信息化乃至国家信息化的重大战略措施。电子政务地理信息资源种类繁多，涉及政治、外交、军事、工业、农业、金融、能源、环境、教育、医疗、社会生活等各行各业，信息内容极其丰富。从数量上看，有关专家认为各级政府信息资源占到全社会信息资源总量的60% ~ 70%；从地位上看，它在一个国家政治、经济、科技、军事、文化领域中具有重要的战略意义；从作用上看，它是政府部门、企业单位、公众个人社会经济活动以及信息内容产业发展普遍需要、不可或缺的重要资源；从形式上看，它具有纯文本、DOC、PDF、GIS、图片、电子报表、电子邮件、网页、音频、视频、动画等形式。

按照政务地理信息的数据格式划分，可以分为空间数据、文本数据、多媒体数据、表格数据，空间数据又可以细分为矢量要素数据、栅格地图数据、数字高程模型数据、地名数据和正射影像数据等；按照政府地理信息来源进行分类，电子政务地理信息包括同一部门以及不同部门之间的信息源（水利、气象、科技、测绘）；依据政务地理信息的用途划分，包括政治、外交、军事、工业、农业、经济、能源、环境等；依照电子政务地理信息的管理层次（或尺度）可分为国家级（宏观）、省级（中观）、县乡级（微观）等；按电子政务地理信息的更新频率，可分为频繁更新（如季节、月报、日报、时报）、一般更新（如以年度为更新周期）和较少更新（更新周期

一般超过 10 年）；从电子政务地理信息资源所包含的内容来看，包括专题政务业务信息、行政事务信息、政务办公信息（人员、机构、权限）和基础数据（自然人基础数据、法人基础数据、自然资源与空间数据、宏观经济数据）等。

§3.2 电子政务地理信息管理特点

为了适应电子政务的发展，许多与地理位置相关的电子政务信息可以用地理信息系统进行管理和应用，面向政府业务管理和综合应用的空间数据一般具有数据类型多、数据量大、管理层次多、关系复杂、数据交换与更新要求高、数据来源广、访问控制严格等特点（陈波，2002）。

1. 数据类型多

地理信息数据既包括各种比例尺的基础地理数据和多分辨率遥感影像数据，也包括各种统计资料及影像、视频、文件、图表、动画。电子政务需要大量管理、控制和认证数据，一般通过关系数据库进行存储。

2. 数据量大

随着我国对地观测数据获取与处理能力的提升，各行业、各部门根据自身的情况与需求建设了大量与地理信息有关的应用系统，各种地理信息资源不断丰富，仅国家电子政务涉及的自然资源和基础地理信息库就达 250 多个，其中影像数据约 900 TB，非影像数据约 6 000 GB。随着国家各种对地观测计划的实施，对地观测数据还将快速增长，仅国家测绘地理信息局“十一五”期间实施完成的国家西部 1：5 万地形图空白区测图工程和 1：5 万基础地理信息更新工程就将增加 10 TB 以上基础地理信息数据，正在开展的地理国情普查等重大测绘地理信息工程将产生更多的地理信息。

3. 管理层次多

不同信息系统的使用者，对数据的详细程度要求不同。电子政务空间服务系统要求随着显示比例的放大，显示内容要不断丰富，以符合人们对地理现象有序与渐进的理解和观察的习惯。但是，就制图综合技术的进展来看，达到完全自动综合困难较大。为满足地理信息系统的应用需求，建立多比例尺数据库比较现实。此外，为决策服务的政务信息在决策的不同阶段所需要信息的层次也不同。由于政府的管理体制是有层次的，处于不同层次的领导承担的职责不同，管理的范围不同，决策的目标不同，因而政务信息的内容和层次也不同。

4. 关系复杂

空间图形数据除具备拓扑关系外，空间数据的综合利用还要求不同类型的图形、图像具有空间定位匹配关系，并与关系数据库数据连接，尤其要求满足大库查询，要求打破图幅界限建立区域内复合实体的关系。此外，空间数据之间存在着层次、关系和网络等交叉关系。因此，电子政务系统对人员、信息对象及应用的管理和控制提出了更高的要求，不同用户人员、不同应用专题往往产生不同的视图，这就加大了信息管理的复杂性。

5. 数据交换与更新要求高

对政务信息的时效性要求很高，需要在鲜活信息的支持下，从各种政府活动和社会活动中发现新情况、新问题。很多情况下，提供领导决策的信息更新快比内容翔实更重要。

6. 数据来源广

政府管理的内容涉及方方面面，政务数据来源既包括国家级各个部门、省级和市县级等地方政府，也包括人口基础信息库、法人单位基础信息库、自然资源和空间地理基础信息库、宏观经济信息数据库，以及林业、水利、民政、矿业、经济发展和社会生活各个行业的政务数据。与此同时，政务数据也需要不同部门协同维护和更新。

7. 访问控制严格

一方面，地理信息是国家的基础性、战略性信息资源，其使用受到一定的控制和限制，尤其是不少地理信息涉及国家秘密，使用前一般应办理相应的审批手续。另一方面，各种电子政务应用系统因服务对象的不同，访问的信息资源内容、范围和详细程度也会不同，系统往往需要针对不同的服务对象设置不同的访问权限。

§3.3　电子政务地理信息综合数据模型

3.3.1　综合数据模型

电子政务空间辅助决策需要为政府机关工作人员提供数字办公环境，支持多用户在空间数据上按电子政务的主体业务对各种信息进行检索、查询、分析、建模和评价。电子政务系统的核心是应用，办公人员直接面对和能够接受的是各种应用操作，只有将电子政务涉及的各种数据和信息按照应用专题组织，才能发挥信息的集成、综合应用优势（刘纪平 等，2003；栗斌 等，2007a）。

电子政务地理信息综合数据模型以电子政务专题应用为核心，对各种空间数据、电子政务非空间数据及其操作功能进行统一组织，以形成支持电子政务集成数据及其操作为一体的信息对象，满足不同类型电子政务用户对地理信息服务的需要（刘纪平 等，2006a）。该模型中基本组成单元可以抽象为应用专题、数据资源、信息对象、操作集及用户五个部分（见图 3-1）。

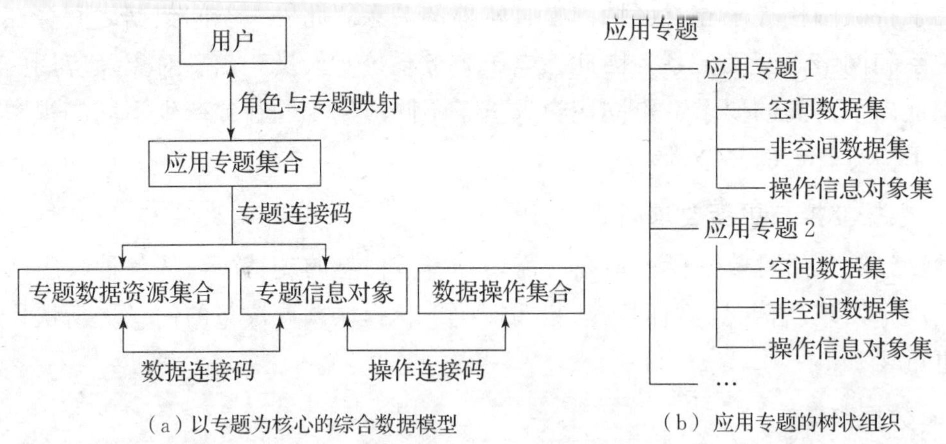

（a）以专题为核心的综合数据模型　（b）应用专题的树状组织

图 3-1　电子政务地理信息综合数据模型

（1）应用专题是电子政务业务的最小逻辑组织单位，是连接各种数据资源、信息对象、操作集及用户的纽带和核心，不同应用专题之间存在树状组织结构关系。

（2）数据资源以应用专题为单元，定义应用专题涉及的空间数据和综合非空间数据，不同应用专题根据需要可以选择相同的数据资源，也可以选择不同的数据资源。

（3）信息对象是在确定数据资源的基础上，根据应用专题的不同，将有关数据及其操作封装为一个实体；该实体既可以是地理数据及其操作，也可以是非地理数据及其操作，对信息对象本身也可以建立树状关系；不同信息对象可以按一定顺序组合，协同完成一项具体空间问题。

（4）操作集是对各种数据资源操作功能的集合，包括空间数据操作，非空间数据操作，各种操作既可以独立完成各自的功能，也可以将操作参数与数据实体封装成为信息对象；不同操作可以按一定顺序和参数组合，协同完成一项具体的地理信息服务。

（5）需要按角色与不同应用专题中的数据资源和信息对象建立映射关系，不同的应用专题使用者可以通过共享应用专题，实现应用协同。

3.3.2　综合数据管理

空间数据结构复杂，数据量大。数据管理的核心是数据入库、修改和关系建立，最终实现数据的方便和快速调度。以大型关系数据库为基础管理空间数据，可以将各种空间数据定义为逻辑空间数据库、分层数据库、图幅数据、实体数据四个不同层次的存储对象（见图 3-2），利用关系库中的各种表建立各层次存储对象关联关系，并通过对各种表的维护实现对空间数据的整体管理（栗斌 等，2007b，2011）。

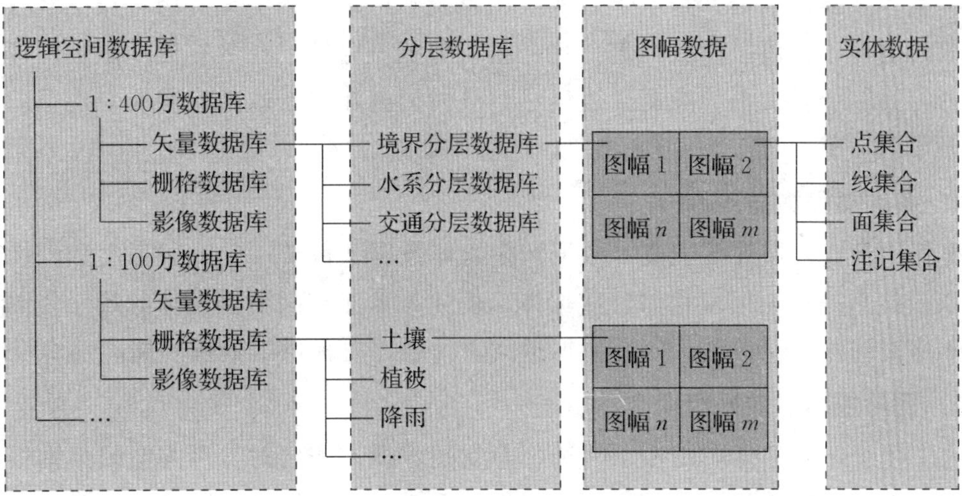

图 3-2　不同层次空间数据存储对象

与上述四个层次对应的数据库管理表分别为用户管理表、空间数据库管理表、矢量、栅格和影像分层管理表、图幅信息管理表和实体表。其中用户管理表用于存储用户信息、操作信息、请求操作时间戳、操作对象等；空间数据库管理表用于存储图库比例尺（分辨率）、图库代码和描述信息等；矢量、栅格和影像分层管理表用于存储层号、层名、范围和分层描述信息等；图幅信息管理表用于存储矢量图层较为详细的信息，如主图幅号、范围、各种实体总数、更新信息等；实体表存储点、线、面、注记、数字高程模型（DEM）、影像数据实体数据。空间数据的管理过程就是上述各种关系表的创建、修改、维护过程，如图 3-3 所示。

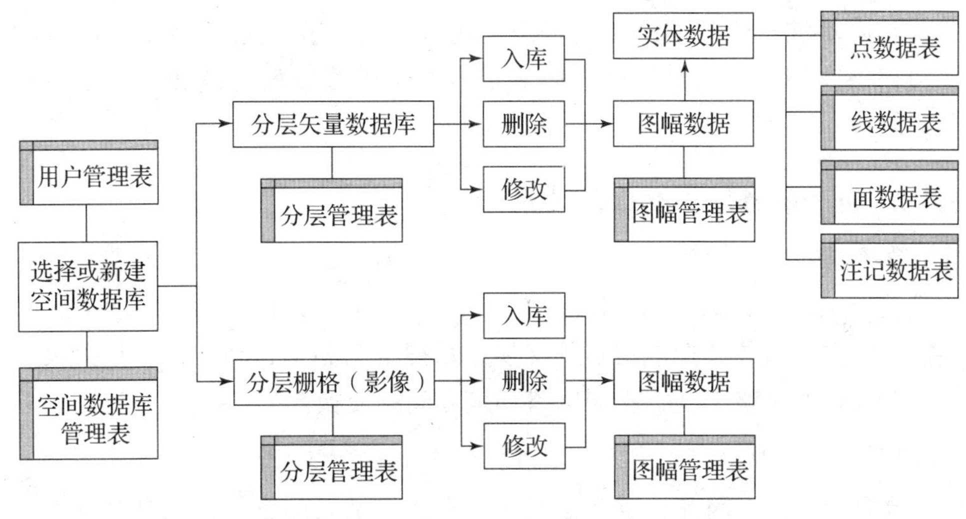

图 3-3　空间数据的管理流程

非空间数据的加工、处理和维护过程可以与空间数据分离，通常包括各种表格、文本和多媒体数据，是电子政务应用系统不可缺少的信息资源。非空间数据管理的核心是对各种离散的数据进行统一组织和统一存储，在数据体基础之上建立不同数据之间的逻辑关系和数据描述信息，从而为构建电子政务应用提供规范的非空间数据集合（董春 等，2006）。

1. 各种类型数据入库

将各种格式表格数据、文本数据和多媒体数据文件统一转入关系型数据库，利用关系数据库的变长字段存储其数据体，创建每个非空间数据实体的统一代码、类型、入库时间等信息。由于入库数据量大，一般需要提供批处理功能。

2. 面向主题的数据组织

为了便于未来建立应用专题时选择非空间数据，需要对各种非空间数据按主题进行组织，利用代码建立各种主题之间的关系树（主要包括隶属关系、平行关系）。

3. 非空间数据与空间数据逻辑关系的建立

对需要与地理信息连接的数据，可以通过定义其属性连接项建立与地理信息的连接关系，常见的属性连接项是数据表中的字段。

4. 非空间数据维护

包括各种非空间数据的增、删、改，以及逻辑关系及数据描述信息的维护。

§3.4 电子政务地理信息数据交换方法

由于政务信息往往产生于不同的部门，为了保证管理与决策基于权威的信息，尤其是应对综合管理与决策的需求，需要通过数据交换的技术手段将网上在线的或根据需要筛选的信息加载到政务信息系统中，以保证政务信息动态汇集的需要。

3.4.1 电子政务数据交换的要求

电子政务空间数据交换与常规电子政务的数据交换在内容、形式和交换要求上存在一定差异（宋琳，2005），主要要求包括支持局部更新交换、地理信息与其属性的交换、标准接口与非标准接口的交换、数据自动和半自动交换、数据及数据操作的交换、内容的完整交换、不同网络环境之间的交换。

1. 局部更新交换

空间数据量庞大，因此，空间数据的更新往往是局部更新。如果对整个空间数据进行交换必然造成网络阻塞，理想的数据交换应尽量避免数据重复。

2. 地理信息与其属性交换

该交换存在两种情况：一是地理信息更新比较慢，但是与空间数据相关的社会、经济统计数据更新较快，二者更新程度不成比例。例如水文站每小时可以提供一次水位与流量信息，而水文站的位置信息一般不变，在这种情况下，空间位置不变，其属性信息需要交换。二是地理信息与其属性信息同步更新，例如土地利用监测信息，图形和属性同步变化，图形与属性均需要交换。

3. 标准接口与非标准接口的交换

由于各部门信息化程度不同，应用系统标准化的程度也不同，有些已采用了比较标准的数据接口，如常见的关系数据库和常见的地理信息系统软件接口。但是，有些应用介于管理信息系统和地理信息系统之间，往往采用特定格式的文件存储数据。为保证应用系统及时得到动态数据资源，数据交换需要支持标准接口交换和非标准接口数据交换。

4. 数据自动和半自动交换

由于应用的规范程度和成熟度存在差异，对应用目标、数据源、处理流程等环节已明确的应用可以采用数据自动交换的方法。对一些新建立的应用，数据内容需要不断调整，数据与操作需要不断集成，这项操作由系统维护人员进行比较合适。此外，实施过程中因应用系统的环境和数据处理流程的规范化存在差异，也需要支持数据自动交换和半自动交换。

5. 数据及数据操作的交换

该交换既包括数据交换，也支持对数据操作的交换。选择新的数据源后，除了数据交换外，还需要提交对该数据的操作。当应用与对应用的维护分离时，也需要对修改后的各种数据操作进行交换，以实现真正意义上的数据服务交换。

6. 内容的完整交换

要保证交换后的数据准确加载到应用中，需要大量元数据描述信息支持，重点要提供数据类型、应用专题、数据分类等信息。即不仅要包括数据体，还应该包括数据的描述信息。

7. 不同网络环境之间的交换

该交换既支持在办公内网上的数据交换，也支持在政务专网上交换；既可以实现低速网交换，也可以实现高速网交换。

3.4.2 电子政务地理信息数据的交换过程

电子政务数据交换的主要问题是：如何保证数据的隔离交换，如何进行异构数据之间的交换，如何在一个垂直系统中不同行政级别的网络之间进行数据交换，如何在横向互联或物理隔离的网络之间进行数据交换与共享，如何进行异地交换等。由于网络服务（Web Service）技术是一种新的面向服务的体系结构，具有协议的通用性、语言独立性和软件重用等特点，因此可以作为数据交换的主要技术手段（栗斌 等，2006）。

利用上述先进、标准和开放的技术，可以基于XML和通过面向对象的机制实现对数据的封装，可以通过数据库引擎形成统一的访问和控制机制；通过建立标准业务过程的Web Service组件，可以实现面向电子政务平台各应用系统的互通和信息交换。数据交换流程如图3-4所示。

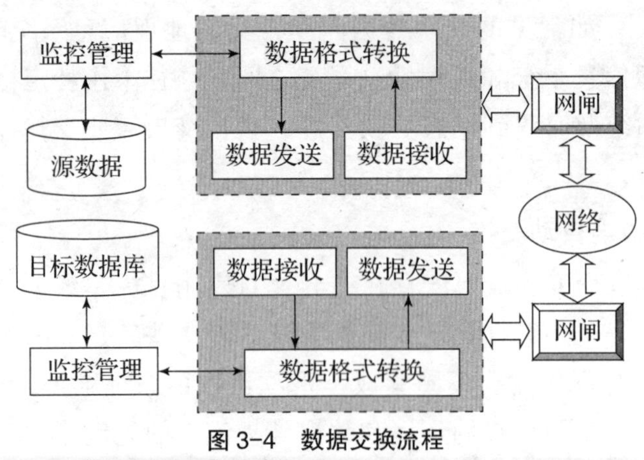

图3-4 数据交换流程

电子政务数据交换的主要功能如下。

（1）数据传输与接收。既可接收来自应用系统的数据，也可接收来自其他交换平台的数据。

（2）数据发送。可向应用系统发送，也可向其他交换平台发送。

（3）应用接口。使各类应用系统简单、方便地与交换平台相连，以便进行数据交换。

（4）控制管理。包括数据库生成、隔离数据交换、在线数据交换、数据共享、数据备份等（邓仕虎 等，2010）。

3.4.3 不同网络环境下的数据交换方法

电子政务数据交换是以不同网络交换环境为基础的，以下分别介绍如何通过内网、专网（外网）实现远程数据交换。

1. 内网数据交换

主要解决内网应用系统中数据与操作更新后，维护端系统与运行端系统的交换问题。大致过程可以分解为以下几个步骤。

（1）由维护端数据与应用维护软件选择数据和操作，完成修改与更新。

（2）通过维护软件确定是否需要交换，并将需要交换的数据和操作转换为基于 XML 的数据交换文件。

（3）维护端数据传递引擎将数据交换文件传递到目标端数据缓冲区，并形成数据交换队列。

（4）运行端监测引擎定时搜索数据交换队列，将数据缓冲区中的数据交换文件转换入库。

2. 专网（外网）远程数据交换

主要解决远程数据的监测、提取、转换、加密、压缩、传输、解密、解压和加载等问题，用于运行系统远程数据更新。大致过程可以分解为以下几个步骤。

（1）数据源应用系统生成共享数据文件。

（2）数据源端监测引擎根据不同类型交换数据的交换周期和文件命名规则等配置信息，发现共享数据文件并完成数据转换，形成基于 XML 的数据交换文件。

（3）数据交换文件通过数据源端数据传递引擎压缩，再经加密机加密后，通过网闸交换，传输到运行端专网（外网）服务器。

（4）运行端数据传递引擎将专网（外网）服务器上的数据资源经过网闸交换后，再通过解密、解压后，提交到目标端数据缓冲区，形成数据交换队列。

（5）运行端监测引擎定时搜索数据交换队列，将数据缓冲区中的数据交换文件转换入库。

§3.5　电子政务地理信息数据整合

来源于不同部门的政务信息不仅数据格式不统一、分类系统不一致、空间尺度不一致，还存在数据不连续、缺乏关联等不足，难以统一使用。电子政务地理信息数据整合的目的是：通过多尺度、多时相、多源、多种类、多分辨率、动态化的地理信息数据库的整合，为政府信息化建设和电子政务提供一致的、连续的、相关关联的地理信息支持（黄萃 等，2005；张家庆，2003；赵俊三 等，2005）。

3.5.1　整合的整体框架

政务空间数据来源多、结构复杂，涉及民政、国土、水利、农业、地震、环境保护、海洋、林业、军队等部门，这些来自不同行业、部门的地理信息数据往往具有多类型、多尺度、多分辨率、多时态、多坐标系等特点，语义差距大，造成数据不一致、不连续等严重问题，难以直接用于地理信息服务的集成分析与共享。通过研究地理编码技术、空间数据的快速坐标转换与投影变换算法，以多种方式实现空间数据的关联和快速集成。地理信息还涉及文本、统计、图像、多媒体等非地理信息，其中部分非地理信息隐含地理编码信息，如行政区划代码、地名、道路编码等，需要解决这些非地理信息的空间化关联。地理信息服务还与空间分布有关，需要研究多种类型非地理信息与多尺度地理信息关联的方法，实现海量地理信息的智能整合。

根据地理信息服务对空间数据集成的需求，分析地理信息快速整合中存在的主要问题，通过关键技术的研究，以地理编码技术实现空间数据的关联和集成，以动态投影技术解决不同投影的快速叠加，以经济统计数据格网化技术实现统计数据与空间数据的整合，从而实现基于统一时空框架下的多源、异构信息的集成以及地理信息与位置相关的地理信息资源的集成。

面向政务的地理信息系统往往集成了多个专业部门的数据库资源。这些数据按表现特征可分为图形数据、图像数据、数值型数据、文字型数据、网页数据和音频视频数据等类型；按数据结构可分为矢量数据、栅格数据、文本数据及多媒体数据等；按信息的应用功能可分为空间数据基础设施、专题空间数据、政务数据和系统管理数据等，同时这些数据在空间与时间上又具有不同的分辨率，构成了复杂的数据实体关系网。为充分体现上述各种类型数据的作用、发挥其综合效益，为辅助决策提供有价值的信息，需要解决矢栅一体化整合、多尺度地理信息数据整合、统计数据与空间数据整合、文本信息与空间信息的整合等问题（见图 3-5）。

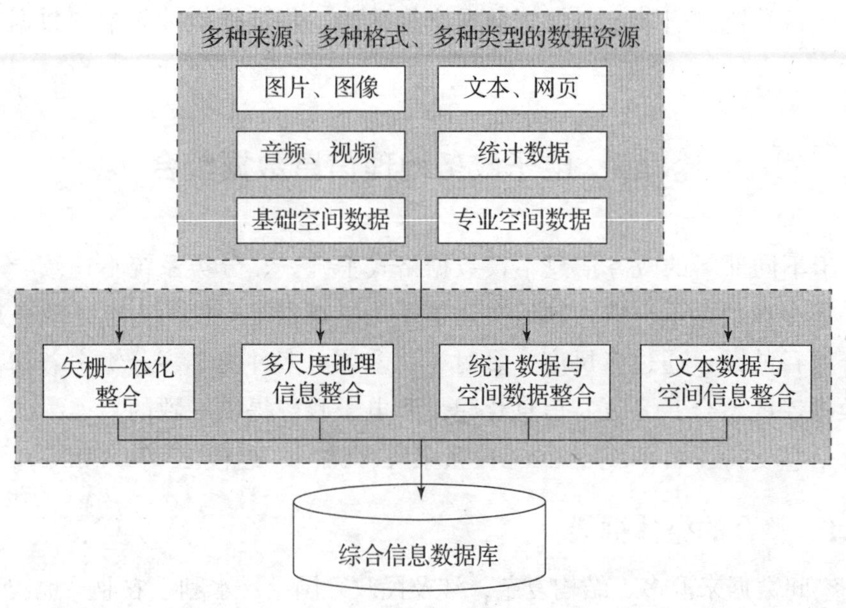

图 3-5　多源海量政务信息整合方法

3.5.2　矢栅一体化整合

所谓矢栅一体化，是将 GIS 中的矢量与栅格数据结合、统一起来，以进行同步查询、显示和分析。矢量和栅格数据由于数据结构的差异，在表示不同形式的地理信息方面各有千秋，将它们结合起来，将有诸多方面的优点：在信息表达方面，使用户对地理信息的了解不再受数据结构、数据组织形式的限制，从而对整个地区的地理信息有整体认识和了解；在检索分析方面，将矢量与栅格数据结合起来能够使一些统计分析结果更为准确、可信；在数据更新方面，根据栅格数据（尤其是遥感数据）现势性强的特点，以它作为矢量数据更新的信息源可以大大缩短更新周期。

统一空间定位是为矢量、栅格数据提供共同的定位基础，这个定位基础包括投影、比例尺和坐标。当数据信息来源不同时，必须将它们统一到共同的基础上来，以实现一体化操作。

1. 投影统一

若矢量、栅格数据分别源于不同投影和坐标系，则需进行投影转换。投影转换的方法可以采用正解变换、反解变换和数值变换。统一投影的方法有两种：一种以矢量数据投影为基准，将栅格数据进行投影转换；另一种以栅格数据投影为基准，将矢量数据进行投影转换。相对而言，矢量数据转换到栅格坐标的投影转换比较简便。反之，栅格数据转换到矢量数据的投影过程中一般会遇到如下问题：当栅格数据分若干小文件存放时，若分别对这些数据文件进行投影转换和插值处理，处理后的数据排列将不规则，拼接起来很困难，更主要的问题是容易造成数据质量的下降。比较简便的解决方法是，将原始数据拼接成若干大文件，统一进行投影转换后裁切为矩形文件，这样就可以简化软件的设计。

2. 比例尺匹配

比例尺匹配主要用于屏幕显示和图形图像输出。一般情况下，矢量数据严格按给定坐标系和比例尺显示，与物理显示设备像元点实际大小无关，且在 X、Y 方向的比例尺相同。栅格数据图像对显示比例尺要求不太严格，通常按像素（数据点）显示，显示时数据像元与物理显示设备（如屏幕）的像素点一一对应，即栅格图像显示比例尺与物理显示设备像素点实际大小相关，由此造成的失真通常可以忽略。基于上述情况，矢量与栅格数据在叠加之前必须进行匹配，否则会出现数据套合偏差。匹配方式主要有如下两种。

（1）对栅格数据进行处理，使之与矢量数据匹配。适用于对显示比例尺要求严格的显示中。设矢量数据在 x、y 方向的比例尺为 S_x、S_y，一般地，$S_x = S_y$；栅格数据 x、y 方向的显示比例尺为 G_x、G_y，设备在 x、y 方向的像素宽度分别为 W_x、W_y，对应的像素数为 N_x、N_y，栅格数据在 x、y 方向的格网间距分别为 D_x、D_y；屏幕内每列 P_x 个像素、每行 P_y 个像素，即，$P_x = N_x$，$P_y = N_y$。则

$$G_x = W_x \cdot N_x / (D_x \cdot P_x) = W_x / D_x$$

$$G_y = W_y \cdot N_y / (D_y \cdot P_y) = W_y / D_y$$

为使矢量与栅格数据准确叠合，必须拉伸栅格图像，或对原始数据进行插值，使之与矢量数据匹配。设 x、y 方向上的拉伸比例（或插值系数）分别为 K_x、K_y，则有

$$G_x \cdot K_x = G_y \cdot K_y = S_x = S_y$$

从而

$$K_x = S_x / G_x$$

$$K_y = S_y / G_y$$

依照上述参数对栅格数据进行拉伸或插值后，矢量数据与栅格数据即可准确叠合。

（2）将矢量数据统一到栅格比例尺上。适用于对显示比例尺要求不严格的显示中。在统一了投影和坐标系后，栅格数据按像素点显示，根据栅格数据的起始点坐标和格网间距，计算矢量数据每个数据点坐标落在栅格数据中的位置（行列值），进行点、线、面的叠加。这种方法算法简单，但显示的图形、图像比例与物理显示设备的像素点大小有关，在不同物理设备上显示的效果会有所不同。

3. 坐标匹配

坐标匹配的目的在于使矢量与栅格数据能够在显示、漫游、分析时始终很好地套合。在显示系统以矢量数据为基准时涉及坐标匹配问题，这是因为矢量与栅格数据在存储、组织方式上有所不同（一般矢量数据按图幅分幅存储，栅格数据按规则矩形阵列存储）。

数据的叠加需要共同基准，一般取坐标作为基准，在显示、分析，根据用户窗口位置（即窗口角点坐标），两种数据分别按照各自的数据管理方式组织数据，确定数据范围，进行显示或数据提取，如图 3-6 所示。

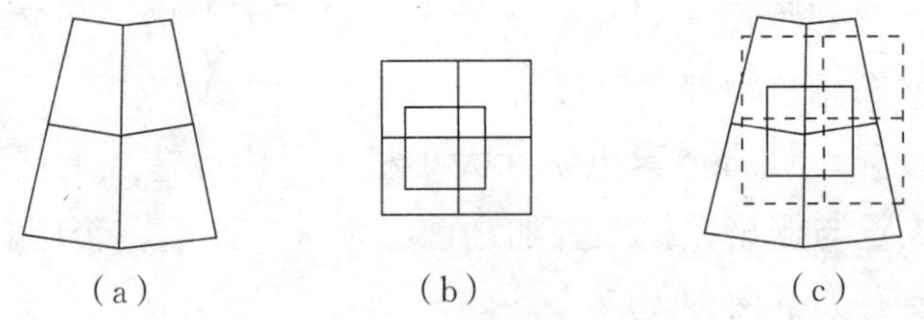

图 3-6 矢量与栅格数据的坐标匹配

图 3-6(a)、图 3-6(b) 分别是窗口在后台矢量与栅格数据文件中的位置，图 3-6(c) 为前台叠加后的结果，这个过程体现了在后台矢量与栅格数据分别存储，在前台一体化显示和分析的设计思想。

3.5.3 多尺度地理信息数据整合

对多尺度地理数据进行整合，首先需要通过对空间目标几何、拓扑和语义进行相似性度量，识别出同一地区不同尺度空间数据库中的同一地物，即目标匹配，进

而通过检查、比较、分析和识别，判断两个尺度空间数据库中的同名目标的变化情况，然后进行数据整合和检测，如图 3-7 所示。

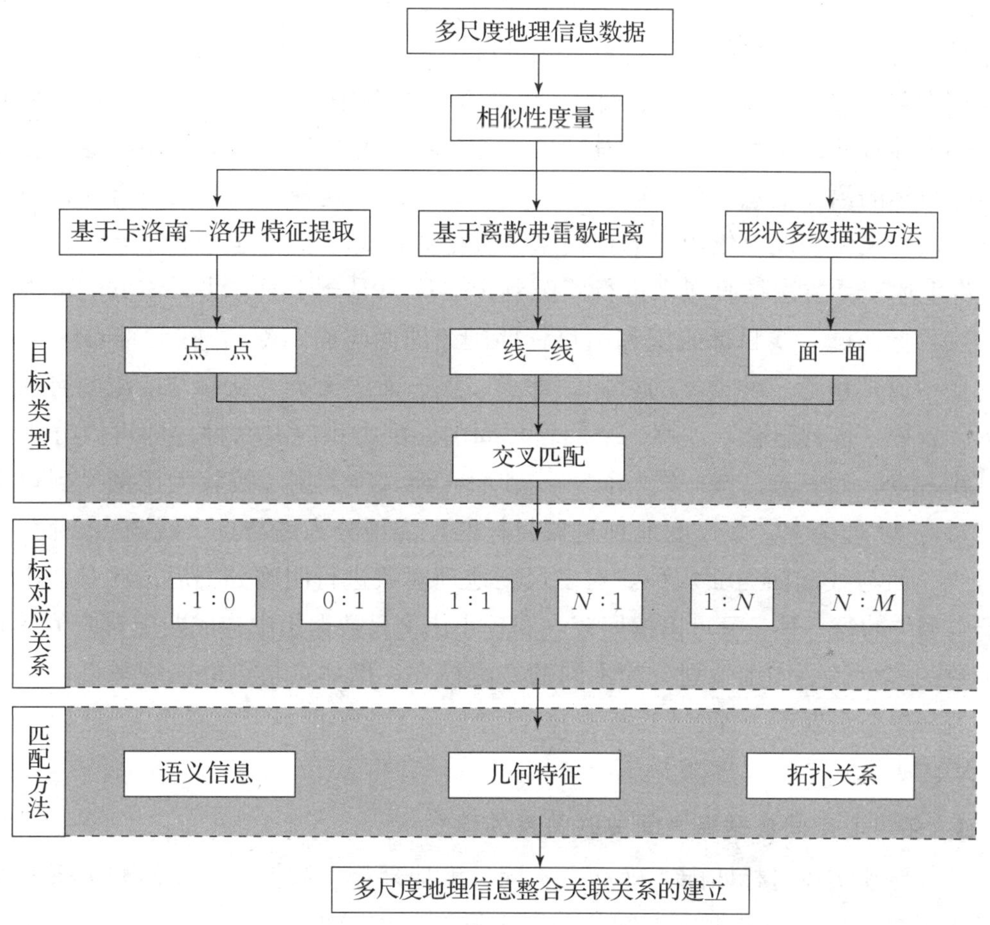

图 3-7　多尺度地理信息数据整合流程

1. 相似度度量方法

相似度度量方法包括基于卡洛南－洛伊特征提取方法、基于弗雷歇距离的特征提取方法以及形状多级描述方法等。基于卡洛南－洛伊特征提取指单个点有自己的位置信息，点与邻近点之间的位置关系又构成了点群的结构，综合考虑点与点之间的位置差异度和结构相似度，进行点集目标的匹配；基于弗雷歇距离的特征提取就是采用离散的弗雷歇距离来度量弧段之间的相似度；形状多级描述方法指多尺度面状要素的相似度量既要满足对形状的整体特征，也要满足局部特征，采用形状多级描述方法能够较详细地刻画形状，同时也可以通过调节相关参数，概略刻画形状。

2. 目标匹配方法

多尺度目标的匹配主要依据几何、拓扑和语义三个方面进行判别，相应的匹配方法分别为几何匹配、拓扑匹配和语义匹配。几何匹配属于强条件匹配，即通过计算参照目标与源目标之间几何相似度来进行目标匹配，常用的几何相似性度量指标包括距离、形状相似性、角度或方向相似性等；拓扑匹配属于弱条件匹配，指通过计算候选同名实体的拓扑关系度量作为匹配的依据，这种匹配方法的优点在于克服了几何匹配方法的不足，缺点是同一地物在两幅图中的拓扑关系哪怕有微小的差异，都将导致匹配失败，故常与其他匹配方法结合起来使用；语义匹配通过比较候选匹配目标的语义信息作为匹配依据，在某些情况下这种匹配方法很有效，缺点是匹配算法在很大程度上依赖于数据模型、属性数据类型及数据完整性等。

将上述三种方法结合起来进行匹配判定，称为混合匹配方法。该方法可进一步分为点目标匹配、线目标匹配和面目标匹配（即面与面匹配）。在二维 GIS 矢量地理信息中通常包括三种类型的目标，即点、线、面三大类，从参与匹配的目标类型来看，若按“排列组合”计算，空间目标间的匹配类型应有六种，即可以分为点—点、线—点、面—点、线—线、面—线和面—面六种类型（按较大比例尺到较小比例尺对应）。理论上，多尺度地理对象目标匹配类型分为点与点、线与点、面与点、线与线、面与线和面与面六种。对多尺度地理对象进行明确分类后，针对上述六种匹配类型中的每一种，又可以按照较大和较小比例尺数据集中构成匹配对应关系的目标个数的多少，更详细地划分为不同的匹配模式。例如点与点的匹配类型可以分为单个点与单个点匹配（即 1∶1 模式）、点群与单个点（即 N∶1 模式）、点群与点群（即 N∶M 模式）。

3. 多尺度空间数据库之间关联关系的建立

经过地理实体目标匹配，确立了不同尺度地理信息数据的实体匹配关系，即自动确立了多尺度空间数据库之间的关联关系。对差异地理信息数据进行信息提取，在此基础上加以分析，依据规范和空间抽象认知规律，建立多尺度空间数据库的关联关系。

3.5.4 统计数据与空间数据整合

统计信息是政务信息的重要内容，涵盖了人口、农业、工业、经济等各类数据，具有内容丰富、易于管理、结构化特征强等特点。它是一个国家和地区最基础的信息资源，是进行国民经济宏观调控的决策依据，是社会公众了解国情国力和社会经济发展状况的信息主体。随着 GIS 的发展，为建立各类统计数据的集成框架提供了技术基础。统计数据与空间数据整合可以通过两种途径来实现，即基于地址匹配的空间数据关联和社会经济统计数据空间化分配方法。前者注重统计数据的空间关联，后者主要解决统计数据的空间化细分，尤其是将行政统计单元的统计数据处理为以规则格网为单位（具有空间位置，一般规则格网要比行政统计单元精细）

的统计数据。

1. 基于地址匹配的空间数据关联

传统的统计数据计算单元都是以行政区划为基础的，即通过社会经济统计数据可以计算出行政单元的统计信息。在 GIS 中，空间数据和统计数据通常是通过行政区划代码进行连接和集成的，这种集成方法的优点是便于计算统计，但也存在明显的不足：统计数据空间分辨率低，不能充分揭示统计数据的空间差异性；妨碍了统计信息与地理空间数据的共享与集成；抑制了统计学对 GIS 等新技术的运用。

要解决这些问题，通过采用地理对象（实体）为基本整合单元，通过对地理实体进行编码将统计数据与空间数据进行整合则是较好的解决办法。

地理编码是对地理对象进行空间位置表示、计算和处理的过程，通过对地理对象在确定的参考中按一定的规则赋予唯一的可识别代码，从而唯一确定地理对象的空间位置。地理编码质量主要从匹配精度和匹配率两个方面来评价。利用数据库的精确查询可以保证匹配精度，但匹配率不能满足现实的需要；通过模糊查询的方法可以提高匹配率，但受分词精度和基础地址信息详细程度的影响，匹配精度不高。为了在保证匹配精度的同时提高匹配率，本书采用基于模糊数学的地理编码方法，包括基于 FMM 算法（最大正向分词算法）的地址要素识别、基于模糊数学的匹配度计算和基于拓扑分析的编码赋值三部分。以下以国家法人库统计数据空间化为例，详细介绍技术实现过程。

（1）基于 FMM 算法的地址要素识别。地址要素指在某一限定区域内，指定某一具体范围的地址。一个地址由一个或多个地址要素组成，每个地址要素为地址串中一个相对独立的部分。以中华人民共和国行业标准《城市地理编码技术规范》（CJJ/T 186—2012，备案号 J1481—2012）为例，可以将地址要素从高到低划分为 11 个级别，如表 3-1 所示。

表 3-1　地址要素级别

级别	地址要素	级别	地址要素
1 级	中国	7 级	地片、区片
2 级	省、直辖市	8 级	道路、街巷
3 级	省会、地级市	9 级	门牌号
4 级	区、县、市	10 级	楼牌号
5 级	街道、乡镇	11 级	兴趣点（POI）、标志物
6 级	社区、村		

地址数据包含多级地址要素，为了实现全国范围的地址匹配，必须具备 2~4 级

地址要素，以解决不同地区拥有相同地名、路名的问题。因此，根据行政区划数据，参照全国行政区划代码，解析 2~4 级地址要素，依据解析的地址要素补充完善地址数据。同时，地址要素具有一定的规律性，一般以省、市、区、县、镇、社区、路、号等关键词结尾。根据这个规律，设计在分词结束后，判断分词结果是否为标准地址要素，继而对非标准的地址要素作标准化处理，从而解决地址多词、少词等问题。此外，参照别名、简称数据库，将地址中的别名、简称替换为标准地址要素。

（2）基于模糊数学的匹配度计算。一般地，如果两个地址的地址要素越接近，那么它们在空间地理位置上的距离越接近。在上述假设条件下，以地址要素为单位，从基础地址库中获取相似记录，并计算各记录的匹配度。

匹配度是在模糊数学原理的基础上提出的。设待匹配地址由 n 个地址要素组成，用向量 $\boldsymbol{A}=(A_1, A_2, \cdots, A_n)$ 表示，基础地址信息集合中任意一条数据由 m 个地址要素组成，用向量 $\boldsymbol{U}=(U_1, U_2, \cdots, U_m)$ 表示。那么，待匹配地址与任意一条基础地址的隶属度可以用 $m \times n$ 维矩阵表示：

$$\boldsymbol{M}=\begin{bmatrix}1 & 1 & \cdots & 1\end{bmatrix}\begin{bmatrix}\frac{A_1}{U_1}Q_{11} & \frac{A_2}{U_1}Q_{12} & \cdots & \frac{A_n}{U_1}Q_{1n} \\ \frac{A_1}{U_2}Q_{21} & \frac{A_2}{U_2}Q_{22} & \cdots & \frac{A_n}{U_2}Q_{2n} \\ \vdots & \vdots & \ddots & \vdots \\ \frac{A_1}{U_m}Q_{m1} & \frac{A_2}{U_m}Q_{m2} & \cdots & \frac{A_n}{U_m}Q_{mn}\end{bmatrix}\begin{bmatrix}1 \\ 1 \\ \vdots \\ 1\end{bmatrix}$$

式中：$\boldsymbol{M}$ 为 $\boldsymbol{A}$ 关于 $\boldsymbol{U}$ 的隶属度；A_i（$i=1, 2, \cdots, n$）为待匹配地址的第 i 个地址要素；U_j（$j=1, 2, \cdots, m$）为任意一条基础地址的第 j 个地址要素；Q_{ij} 取值如下：

$$Q_{ij}=\begin{cases}W & (U_j=A_i) \\ 0 & (U_j \neq A_i)\end{cases}$$

式中：W 为要素 U_j 的权重值。

地址要素权重设置直接关系到匹配精度和匹配率。根据不同的需要可设置不同的权重。研究表明，匹配全国范围数据，2~4 级地址要素对结果影响很大，这是因为我国不同地区相同地名、路名的情况比较普遍，可能会干扰匹配结果。匹配某一地区数据，6~10 级地址要素对精度影响比较大。因此，在实际应用中应根据需要合理赋值。

匹配全国组织机构信息的过程中，以提高匹配率为出发点，采用统计分析方式对地址要素权重赋值。从全国组织机构地址库中随机选取 100 条数据，统计各级地址要素的缺失对地址表达准确性的影响：如果去掉该地址要素，定位的位置发生变化，那么该要素重要；如果去掉该地址要素，定位位置不发生变化，那么该要素不重要。将 2~11 级要素按照重要程度排序，赋值后归一化，得到权重值如表 3-2 所示。

表 3-2　地址要素权重值

地址要素级别	2 级	3 级	4 级	5 级	6 级	7 级	8 级	9 级	10 级	11 级
权重值	0.10	0.05	0.15	0.10	0.15	0.15	0.15	0.05	0.05	0.05

（3）基于拓扑分析的编码赋值。为了保证匹配精度，通过分析待匹配地址要素与匹配地址之间的拓扑关系，排除定位错误的记录，选择最相似结果对待匹配地址赋值。在地址要素识别的基础上，按照第 7、8 级地址要素分为两种情况：一是以道路数据为主的线状要素拓扑分析；二是以区片为主的面状要素拓扑分析。前者采用的是道路的最小外接矩形，后者是区片最小行政界线的最小外接矩形。为了消除边界上的误差，实际操作时对匹配点做缓冲区，再对缓冲区与地址要素范围做拓扑分析。

图 3-8 表示道路拓扑分析情况，图 3-8(a) 所示的是缓冲区在矩形内部，被认为定位正确，图 3-8(b) 中缓冲区在矩形外部，被认为定位错误。图 3-9 表示区片拓扑分析情况，图 3-9(a) 所示缓冲区在矩形内部，被认为定位正确，图 3-9(b) 所示缓冲区在矩形外部，被认为定位错误。

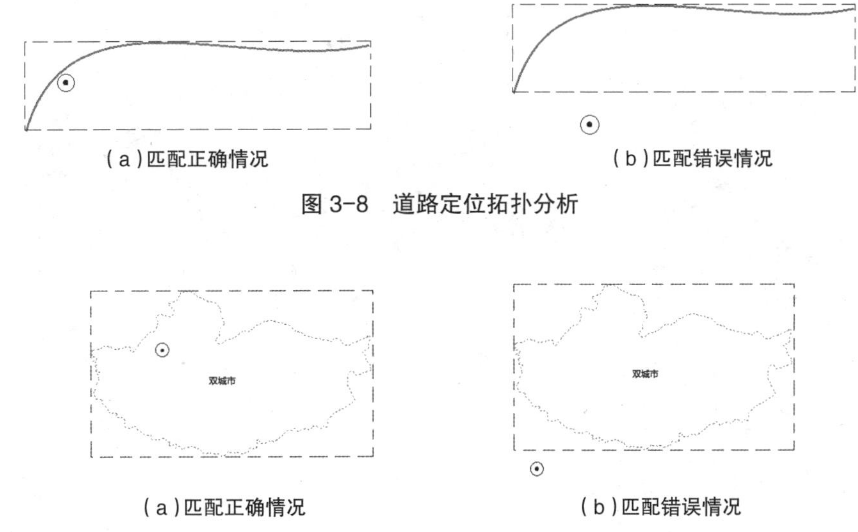

（a）匹配正确情况　（b）匹配错误情况

图 3-8　道路定位拓扑分析

（a）匹配正确情况　（b）匹配错误情况

图 3-9　区片定位拓扑分析

综上上述，整理算法如图 3-10 所示。

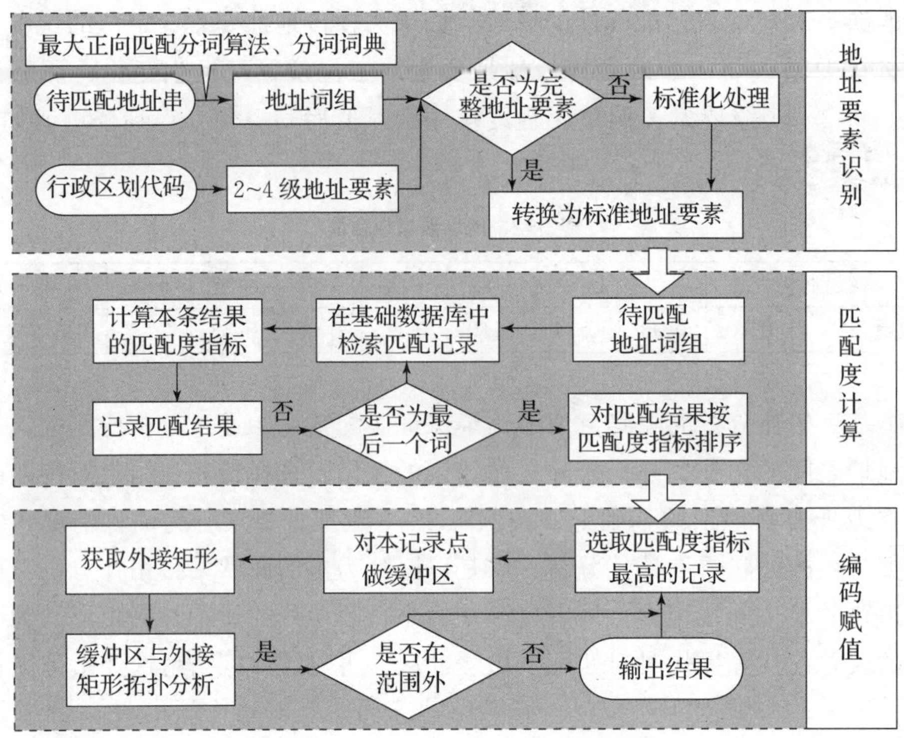

图 3-10　基于模糊数学的地理编码算法

基于以上理论，以全国组织机构代码数据为统计数据，以 2012 年全国导航数据作为基本地理信息，利用地理编码技术完成两者的关联，并将关联后的结果展示在地图上，如图 3-11 所示。

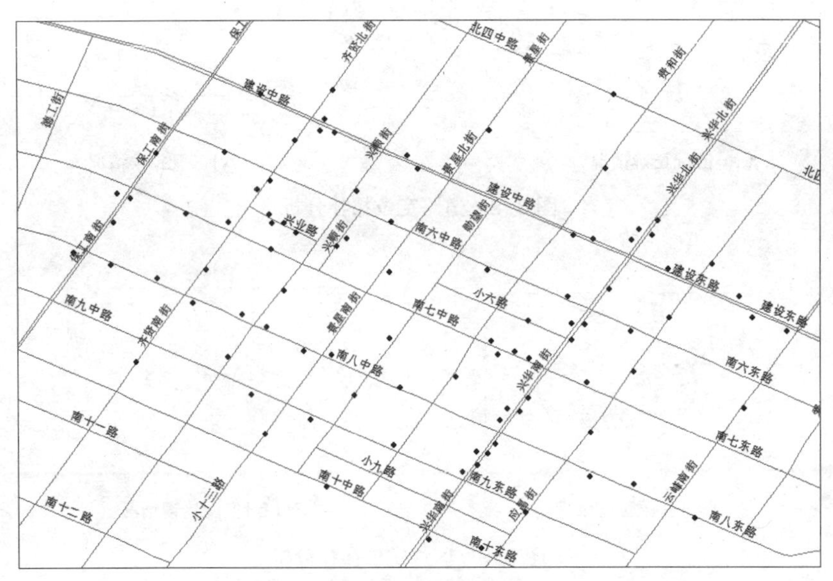

图 3-11　地理编码结果展示

2. 社会经济统计数据空间化分配方法

社会经济统计数据空间化分配指通过分析不同环境要素与行政单元社会经济数据之间的关系，建立空间点内插或面内插模型，对行政单元社会经济数据进行空间模拟操作。

传统的社会经济空间分布的计算都是以行政界线为基础的，即通过社会经济统计数据计算出以县、市或省为单位的统计信息。这种计算方法虽然便于计算和统计，但若某个行政单元内（如县）不同位置的社会经济数据为同一个，行政单元内不同位置的情况差异就难以有效地表达和针对性地分析。当研究区域与行政区划的界线不一致时，需通过面插值、格网计算等数据融合方法将其转换为基于研究区域边界的统计数据。

因此根据传统方法所得到的结果只是粗略的和概要的，只有通过空间面内插、格网计算等方法实现统计数据的空间化，才便于 GIS 技术在经济统计领域得到深入的应用，便于统计数据与其他空间数据的叠加分析，为进一步的数据挖掘和辅助决策奠定数据基础。

下面以国内生产总值（GDP）和人口规模为例，说明社会经济统计数据空间化的方法和过程。

1）GDP 统计数据空间化分配

GDP 作为量化社会经济数据的重要指标，指按市场价格计算的一个国家或地区所有常驻单位在一定时期内生产活动的最终成果。从 GDP 的概念和构成分析可以看出，GDP 主要受自然因素（如土地利用）、经济因素（如构成中各产业部门）和人文因素（如人口规模）等几方面的影响。通过格网计算技术，以及第一、第二、第三产业和土地利用数据之间的关系，把 GDP 分配到相应大小的格网中，可以计算出每个单元格内的国内生产总值。

（1）从 x：−2 700 km、y：2 865 km 起建立覆盖全国的 1 km 格网，格网行列编号的起算点为 x：−2 800 km、y：0 km（x、y 分别为水平、垂直方向格网距离）。编号采用 9 位数，其中前 4 位为行号，后 4 位为列号，中间为 0，如“XXXX0XXXX”。

（2）利用空间分析技术，把 1∶25 万县级行政区划和 1∶10 万土地利用分别与 1 km 格网进行叠加计算，计算结果转换成关系数据库，按照统一的指标，对数据项进行取舍、合并，每个格网分别记录政区的行政区划代码和土地利用的类型以及相应的面积，因子库的建立流程如图 3-12 所示。

（3）以中国统计出版社出版的县（市）社会经济统计年鉴为主要资料，建立分县 GDP 关系数据库。

（4）确立第三产业 GDP 分配系数。将某省分县的三产产值与分县各种土地利用类型的面积进行单因子相关分析，剔除相关性极差的因子（相关系数小于0.1），对剩余的因子进行回归分析，计算出剩下的每种土地利用类型与三产产值的相关系数，对这些相关系数进行归一化计算，得出归一化的分配系数（见表3-3）。

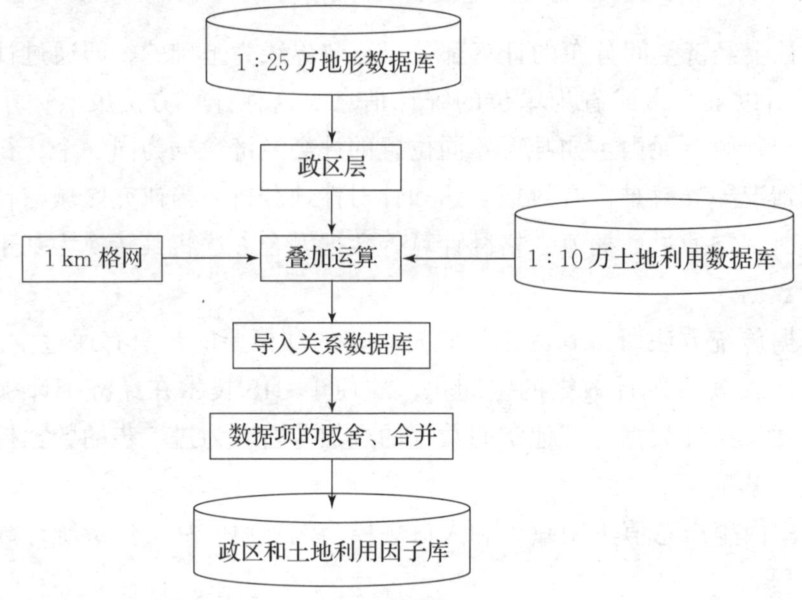

图3-12　因子库建立流程

表3-3　第三产业GDP分配系数

省、直辖市、自治区	相关系数					归一化相关系数				
	耕地	林地	草地	水域	建筑用地	耕地	林地	草地	水域	建筑用地
安徽	0.329	0.403	0.035	0.000	0.500	0.260	0.318	0.028	0.000	0.395
北京	0.000	0.112	0.000	0.030	0.983	0.000	0.100	0.000	0.027	0.874
重庆	0.136	0.176	0.034	0.334	0.645	0.103	0.133	0.026	0.252	0.487
福建	0.330	0.147	0.008	0.220	0.827	0.215	0.096	0.005	0.144	0.540
广东	0.191	0.094	0.025	0.074	0.847	0.155	0.076	0.020	0.060	0.688
甘肃	0.000	0.000	0.000	0.000	0.537	0.000	0.000	0.000	0.000	1.000
广西	0.000	0.117	0.021	0.145	0.570	0.000	0.137	0.025	0.170	0.668
贵州	0.000	0.015	0.077	0.000	0.638	0.000	0.021	0.105	0.000	0.874
河南	0.081	0.000	0.113	0.000	0.200	0.206	0.000	0.287	0.000	0.508
湖北	0.150	0.246	0.000	0.633	0.478	0.100	0.163	0.000	0.420	0.317
河北	0.297	0.038	0.004	0.000	0.351	0.430	0.055	0.006	0.000	0.509
海南	0.605	0.420	0.217	0.072	0.859	0.278	0.193	0.100	0.033	0.395
黑龙江	0.515	0.000	0.000	0.000	0.708	0.421	0.000	0.000	0.000	0.579

续表

省、直辖市、自治区	相关系数					归一化相关系数				
	耕地	林地	草地	水域	建筑用地	耕地	林地	草地	水域	建筑用地
湖南	0.000	0.230	0.144	0.000	0.719	0.000	0.210	0.132	0.000	0.658
吉林	0.863	0.004	0.021	0.000	1.190	0.415	0.002	0.010	0.000	0.573
江苏	0.222	0.073	0.000	0.253	0.300	0.262	0.086	0.000	0.298	0.354
江西	0.000	0.068	0.131	0.000	0.440	0.000	0.106	0.205	0.000	0.689
辽宁	0.000	0.113	0.069	0.354	0.706	0.000	0.091	0.056	0.285	0.568
内蒙古	0.000	0.000	0.161	0.000	0.244	0.000	0.000	0.398	0.000	0.602
宁夏	0.052	0.000	0.633	0.156	0.599	0.036	0.000	0.440	0.108	0.416
青海	0.000	0.119	0.000	0.000	0.507	0.000	0.190	0.000	0.000	0.810
四川	0.087	0.019	0.041	0.000	0.894	0.084	0.018	0.039	0.000	0.859
山东	0.329	0.721	0.349	0.000	0.605	0.164	0.360	0.174	0.000	0.302
上海	0.000	0.000	0.045	0.000	1.011	0.000	0.000	0.043	0.000	0.957
陕西	0.000	0.041	0.124	0.018	0.850	0.000	0.040	0.120	0.017	0.823
山西	0.000	0.000	0.083	0.000	0.791	0.000	0.000	0.095	0.000	0.905
天津	0.284	0.000	0.000	0.397	0.693	0.207	0.000	0.000	0.289	0.504
新疆	0.108	0.000	0.000	0.000	0.624	0.148	0.000	0.000	0.000	0.852
西藏	0.000	0.000	0.000	0.000	0.993	0.000	0.000	0.000	0.000	1.000
云南	0.000	0.000	0.021	0.122	0.700	0.000	0.000	0.025	0.145	0.830
浙江	0.322	0.000	0.07	0.027	0.908	0.243	0.000	0.053	0.020	0.684

（5）按照 GDP 空间分布的方法，建立相应的计算模型，分别建立农业、林业、牧业、渔业、第二产业、第三产业的 GDP 1 km 格网数据集，对以上各个 GDP 1 km 格网数据集进行相加，就得到一定区域范围内 1 km 格网的 GDP 空间分布，图 3-13 为全国 GDP 空间分布的示意图（注：未含港、澳、台数据）。

为检验全国 1 km 格网的 GDP 空间分布数据成果，可以将县域覆盖格网内的 GDP 值进行统计汇总，所得数值与常规分县统计数据的 GDP 值进行对比。经过试验，该方法得到的两者误差在 4% 以内，说明这种方法所得到的精度是基本能够满足需求的。

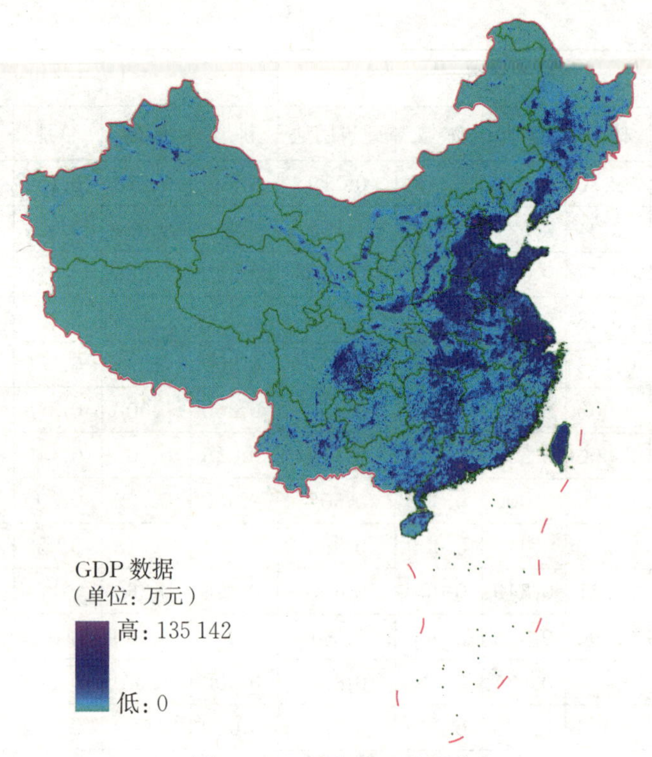

图 3-13 全国 GDP 空间分布

2）人口统计数据空间化分配

人口分布通常以行政区为单元，通过统计、普查、逐级汇总获得。因此，利用 GIS 表现人口分布的常规方法是：为统计单元建立多边形边界数据库，把人口作为这些多边形的属性数据进行存储，各种分析和操作均基于一系列统计单元，这种方法所表达的区域内人口是均匀分布的，而实际情况并非如此。人口的分布与地理位置、地形要素、地貌形态、土地覆盖现状、经济发展状况等密切相关。在现有 GIS 技术、空间数据条件下，通过建立包括地形要素（居民地、水系、公路、铁路等）、海拔高程带、土地利用数据等的地理因子库以及通过各类因子与人口的相关性分析，建立各省以县为单元的人口分布模型，确定各因子权重系数，并通过统计各标准单元（如 1 km × 1 km）内各相关因子数值，结合人口分布的限制条件（高程限制、坡度限制、水体限制等），以及相关分析中奇异点的处理等技术，实现人口在空间单元内的定量分布。

建立模型的主要流程是：提取人口分布相关因子，确定各相关因子权重，根据权重计算单元人口数。具体操作为：选取高程、坡度、公路长度、河流长度、土地利用专题空间数据、点状居民地个数、土地面积等作为地理经济因子，首先对解释变量进行多重共线性检验，以保证解释变量间不存在高度相关性。然后将其分别与县级人口数进行相关性分析，若通过显著性检验，则将相关系数归一化处理，作为各因子对人口的影响权重，若未通过显著性检验，则舍弃。对于包含二级因子的权重计算，如土地利用因子分为耕地、林地、草地、水域、工矿建筑用地和未利用土地六类，分别对二级因子进行相关性分析，二级因子的权重系数汇总后经归一化处理，作为类因子的权重系数。将各单因子权重相加得到格网单元的综合权重，标准化后与行政单元人口总数相乘，得到格网单元的人口数。

根据以上方法，对湖南省株洲市人口统计数据进行空间化，空间化前后的对比效果如图 3-14 所示。

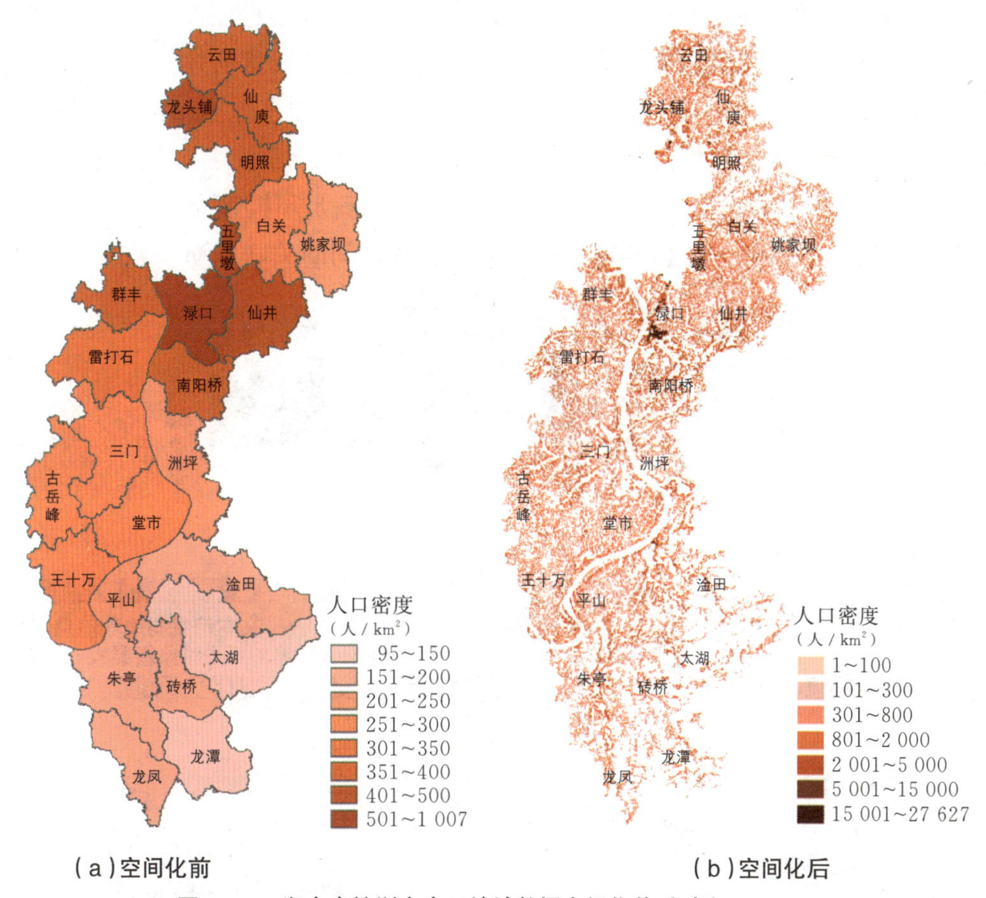

图 3-14　湖南省株洲市人口统计数据空间化前后对比

3.5.5　文本信息与空间信息整合

在电子政务中，文本信息是办公自动化、政务综合决策、法律条文审批、流转等环节的主体信息形式，是政府工作人员日常工作中最为频繁接触的信息类型，是机关内部资料存档、政务 OA 系统、政务辅助决策系统、政务业务系统中资料库、档案库、数据库的重要信息。同时，政务文本数据中包含大量地名、地址、行政区划、坐标、兴趣点、救灾区、发展区划、统计格网等空间相关信息，因此也是政务地理信息服务信息资源整合的重点。原始文本数据仅仅为纯文本描述，在信息表达方面需要工作人员明确文本内涵与外延，缺少直观化、形象化与地理信息关联的图文一体化展示。所以，在政务文本数据资源利用方面，迫切需要形成图文一体化互补描述、动态展示、交互服务下的信息联动呈现技术和方法。在面向政府决策的过程中，文本数据与空间信息关联、整合，具有十分重要的理论意义和应用价值。

为提高空间信息在电子政务业务中的应用水平，实现GIS与政务OA系统、管理信息系统（MIS）的深入整合，基于面向服务的体系结构（SOA）思想，这里采用服务聚合、信息关联、图文混排等技术，通过超文本与地理信息控件的编辑和图文混合排版，实现业务文本信息与地理信息的对象级整合，支持要素实体、地图组件、专题应用、网页等不同粒度的信息封装与发布，形成超文本动态地图新的信息服务方式，实现超文本模式下的空间信息展示（如地理要素的放大、缩小、漫游，图层管理，定位等）、查询分析、时态对比等专业地理信息服务，满足不同复杂程度政务信息与地理信息整合表达的需要，加强地理信息与文本信息之间的关联互动（见图 3-15）。

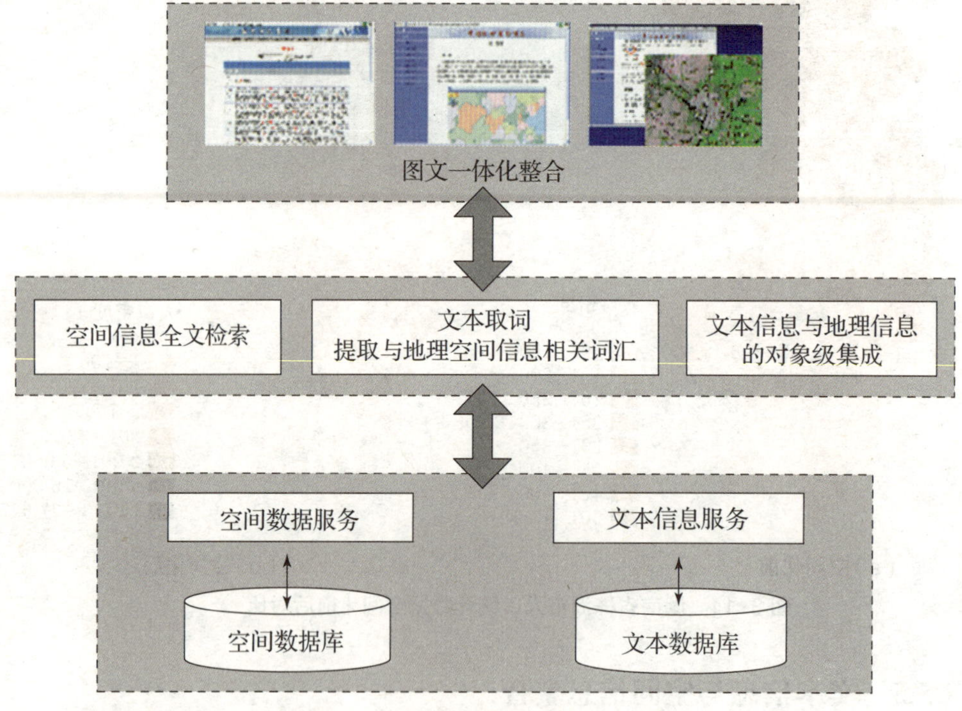

图 3-15　文本信息与地理信息整合方法

1. 文本信息与空间信息整合方法

文本信息的特点在于条目多、应用普遍、语义丰富。文本数据处理包括文本解密模块、文本转码模块、分词索引模块、索引维护模块。其中文本解密模块与文本转码模块和信息资源的特征相关，而分词索引与索引维护模块则是较为通用的模块

（见图 3-16）。

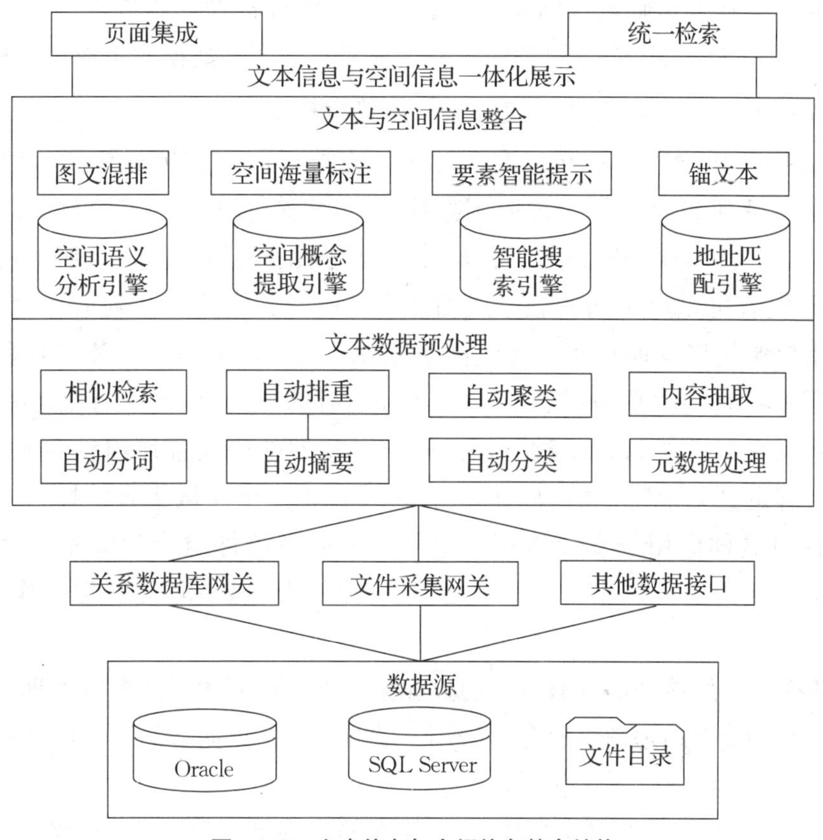

图 3-16　文本信息与空间信息整合结构

（1）文本解密。有些信息资源中的信息条目是经过加密的，因此需要进行文本解密，以实现文本数据的进一步处理。解密的方法包括穷举法、脱壳解密、翻译密码、剖析解密等方法。

（2）文本转码。文本的编码方法很多，特别是国际化环境中不同的语言有不同的编码方式，甚至同一种语言也可能有多种编码。因此，文本需要转码，统一到 Unicode 上才能进行下一步处理。文本转码模块的功能类似 Libiconv 开源库，但其可以通过统计方法来猜测无编码信息文本的可能编码方案。

（3）分词索引。分词索引是文本数据处理中最基础和最重要的功能。分词索引是进行全文搜索的必要条件，分词索引模块将文本分割成词汇表中的条目，从而产生倒排表，为以后的关键词检索服务。

（4）索引维护。索引维护包括分词表更新、索引复制、索引更新与删除等操作，索引维护也是文本处理的必备模块。

（5）文本与空间信息整合。在地理对象文本与空间关联方面，按行政区划、地名、坐标、兴趣点等进行政务实体与位置关联，实现政务资源信息的空间定位；利用空间语义分析引擎、概念提取引擎、地址匹配引擎等工具，实现描述信息注册、位置信息提取、基于基础地理信息的位置匹配，整合各种专题数据实现空间信息平台的专题数据空间定位功能，为各种政务、各类专题文本数据的集成展示提供支撑。

2. 面向 SOA 的文本与空间信息一体化整合技术

SOA 是基于开放的互联网标准和协议、支持对应用程序或应用程序组件进行描述、发布、发现和使用的一种应用架构。SOA 支持将可重用的数据应用作为应用服务或功能进行单独开发集成，并可在需要时通过网络访问这些服务或功能。通过 SOA，开发者可以对不同的服务或功能进行组合，完成一系列业务逻辑与展现，最终可让用户像使用本地桌面业务组件一样方便地调用服务、功能等各种资源，还可以根据需要，将各种服务按需组装为应用程序。SOA 平台所有服务都是自包含的，具有定义良好的接口，这种“松散耦合”特性的应用程序组件在此类组件中，代码不一定绑定到某个特定的数据库。正是得益于这个松散耦合特性，才使得开发人员能够针对具体应用开发可重用的组件，并将各组件组合为应用程序，因此可大幅度地提高代码的重用率，可以在功能扩充的同时减少重复开发工作（刘纪平，2006b）。

基于各种类型的地理信息服务，通过编排、组装、复用、建模等处理流程，提供服务聚合后的新综合地理信息服务，采用“横向网格，纵向多级”的服务模式，实现面向政府的地理信息与业务信息协同服务，如图 3-17 所示。可以整合的地理信息服务包括：WMS、WMTS、WFS 等符合 OGC 标准的地理信息服务，天地图、GoogleMap 等地理信息瓦片服务，ArcGIS REST 服务，以及第三方公开标准的服务等。

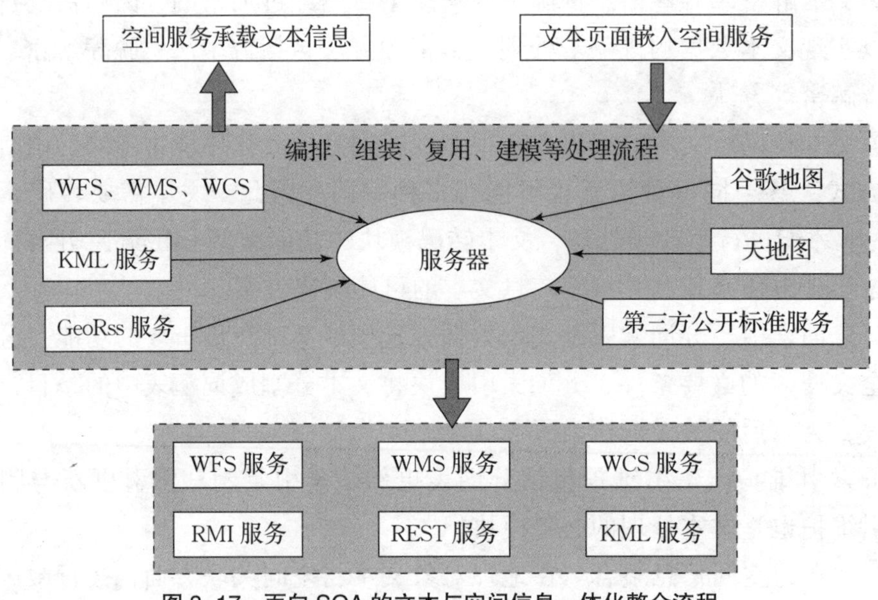

图 3-17　面向 SOA 的文本与空间信息一体化整合流程

3. 文本信息与空间信息整合流程

文本型数据整合的目的是便于进行高效跨库的全文检索，以及为知识服务提供数据支持。所谓全文检索指在海量非结构化信息中快速、准确地获得用户所需的信息。全文数据库系统追求高查准率，同时提供 100% 查全的手段，输出结果可按字段值或相关度排序，或按多字段联合排序，且支持检索结果的分类，是面向网络服务应用和满足电子政务最新需求的数据库系统。文本型数据整合是将数据整合到非关系型数据库中，并最终形成全文检索分词库。当前电子政务文本型数据主要来源有纯文本文件、XML、关系型数据库、非关系型数据库等几种。文本类型数据整合模块结构如图 3-18 所示。

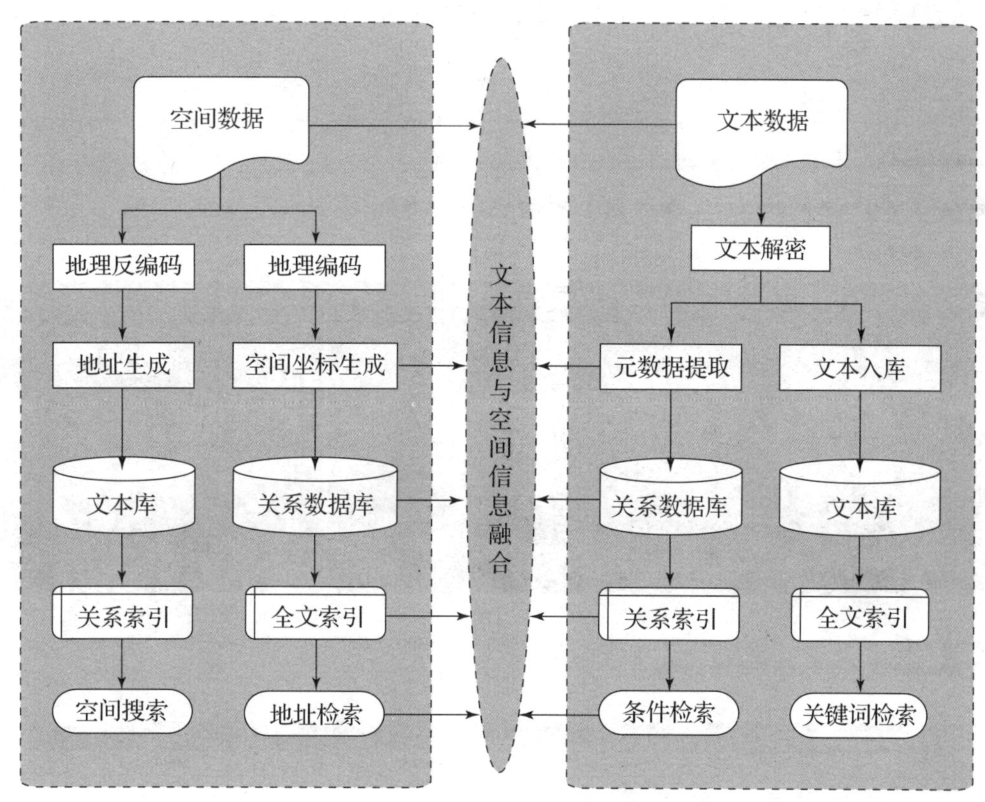

图 3-18 文本信息与空间信息整合流程

空间数据的预处理包括地理数据格式转换、投影、配准、地理编码与反编码等操作。隐含有空间位置信息、可进行空间化的专题数据包括自然语言表达的地名地址、邮政编码、地理坐标、显著兴趣点或地标名称等或者图形文件、GML 文件、SHAPE 文件、MIF 文件、DXF 文件等。地名地址可以用于构建关键词检索的索引库，结合空间数据库的空间检索条件一起使用，达到方便应用的目的。

在文本信息与空间信息整合后，通过编排、组装、复用、建模处理流程，提供服务聚合后的新的综合地理信息服务。地理信息与文本信息整合的表现方法，一般有地理信息平台承载文本信息、文本页面嵌入空间信息服务两种方式。前者以空间平台为核心，采用空间索引、空间标注、多维可视化等技术，充分发挥空间信息的一体化表现能力，实现以空间为主体的文本数据快速定位、标注、关联、管理服务。相对前者，在文本中嵌入空间信息服务更多应用在面向政务服务的业务工作中。数据预处理整合阶段，在文本数据中提取地理位置、关联地名地址、链接行政区划，形成目标文本数据对象的空间信息参数列表，通过列表参数访问后台 GIS 数据服务。在文本页面前端，嵌入数据访问插件（JS 库、Flex 库、ActiveX 插件），实现文本与地理信息的编排、组装、发布，完成在文本页面中快速自动嵌入空间信息服务（刘纪平 等，2008），如图 3-19 所示。

咸海

概　述

咸海为咸水湖，位于哈萨克斯坦和乌兹别克斯坦之间，水源主要来源于阿姆河和锡尔河，曾为世界第四大湖。

咸海水体动态监测

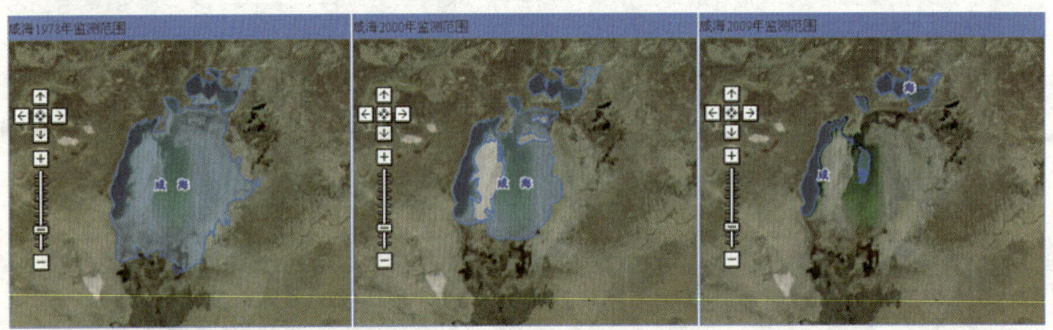

监测结果可以看出，咸海水面面积自1978年以来持续呈下降趋势，特别是2000年至2009年期间，水面面积几乎萎缩了5倍。水面也由原来的一个水面，分割成2009年的4个水面。这与入湖河流锡尔河与阿姆河的大规模引水发展农业灌溉密切相关。

表1 咸海不同年代水面面积统计表

	1978年	2000年	2009年
咸海	40711.68	39160.58	8615.04

图 3-19　文本中嵌入空间信息服务

第 4 章　电子政务协同地理信息处理与服务

电子政务的核心是实现行政和日常事务的网上管理，建立政府、社会和公众之间的有机服务系统，信息处理和服务需要在政府部门之间、政府与社会以及政府与公众间完成，具有群体性、交换性、分布性和协作性的特点，电子政务地理信息服务与计算机支持的协同工作具有紧密联系。本章以协同地理信息处理和服务为核心目标，面向电子政务协同处理业务需求，解决电子政务分布式计算环境中多系统、多用户对空间数据进行协同处理的相关技术问题，并在此基础上完成协同服务的初步试验。

§4.1　计算机支持下的协同工作

人类社会是一个紧密协作的整体，在当今信息化社会中，人们的生活方式和劳动方式具有群体性、交换性、分布性和协作性等特点。任何政府部门、企业或个人事实上都处于某种协作环境中，合理地构建和利用协同工作技术工具，可以极大地提高工作效率。随着人类社会信息化进程的加快，尤其是计算机及网络结构、信息传输交换、可视化表达等技术的飞速进步，计算机支持的协同工作（CSCW）技术应运而生，并发展成为融计算机网络、信息交换处理及社会应用等于一体的多领域交叉、多学科支持的、极具前途的研究领域。

1984 年，美国麻省理工大学的 Irene Grief 和 DEC 公司的 Paul Cashman 正式提出了计算机协同系统工作的概念。1998 年，Bannon 和 Schnidt 提出了 CSCW 应致力于研究协同工作的本质和特征，并以此为基础设计具有足够计算机技术支持的协同工作信息系统。随后的研究者因研制支持群体工作软件，也将 CSCW 简称为“群件”（group ware）。

目前，一般认为 CSCW 指地域分散的一个群体借助计算机和网络技术，共同协调和协作完成一项任务（史美林，2000），包括协同工作系统的建设、群件工作方式研究和支持群体工作的相关技术研究、应用系统的开发等。CSCW 技术具有广泛的应用前景，凡是具有群体协作特征、可以采用计算机和网络技术的领域，如工业生产协作、电子商务、远程教育等，都可以采用 CSCW 技术改善群体成员之间的关系，提高工作效率，保证系统质量（史美林 等，2000；Jankowski et al，1997）。

许多学者对 CSCW 应用系统进行了大量研究，其中不乏对地理信息协同应用的研究（胡雪莲 等，2003；Kies et al，1998）。作为 CSCW 支持下的应用技术，地理信息协同应用系统从协同信息处理的过程看，需要较强的控制交互性，以更好地达到“多用户面对面”进行数据处理的用户体验；另外，系统还需要具有较强的信息共享能力，以便多用户在分布式环境中能够实时或准实时地共享空间视图、空间数据、执行结果等（施敏 等，2001）。目前，CSCW 支持下较为成熟的电子政务地理信息应用实践主要包括协同空间数据处理、多代理协同地理信息服务等。

§4.2 集中式协同空间数据处理

4.2.1 空间数据处理中的协同模型

协同空间数据处理首先需要实现功能协同与数据协同的统一，即不同用户可以按不同功能共同完成空间数据处理，这对可以流程化的空间处理过程如空间数据编辑、建库等尤为重要；另外，对同一数据对象进行处理时，还需要解决不同用户操作结果的反馈、协调，以保证空间数据库的一致性。

协同空间数据处理包括“处理功能协同”和“数据访问协同”两个方面。处理功能协同指如何发起一个协同、终止一个协同、用户加入和退出协同、不同功能之间的协同等（洪宁，2000）；数据访问协同指管理不同用户对数据的申请、使用，以及数据处理结果的返回（洪宁 等，2000；王桥 等，1999）。

在客户端—服务器结构环境下，服务器负责空间数据控制，完成对所有数据的管理和并发控制，客户端负责对服务器数据的访问和相互之间的访问。针对空间数据的特点，客户端一般需要对最小处理对象作独占修改，然后将修改结果传回服务器，并通知其他成员。

地理信息具有空间关系的特征，每个空间对象及其与周边其他空间对象之间存在空间关系。因此，在进行大范围空间数据处理时，为保证不同用户处理空间数据空间关系的唯一性，避免大量连带处理，需要按空间范围确定处理规模。

4.2.2 基于共享模式的协同数据处理

一般情况下，用户把对共享数据对象进行操作的事件以消息方式通知其他用户，其他用户在接到消息后，在本地执行相应的操作，从而达到用户感知和协同工作的目的，并确保各用户端共享对象的数据一致性（张程 等，2002）。

在基于共享模式的数据协同处理中，每个用户启动本机的处理程序，在处理过程中将用户的每个处理动作（如增加、删除、修改等）转化为处理命令，通过网络将命令传给其他用户，其他用户的处理命令也显示在本机中（郭敏 等，2001）。该模式的核心是在服务器端的“主席”负责协同处理中的控制，自身不仅参加数据处理，同时还将客户端用户处理数据的结果向其他用户发送，如图 4-1 所示。

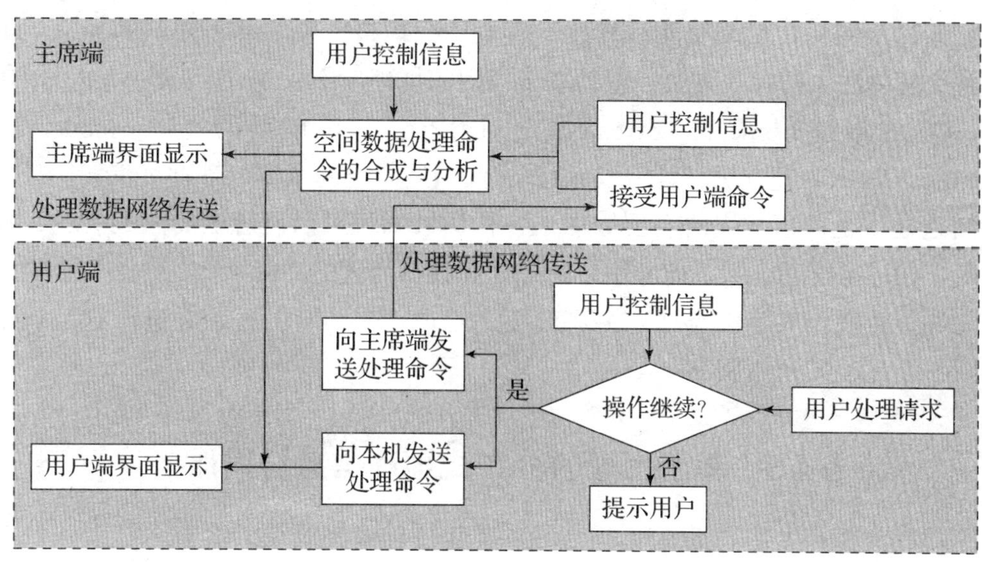

图 4-1　共享模式数据处理命令控制流程

4.2.3　冲突管理与消解

当多个用户同时对同一数据对象进行修改操作时，若不进行相关控制，将引发数据版本冲突等问题，导致数据处理过程由于违反预定的约束和规定而暂时搁置、中止甚至整体瘫痪。

在空间数据的协同处理过程中，冲突产生的原因主要来自于各用户在相对独立又彼此依赖的情况下，拥有的资源、能力和处理策略存在差异。协同处理过程中的冲突大致可以分为以下几种情况：空间数据处理流程设计不合理，不同用户之间存在交叉，造成冲突；上游用户的处理结果不符合下游用户的处理要求；由于资源匮乏（包括人力资源、软硬件资源、数据资源等）或对资源缺乏合理的规划造成冲突；数据处理的设计模型与实际不一致造成冲突。

冲突管理总的要求是：发现冲突及时处理，冲突管理功能可扩展，具有强大的事务处理能力等（王崇海 等，2002）。协同空间数据处理过的冲突管理由监控部件、服务系统和冲突处理系统组成，其中：监控部件对每步操作进行监控，以协调、消除可能引发冲突的因素；冲突处理系统实现对冲突的分析和处理具体操作；服务系统实现对数据库的管理，反馈处理结果。

冲突消解的常用方法包括回溯（back tracking）、约束松弛、仲裁和知识推理等方法（李祥 等，2001）。当发生冲突时，通过回溯技术找到回溯点，修改处理请求，以消除冲突。约束松弛用于调整不同用户之间的依赖关系，通过放宽一些约束条件或忽略一些次要条件来消解冲突。由于不同空间数据处理过程本身存在耦合度差异，该方法仅适合于耦合度较小的冲突消解。仲裁用于一般冲突消解方法难以解决时，通过不同用户反复交互和修改，直至达到最终一致。基于知识的冲突消解是目前解决复杂冲突的有效方法，包括基于规则的推理（rule based reasoning，RBR）、基于事例的推理（case-based reasoning，CBR）、基于模型的推理（model-based reasoning，MBR）等方法，其中以RBR方法最适合空间数据处理冲突消解。领域知识的缺乏往往是产生冲突的主要原因，各种领域知识可以以规则的形式表达，形成知识库，在一定推理机制下辅助用户消解空间数据处理的冲突。

此外，为便于对不同类型冲突进行统一管理，需要对各种冲突进行规范化定义（郝永平 等，2002；赵阳 等，2006）。

§4.3 基于代理的分布式地理信息协同服务

伴随着网络技术的发展，许多应用系统变得越来越复杂，客观上需要系统具有对数据分布和计算分布的支持，多代理（multi-agent）模型是基于分布式存储计算环境驱动而实现协同工作的行之有效的解决方案。

4.3.1 多代理协同地理信息服务模型

1. 多代理模型的一般概念

对于工作任务复杂且分散的系统，采用代理技术，在任务细化的基础上利用多个代理协作来完成给定问题，形成多代理模型。在具体系统中，可视作用和功能的不同将代理划分为不同类型，如多代理协同数据平台可划分出语义描述代理、会议代理、讨论组代理、广告板代理、开发编程代理、通信代理、协调代理、应用代理、数据库代理（王放 等，2002），也可将系统功能划分为合作代理、界面代理、移动代理、信息代理、混合代理、灵巧代理等（姚莉 等，2002）。

总体来说，一个典型支持分布式网络协作的多代理系统，其代理可以分为协调类、调度类、资源类、功能类、通信接口类五类。

（1）协调类代理。根据用户的需求，通过人机交互，对求解任务进行分解与细化，形成面向用户实际问题的任务分解与分配，控制协调其他代理，解决冲突。

（2）调度类代理。接受协调类代理分配的调度资源任务，通知有关资源代理，并提供执行该任务所必需的输入信息。

（3）资源类代理。负责各种数据资源的访问，资源涉及数据库、模型库、方法库等。

（4）功能类代理。对各种应用功能进行封装，可以响应外界请求，并利用代理间的统一通信机制返问处理结果。

（5）通信接口类代理。代理间的统一通信机制交由功能代理完成，完成信息的传递，返回最终结果。

2. 协同地理信息服务多代理模型

根据功能不同划分出多种代理，并在此基础上形成多代理模型。在分布式网络应用环境中，多代理模型较适合用来实现多种 GIS 功能的松耦合集成和业务协同，并可实现复杂地理信息服务协同。GeoAgents 就是一种典型的基于多角色功能进行协同工作的多代理模型，在 GeoAgents 模型中，代理被分为系统管理代理、GIS 功能代理、接口代理、空间数据访问代理等四种类型（罗英伟 等，2002a）。

复杂的协同地理信息服务在实现分布式环境中的 GIS 功能集成基础上，还需要进一步扩充功能，以解决不同代理之间的协同和冲突。因此，可以将协同地理信息服务的多代理模型划分为以下几类。

（1）前台接口代理。负责接收输入系统获取的用户信息，将其通知给用户管理代理，并接收通信代理处理结果的返回。

（2）系统管理代理。负责完成代理的管理（增、删、改），以及各代理的运行情况监控和调度管理。重点是根据用户的需求，通过人机交互，对求解任务进行分解与细化，并依据任务完成其他各代理的任务指派。

（3）地理信息服务功能代理。该代理是该模型的核心，是空间数据处理代理、统计分析代理、模型操作代理、方法操作代理、知识操作代理等各种功能代理的集合（见图 4-2）。地理信息服务功能代理可以响应外界请求，具有按统一通信机制返回处理结果的能力。空间数据处理代理由数据处理、统计、查询、分析功能封装而成；统计分析代理由相关分析、回归分析、预测分析、因子分析等功能封装而成；模型操作代理可以按任务指令，完成对空间模型和非空间模型的调用和结果反馈；方法操作代理可以按任务指令完成方法调用和结果反馈；知识操作代理可以完成知识调度和知识推理。

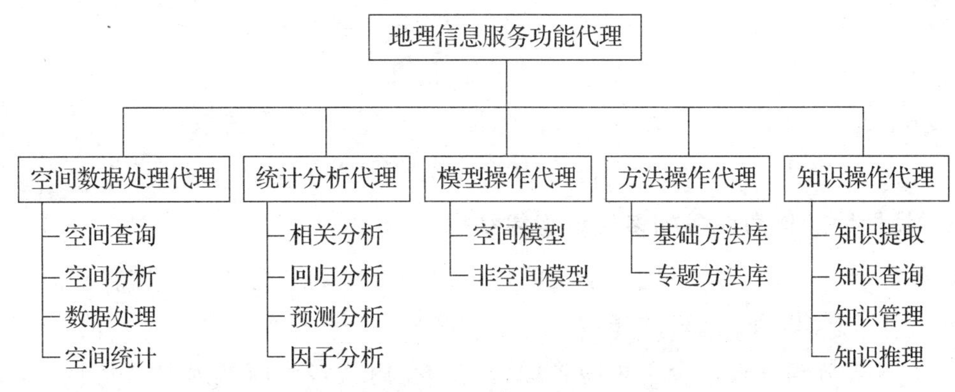

图 4-2　地理信息服务功能代理的构成

（4）用户管理代理。对进入及退出系统的用户进行注册和注销，并通知系统管理代理。

（5）协调代理。根据各用户或各任务对资源请求的先后次序或轻重缓急制定协调规划，协调和处理资源共享，协调运行中的时间和空间上的冲突。

（6）资源调度代理。不仅负责空间数据和非空间数据的资源调度，同时负责模型库、方法库中数据的调度。

（7）通信代理。通信发生在协商和任务执行时信息的传递，主要任务包括：接受和解释从用户和各代理发来的消息；将发送给各代理的信息以一定通信协议形式打包成消息；接收各代理的信息和消息。

在共同完成一个复杂地理信息服务实例的过程中，上述不同类型的代理分工各异（如管理、调度、资源、功能、通信等），运行状态不同（如执行、等待、退出等）、接口语义与标准也存在差别；各代理还具有不尽相同的安全等级（如数据修改权限、数据访问权限等）；此外，因业务规则和业务流程的限制，各代理之间还可以存在一定的依存、关联或排斥关系。

协同地理信息服务多代理模型定义如下。

假定下列有限集：代理集 Φ、代理的标识符集 I、代理的类型集 T、代理的状态集 A、代理的语义集 S、代理的功能集 F、代理的接口集 M、代理的安全等级集 V、代理的关系集 R。

（1）任何一个代理 A_i，$A_i \in \Phi$，$\Phi=\{A_1, A_2, \cdots, A_n\}$。

（2）代理 A_i 是一个七元组，$A_i = (l, g, t, a, f, m, s, r, v)$，其中：

$l \in I$，$I = \{L_1, L_2, \cdots, L_n\}$，$L_i$ 为代理的唯一标识码；

$g \in G$，$G=\{G_1, G_2, \cdots, G_n\}$，$G_i$ 为代理的实现目标；

$t \in T$，$T=\{T_1, T_2, \cdots, T_n\}$，$T_i$ 为代理类型；

$a \in A$，$A=\{A_1, A_2, \cdots, A_n\}$，$A_i$ 为代理的运行状态；

$f \in F$，$F =\{F_1, F_2, \cdots, F_n\}$，$F_i$ 为代理的功能；

$m \in M$，$M =\{M_1, M_2, \cdots, M_n\}$，$M_i$ 为代理的接口；

$s \in S$，$S =\{S_1, S_2, \cdots, S_n\}$，$S_i$ 为代理的语义；

$r \in R$，$R =\{R_1, R_2, \cdots R_n\}$，$R_i$ 为各种代理之间的协作关系；

$v \in V$，$V =\{V_1, V_2, \cdots, V_n\}$，$V_i$ 为各种代理安全等级。

3. 协同地理信息服务的多代理组织结构

目前，研究者通常将多代理系统的代理组织方式划分为树状、网状和分层联盟体系等三类（陈桦 等，2002；彭力 等，2002）。

（1）树状结构比较适合于集中管理机构。在树状多代理结构中，上下级关系是根据预先约定的任务分层分解构建的，下级代理需要从上级代理得到命令要求和待处理的数据，在经过计算处理后，下级代理将计算结果反馈到上级代理。树状结构的特点是任务分层清晰，代理之间信息流动的控制较为容易。

（2）网状结构与树状结构不同，各代理之间不具有控制和被控制的关系。所有代理在整个系统中的地位是相等的，各代理之间可以直接交互，不依赖某个上级来下达命令，因此可以大大加快信息交流的效率；同时，由于消除了对高层节点的依赖，从而提高了系统的可靠性，但系统复杂度大大增加。

（3）分层联盟体系结构则综合了前两种结构的特点，既包含上下级间的控制关系，又可以建立相关代理之间的直接联系，从而可提高信息交流的灵活性。

协同地理信息服务大多采用分层联盟式体系架构（见图 4-3）。其中，树状关系主要存在于管理代理与其他代理之间；网状结构主要存在于管理代理下的协调代理组、功能代理组、资源代理组等内部基本代理之间，在这些组内部的代理之间具有更为灵活的组合和关联关系。

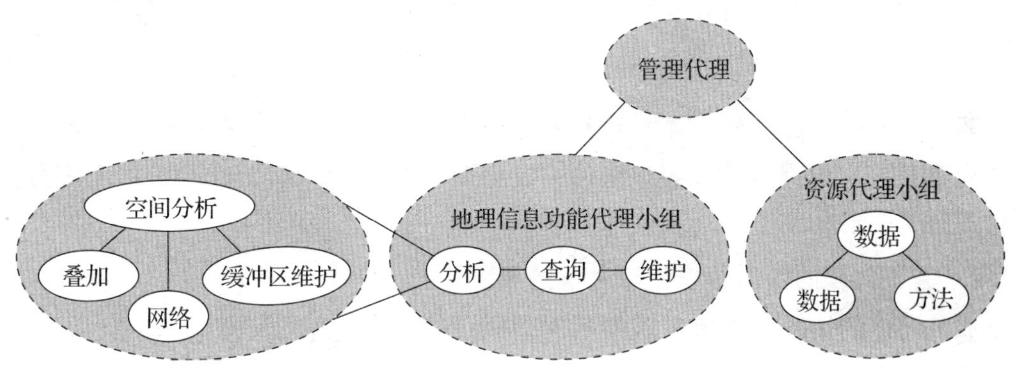

图 4-3　协同地理信息服务代理的分层体系结构

在协同地理信息服务的多代理体系中，典型的代理单元基本由控制、功能、通信、人机界面、数据资源等五部分组成。这些代理不仅能够独立自主地完成自己的任务，而且还能与其他代理相互通信、交换信息和业务合作（罗英伟 等，2002b），如图 4-4 所示。

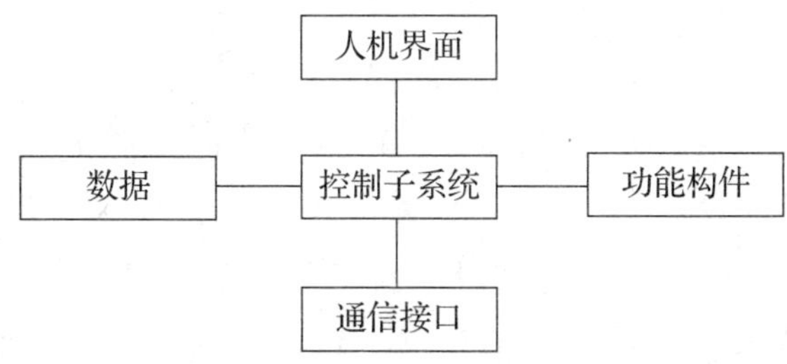

图 4-4　协同地理信息服务代理的内部结构

4.3.2　面向多代理的地理信息共享

实现基于多代理协同地理信息服务，首先要解决地理信息在各代理之间的共享问题，信息共享的效率决定着代理协同工作的速度和质量。

1. 基于代理的信息共享模型

目前，代理共享往往基于利用客户端—服务器代理机制，通过服务器端缓冲代理和更新代理来实现分布式网络环境中的多代理信息共享（王光彩 等，2001），这种模型具有思路清晰、易于控制、耦合易于实现的特点，如图 4-5 所示。

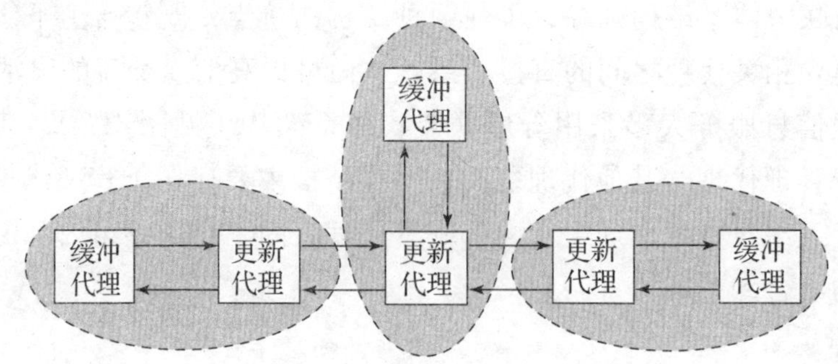

图 4-5　基于代理的信息共享模型

该模型采用发送队列、接收队列来存放更新信息，采用“请求—应答”模式和时间戳机制，实现服务器和客户端的信息更新，可以解决分布式环境中应用程序对信息进行更改后的共享和同步问题。

2. 基于代理的协同地理信息共享的要求

基于代理的协同地理信息服务一方面同一般基于代理的信息共享模式一样，首先要解决信息更新后的信息共享问题，不同应用系统的信息更新后需要快速交换并共享。另一方面，基于代理的协同地理信息服务对信息共享有着不同要求。

（1）信息共享的内容不同。由于地理信息系统处理的对象主要是各种空间数据，因此，除一般定性和定量的属性信息外，地理信息的图形或图像是该类信息更新的主要内容，与一般信息相比，地理信息由于数据量大、结构复杂，故共享难度更大。

（2）共享的方式不同。地理信息各种操作的共享方式较多，根据地理信息的应用内容不同，可以包括基本地理信息显示共享、专题地图共享、地理变化模拟共享等，用户需要了解对同一区域的各种空间操作。从范围上看，可以分为指定区域共享、整个工作区共享。从共享的形式看，可以分为同时同地共享、同时异地共享、异时异地共享等多种方式。

（3）共享由代理产生。对于非代理系统，信息更新后的共享一般由客户应用程序产生，服务器监控程序得到更新信息后，再向其他相关用户发出信息更新通知，进而更新共享信息。对于代理系统，各种形式的共享由代理完成。

3. 基于代理的客户端—服务器协同地理信息服务共享

利用代理技术解决客户端—服务器模式下协同空间决策信息共享，除服务器端（客户端）缓冲代理、更新代理外，针对协同空间决策信息共享的不同要求，需要在服务器端增加共享监控代理，主要用于监控不同用户的工作状况信息，如空间范围、关注主题等。根据更新代理发送的更新信息，通过内容、范围、状态等检测，将需要的信息更新，实现有效的共享，以减少不必要的信息传输。同时，在客户端缓冲代理和应用代理之间增加客户共享控制代理，用于监控有效的共享信息、应用状况和应用内容，并将有效的共享信息输入到客户缓冲代理中（王恒山 等，2000）。

服务器端的缓冲代理由更新队列和队列管理部件组成，队列管理对接收到的更新信息根据时间戳和内容确定是保留还是替换。服务器端的更新代理由时间戳管理、接收和发送部件组成，分别负责给每个到来的更新信息加上统一的逻辑时间戳，接收更新信息并将它放进更新队列中，再将更新队列中的更新信息发送到服务器共享控制代理中，如图 4-6 所示。

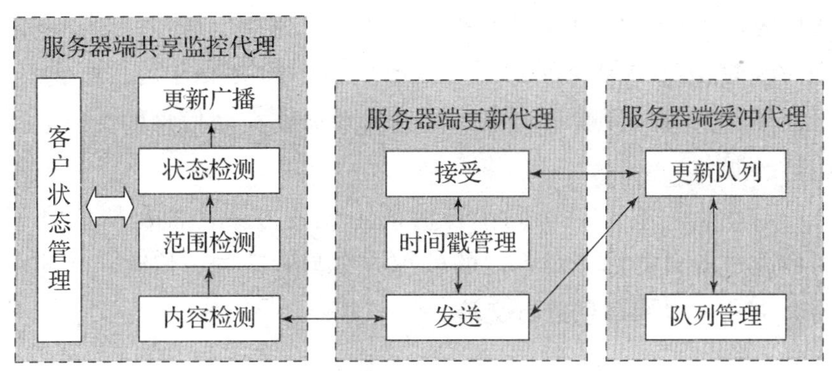

图 4-6　服务器端各种代理的工作模式

客户端缓冲代理由发送队列、接受队列和队列管理等模块组成。发送队列用来存放客户端各种应用代理产生的有效更新信息、应用状况、应用内容；接受队列用来存放来自其他客户端的更新信息。队列管理模块则管理着这两个队列。服务器端的缓冲代理由更新队列和队列管理模块组成，负责接受各客户的请求和更新信息，如图 4-7 所示。

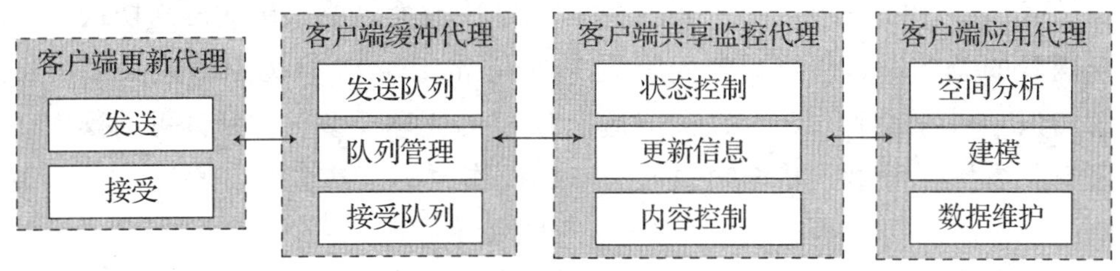

图 4-7　客户端各种代理的工作模式

4.3.3　协同地理信息服务中的代理通信

多代理协同服务中的一个重要技术环节是代理间数据通信，以实现代理间的状态感知、消息互通和数据传输。

1．代理之间的信息交流方式

代理之间在协商和完成具体任务过程中需要完成各种形式的信息传递。代理需要向其他代理发送消息和共享信息，同时需要接受和解释从用户和其他代理发来的消息和信息。因此，代理之间的信息交流是转换请求与应答的桥梁。

（1）消息机制。利用管理代理协调不同代理协同完成空间问题求解，需要消息机制的支持，包括通过消息启动代理、终止代理运行、改变代理资源和运行环境等。

（2）共享信息交流。代理之间在解决任务过程中存在着信息交流，包括：代理状态信息交流，将不同代理的运行状态以共享信息的形式保存；代理处理结果的交流，为了发挥整体资源优势，需要对复杂的计算任务进行分解，由不同功能代理或相同功能代理完成。不同代理处理的结果存在因果关系，需要交流；同时，不同用户通过代理对地理信息协同处理问题可以产生不同的决策方案，形成不同的理解。此外，为保证任务求解过程顺利实施，管理代理需要控制信息的交流，用于控制管理代理的运行、服务。

（3）协商与承诺信息。对不同代理协同生成的方案协商是协同处理的重要内容，不同用户通过各自的代理对不同的处理方案具有认同、修改、否定的反复处理过程，需要对协商过程的信息进行交流。

2．代理通信协议

代理通信语言（agent communication language，ACL）基于语言—行为理论（speech-act），定义了代理及服务设施间协商过程的语法和语义。常用的 ACL 有 KQML（knowledge query and manipulation language）和 FIPA（foundation of physical intelligent agent）。

KQML 可以携带任何语言表达的内容，包括表达为 ASCII 码或二进制代码的语言。通信层描述低级的通信参量，如发送者、接收者和与通信有关的唯一标识符。消息层是 KQML 语言的核心，它的作用是识别传输消息所采用的网络协议，解释发送者对内容的意图，即语言行为或原语（performative）。行为原语定义了可作用于代理的知识库和目标库（KQML 支持基于 BDI 的代理模型）各种许可的操作，常用的原语有基本操作原语、基于知识数据库的操作原语、基本响应原语、基本查询原语、网络操作原语和协调器操作原语等。目前，KQML 正在被广泛使用和接受，已经成为主流通信方式和事实标准。与其他通信协议比较，KQML 不仅可以负责传递消息本身，而且可以通过定义消息的类型及其语义，提出接受者应如何处理消息内容和如何应答，以促进代理间通信的协调。KQML 及其类似语言有一定的局限性，它们缺少精确的语义系统。

代理通信语言不仅能指明信息向哪儿发送、如何发送，还能告诉信息接受者采取什么行动；其中，消息的类型及其内容与协同信息服务是紧密相关的。在 GIS 领域中，可以将各类 GIS 代理的通信原语分为请求消息、应答消息、通知消息三类，并增加 CREATE_AGENT、FIND_AGENT、START_AGENT 等代理运行控制消息（罗英伟 等，2002a）。根据地理信息服务的特点，不同功能代理在完成内部计算时大多不需要相互交流，交流的核心是对数据合并、信息归并等形成一致意见，因此，除 KQML 已有的通信消息外，还需要针对协同地理信息处理的特点增加消息内容，并扩展通信消息。

3. 协同代理通信的黑板模型

黑板是一个共享问题求解的工作空间。在代理环境下，可以支持多个代理协同求解问题，不同代理可以从共同的黑板了解到问题、初始数据、每个环境的求解记录。就多代理地理信息协同服务而言，代理通信的黑板模型如图 4-8 所示，由以下几个部分组成。

（1）黑板。是共享地理信息协同处理问题的求解工作空间，采用层次结构组织各种共享的信息和求解状态参数。求解过程中，代理需要不断修改黑板，代理之间通过黑板进行通信和交互。与一般黑板最大的不同是：支持地理信息服务能力的黑板应具有丰富的可视化交互能力，尤其是能利用图形信息展现不同的服务方案。

（2）代理。为解决地理信息协同服务问题能够独立完成特定任务的代理。

（3）控制机制。根据问题求解的状态和工作队列，动态调度代理响应。

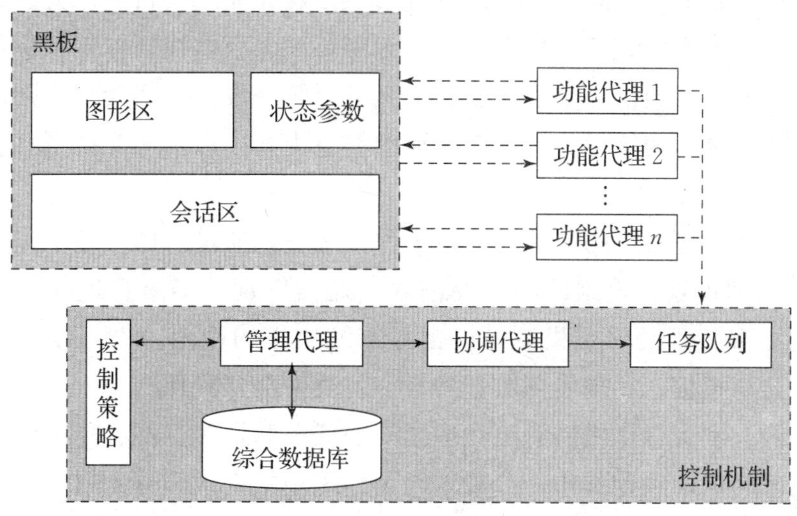

图 4-8　协同地理信息服务中多代理通信的黑板模型

采用上述黑板模型用于支持多个代理之间的通信具有以下特点。

（1）黑板不仅是问题求解的处理环境，也是方案评价的交流环境。

（2）因问题的复杂度不同，不同处理方案的生成过程存在差异。黑板中方案信息的更新周期不同，因而可以对黑板中的信息进行定制。

（3）各个代理可以共享黑板中的信息，适合无法事先确定问题求解次序的复杂地理信息处理问题。

（4）代理之间可以通过黑板间接交流信息，可以支持图形交互。

4.3.4 多代理地理信息服务中的代理协同

1. 代理协同

在代理系统中，多个代理的资源是分散的，计算和任务的执行是分布的，存在着资源的限制和时间约束，需要通过代理间的协同实现联合服务。代理协同的目标有多种，Durfee 认为代理协同的基本目标包括通过并行性提高任务完成效率，通过共享资源扩展完成任务的范围，通过任务分配增加任务完成的可能性，降低任务之间的干扰。

一般认为，代理协同的主要目标包括防止混乱和满足全局约束。

（1）防止混乱。代理只有局部视图、目标和知识，通过代理协同，可以有效避免冲突。

（2）满足全局约束。代理行为相互依赖，一个代理可能要等待其他代理完成后才能完成自己的任务，并以完成问题求解为最终目标。

多代理系统的代理合作方式包括直接合作和间接合作。直接合作建立在代理之间直接通信的基础上，而间接合作则通过第三方媒介完成。目前，大多数代理系统都采用基于消息传递的直接合作方式，关键需要准确获取代理标识和位置信息，并要对代理通信语言及通信协议的语法、语义进行统一设计；间接合作则以一个全局共享的网络缓冲区作为桥梁，来存储交换的信息内容，以供对交换信息感兴趣的代理使用（郭中 等，2002）。

为解决代理之间的协同，可以采用多种方法，如通过个体代理推理、组织、任务分配、多代理规划、重组织与冲突消解、通信管理、资源管理等方法实现。同时，通过建立多代理的学习机制可以提高系统协作的性能，也可以采用组织协同模式，利用共享黑板，实现局部数据共享，解决冲突并确保行为一致；也可以通过建立协同合约，利用合作机制解决代理之间的任务和资源分配；还可以采用规划方法，将多代理的协同问题看作一个规划问题，采用集中式和分布式规划，通过规划其行动来改善协同中的一致性。

2. 代理协同的协商（承诺）模型

协商是通过结构化的交换信息来改进有关协同处理问题的过程，是协作双方为达成共识而减少不一致或不确定的过程。在协商过程中，代理间要通信，并反复交流建议和反馈，可以解决目标的差异、资源分配的约束、消除任务的不一致。承诺则指代理对其行为作出保证，这些保证既可以是有关未来的，也可能是有关过去的。建立协商（承诺）机制是代理协同与合作的前提条件（张维明，2002）。

一般的协商（承诺）模型由代理间的请求（应答）、代理间的承诺过程和代理间的协商和容错过程组成。按照该模型，对于任意两个代理（如 i 和 j），i 向 j 的请求可以被 j 接受或拒绝；i 可以拒绝或者接受 j 对其进行的承诺；j 可以对来自 i 的请求提出建议性的修改，i 与 j 之间可以就协商目标进行多次协商；对协商的结果，j 可以向 i 作出承诺、接受或拒绝，i 也可以向 j 表明是接受还是拒绝。整个协商（承诺）过程如图 4-9 所示（王斌 等，2002）。

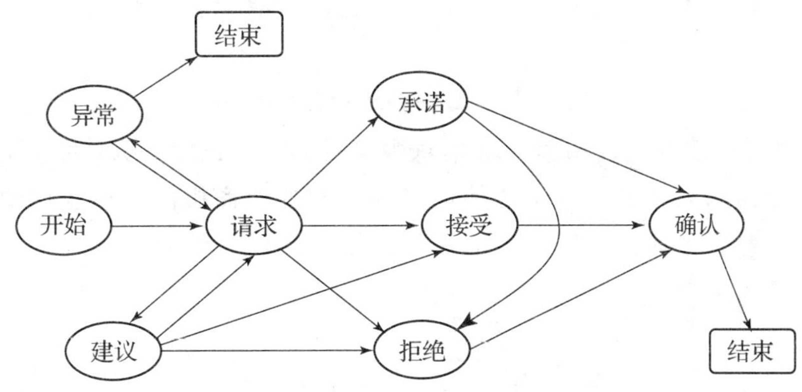

图 4-9　协商（承诺）模型的工作模式

3. 协同地理信息服务中代理协同的实现方法

协同地理信息服务的核心是由不同代理完成不同的任务单元，并在此基础上进行归并、协调以实现一致目标。因此，需要在建立协商（承诺）机制的基础上解决好按照面向任务的代理组织、任务分配、代理之间任务衔接等问题。

（1）基于协同协议地理信息处理任务的代理组织。根据地理信息服务的具体目标，确定参加实施的代理类型、处理流程，制定、协调不同代理之间衔接关系等。上述信息可以通过定义多代理之间的通信协议来实现包括语言定义、表述、规范以及语义。通信协议的消息体包括消息发送方、接受方、消息序列号和时间组成。对于复杂的空间代理，消息体还包括处理信息的基本状态与其他代理的关系、处理结果的表达方式和存储方式等。任何代理若加入空间问题求解，须遵循以下规则：若空间问题求解任务目标满足，则取消所有代理的运行，即空间问题任务已完成；若代理类型不满足要求，则取消该代理；若前置代理未确定，则等待前置代理加入；若代理不存在直接关系，则根据协同策略确定其优先级。

（2）协同任务的分配方法。任务分配是协同空间处理的核心。由于地理信息的数据量较大，计算复杂，必须采取有效方法合理地分配系统资源以避免阻塞。由于不同代理所需要的CPU计算、I/O交换以及网络传输量不同，需要采用效用函数评价不同资源的分配方案。

假设不同代理的资源消耗量 Q 与CPU计算量 C、I/O量 I 以及网络的传输量 T 存在线性关系，则可用下列多项式描述资源消耗量。

$$Q=a_0+a_1C+a_2I+a_3T+a_4C^2+a_5I^2+a_6CT^2+\cdots+a_nC^iI^jT^k$$

一般多项式的次数最多为三次，各回归系数用最小二乘法估计，可以获得不同代理 i 的资源量模型 $Q(C, I, T)$。

利用效用函数对不同配置方案进行评估。设有 i 个配置方案可供选择，$C(i)$、$I(i)$、$T(i)$ 分别为CPU计算量 C、I/O量 I 以及网络的传输量 T，则当 Q 最小时，配置方案最可行。

$$S(i)=\min\{Q(X(i), Y(i), T(i))\}$$

（3）通过建立协商交流机制保证信息服务目标的一致性。为使不同代理为同一信息服务目标共同工作，需要建立协同处理方案的协商机制。对于用户 u、v，代理 i、j 和处理方案 s，协商过程可以形式化定义为以下几个过程。

① 用户 u 向用户 v 发出处理方案 s 的请求：

((u,i), Request((v, j), s))

② 用户 v 通过代理 j 接受向用户 u 发出的处理方案 s：

((v,j), Accept((u, i), s))
((u,i), Assure((v, j), s))
((v,j), Affirm((u, i), s))

③ 用户 v 通过代理 j 拒绝了向用户 u 发出的处理方案 s：

((v,j), Refuse((u, i), s))
((u,i), Assure((v, j), s))
((v,j), Affirm((u, i), s))

④ 用户 v 通过代理接受了向用户 u 发出的处理方案 s 的承诺：

((v,j), Promise((u, i), s))
((u,i), Assure((v, j), s))
((v,j), Affirm((u, i), s))

⑤ 用户 v 通过代理 j 对用户 u 发出的处理方案 s 进行了修改：

((v,j), Advise((u, i), s))
((u,i), Assure((v, j), s))
((v,j), Affirm((u, i), s))

上述过程可以反复进行，生成的方案在不断变化，最终达到协商一致。

§4.4　电子政务地理信息协同服务实现

基于功能协同的地理信息服务借鉴计算机协同工作的思想，按照电子政务的架构，将每一项地理信息服务划分为若干功能，通过建立协同工作协议，由客户端和服务器端（C/S）分工协作完成。根据这一思路，每一项地理信息服务任务独立存在于客户端和服务器端，由客户端发出请求，由服务器端功能组件与客户端组件根据协同协议完成，如图 4-10 所示。

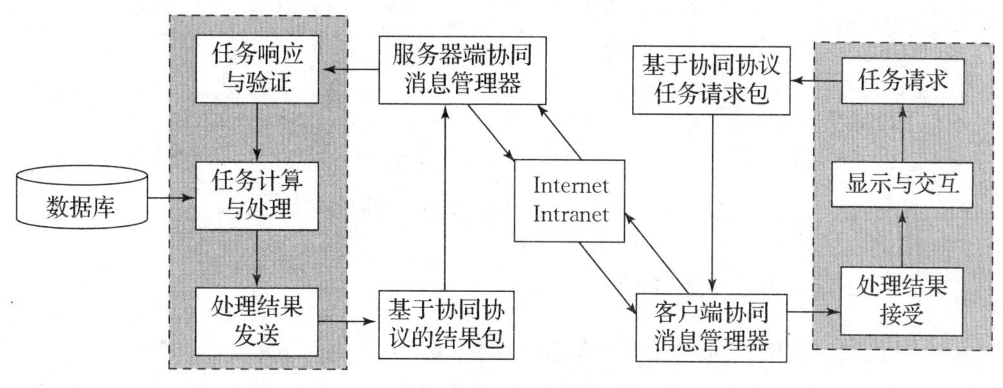

图 4-10　C/S 协同工作模式

4.3.1　软件架构

在 Internet/Intranet 环境下，地理信息系统的开发方法有很多种，Java、C# 一般作为 WebGIS 的服务器端开发语言，HTML、CSS、JavaScript 成为轻量级 Web 前端开发语言。此外，由于 WebGIS 服务往往具有计算密集、算法复杂等特点，因此在服务器端，往往需要与基于 COM 或 DCOM 的组件进行功能集成，才能满足空间分析、海量数据处理这样的需求（韩海洋 等，2000；张曙光 等，2002；朱庆 等，2002）。而在浏览器端（用户端），由于图形化和交互性要求较高，也往往需要 Flash、SilverLight 等“中型”插件的配合，甚至需要 ActiveX、JavaApplet 等重量级插件的支持。因此，在电子政务环境下，为满足数据管理、响应速度、操作简便的需求，服务管理、数据管理调度、分析和复杂处理应分配在服务器端，数据查询、显示和交互则分配在客户端（陈崇成 等，2001；龚敏霞 等，2002；韩海洋 等 2000；张曙光 等，2002；朱庆 等，2002）。图 4-11 是基于功能协同的地理信息服务的体系结构。

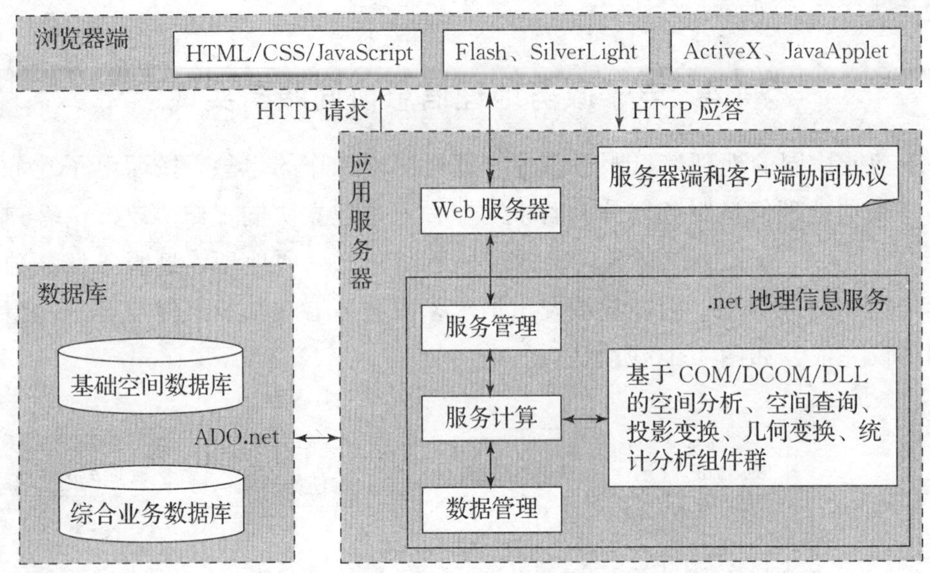

图 4-11　基于功能协同的地理信息服务体系

4.3.2　协同通信扩展协议

协同协议主要用于建立浏览器与应用服务器消息请求与响应机制，明确需要完成的服务内容，支持数据与处理结果的交换。内容包括服务类型、数据请求、操作名称和操作参数等。服务器端与客户端功能不同，服务协议名 称也不同。

在借鉴 KQML 通信协议语义格式的基础上，对代理通信协议进行了扩展。协议分请求和响应两部分，例如数据请求包括空间数据、表格数据、文本数据、多媒体数据四种类型；请求参数主要包括名称、描述、类别等；操作服务请求包括地理信息对象操作、表格信息对象操作、文本信息对象操作、多媒体信息对象操作；请求参数包括操作名称、操作代码、操作参数、操作数据集、数据集参数等。目前，电子政务地理信息服务系统中数据和操作服务请求抽象协议如图 4-12 所示。

```
<服务名>服务名.aspx.</服务名>
<数据请求>
  <空间数据>
    <名称>
    <描述>
    <类别>
    <投影与坐标系>
    <范围>
    <空间数据分类>
          <空间数据分类说明>
     <空间数据体>
    </空间数据>
</数据请求>
<操作服务请求>
    <空间信息对象操作>
    <操作名称>
    <操作代码>
    <操作参数>
    <操作数据集>
    <数据集参数>
    </空间信息对象操作>
</操作服务请求>
```

图 4-12　数据和操作服务请求抽象协议

4.3.3　协同实验系统实现

在浏览器—服务器（B/S）软件架构和协同通信扩展协议支持下，以地理信息协同可视化、多用户参与状态实时感知为目标，开发实现了面向 IPv6 分布式网络环境的多用户协同地理信息可视化系统。

1. 协同服务器

1）体系结构

目前，主流地理信息系统软件多数仅能支持单个用户的独立设计和人机交互的能力，很少考虑多个 GIS 用户之间的协同工作问题；某些支持分布式功能的 GIS 也只提供每个用户在各自数据版本上的修改，而对其他用户而言该用户是不可见的，不能明显地支持群体实时协同工作。多用户实时协作机制将为解决网络环境下的多用户参与的基于 GIS 环境的实时协作提供技术保障。

通过详细分析各类通信协议（如 HTTP、FTP、P2P 等）入手，在仔细研究各类成熟网络结构（如客户端—服务器网络结构、对等网络结构）特点和充分借鉴其优势的基础上，设计并开发网络环境下基于 GIS 的多用户协作原型系统（见图 4-13）。

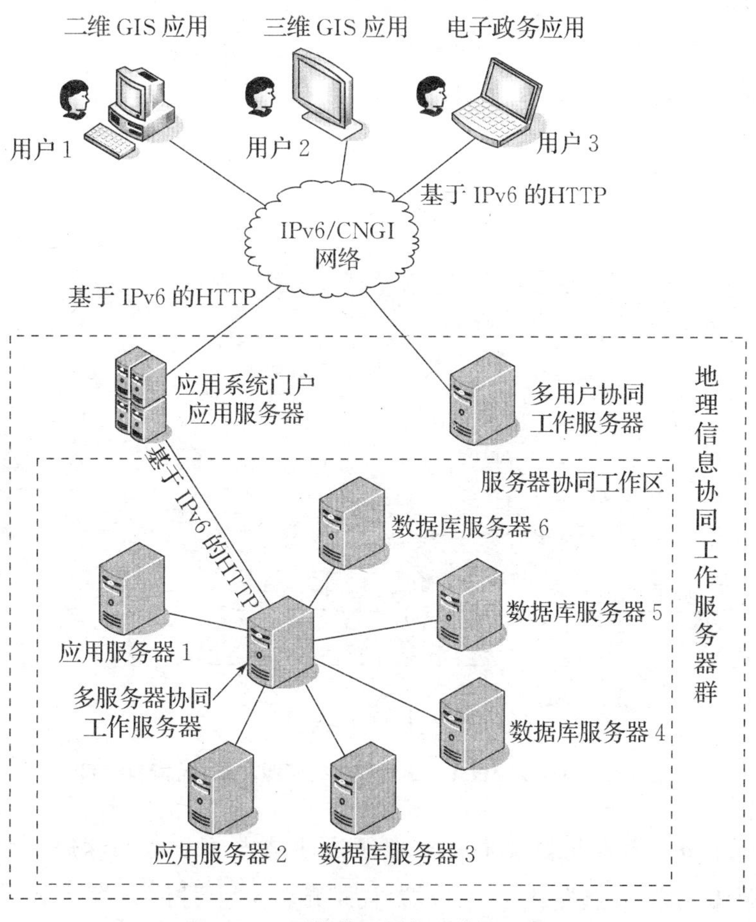

图 4-13　网络协同服务系统体系架构

具体的技术思路如下。

(1) 应用协议方面，设计了基于 XML 的协同工作消息格式，作为 IPv6 网络环境下支持多用户协同工作的应用层协议。

(2) 网络体系结构方面，构造基于 TCP 协议的融合客户端—服务器和 P2P 对等网络的混合型网络结构。

(3) 服务器程序方面，基于 Microsoft .Net Framework 实现多用户协作服务器。

(4) 客户端程序方面，在 GeoWindows 7.0 软件平台的基础上，以插件方式嵌入协同工作附加模块，使得各种 GIS 客户端（包括二维客户端和三维客户端）均能在松散耦合的前提下实现多用户实时协作。

通过上述工作，开发完成网络环境下基于 GIS 的多用户协作环境，初步实现了网络环境下的多用户共享 GIS 环境、多用户空间位置实时感知和多用户实时消息传输（支持点对点、点对群等多种消息传输方式）。

2) 空间数据管理机制

分布式网络环境下构造一个从资源注册、资源发现到资源访问的完整流程，至少需要包括资源提供者（resource provider）、资源注册节点（resource register node）和资源消费者（resource consumer）等在内的三类角色。典型的资源发布与访问过程如图 4-14 所示。

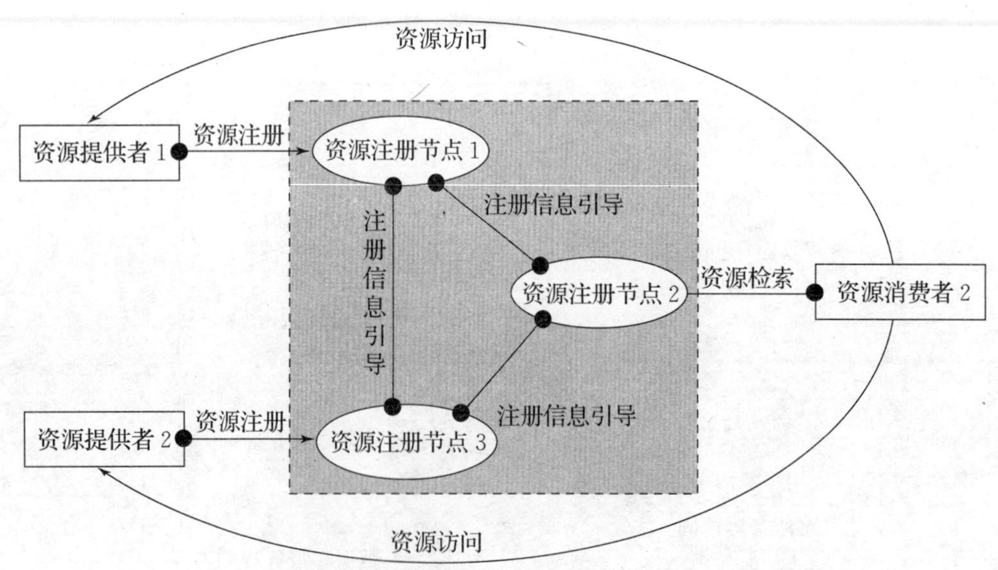

图 4-14　IPv6 分布式网络环境中的资源注册、检索与访问

(1) 资源注册。资源提供者向任一资源注册节点提交资源注册信息。

(2) 资源编目与节点路由。该资源注册节点将注册信息存入该节点的存储空间，并根据提交资源的类型自动进行资源编目，形成更新的本地资源编目目录；同时，每个资源注册节点上均维护并动态更新着一张“可连通资源注册节点表”，用于存储可以与其连通的其他资源注册节点的路径信息。

（3）资源检索。资源消费者向任意或与其相邻的资源注册节点提交资源查询请求。

（4）单节点注册信息遍历。接收查询请求的资源注册节点首先遍历本地的存储空间，若检索出符合条件的结果，则直接将结果信息（查询到的资源描述信息）返回到资源消费者；若没有符合条件的结果，则该资源节点将遍历其维护的“可连通资源注册节点表”，将查询请求依次转发给表中的各个资源注册节点。

（5）整网遍历。接收到转发查询请求的资源注册节点后，重复第一步“资源注册”过程，直至完成对所有注册节点的目录信息查询。

（6）资源访问。资源消费者若从某个资源注册节点成功接收到结果信息后，就可以利用返回的资源描述信息直接进行资源访问了。

2. 协同客户端

1）软件架构

以地形三维协同平台为例，平台体系架构如图4-15所示。整个平台基于IPv6网络进行构建，按功能可分为以下四类角色。

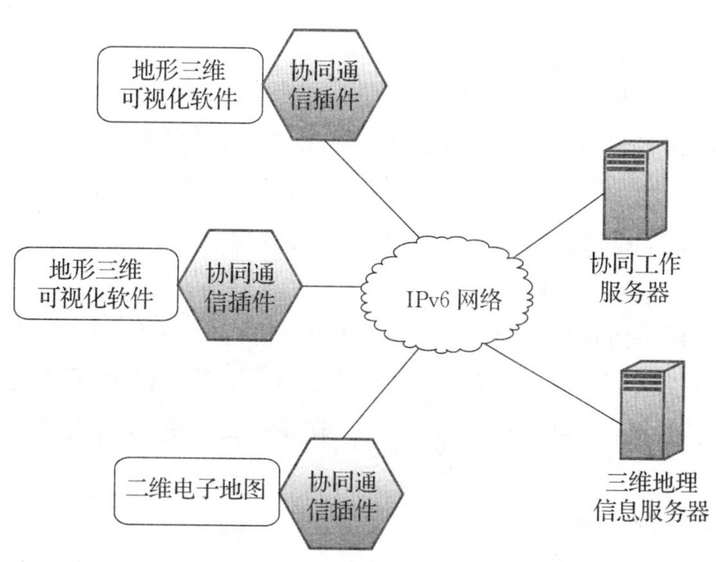

图4-15　地形三维协同平台体系架构

（1）三维可视化角色。为用户提供基于三维场景的交互环境，用于实现矢量、栅格、影像、地名等基础地理信息的三维可视化表现与漫游，并提供地名查询、专题信息管理、三维模型展示等功能。

（2）三维地理信息服务角色。提供空间数据（矢量、栅格、影像、地名等）和专题信息服务，数据可以为二进制数据流或是基于 XML 的数据流。三维地理信息服务器支持集群式部署，支持多用户并发访问。

（3）协同工作服务角色。以支持多用户协同工作为核心的应用服务器。其核心功能是用户管理、用户登录状态管理、协作空间管理、用户状态通知等。协同工作基于 IPv6 网络，以 HTTP 协议和 XML 为通信核心，支持集群部署和多用户访问。

（4）协同通信角色。协同通信模块用于实现地形三维可视化软件客户端与协同工作服务器的互联互通，二者通过 HTTP 和 XML 进行通信。任何用户客户端（包括二维地图客户端）都可以通过协同通信插件实现广域网（互联网）环境下的多用户协同工作。

2）功能构成

三维场景软件体系架构主要包括多尺度空间数据管理模块和地理信息服务模块。

多尺度空间数据管理模块完成数据准备、投影转换、图幅拼接与裁切等数据处理功能，为典型的 C/S 软件架构。该层还包括三维场景管理与发布组件 GlobeManager，这是一个需要安装的桌面可执行程序，提供了三维场景管理与发布功能。GlobeManager 可以通过多种协议访问空间数据（数字高程模型、栅格、遥感影像、矢量数据等），在此基础上以层为单位，对空间数据进行多分辨率分块组织并构建复杂的三维地形场景。

地理信息服务模块支持分布式和集中式部署的地理信息服务功能，可在大型组织内以及网络用户间发布和共享地理信息：除了为客户端提供地图和数据服务外，GIS 服务器还可在共享的中心服务器上支持 GIS 工作站的所有功能，包括制图、搜索、空间查询等。地形三维可视化客户端 GeoPilot 可为用户提供三维地形可视化和交互工具。通过 GeoPilot 客户端，用户可以实现三维地形无缝漫游，支持高程查询、对象查询、距离量测、沿指定路径飞行、动画输出等功能。GeoPilot 客户端通过开放的互联网协议和基于简单抽象访问协议（SOAP）的网络服务与地理信息基础服务层组件进行数据通信，支持典型的 B/S 部署和运行模式；通过增加本地资源的访问权限，GeoPilot 还可扩展对本地数据文件的访问能力，以支持 C/S 模式的应用。

3）地理空间协同工作消息体

消息体的结构设计是协同工作平台的基础。基于 XML 设计了消息体结构，由发送者、接收者、消息内容、消息策略组成。消息内容可以由用户根据具体的应用而定；消息策略指消息发送的策略，如发送的时限（立刻、稍后）、消息发送的时间、消息重复的次数等。当某个参与到协同工作空间的用户发送出符合规范的消息后，消息将被通过“协同工作服务器”被“路由”到指定的接收者。接收者再根据消息类型与消息参数再进行进一步处理，如进行自动场景定位、打开（关闭）图层、增加（修改、删除）地理要素对象等。

4）协同工作流程

基于三维场景的协同工作流程如图 4-16 所示。

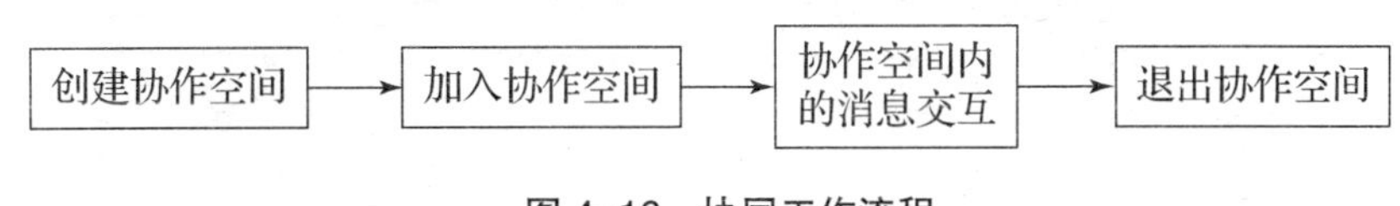

图 4-16　协同工作流程

“创建协作空间”是具有创建权限的用户发起（创建）的一个协同工作空间，该空间可以为一对一的空间，也可以是允许多个用户加入的协作空间。在一对一的协作空间中，仅有两个用户可以进行消息交互；在多个用户加入的协作空间中，多个用户可以基于 IPv6 网络进行协同工作。“加入协作空间”指具有一定权限的用户可以加入到特定的协作空间，当加入到某个协作空间后，用户的状态就可以被该协作空间中的用户捕获。“协作空间内的消息交互”指在协作空间内，各个用户之间可以共享消息和状态。用户在该协作空间内可以灵活自如地进行任何消息的发送，包括进行文件传输等。“退出（销毁）协作空间”指用户可以灵活自如地退出协作空间。当最后一个用户退出后，该协作空间将被自动销毁。另外，协作空间的管理员还可以强制销毁某个协作空间。

3. 地形三维协同平台的技术特点

地形三维协同平台具有如下基本特点：基于 XML 进行消息构建和通信，可以兼容地支持 IPv6 和 IPv4 网络；支持基于广域网（互联网）的协作空间创建、管理与销毁；支持多用户实时协作，至少支持 200 个用户同时在线。

此外，多个用户在基于 Web 的三维可视化环境中还可以实现以下功能。

（1）三维地形浏览、地名查询、模型加载，如图 4-17 所示。

（2）可实时感知协作空间内所有用户所在的三维位置、运动状态（速度、方向、路径等）。

（3）可实时地在多个协作用户之间进行标注共享、3D 模型共享。

（4）可实时地在多个协作用户之间发送文本短消息。

（5）可建立“主控模式”，以某个用户为主控角色，其他（异地）客户端用户可以自动绑定主控者的状态，以实现在无交互状态下自动跟踪主控者的位置移动、开关图层、加载模型等动作，实现广域网（互联网）环境下的三维场景和状态实时共享，如图 4-18 所示。

（6）基于 IPv6 网络环境，初步建立多用户共享环境，可实现多用户地理位置实时感知和地形三维协同显示功能，如图 4-19 所示。

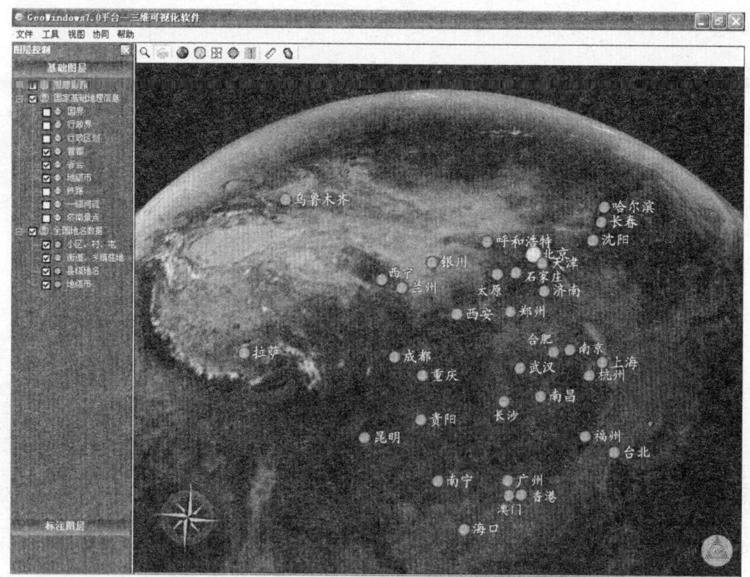

图 4-17　基于 Web 的三维协同工作软件

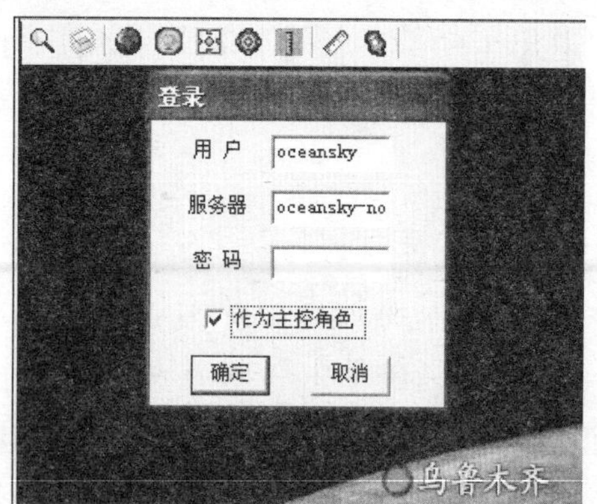

图 4-18　协作区用户登录界面

(a)用户 A 视图　　　　(b)用户 B 视图

图 4-19　登录协作区后异地用户共享位置状态

第 5 章　基于本体的电子政务地理信息检索

在人工智能领域，本体与框架相似，是一种结构化的知识表示工具。本体因其具有良好的概念层次结构和语义关系维护能力，已逐步应用于计算机科学、生命科学、地理信息科学等领域。在电子政务地理信息系统中，经常需要处理多源地理信息数据以及各种政务信息。为使电子政务地理信息的使用更加高效、系统更加智能化，引入知识系统工具，探讨本体在电子政务地理信息检索中的应用。本章以自然灾害事件为例，探索从本体构建、语义映射、本体推理到地理信息检索等完整的本体应用过程，形成一套基于本体的电子政务地理信息检索方法，并开展了面向事件的地理信息检索试验。

§5.1　构建地理事件本体

地理事件是对地球表面各种自然和社会事件的总称，如突发事件就是其中一种。对政府部门而言，为及时正确应对各类突发事件，不仅需要关注事件本身，还需要了解事件发生地的有关自然环境、人文环境、经济条件等综合信息。因此，对地理事件相关知识进行建模，构建地理事件本体就成为应用知识系统的首要任务。

5.1.1　地理事件与相关概念

构建本体过程中需要多个本体，这些本体之间必然存在某种关系，它们共同维护了该任务中涉及的相同或不同领域间的语义关系。如构建地理事件本体就同时涉及地理对象本体。地理事件本体的特征之一是包含空间位置的概念，即用来标识其发生位置的信息。这些空间位置概念均来自地理对象本体，因此地理事件本体与地理对象本体之间存在依赖与被依赖的关系，具体而言是某个地理事件的发生地标识了某个地理对象（见图 5-1）。

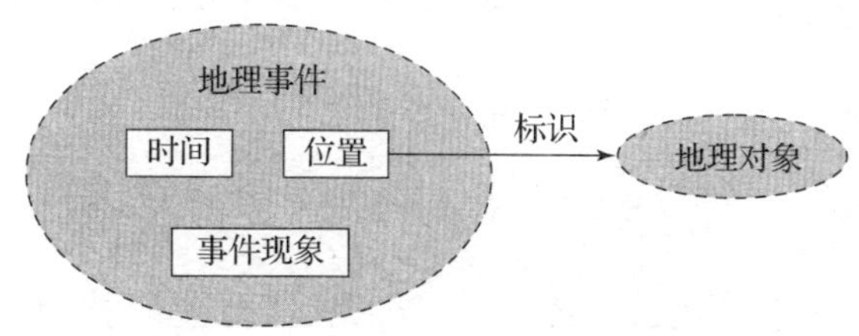

图 5-1　地理事件与地理对象的关系

1. 地理事件

地理事件是时空数据模型研究中引入事件而提出的概念，指引起时空对象发生变化的事件（孟令奎，2003；肖桂荣 等，2002；Su et al，2004），通常用事件发生前后地理实体的状态与事件共同构成时空对象模型，强调事件的动态性。地理事件是发生在地表空间的各种自然和社会现象，强调的是静态结果。地理事件由时间、位置和事件现象三部分组成（见图 5-2）。其中时间表示事件发生的某一时刻，位置由地理实体空间特征标识，事件现象则由描述事件结果状态的各类信息组成。事件结果是对标识位置的地理实体及其周围环境作用后的状态。

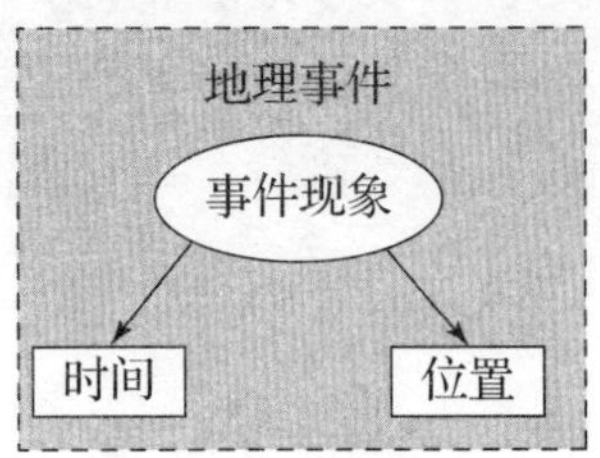

图 5-2　地理事件构成

由本体及地理事件定义可知，地理事件本体是对地理事件概念模型明确的形式化描述。采用本体概念、关系、实例三元组结构，地理事件本体 $\boldsymbol{O}_{GE}$ 可如下定义：

$$O_{GE}=\{(T_E, L_E, E), R_E(E, O_E), I_E\}$$

式中，T_E 为事件发生的时刻，L_E 为事件发生的位置，E 为事件现象，O_E 为事件作用对象，R_E 为地理事件与其作用对象之间的关系，$I_E=\{I_j \mid j\in\mathbf{N}\}$ 为具体地理事件集合。

每个具体的地理事件 I_j 由地理事件概念各项属性赋值后形成，包括时间、位置、事件现象以及事件与其作用对象之间的关系等属性项。

2. 地理对象

地理对象指地表空间各种自然要素和社会要素实体，它由地理对象类型以及某一时刻其地理空间特征和属性特征构成（见图 5-3）。其中对象类型即为各种自然和社会要素，如河流、房屋；地理空间特征指在某一方面为对象类型赋予的空间特征属性，如名称、坐标；属性特征指除地理空间特征以外的属性。

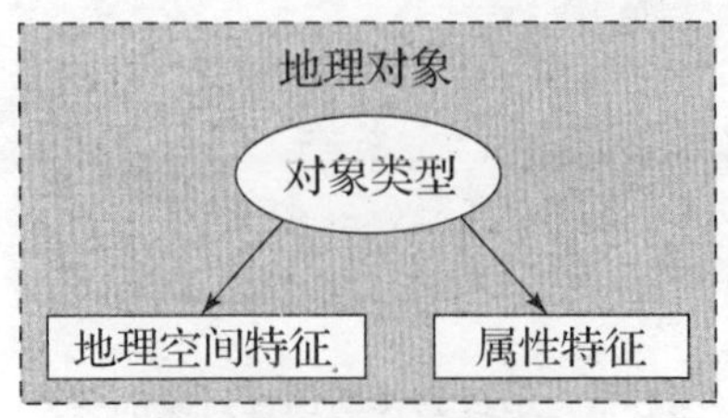

图 5-3　地理对象构成

地理对象本体是对地理对象概念模型明确的形式化说明。采用本体概念、关系、实例三元组结构，地理对象本体 O_{GO} 可如下定义：

$$O_{GO}=\{(T_G, F_G, P_G), R_G, I_G\}$$

式中：T_G 为地理对象类型；F_G 为地理空间特征；P_G 为属性特征；R_G 为各种地理对象之间的关系；$I_G=\{I_j \mid j\in\mathbf{N}\}$，表示具体地理对象集合。

5.1.2 以任务为中心的本体构建方法

构建应用本体的方法主要有两种，一种是通过领域知识构建，另一种是基于数据库逆向工程构建。前一种方法面对的首要问题是如何确定本体的领域内界限。因没有明确构建本体的目的，从开放的领域知识抽取出需要的概念模型比较困难，直接造成无法确定在此概念模型基础上构建本体的界限问题。后一种方法则无此问题，其主要概念均从数据库中获取，在构建本体之前领域界限就已经确定。但其缺点是获取的本体概念仅限于数据库模式中所表达的内容，除此之外的概念仍需要领域专家的参与来完成。以任务为中心的本体构建方法结合了两种本体构建方法的特点，即仍从领域知识构建地理事件本体，但以本体内容为任务，将本体所应用的数据库作为约束条件，通过数据库内容确定地理事件本体的领域界限。

1. 基本原理

本体的构建是一个迭代过程，在本体构建完成后，需要根据领域知识的更新不断更新本体模型，更新动作反映在本体的整个构建过程中。构建本体的目的是将确定的领域范围内知识转换成本体模型。领域知识既可直接来自领域专家，也可来自领域资料或具体数据库模型。由于领域知识与本体模型之间存在的极大差异，完成这个转换过程仍需要许多额外的工作。

一般本体构建需要经过以下几个步骤：从领域知识中提取关键领域概念、关系及公理；利用提取的关键领域概念、关系及公理创建领域概念模型；根据领域概念模型编辑本体模型；根据领域知识更新的需要重复上述步骤以更新本体模型。其中从领域知识提取领域概念、关系、公理的难度最大。

因为领域知识是开放性的，在没有明确任务之前，无法确定需要提取哪些概念、关系和公理。鉴于从领域知识直接构建本体的这个缺点，引入基于数据库逆向工程的本体构建方法，通过任务来约束本体构建的整个过程。此处任务指构建本体的目的，如需要处理的文档或数据库等。任务中待处理的数据本身是要构建本体概念模型的具体化的一部分，因此任务应该参与本体构建的整个过程（见图 5-4）。

以下是以任务为中心的本体构建步骤。

（1）从领域知识中提取领域概念、关系、公理。本体是领域概念模型的一种形式化描述，它对概念模型中所有的概念均作出明确的定义。概念模型是领域知识的另一种表现形式，它是对领域知识进行解构并再组织而形成的。从领域知识中提取领域概念、关系、公理即为领域知识解构的过程。

将领域知识看作由各个知识点以及这些知识点之间的复杂关系构成的一个完整的知识网络（见图 5-5）。

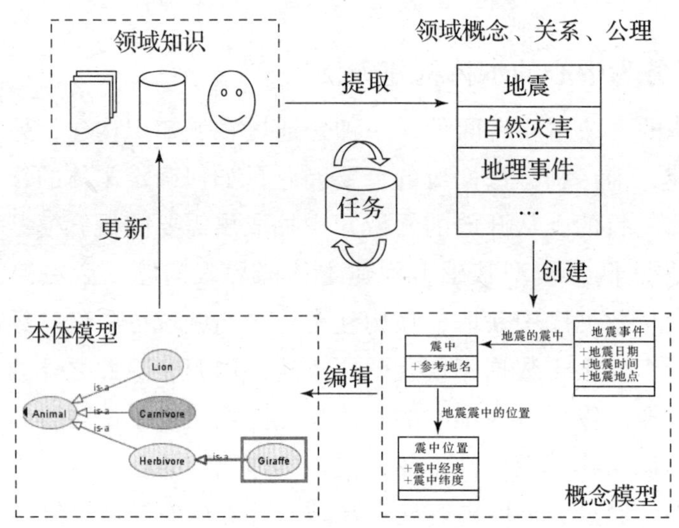

图 5-4　以任务为中心的本体构建方法

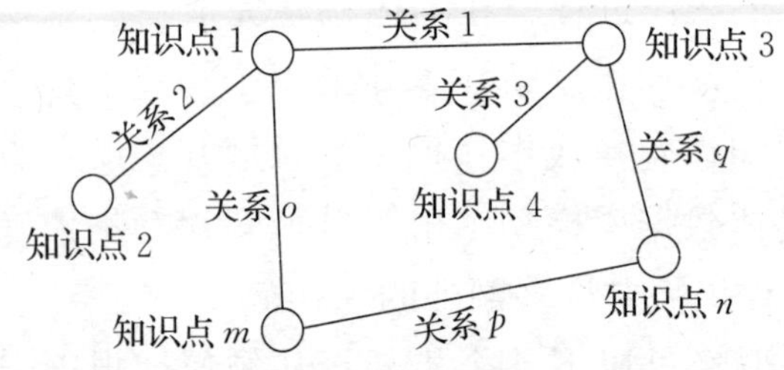

图 5-5　领域知识构成

假设领域内某个知识点为 $K_i(i\in\mathbf{N})$，它们构成的领域内知识集合为 $K=\{K_i \mid i\in\mathbf{N}\}$；领域内两个知识点之间的关系为 R_j（$j\in\mathbf{N}$），它们构成了领域内知识点关系的集合 $R=\{R_j \mid j\in\mathbf{N}\}$；由知识集合 K 和知识点关系集合 R 构成的领域知识为

$$D_K=\{K, R\}$$

获得领域知识 D_K 后，即可将知识网络中的每个知识点及知识关系进行解构，从而得到相应的概念、关系和公理。

对于领域知识中的某一知识 K_i（$i\in\mathbf{N}$），其包含的概念集合为 C_i，包含的这些概念的关系集合为 $(R_C)_i$，包含的这些概念构成的公理集合为 $(A_C)_i$。则知识点 K_i 可以被解构为

$$(K_D)_i=\{C_i, (R_C)_i, (A_C)_i\}$$

式中，C_i、$(R_C)_i$、$(A_C)_i$ 即为从领域知识 K_i 中提取的概念、关系和公理。

那么，从领域知识 D_K 中提取的概念、关系和公理的结果为

$$K_D = (\cup(K_D)_i) \qquad (i \in \mathbf{N})$$

虽然从领域知识中可以提取其包含的各种概念、关系和公理，但任何一个本体构建任务不可能涉及所有的领域知识。因此，必须采用一种方法划定本体构建任务中所涉及的领域知识的范围。可使用本体应用范围内的各种数据（称之为构建本体的任务），因为具体的数据涉及的知识范围有限，由此可确定领域知识的范围。在任务参与的领域概念、关系和公理提取方法如下。

对于任务涉及的某一领域知识 $D_T = \{K_T, R_T\}$，存在 $D_T \subset D_K$。那么，在 D_T 约束下，对于从领域知识 D_K 中提取的概念、关系和公理 K_C，有 $K_C \subset K_D$。

（2）使用提取的领域概念、关系、公理创建领域概念模型。从领域知识中提取的领域概念、关系、公理是离散的。虽然对于领域专家来说，这些足以在大脑中构建一个完整的领域概念模型。但对于非领域专家的本体构建人员来说，则无法实现这个转换过程。因此必须对其再组织，以形成一个完整的概念模型图，以此作为本体构建人员构建本体的依据。概念模型图可以借助一些工具来完成，如标准建模语言、实体—联系图等，应尽量选取标准的或大家均认可的交流工具。

（3）从领域概念模型创建本体模型。基本过程是：领域概念模型中的部分概念转换成本体模型中的类，部分概念转换成本体模型中的数据类型属性，关系转换成本体模型中的对象属性，公理则转换成本体模型中的规则，个体则转换成本体模型中的实例。

具体的转换规则可由任务来确定，假设 F 是根据任务将领域概念模型中概念 C、关系 R_C、规则 A_C、实例 I 转换成本体中相应元素的函数。即

$$F(C)=\begin{cases} C_O \\ P_D \end{cases}$$

式中，C_O 为概念 C 转化成本体模型中的类，P_D 为概念 C 转化成本体模型中的数据类型属性。

$F(R_C)=P_O$ 为关系 R_C 转化成本体中的对象属性，$F(A_C)=R_O$ 为公理 A_C 转化成本体中的规则，$F(I)=I_O$ 为个体 I 转化成本体中的实例。

那么，从概念模型 $C_M=\{C, R_C, I, A_C\}$ 创建的本体模型为

$$O=\{C_O, (P_D, P_O), R_O, I_O\}$$

（4）从领域知识更新本体模型。人类社会在发展，人类对世界的认识在不断改变，由此产生的结果是领域知识的不断更新。领域知识的更新必然会影响以此为基础建立的本体模型。因此在需要的时候应该重复第一至第三步过程，以便更新本体模型。除了领域知识的更新，任务的更新也会影响相应的本体模型。主要表现在任务中增加了

本体模型无法处理的数据，如在自然灾害数据库中增加了原本没有的地震灾害数据。所以任务仍然需要参与本体模型的更新，更新过程同样是重复第一至第三步过程。

2. 基本过程

如图 5-6 所示，以任务为中心的本体构建方法需要经过以下几个步骤：搜集领域资料，通过任务确定领域知识范围，从而搜集相应的领域资料；提取领域概念、关系及公理，通过任务确定领域资料中必需的领域知识范围，从而提取相应的领域概念、关系及公理；创建领域概念模型，根据具体任务，将提取的领域概念、关系及公理再组织成一个完整的领域概念模型；创建领域本体模型，按照任务制定的规则将领域概念模型中的概念、关系、公理、实例等创建成本体中相应的元素。

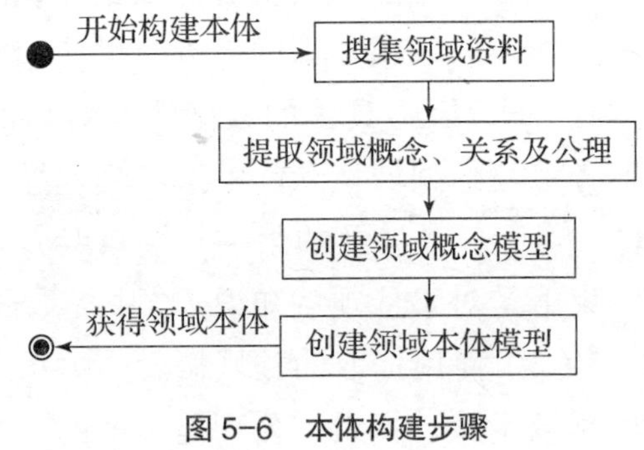

图 5-6　本体构建步骤

（1）搜集领域资料，准备任务数据。领域知识是本体内容的主要来源，主要来自三个方面：领域专家、已有的领域资料、可复用的本体。在没有领域专家协助和可复用本体的情况下，构建本体需要准备充足的领域资料。多数本体主要用来处理相应的数据，这些数据为确定知识领域界限提供了依据。因此在构建本体之前，还需要任务数据，为提取领域知识做准备。

（2）分析领域资料和任务数据，提取领域概念，建立概念文档。通过分析领域资料和任务数据，确定需要提取的本体概念、概念属性、概念之间的关系及公理。虽然任务数据明确了本体构建的目的，但要从大量的领域资料中提取需要的概念并非易事。在构建本体过程中不难发现，领域内成形的分类体系中的概念常常构成领域本体中的核心概念。因此寻找一个合适的领域内概念分类体系将会简化概念提取工作。由于提取的概念都是离散的，需要对其进行一定的维护，以便本体构建人员能够准确获得必需的概念及其描述信息。文档通常是记录任务完成过程和详细内容的最好方式，是跟踪项目进度和浏览项目历史的一种途径，故可选择文档作为提取的领域概念的维护方式。对于一个复杂的任务，建立记录文档也是必需的。同时，文档也是本体构建过程的中间成果，它为本体后期的更新维护提供了依据。

（3）建立辅助概念模型。为了维护提取的离散概念之间的关系，使其形成一个完成的知识模型，使用 UML 工具建模，构建 UML 类模型图，作为领域概念模型的辅助参考模型，指导本体构建人员有序地编辑本体。虽然 UML 类模型不能像本体那样表达完整的语义信息，但足以表达本体概念模型的核心内容部分，如概念、概念属性、概念间的类层次关系等。辅助模型的构建除了能指导本体构建人员编辑本体，另外一个重要作用是可以检验提取的概念是否满足任务需求。若在辅助模型构建中存在不符合要求的概念（如与其他任何概念均不存在关系），可即时对其加以清理或对概念提取方案进行调整。

（4）编辑本体。一旦建立了辅助概念模型，就表示必需的概念均已提取完毕。此时，可开始利用本体编辑工具编辑本体。编辑本体之前，需要先确定符合任务要求的本体编辑工具。编辑工具的选择主要取决于项目对本体的要求，如是否必须使用万维网本体语言（OWL）描述本体、工具是否支持任务选择的本体形式化描述方式等。在必要情况下可以考虑自建编辑工具。在本体编辑过程中，最需要关注的是概念间的依赖关系问题，这决定了概念创建的先后顺序。

（5）评价本体。本体的评价是检验构建的本体是否满足用户需求的一个过程。虽然本体正确与否尚无通用的评价标准，但仍可以在任务范围或共享范围内判断其是否合乎要求。比较简单的方法是将构建的本体图形化，并与第三步中建立的辅助模型进行对比，以查看其是否完全正确表达了辅助模型的信息。这主要是为了检查本体构建人员在编辑本体期间可能出现的错误问题。如果在此期间发现错误或在后期对本体进行更新维护，则需要转到第二步进行修改。对本体的评价可从本体的合理性及其使用的有效范围两方面来考虑。合理性指在此本体应用范围内不同人对本体的认同程度，只要在这个有限的范围内达成共识，就可认为是合理的。有效使用范围指本体的可共享范围，如果共享范围局限于某项任务，那么只需要在任务范围内达成共识即可。

5.1.3　地理事件本体构建过程

1. 确定领域范围

本体构建前期，要明确本体的目的和内容，以便有针对性地搜集、准备领域资料和任务数据。

1）明确本体构建任务

构建本体的目的为用户提供面向事件的地理信息检索服务。要求除获得查询的事件信息外，还可获得与事件相关的其他信息。实验用数据内容为地震灾害数据、人口专题数据、经济专题数据。

地震灾害数据为 1949—2005 年间全国 5~9 级地震灾情统计数据，内容包含地震日期、发震时间、震中经度、震中纬度、参考地名、历史震级、人员死亡、人员受伤合计、无家可归者、房屋建筑倒塌损坏（平方米）、房屋建筑严重破坏（平方米）、房屋建筑（轻微、中等）损坏（平方米）、直接经济损失（万元）。人口专题数据为 2005 年县级行政区划人口统计数据，内容包含行政区划代码、市县名称、年末总人口、男性、女性、农业人口、非农业人口、人口自然增长率。经济专题数据为

2005年县级行政区划经济统计数据，内容包含行政区划代码、市县名称、工业总产值、产品销售率、利润总额。

2）搜集领域资料

本体的构建需要领域专家的参与，这是因为领域专家相对来说可以充分挖掘领域知识、构建领域概念模型。在没有领域专家参与时，只能使用领域专家的文献、著作等来代替。这些成果是领域专家知识的一种表现形式，它们在一定程度上代表了领域专家对该领域的认知结果。自然灾害领域的研究方向包括致灾因子研究与减灾、自然灾害监测预报、自然灾害评估、自然灾害的社会经济影响、减灾与防灾（商彦蕊，2005）。从实验数据可以看出，地理事件本体对应的要处理的数据属于自然灾害评估范畴。因此将关于此方面的著作作为主要的领域知识来源（见表5-1），并将其作为本体概念提取的依据。另外，自然灾害相关标准和期刊数据库也是获取丰富领域知识的信息来源。

表5-1 主要领域资料

资料名称	作者	出版时间
《中国重大自然灾害及减灾对策（总论）》	国家科委全国重大自然灾害综合研究组	1994年5月
《自然灾害与防灾减灾》	耿怀英、曹才瑞	2000年5月
《自然灾害评估》	高庆华、马宗晋、张业成	2007年7月

2. 领域概念的分类和提取

根据任务需求对资料进行分析，以领域概念分类体系作为切入点，提取领域概念。

1）概念分类体系

分析领域资料主要包含两个分类：突发事件分类和自然灾害分类。虽然本体将自然灾害事件作为研究对象，但自然灾害事件与地理事件不是直接的类属关系，无法将自然灾害事件直接看作地理事件的子类。为保证所构建的地理事件本体的完整性，选取从地理事件到自然灾害事件的完整分类体系，从自然灾害事件向上追溯，确定其与地理事件之间存在如下类属关系：地理事件→突发事件→自然灾害事件。因此，概念提取从突发事件分类和自然灾害分类开始。由于分类可以具有不同的依据，同一领域可能存在相同概念的多个分类体系。此时，应根据任务需要选择合适的分类。由于实现的检索系统主要服务于政府部门人员，因此选择政府相关部门对突发事件和自然灾害的分类标准。根据国家应急防灾预案的提议，突发事件分为自然灾害、事故灾害、公共卫生事件、公共安全事件四大类。国家科技部、原国家计委、原国家经贸委灾害综合研究组根据自然灾害的成因和我国灾害管理现状，将自然灾害分为七大类（见表5-2）。

表 5-2　我国政府部门采用的自然灾害分类

灾害类型	主要灾种	主管部门
气象灾害	暴雨、干旱、寒潮、热带风暴、龙卷风、雷暴、雹灾、大风、干热风、暴风雪、冷害、霜冻等	国家气象局
海洋灾害	风暴潮、海啸、潮灾、海浪、赤潮、海冰、海水入侵、海平面上升等	国家海洋局
洪水灾害	洪水、雨涝等	水利部
地质灾害	崩塌、滑坡、泥石流、地裂缝、塌陷、矿井突水突瓦斯、冻融、地面沉降、土地沙漠化、水土流失、土地盐碱化等	国土资源部
地震灾害	地震及由地震引起的各种次生灾害，如沙土液化、喷沙冒水、城市大火、河流与水库决堤等	国家地震局
农业灾害	农作物病虫害和鼠害、农业气象灾害、农业环境灾害等	农业部
林业灾害	森林病害虫害和鼠害、森林火灾等	国家林业局

2）提取领域概念

实验中需要处理地震灾害统计数据决定了必须将地理事件的领域界限再次缩小至地震灾害中地震概念以及与地震相关的其他概念。

首先，从突发事件分类和自然灾害分类中可以提取表 5-3 所示的概念。

表 5-3　地理事件分类概念

概念	定义	备注
地理事件	地理空间内发生的自然或社会现象	
突发事件	突然发生、造成或者可能造成社会不稳定、公共财产和公众健康严重损害的重大事件	《电子政务中的突发事件应急处理空间服务架构》
自然灾害	以自然界作用为发生的原动力，使人类社会结构和人类生存环境承受超过极限的承受力而失去固有的平衡和稳定，造成人类赖以生存的基础破坏或功能失效，以导致人类及其社会损失为特征，并使承受对象在一定时间内难以靠自身力量恢复的突发事件	《自然灾害的概念、等级》
地震灾害	地震及由地震引起的各种次生灾害，如沙土液化、城市大火、河流与水库决堤等	《自然灾害与防治：选修》

其次，从地震灾害核心概念“地震”出发，提取地震分类信息。从领域资料分析中，确定了地震可按震级和震源深度进行分类。由此提取表 5-4 中所示的地震分类概念。选取概念时尽可能选择对构建完整的概念模型具有帮助的概念，保留可有可无的概念，舍弃超出任务范围的概念。如在自然灾害分类中，地震灾害还包含地震次生灾害，由于不需要处理任何有关次生灾害的信息，故并不需要“地震次生

灾害”这一概念。“地震灾区”概念之所以保留，是因为其所指地区来自于地理对象本体中包含行政区划对象，可能有一定的帮助。而震源、震源深度、震中、震中距、地震烈度等概念是描述地震信息的必要参数，所以暂时保留。至此完成了从领域知识提取概念的过程，下一步则是分析以上概念间的语义关系，这对应于本体中的对象属性和数据属性。上述概念间的关系如表 5-5 所示。

表 5-4　地震灾害分类

概念	定义	备注
地震	大地震动。包括天然地震（构造地震、火山地震）、诱发地震（矿山冒顶、水库蓄水等引发的地震）和人工地震（爆破、核爆炸、物体坠落等产生的地震）。一般指天然地震中的构造地震，古时候也称地动	《防震减灾术语》（GB/T 18207.1—2000）
浅源地震	震源深度小于 60 km 的地震	地震按震源深浅划分为三类，《防震减灾术语 第 2 部分：专业术语》（GB/T 18207.2—2005）
中源地震	震源深度在 60～300 km 范围内的地震	
深源地震	震源深度大于 300 km 的地震	
极微震	震级小于 1 级的地震	按震级大小划分，《防震减灾术语 第 1 部分：基本术语》（GB/T 18207.1—2000）
微震	震级大于或等于 1 级，小于 3 级的地震	
小地震或称小震	震级大于或等于 3 级，小于 5 级的地震	
中等地震或称中地震	震级大于或等于 5 级，小于 7 级的地震	
大地震或称大震	震级大于或等于 7 级的地震	
特大地震	震级 8 级和 8 级以上的地震	

表 5-5　地震概念间关系

关系	概念 1（主语）	概念 2（宾语）	备注
地震的震级	地震	震级	一次地震只有一个震级
地震的震中	地震	震中	一次地震只有一个震中
地震的震源	地震	震源	一次地震只有一个震源
震源的位置	震源	震中	
震源的深度	震源	震源深度	
震中的参考地名	震中	震中参考地名	
破坏	地震	地震灾区	一次地震可影响多个地区
地震灾区震中距	地震灾区	震中距	

续表

关系	概念 1（主语）	概念 2（宾语）	备注
地震灾区的烈度	地震灾区	地震烈度	
受损房屋	地震	受损房屋数量	包含倒塌和破坏两种类型，通过数据抽象得来
受灾人口	地震	受灾人口数量	分为死亡、受伤、无家可归三种，从数据中抽象得来
损失经济	地震	经济损失数量	
倒塌房屋	地震	倒塌房屋数量	
损坏房屋	地震	损坏房屋数量	分为轻度、中等、严重损坏三种
轻度损坏房屋	地震	轻度损坏房屋数量	
中等损坏房屋	地震	中等损坏房屋数量	
严重损坏房屋	地震	严重损坏房屋数量	
死亡人口	地震	死亡人口数量	
受伤人口	地震	受灾人口数量	
无家可归人口	地震	无家可归人口数量	
震中的经度	震中位置	震中经度值	单位：(°)
震中的纬度	震中位置	震中纬度值	
发生时间	地理事件	时刻	日期 + 时间，精确到秒
发生地点	地理事件	位置	来自于基础地理数据中的地名，这里是地震震中所在位置

最后，对比已提取的概念和数据库内容，可知二者之间并不一致。数据库中存在大量概念是从领域知识中尚未提取的，这些概念将作为上述概念的补充概念。数据库 ER 模型本身表达了两个实体间的关系，对本体来说，即为两个概念间的关系。因此，可将从数据库中提取的概念作为关系置于表 5-5 中。

3）获取概念的方法

概念的提取是一个比较复杂的过程，通过以上概念提取过程可以发现，获取概念的方法主要有以下几种。

（1）从分类体系中获取概念层次关系。领域内的分类体系是本体中概念模型的骨架，它确定了概念模型的层次结构。通过分类体系很容易把握领域概念模型的总体结构，因此从分类体系中获取概念模型是一个较好的出发点。例如，通过突发事件概念的分类，很容易得出从突发事件到地震之间的层次关系。

（2）从概念特征描述中获取属性概念。通过对某一概念的特征进行详细描述的资料，可以获取概念的属性特征概念。例如，获取“地震”概念后，可查找有关地震的详细资料，由此可得到“震中”“震源”“震级”等对“地震”概念作详细描述的概念。

（3）从数据中获取补充概念。通过前面两个步骤，已经获取了领域内的多数任务相关概念。但数据通常与领域概念无法一一对应，即数据中可能含有领域资料中未描述或描述不一致的信息。通过对数据内容的分析，可以将这些概念提取出来作为领域概念的补充概念，以使领域概念模型更符合任务目标要求。

（4）从概念中抽象出概念。在提取概念的过程中会出现相同类型概念的情况，这时可以抽象出一个高层次概念作为其父类。这样既利于概念层次结构的清晰表达，也利于本体构建过程中概念的管理。如表 5-5 中的“损坏房屋”概念并非来自领域资料或数据库，而是从“中等”“轻度”“严重损坏房屋”概念抽象得来的。

3. 构建辅助概念模型

一个与概念模型中其他概念没有任何关系的概念通常不属于该模型。通过将提取的概念绘制成一张完整的UML模型图，可以快速发现这些无关的概念，从而将其从概念模型中删除。利用上述概念构建的原始 UML 模型如图 5-7 所示。

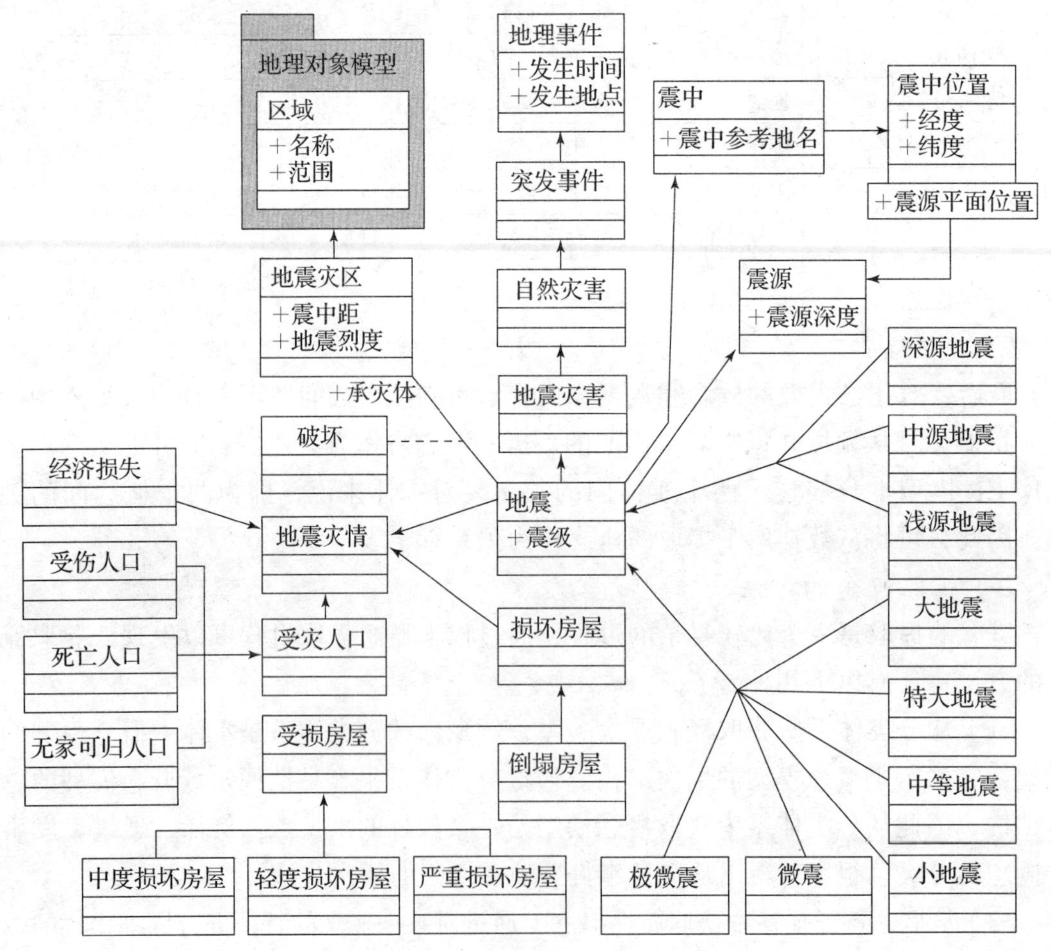

图 5-7　从概念文档中建立的 UML 辅助模型

从图 5-7 中可以看出该图并非完全符合任务要求，如其中的“地震灾区”“震源”“深源地震”等概念在任务中无法得到应用，因为任务数据中并没有提供有关该概念的相关数据。相应的其实例也将无法创建，必须将其去除。调整后的最终 UML 模型图如图 5-8 所示。对比分析该模型与地震灾害数据库内容，可知其已完全满足任务要求。

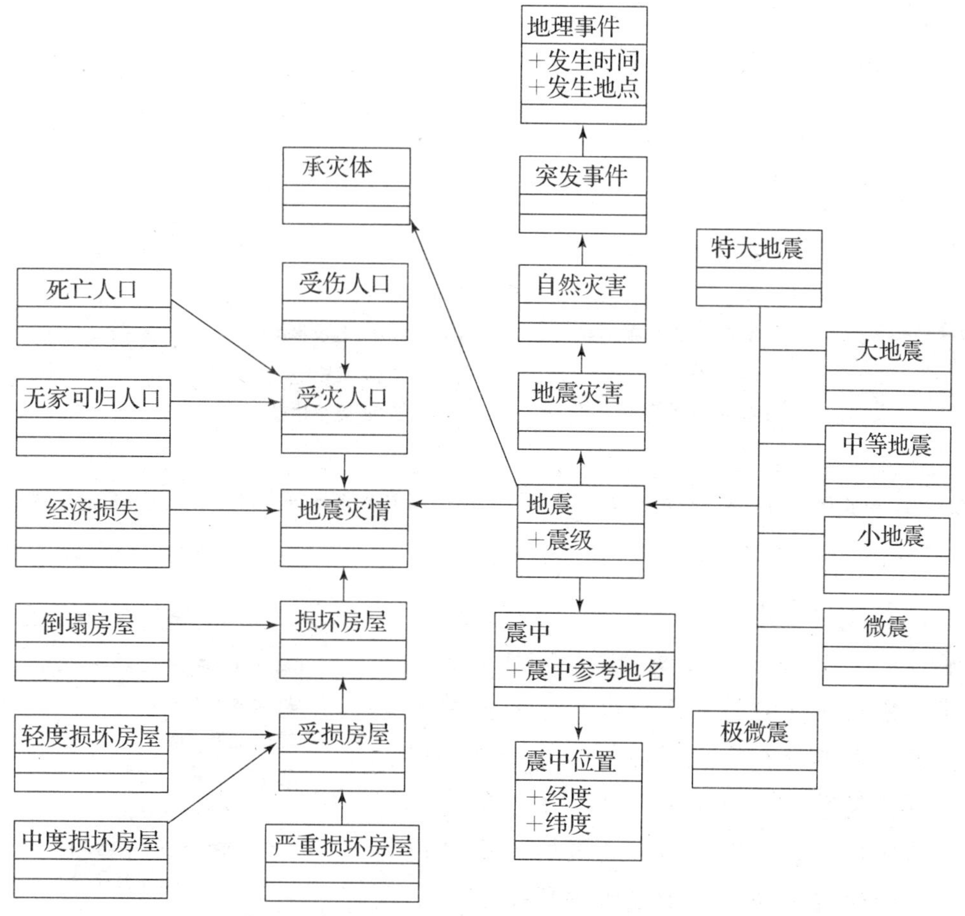

图 5-8　通过筛选后最终得到的 UML 辅助模型

4. 编辑本体

UML 模型图的成功建立标志着概念模型的雏形已基本完成，以形式化的本体描述语言对该模型进行描述后，即可得到最终的本体模型，这是本体编辑的主要任务。

（1）制定概念的创建顺序。考虑本体中概念之间的依赖性，遵循“概念→关系→规则→实例”这样的先后顺序，并且先创建被依赖的概念。

（2）创建类。本体中的类可能来自于提取概念中的任何概念，但其主要内容是提取概念中的分类概念部分。如图 5-9 所示，表 5-3、表 5-4 中的所有概念均创建为本体中的类。

类的另一部分则来自无法用时间、字符串、数值等值数据类型表示的概念。如图 5-10 所示，表 5-5 中的"震中"和"震中位置"概念被创建成本体中的类。

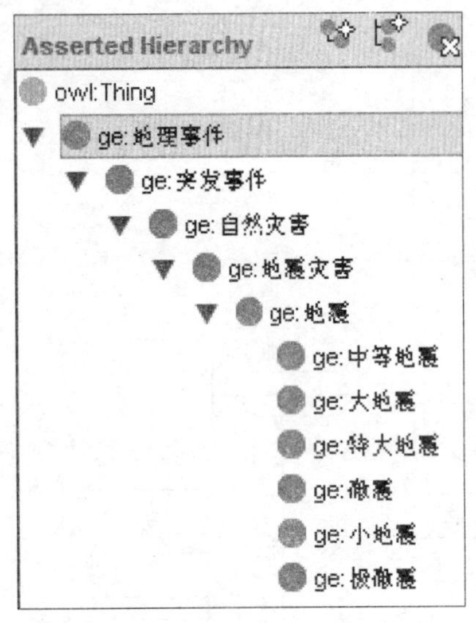

图 5-9 分类概念创建成本体中的类

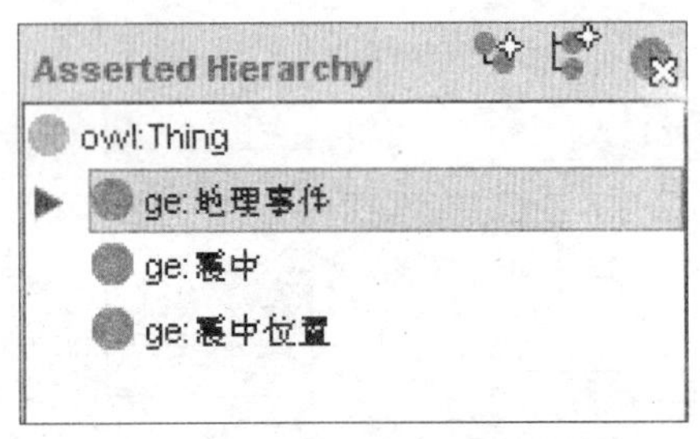

图 5-10 无法用值数据类型表示的属性概念创建成类

(3) 创建属性。由于部分属性概念已作为类创建了，剩余的部分属性概念则作为数据属性创建（见图 5-11），表 5-5 中剩余概念均作为数据属性创建。数据属性的另一部分来自于属性关系中通过数据获得的补充概念。在数据库中这些概念的实例本身是数据类型，因此在本体中仍将其创建为数值属性。表 5-5 中剩余关系概念则可视其宾语类型创建成相应的对象属性或数据属性。在使用 Protégé 工具编辑本体属性的过程中，最易出现问题的是属性约束的设置不当导致后面的本体检验时概念不一致，原因主要来自于属性约束的继承性。例如，假设父属性设置了"Functional"约束，则子属性会继承这一约束，从而强制为"Functional"。由于父属性会同时包含所有的子属性值，这与其"Functional"约束相矛盾，所以导致具有该属性的所有概念出现不一致问题。由此得出结论：如果某一属性具有多个子属性，则该

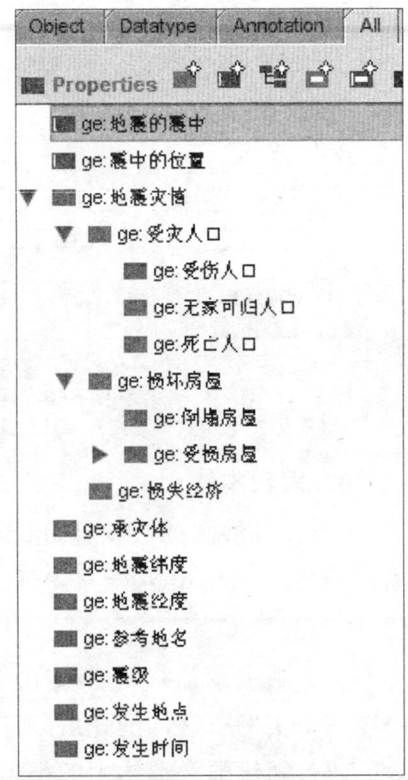

图 5-11 关系概念

属性不能设置“Functional”约束；如果该属性的子属性设置了“Functional”约束，则该属性不能再具有“Functional”约束。

（4）创建规则。规则是本体推理的主要依据之一，为使系统能够自动按地震震级进行分类，地理事件本体中创建了地震分类规则。Protégé 3.4 支持网络本体语言（OWL）1.0 版本，该版本不支持数据属性取值范围的描述逻辑语言（DL）描述。因此在该版本中，无法通过直接制定 OWL-DL 规则来实现按震级对地震自动分类，必须借助语义网规则语言（SWRL）来描述此类涉及数值属性范围的规则。地理事件本体中定义的按震级分类的 SWRL 规则如图 5-12 所示。

SWRL Rules

Enabled	Name	Expression
☐	ger:中等地震	地震(?ger:x) ∧ 震级(?ger:x, ?ger:y) ∧ swrlb:lessThan(?ger:y, 7) ∧ swrlb:greaterThanOrEqual(?ger:y, 5) → 中等地震(?ger:x)
☐	ger:大地震	地震(?ger:x) ∧ 震级(?ger:x, ?ger:y) ∧ swrlb:greaterThanOrEqual(?ger:y, 7) → 大地震(?ger:x)
☐	ger:小地震	地震(?ger:x) ∧ 震级(?ger:x, ?ger:y) ∧ swrlb:lessThan(?ger:y, 5) ∧ swrlb:greaterThanOrEqual(?ger:y, 3) → 小地震(?ger:x)
☐	ger:微震	地震(?ger:x) ∧ 震级(?ger:x, ?ger:y) ∧ swrlb:lessThan(?ger:y, 3) ∧ swrlb:greaterThanOrEqual(?ger:y, 1) → 微震(?ger:x)
☐	ger:极微震	地震(?ger:x) ∧ 震级(?ger:x, ?ger:y) ∧ swrlb:lessThan(?ger:y, 1) → 极微震(?ger:x)
☐	ger:特大地震	地震(?ger:x) ∧ 震级(?ger:x, ?ger:y) ∧ swrlb:greaterThanOrEqual(?ger:y, 8) → 特大地震(?ger:x)

图 5-12　地震按震级自动分类的 SWRL 规则

（5）创建实例。完整的本体模型结构包含本体实例，但领域本体中是否应该创建大量实例却存在争议。因大量实例会降低本体处理效率，使本体遭遇扩展瓶颈（Nikolaos et al，2008）。对于此问题，可用本体概念映射到数据库，而不是从数据库中提取本体概念的实例来解决。解决方案可以是将核心概念有关的数据创建成本体实例，其他数据则以语义映射链接的方式建立连接。例如经济、人口等专题数据使用了链接的方式（见图 5-13）。为了不破坏本体模型的概念结构，地理事件本体中创建了“数据源”注释属性，用来记录概念对应的数据库中的数据源以及必要的字段。为了验证本体推理查询功能，使本体实例参与推理过程，选择构建本体实例。因选取的地理事件实验本体和地震灾害实验数据规模较小，将所有地震灾害数据创建成本体实例对本体的运行效率并无太大影响。

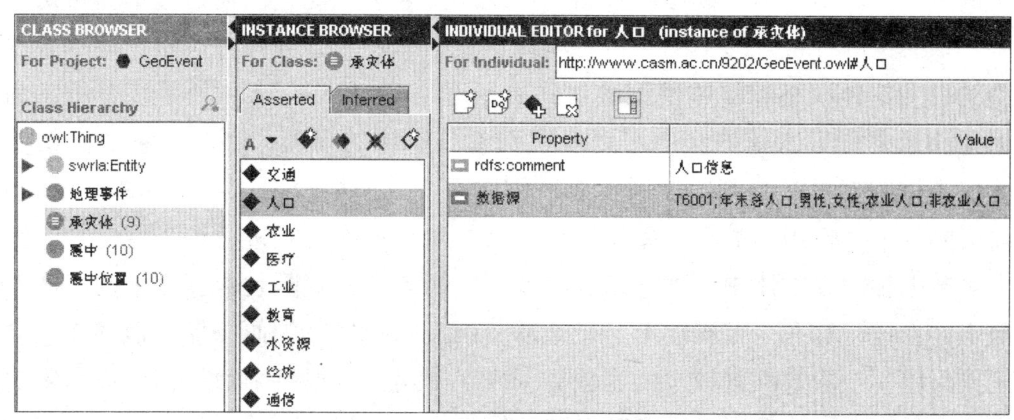

图 5-13　地理事件本体中部分数据以映射链接的方式创建本体

5. 检验本体

地理事件本体在建立 UML 辅助模型期间已经按任务要求对概念模型进行了调整，满足了任务需求。因此本体检验的任务将只进行简单的语法检查，这主要利用 Protégé 自带的 Pellet 推理机插件完成。通过一致性语法检查，查看是否存在概念间关系不一致的情况。另外，通过本体浏览工具以图形化的方式查看本体模型，并与创建的 UML 辅助模型进行对比，也可以发现本体中存在的部分问题。

§5.2 地理事件本体语义映射

基于本体的语义映射包含两层意思，一是在两个本体间进行映射，称为本体映射；二是本体与数据库之间进行映射。前者主要是在多个本体集成、共享、重用时，将相同领域内的多个局部本体合并成一个全局本体。后者主要是关联已有本体与数据库中的数据，也是本节讨论的主要内容。与本体语义映射相关的是语义标注，即利用本体中的概念为已有词汇作注释，使其具有语义信息，这通常是对文档（包括本地 PDF、XML、Word、Web 网页、图像等结构化、半结构化和非结构化文档）进行标注。使用语义映射的目的是通过二者之间的映射关系，将数据库中的数据直接转换为本体中的实例，为示区别，将其称为本体语义映射。

5.2.1 本体语义映射方法

本体语义映射方法通常是借助一定的工具进行自动或半自动化处理，如 WordNet 词库、已有本体、自制工具、转换语言等。自动化的方法比较理想，也是目前研究的主要方向，但目前其可靠性最低。手动方法相对可靠，但对大量的数据来说创建实例速度太慢。半自动化方法结合二者优点，是目前语义映射的主要方法。

本体和数据库的映射目的有两种：一是将数据库中的数据抽取出来构建本体中的实例；二是用本体中的概念对数据库模式进行语义标注，从而通过本体可访问数据库。根据这两种目的的不同，可将本体与数据库映射分为两种类型，即从数据库模型映射到本体模型和本体模型映射到数据库模型，如图 5-14 所示。其中，利用数据库中数据创建本体的实例可以使实例参与本体的推理，利于信息的高精度检索，但本体的规模必须有所控制，如果数据库中数据量较大，造成本体规模变大，反而会降低本体使用的效率。使用本体中概念对数据库模式进行语义标注的方法未将大量数据存储在本体中，确保了本体使用的高效性，缺陷是数据库中的实体无法参与本体推理，这在一定程度上会带来部分语义的缺失。为便于探讨地理信息检索的主要问题，选取数据量较小的实验数据库，采用将数据库中数据创建成本体实例的方法，只需考虑从数据库模型映射到本体模型的问题。

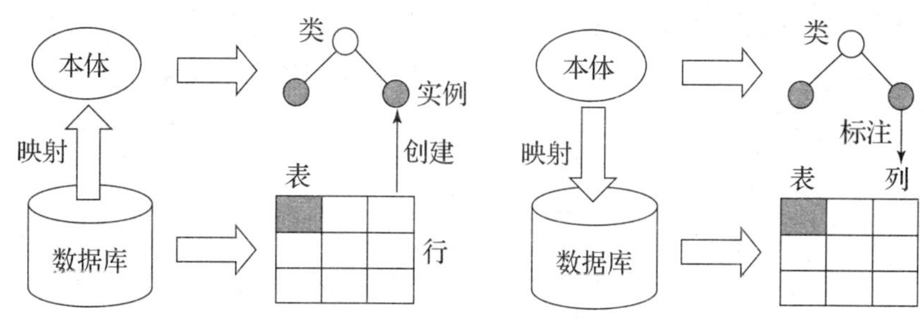

图 5-14　本体语义映射的类型

对于数据库中的单个表，可以认为仅由实体类型、实体、属性（或字段）三种元素构成，此时数据库表与本体中的概念、属性可实现简单的一对一映射。整体数据库的情况则比较复杂，除需要考虑表之间的连接关系及约束关系外，还需要考虑表数据内容的差异性。以地震数据中的参考地名为例，在全国范围内的地震统计数据中，会在参考地名一栏以“省 + 县 + 方位”这样的形式来命名，如“新疆温泉东南”，而在地方地震统计数据中，参考地名一栏可能以“县 + 方位”这样的形式命名，如“温泉东南”。另外，由于使用简称或省略也会带来问题，如“新疆温泉东南”可能在有的数据库中是以“新疆自治区温泉东南”“新疆温泉县东南”“新疆自治区温泉县东南”的形式存在的，解决此类问题的主要方法是将关系数据库模式和本体模型分别转换到某种合适的中间模型，然后通过这个中间模型辅助实现二者之间的语义映射。

5.2.2　基于辅助概念模型语义映射

1. 基本原理

构建本体时，数据库作为待处理对象之一参与构建过程，可确保数据库中的一个或多个字段至少可以映射到本体中的某一个概念或属性。数据库模型结构比较紧凑，表的每个字段均被相应的数据填充，使得结构修改存在问题。本体的概念模型则相对比较灵活，可根据结构需求添加相应概念。即使不考虑任何应用，相同领域内的两个专家构建相同内容的本体模型也无法保证其完全相同。而且本体模型可以独立于应用数据库创建，因此本体与数据库之间往往难以建立完全对等的映射关系。但采用以任务为中心的本体构建方法，可减小最终本体模型与数据库模型之间的差异。即在本体构建之初就考虑数据库内容问题，将数据库模型作为一种约束条件来影响本体模型，如此实现本体与数据库的语义映射时，可以在一定程度上降低难度（见图 5-15）。这种影响过程不仅适用于同一领域内同一专家创建本体与数据库的过程，还适用于同一领域内不同专家在抽象出不同概念模型基础上创建本体与数据库的过程。

通过本体与数据库的构建过程可知，本体与数据库拥有的共同且唯一的基础是在现实世界中抽象得到的概念模型。鉴于构建本体时已经创建了 UML 辅助概念模型，而且 UML 图是一种标准交流工具，因此在该模型的基础上建立中间模型比较合适（见图 5-16），主要工作是在保证语义完整的情况下去除与数据库中不相关的概念、公理。

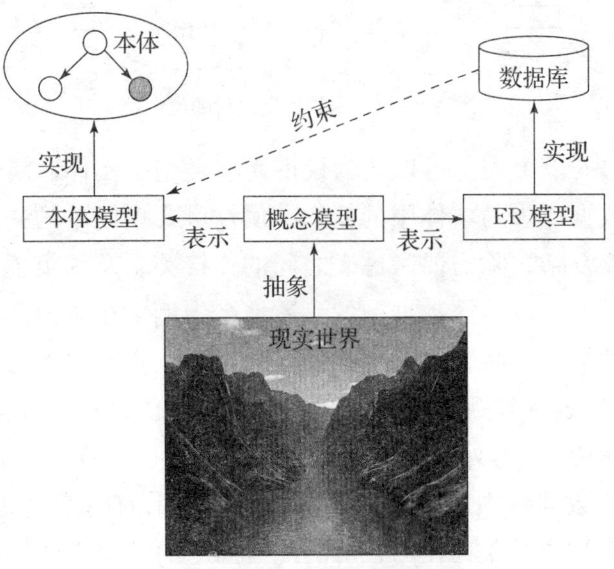

图 5-15　领域内专家构建本体和数据库的过程

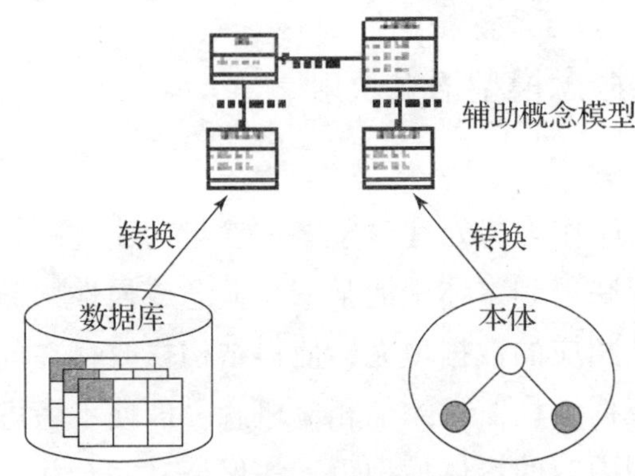

图 5-16　数据库与本体映射关系

基于辅助概念模型的本体语义映射方法如下。

一个数据库由实体类型（或数据库表）T、实体属性（或字段）P_T、实体（或数据）E_T 和约束构成，即数据库为

$$D = \{ T, P_T, E_T, C_T \}$$

通过本体对应的 UML 辅助概念模型生成的中间模型为

$$M = \{ C_M, R_M \}$$

式中，概念 C_M 为对应的本体模型中的类，R_M 为对应的本体模型中的关系。

由于构建的本体此时并不包含实例，只是相对完整的概念模型，只包含概念和关系。

数据库中的表总是对应于本体中的一个或多个概念或对象属性，实体则是需要创建的本体实例，实体属性对应于本体中的数据类型属性。由此可建立数据库与本体之间的映射关系：

$$Map = \begin{cases} R_O \\ C_M \end{cases}$$

$$Map(P_T) = R_D$$

式中，R_O 为本体模型中对应的对象属性关系，R_D 为本体模型中对应的数据类型关系，且 $R_M = R_O \cup R_D$。

由于目前本体中不存在实例，此处实例不建立映射关系。

2. 实现方法

由于辅助概念模型已经建立，因此从中提取中间模型相对容易，但从数据库模型转换成辅助概念模型则需要进行部分数据库操作才能实现。实现该方法的基本思路如图 5-17 所示。

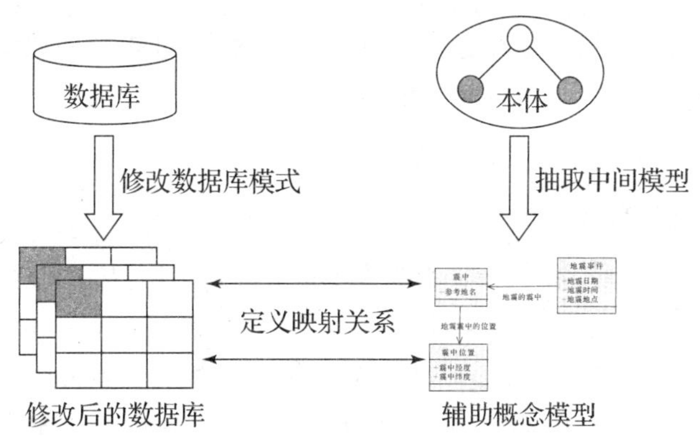

图 5-17　创建映射关系过程

（1）抽取本体中的概念生成中间模型。此处本体概念模型是只包含本体中与数据库相关的类以及与类相关的必要数据属性和对象属性的概念模型。由于映射关系只能建立在双方均有可映射元素的基础之上，而且本体模型表达的语义信息多于数据库，因此完全可以在保证概念模型完整性的前提下，从本体中抽取必要的概念和属性，生成辅助概念模型。

（2）修改数据库模式，使其每个字段能一一对应于辅助概念模型中的数据属性。通过数据库操作修改数据库模型，可以解决部分一对多和多对多的关系，从而使数据库与本体的复杂关系简单化。数据库模式的修改主要是按照本体中概念及概念属性的构成，对数据库的字段进行拆分或合并操作。

（3）建立本体概念模型与数据库模式的映射关系。通过以上两个步骤使得数据库模型逐渐接近于辅助概念模型，从而可直接建立二者之间的映射关系。此时的映射关系只是简单地将修改过的数据库中的模式映射到辅助概念模型中的概念和属性。由于是经过修改的数据库模式，其与辅助概念模式之间能够建立一对一的映射关系。

3. 方法特点

使用数据库操作来解决部分难题，需要数据库管理人员的参与。数据库操作主要是解决部分数据库模式与本体中概念存在一对多或多对多的映射关系，最终将其转变为一对一的映射关系。

该方法充分利用已有的概念模型，并以此为基础生成辅助中间模型，简化了中间模型的构建工作。

具有特殊的前提条件，即以任务为中心。由于在本体构建之初就充分考虑了数据库映射问题，使得整个映射工作难度降低，其缺点是不适合独立使用。如果使用其他本体构建方法，特别是如果在本体构建之初未考虑数据库问题，则不适宜使用该映射方法。

5.2.3 语义映射过程

地理事件本体语义映射主要是建立地理事件本体与数据库之间的映射关系。采用基于辅助概念模型的本体语义映射方法，需要经过生成辅助概念模型、修改数据库模式、定义映射关系等几个步骤。

1. 生成辅助概念模型

通过地震本体生成的本体概念模型如图 5-18 所示。从概念模型可以看出，只包含必要的数值属性（如“严重损坏房屋”“死亡人口”等）和对象属性（如“地震作用对象”“地震的震中”等），而去除了“地震灾情”“受灾人口”“灾害作用对象”等不必要的属性对象。这能保证生成的本体概念模型中的所有对象（如“地震”“震中”）可通过数据库直接生成，并且其属性值均可填充。

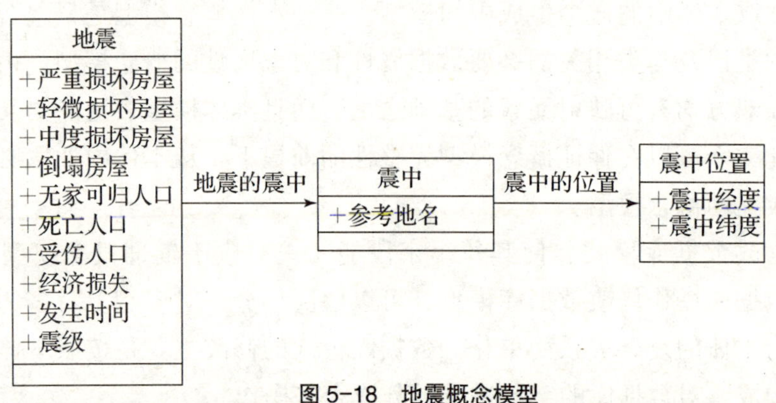

图 5-18 地震概念模型

2. 修改数据库模式

修改数据库模式的主要目的是通过数据库系统操作调整数据库表结构，使数据库表的所有字段能与本体概念模型中的数据属性一一对应。例如，“轻微损坏房屋”和“中等损坏房屋”在实验数据中是作为一个字段的，那么在进行下一步操作之前，必须通过数据库操作将其分解为两个字段，如图 5-19 所示。

房屋建筑倒塌毁坏(平方米) character varying(255)	房屋建筑严重破坏(平方米) character varying(255)	房屋建筑(轻微;中等)损坏(平方米) character varying(255)
63107	137792	; 226881
15	210	; 5739
60	540	; 9028
1694365	1110540	1874778; 1979910
940924	9200656	22165; 397566

图 5-19　轻微损坏和中等损坏房屋字段

通过数据库（此处使用的数据库系统为 PostgreSQL）提供的字符串分割函数 split_part 可将“房屋建筑（轻微；中等）损坏（平方米）”字段拆分成“房屋建筑轻微损坏（平方米）”和“房屋建筑中等损坏（平方米）”两个字段。其他字段不需作任何操作，用省略号（…）表示。操作语句如下。

```
SELECT …, split_part("房屋建筑（轻微；中等）损坏（平方米）", ';', 1) AS "房屋建筑轻微损坏（平方米）", split_part("房屋建筑（轻微；中等）损坏（平方米）", ';', 2) as "房屋建筑中等损坏（平方米）", …
FROM xinjiang_data
```

执行后的结果如图 5-20 所示。

房屋建筑倒塌毁坏(平方米) character varying(255)	房屋建筑严重破坏(平方米) character varying(255)	房屋建筑轻微损坏(平方米) text	房屋建筑中等损坏(平方米) text
1694365	1110540	1874778	1979910
940924	9200656	22165	397566
71300	213926	249280	236280

图 5-20　执行数据库操作后的表结构

3. 定义映射关系

经过数据库操作后，数据库表中的每个字段可与本体概念模型中的数据属性一一对应，从而建立二者之间的映射关系（见图 5-21）。如果使用的实验数据相对简单，且数据库模式与本体概念之间只存在一对多的关系，这种情况下建立二者之间的映射关系就比较容易。

由于本体与数据库映射工作涉及多项数据内容，通常需要本体构建人员、数据库管理人员和语义映射操作人员的共同参与（Xu Zhuoming et al，2006）。本体构建人员将本体模型转换成本体概念模型，以供数据库管理人员参考。数据库管理人员按照本体概念模型要求操作数据库，以使数据库表中的每个字段与本体模型中的数据属性一一对应，最终由语义映射操作人员建立二者之间的映射关系。

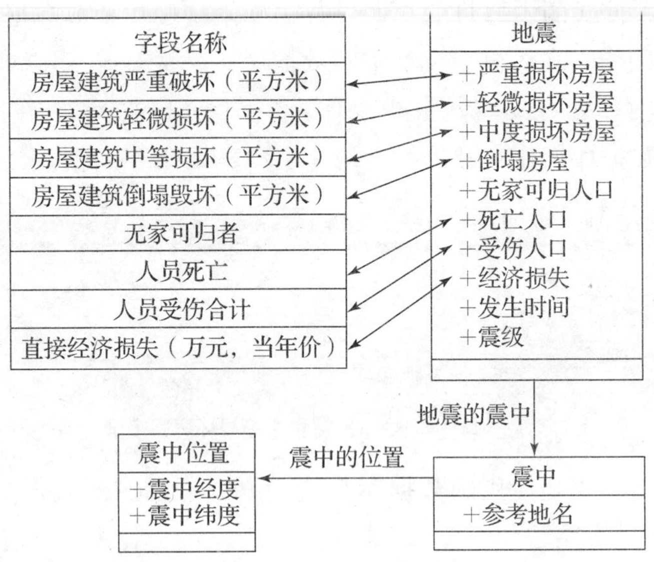

图 5-21　修改后的数据库模式与本体概念模型之间的映射关系

5.2.4　本体实例自动创建

在完成本体与数据库语义映射的基础上，通过自定义的转换工具可将数据库内容转换成本体实例，从而实现本体实例的自动化创建。本体实例的创建还涉及实例与其他实例之间的关系（即本体中的对象属性）以及实例命名规则问题。如果将本体概念模型看作一个树状模型，按照从叶节点到根节点的顺序，可顺利创建本体实例，其过程可通过自定义的规则文件控制。一个完整的类映射有多个数据属性映射、对象属性映射和一个“实例命名规则”，由此可创建一个完整的本体实例。其中，“实例命名规则”由“表名.字段名”和字符串组合而成；数据属性映射由“数据属性名”、对应的“表名.字段名”，以及二者之间的数据类型转换方式（实际为Java 中的类型转换函数）构成。对象属性映射即是另外一个完整的本体类映射。

```
<类名>
<[实例命名规则]/>
<映射关系表达式>
    <数据属性名/>
    <表名.字段名/>
    <类型转换方式/>
</映射关系表达式>
<对象属性>
    <类名>
        ……
    </类名>
```

```
</ 对象属性 >
</ 类名 >
```

实验本体与实验数据库之间的完整映射规则如下。

```
<Class value=" 地震 ">
   <InstanceName value=" Xinjiang. 地震时间 + Xinjiang. 参考地名 +' 地震 ' " />
   <MapExpression>
<DatatypePropertyName value=" 严重损坏房屋 " />
<TableColumnName value=" Xinjiang. 房屋建筑严重破坏 ( 平方米 )" />
<TypeConverter value="java.lang.Integer.valueOf" />
</MapExpression>
   <MapExpression>
<DatatypePropertyName value=" 轻微损坏房屋 " />
<TableColumnName value=" Xinjiang. 房屋建筑轻微破坏 ( 平方米 )" />
<TypeConverter value=" java.lang.Integer.valueOf " />
</MapExpression>
   <MapExpression>
<DatatypePropertyName value=" 中度损坏房屋 " />
<TableColumnName value=" Xinjiang. 房屋建筑中等破坏 ( 平方米 )" />
<TypeConverter value=" java.lang.Integer.valueOf " />
</MapExpression>
   <MapExpression>
<DatatypePropertyName value=" 倒塌房屋 " />
<TableColumnName value=" Xinjiang. 房屋建筑倒塌毁坏 ( 平方米 )" />
<TypeConverter value=" java.lang.Integer.valueOf " />
</MapExpression>
   <MapExpression>
<DatatypePropertyName value=" 无家可归人口 " />
<TableColumnName value=" Xinjiang. 无家可归者 " />
<TypeConverter value=" java.lang.Integer.valueOf " />
</MapExpression>
   <MapExpression>
<DatatypePropertyName value=" 死亡人口 " />
<TableColumnName value=" Xinjiang. 人员死亡 " />
<TypeConverter value=" java.lang.Integer.valueOf " />
</MapExpression>
   <MapExpression>
<DatatypePropertyName value=" 受伤人口 " />
<TableColumnName value=" Xinjiang. 人员受伤合计 " />
<TypeConverter value=" java.lang.Integer.valueOf " />
</MapExpression>
   <MapExpression>
<DatatypePropertyName value=" 经济损失 " />
<TableColumnName value=" Xinjiang. 直接经济损失 ( 万元 , 当年价 ) " />
```

```
<TypeConverter value=" java.lang.Integer.valueOf " />
</MapExpression>
   <MapExpression>
<DatatypePropertyName value=" 发生时间 " />
<TableColumnName value=" Xinjiang. 地震时间 " />
<TypeConverter value=" DateFormat.getInstance().parse " />
</MapExpression>
   <MapExpression>
<DatatypePropertyName value=" 震级 " />
<TableColumnName value=" Xinjiang. 历史震级 " />
<TypeConverter value=" java.lang.Float.valueOf " />
</MapExpression>
<ObjectProperty value=" 地震的震中 ">
<Class value=" 震中 ">
<InstanceName value=" Xinjiang. 地震时间 +Xinjiang. 参考地名 +'地震震中'"/>
<MapExpression>
<DatatypePropertyName value=" 参考地名 " />
<TableColumnName value=" Xinjiang. 参考地名 " />
<TypeConverter value="" />
</MapExpression>
<ObjectProperty value=" 震中的位置 ">
<Class value=" 震中位置 ">
<InstanceName value=" Xinjiang. 地震时间 +Xinjiang. 参考地名 +'地震震中位置'"/>
<MapExpression>
<DatatypePropertyName value=" 震中经度 " />
<TableColumnName value=" Xinjiang. 震中经度 " />
<TypeConverter value=" java.lang.Float.valueOf " />
</MapExpression>
<MapExpression>
<DatatypePropertyName value=" 震中纬度 " />
<TableColumnName value=" Xinjiang. 震中纬度 " />
<TypeConverter value=" java.lang.Float.valueOf " />
</MapExpression>
</Class>
</ObjectProperty>
</Class>
</ObjectProperty>
</Class>
```

读取数据库中数据时，仍以本体模型对象中的根节点对象为循环的起始点，即从“地震”类的开始读取数据。但实例的创建则从本体概念模型中的叶节点对象开始，即先创建“地震位置”实例，最后创建“地震”实例。创建实例前，先根据映射规则中定义的命名规则判断目标本体中是否存在该实例。如果存在，则直接获取该本体实例，并将其设置为相应的对象属性值；如果不存在，则创建该实例，同时记录该实例名，在其父实例创建后将其设置为对应对象属性的值。

§5.3　基于本体的地理信息检索

以关键词词形匹配为基础的传统信息检索方法已相当成熟，但面对庞杂的信息检索内容，以及人们对查询质量的高要求，其局限性逐步显现出来。主要表现在语义层次上的缺失：一是检索系统无法理解用户输入的关键词，二是检索系统无法理解目标信息。对于这些问题，本体提供了较好的解决方案。首先需要构建一个信息领域内本体，它包含该领域的基本概念以及概念间语义关系的明确定义。其次，使用该本体为目标信息并为它赋予语义信息，从而使得检索系统能够从语义层次上理解目标信息。为目标信息赋予语义信息的方法有两种：一是用本体中的概念对目标信息中的某些词汇进行标注，即语义标注；二是用本体实例的方式重新描述目标信息内容。在前一种方式下，可对已标注过的目标信息进行语义信息检索，这种方式通常应用于对文档、图片、视频等非结构化信息的检索，同时也适用于对数据库信息的检索。在第二种方式下，信息检索方式转变为直接对本体信息检索，这种方式通常应用于对数据库等结构化信息的检索。

在地理信息检索中，本体目前主要应用于属性特征的查询。但已有研究人员着手研究空间特征信息的本体表达，这可能会完全改变传统的地理信息检索方式。如果地理信息的空间特征与属性特征数据能够实现本体的统一表达，那么地理信息检索可能会变得相对容易。

5.3.1　检索系统框架

基于本体的地理信息检索过程可简单分为以下三个步骤：

（1）将用户检索条件转换成本体中的概念；

（2）将概念与目标本体进行匹配以查找满足条件的信息；

（3）显示符合要求的检索结果。

由此可知，基于本体的地理信息检索一般框架至少应包含检索接口、概念匹配、查询系统三个主要部分（见图 5-22）。本体最大的特点是具有语义推理能力（实则是演绎推理），可以在信息检索中实现语义层次上的查询。因此，相对传统信息检索，语义推理系统成为基于本体的地理信息检索系统中的关键部件之一。目前常见文献中所构建的本体并不包含精确的空间坐标数据，即通过本体无法实现传统的基于空间特征的信息查询。本章提出的基于本体的地理信息检索的一般框架兼顾了基于空间特征和属性特征的查询方式，可根据用户输入需求的不同而分别执行空间或属性查询。

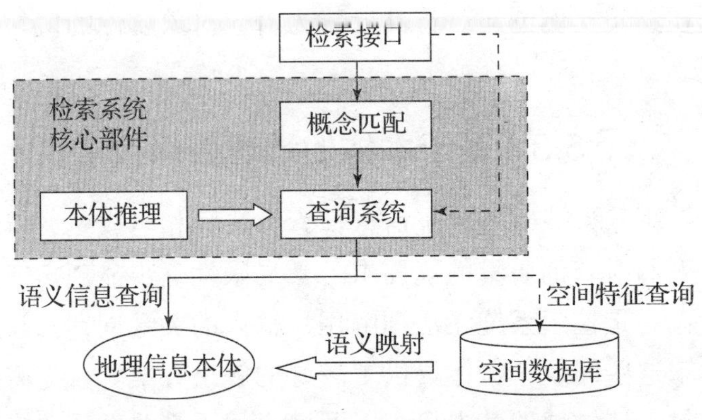

图 5-22 基于本体的地理信息检索一般框架

此处地理信息本体既包含领域概念，也包含概念实例。空间数据通过语义映射的方式转换成本体中的实例。概念匹配、本体推理和查询系统是整个检索系统的核心，它们共同实现了执行查询的主要功能。根据用户输入条件类型的不同，系统可采取不同的检索策略。若用户通过空间特征信息进行检索，可直接转向从空间数据库中查询满足条件的数据。若用户通过属性特征进行检索，则需要先将输入条件与本体中的概念进行匹配，以查找可以替代查询条件中关键词的本体概念；再以本体概念为条件查找地理信息本体中满足要求的语义信息，在必要的情况下可以实施本体推理，以获得更多的推理结果。

5.3.2 检索流程

目前本体在信息检索中的应用有两种方式：一是在用户输入查询语句前，让用户从已建本体中选择合适的概念作为查询关键词，再利用这些关键词进行检索；二是用户输入查询语句后，对其进行自动概念匹配，以查找其在本体中对应的概念，再利用此概念作为条件实施查询。两种应用方式的实质均是将用户的检索关键词转换成本体中的概念，再通过这些概念实现语义信息的查询。部分比较智能化、人性化、复杂的本体检索系统会采用语义相似度计算的方式对关键词和本体概念进行自动匹配，以“猜测”查询条件的语义信息。这种方式减少了系统与用户的许多交互，带来的问题却是自动匹配结果可能是错误或偏离原意的。由用户选择本体资源作为查询条件的策略适合专业性强或本体资源数量少的情况，如果在多领域本体或本体资源数量大的环境下实施，用户可能不知从何处开始选择资源。对于大量本体资源，如何友好显示同样是个问题。通过分析二者的优缺点，有一种混合方法可以采用：在用户输入查询条件后，首先对其进行自动匹配，以获得与条件相似或等同的本体概念，再将这些概念作为概念匹配的候选项供用户选择。由于缩小了匹配概念的范围，用户更容易选择满足其查询意图的概念，用户在缩小范围的概念中再次选择的概念将可直接作为最终的语义查询条件。在此检索方式下，基于本体的地理信息检索流程如图 5-23 所示。

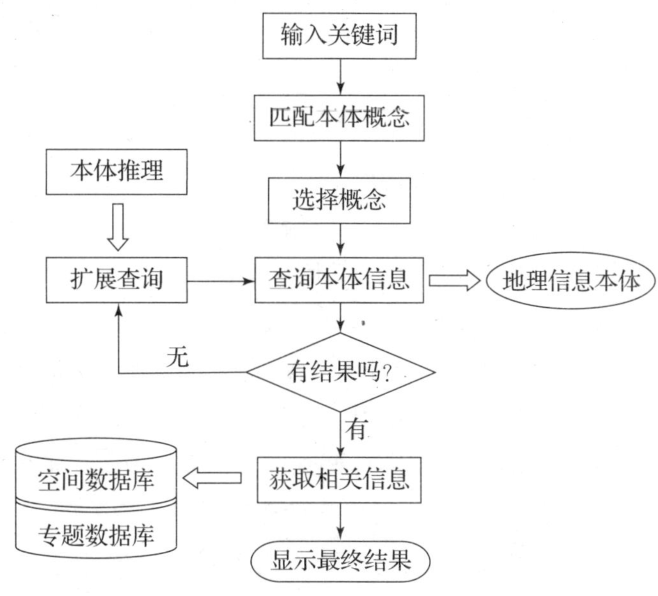

图 5-23 基于本体的地理信息检索流程

（1）用户输入查询条件关键词后，将关键词与本体中概念进行匹配以确定关键词的语义信息。这里概念为本体中的类和实例。匹配结果有三种情况：精确匹配、相似匹配、零匹配。所谓精确匹配，指本体中只存在唯一名称为用户输入关键词的本体概念；相似匹配，指本体中存在名称与用户输入关键词相似的资源；零匹配，指本体中没有任何名称为用户输入关键词的概念。无论哪种情况，都必须由用户最终确定匹配结果。

（2）一旦用户选择了确切的本体概念，则将这些概念作为最终查询条件与目标本体进行匹配。

（3）如果不存在符合条件的本体信息，则需要对查询条件进行扩展。扩展的结果可能是通过本体推理获得的相等概念或上位概念等。扩展查询可能需要重复进行，直到能获取本体信息或无法扩展为止。

（4）获取本体中资源信息后，根据本体与数据库的映射情况或用户查询要求提取相应的空间或专题数据。

（5）为用户显示最终查询结果。

与传统地理信息检索流程相比，基于本体的地理信息检索不同之处在于四个方面：匹配本体概念、显示本体概念、查询本体信息、利用本体推理扩展查询。多数基于本体的信息检索技术都会实施匹配本体概念、查询本体信息、利用本体推理扩展查询条件三个关键步骤。

1. 匹配本体概念

匹配本体概念是为了将用户输入条件转换成本体中已定义的概念，使得查询条件具有对应的语义信息。由于人与计算机均能理解本体中每个概念所包含的具体语义信息，本体概念匹配成为用户与检索系统使用本体这种标准语言交流的关键步骤。虽然用户理解输入的关键词语义，但检索系统只能从词形上判断用户输入的关键词与其他字符是否相同，这完全丧失了该关键词所表达的用户的原始语义。通过匹配关键词与本体中相应的概念，可使人和计算机对用户输入的关键词的语义解释结果达成一致。在此基础上，检索系统即可执行准确的语义信息查询。如图 5-24 所示，本体中定义的概念“北京”具有丰富的语义，而且计算机与人对其均有相同的理解。而对于关键词“北京”，用户完全理解其对应于本体中的概念“北京”，但计算机只能将其解释为由两个相邻字符“北”和“京”组成的字符串。显然，计算机的理解丧失了用户使用关键词“北京”所要表达的语义信息。在进行概念匹配后，用户输入的关键词“北京”被替换为本体中的概念“北京”。此时，用户与计算机对输入的关键词“北京”具有相同的理解，从而消除了二者在语义上理解的差异，这也是匹配概念的主要目的。

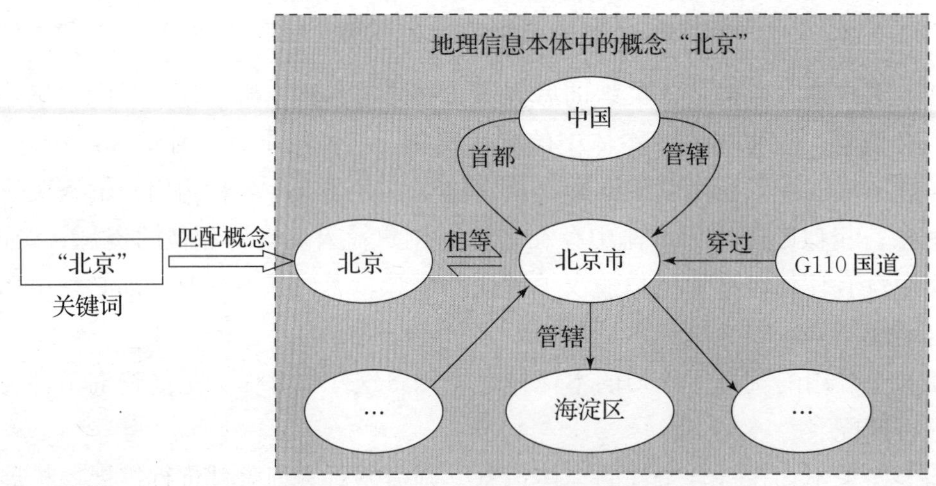

图 5-24　关键词“北京”匹配本体中的概念“北京”

2. 概念匹配原理

假设用户输入关键词为 K，在本体中定义的概念集合为 $C_O = \{ C_i \mid i \in \mathbf{N} \}$，另设函数 $M(x)$ 为某个词汇 x 所表达的语义信息。对于 $C_i (i \in \mathbf{N})$，如果 $M(K) \subseteq M(C_i)$，那么概念 C_i 与关键词 K 匹配；对于与关键词 K 匹配的概念集合 $C_M = \{ C_k \mid k \in \mathbf{N} \}$（$C_M \subseteq C_O$），如果存在 $\min(M(C))$（$C \in C_M$），那么概念 C 为关键词 K 的最终匹配。

在概念匹配过程中，难以确定的是某个关键词所表达的语义信息，即函数 $M(x)$。目前在两个术语的自动匹配过程中，常用的是语义相似度计算方法（李红梅，

2005；徐建民 等，2007）。该方法一般需要以大规模的词典、语料库或知识库等为基础，否则无法得到计算结果。无论采取哪种方法，对其最终评价仍需要由人来评判，即只有人才知道匹配结果是否正确，由此可采取以用户为中心的概念匹配方式。当用户输入关键词后，首先以词形匹配方式从本体概念中提取相关概念供用户选择；用户查看相应概念的描述信息后决定哪个概念最符合其输入关键词所表达的语义信息，从而完成概念匹配过程。

3. 查询本体信息

获取本体信息是实现语义查询实质性的一步，它取代了传统信息检索中的词形匹配过程。一旦将查询条件转换成本体中概念，即表示用户与检索系统之间正在使用本体这种标准的语言进行交流。在这种情况下，实施语义查询将会得到比词形匹配更精确的结果。采用本体实例模式，即可将目标信息创建成本体中的实例，使用本体信息查询来实现语义信息的查询。

本体查询过程主要是寻找与某一概念存在某种关系的其他概念。本体中的概念与概念通过二者之间的关系组成复杂的语义网络（见图 5-25），任何与条件概念存在关系的概念均为符合条件的结果。若指定了关系，则只有与条件概念存在指定关系的概念为符合条件的结果。例如，查询概念“北京”的相关信息，在未指定何种关系的情况下，结果为“中国”“G110 国道”“海淀区”等，若指定关系为“管辖”，则查询结果为“海淀区”。

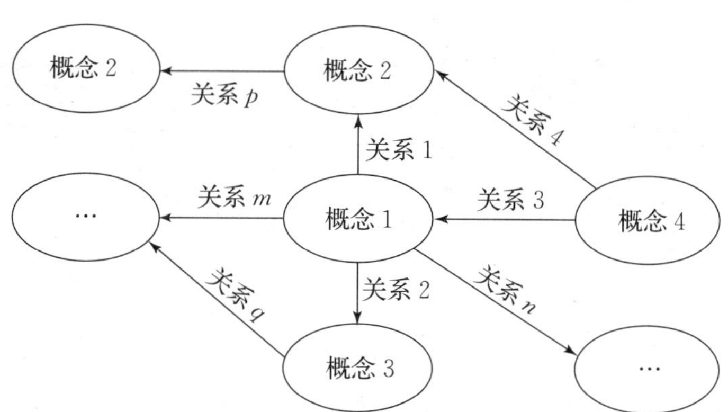

图 5-25　本体中概念与概念通过关系组成复杂的语义网络

4. 扩展查询

查询扩展指利用某种方法扩大原有查询语句条件的范围，以提高查全率和查准率。在某些情况下，使用查询扩展能够获得目标信息中符合用户查询要求的隐含信息。查询扩展方法包括传统的全局分析、局部分析、基于关联规则和基于用户查询日志等，还有目前最受关注的语义概念查询扩展方法。基于本体的查询扩展即属于语义概念查询扩展方法的一种。

基于本体的查询扩展主要是使用本体的推理能力，将概念沿某个关系进行推理，从而得到比原有条件语义范围更广的结果。概念间关系有多种，在面向事件的地理信息检索中，常用的关系为上下位关系、等同关系、时间关系和空间关系（贾黎莉，2007）。其中通过上下位关系和等同关系即可实现同义词扩展、语义蕴涵扩展、语义外延扩展。

下面以检索“北京”相关信息为例说明同义词扩展与空间关系扩展两种查询扩展方法。

同义词查询扩展如图 5-26 所示。需要在地理信息本体中定义概念“北京”的三个相等概念“Peking”“Beijing”“中国首都”。该图中的目标信息均使用相应的概念“Peking”“Beijing”“中国首都”分别标注。当用户搜索关键词“北京”时，首先通过本体概念匹配将其转换成地理信息本体中的概念“北京”。此时，执行相等概念推理，即得到相等概念元素“owl:sameAs”标识的与概念“北京”相等的三个概念“Peking”“Beijing”“中国首都”。经过查询扩展，原有查询条件由搜索“北京”扩展为搜索“北京”“Peking”“Beijing”“中国首都”。执行扩展后的查询得到最终结果为“Peking University”“Beijing Normal University”“北京大学”“中国首都中医学院”。在相同条件下，若不采用查询扩展技术，则无法获得“Peking University”“Beijing Normal University”“中国首都中医学院”等相关结果。

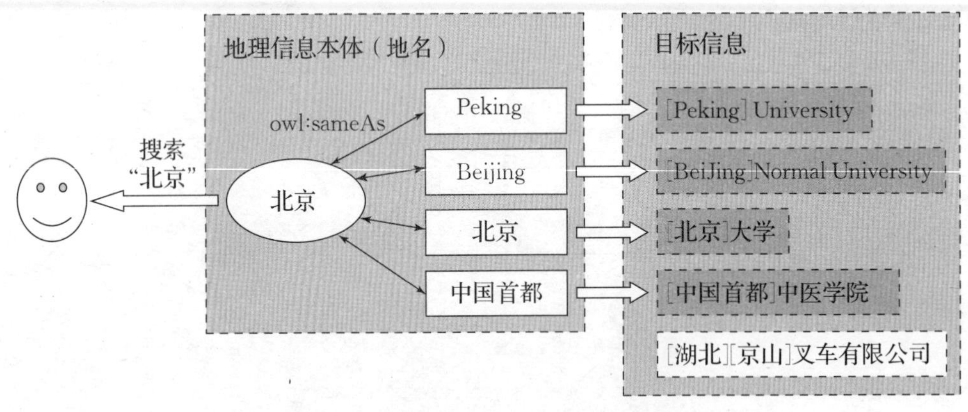

图 5-26　基于本体的同义词查询扩展示例

空间关系查询扩展如图 5-27 所示。在地理信息本体中定义了概念“北京”“海淀区”“北京大学”等概念和这些概念之间的相互关系，以及各级行政区划之间的空间关系。在用户检索信息时，需要指定某个概念可在何种关系上扩展。假设用户检索“北京”相关信息时，指定了其对应的本体概念“北京”可沿关系“包含”进行扩展。在对“包含”关系进行推理扩展后，检索系统会得到概念“海淀区”和“朝阳区”。经过查询扩展得到新的查询条件为“北京”“海淀区”“朝阳区”。使用扩展后的查询条件进行查询的结果为“Peking University”“北京大学”“Beijing Normal University”“中国首都中医学院”和“海淀地图”，其中“海淀地图”为查询扩展得到的结果。

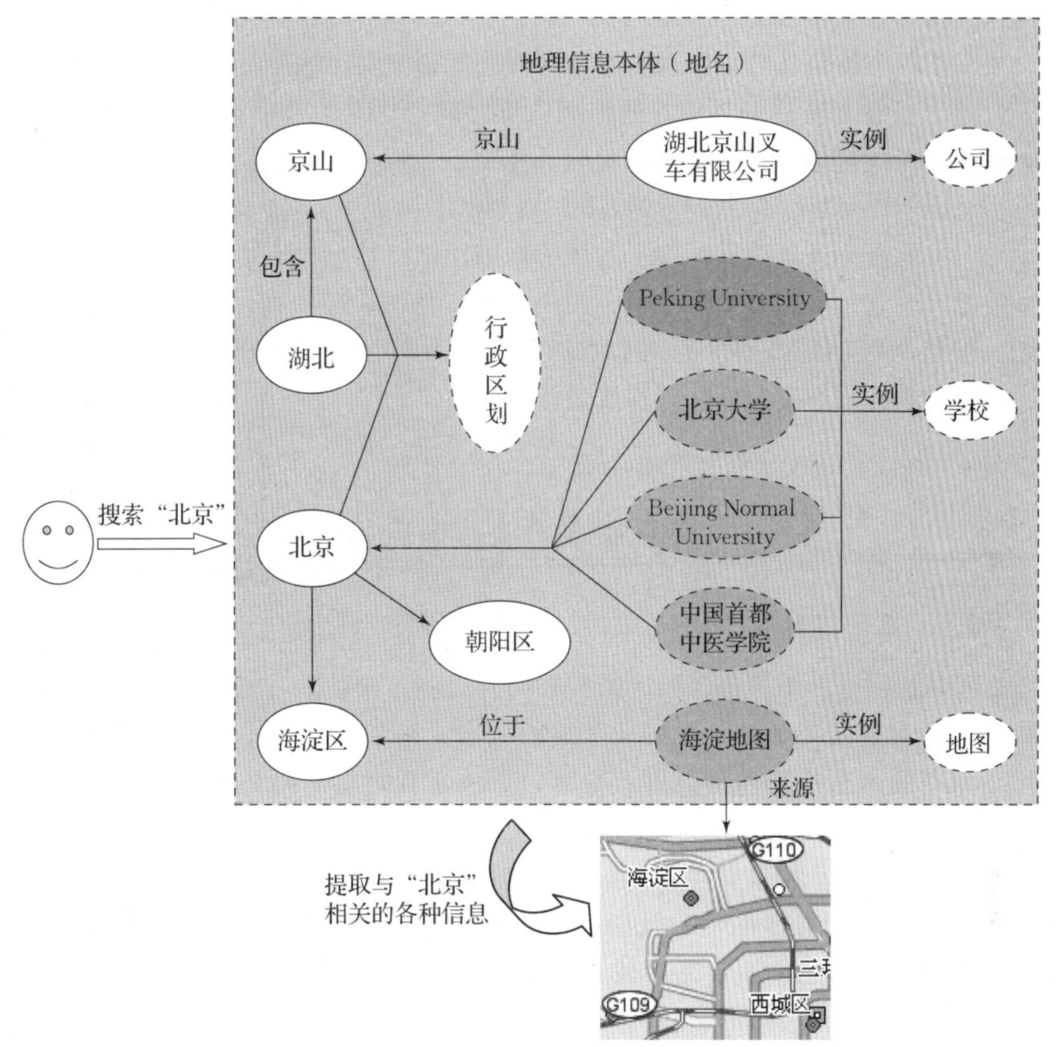

图 5-27　基于本体的空间关系查询扩展示例

5.3.3　本体在地理信息检索中的作用

通过基于本体的地理信息检索流程（见图 5-23）可以看出，本体的作用在匹配概念、获取本体信息、利用本体推理扩展查询条件三个关键步骤中均得到了体现。

（1）匹配本体概念阶段体现了本体对概念明确定义的功能。本体首先对共享概念模型进行形式化定义（黄茂军 等，2005；Studer et al，1998），以使用户和检索系统都对这些概念具有相同的理解。在用户从输入查询条件到检索系统匹配本体概念的过程中，人和检索系统均使用了本体这种标准语言进行信息交流，二者之间自然不存在语义分歧问题。当然，使用本体进行正常交流的前提是人和检索系统均了解本体内容。如果用户输入的关键词在本体中无法找到对应的概念，那么就会出现交流障碍。因此，一个涉及领域宽广的检索系统必须构建大规模的本体，这也是基于本体的信息检索带来的局限性。

（2）获取本体信息阶段体现了本体对概念间语义关系表达的功能。本体模型维护了以地理信息为基础的各种专题地理信息之间的语义关系。在地理信息检索中，许多信息都以地理信息为基础进行关联。相对于数据库，本体从语义层次上对这种关系进行表达，更符合信息检索的目的。

（3）扩展查询条件阶段体现了本体的推理功能。信息检索中查询条件的扩展具有重要意义，它从一定程度上表达了用户的真实意图。某一概念的相等概念、上位概念、子概念等都是该概念语义上的扩展，在本体中它们之间的关系部分是隐含的，而通过本体推理很容易获得这些隐含的信息。

§5.4　基于本体的地理信息检索系统

5.4.1　系统设计

地理信息检索是地理信息服务的核心内容之一。理论上，完整的地理信息检索系统应包括对空间特征及属性特征数据的检索。正如前文所述，目前的本体主要应用于对空间数据的属性特征进行检索，无法实现对空间特征的检索。针对这一问题，将检索系统分为六个核心模块，以实现对空间数据属性特征及空间特征数据的同步检索。这六个模块包括：检索接口模块、本体解析模块、概念匹配模块、语义查询模块、本体推理模块和数据查询模块（见图 5-28）。其中检索接口、语义查询、概念匹配等三个模块需要独立开发，本体推理、本体解析功能由开源软件 Protégé 提供，数据查询模块由其他 GIS 系统模块提供。

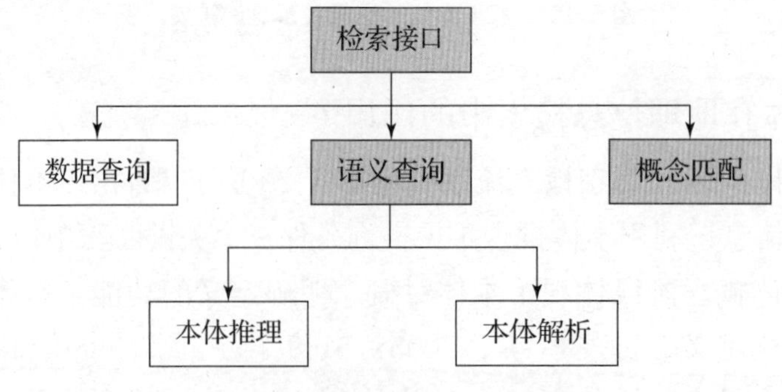

图 5-28　检索系统的主要模块

（1）检索接口模块。主要为用户提供检索入口，并对返回的检索结果进行友好显示。该接口模块为用户提供了两种检索方式：一是按事件方式进行检索，这属于表单检索方式，即用户只能输入事件发生的时间、地点和事件类型三种信息；二是按任意关键词方式进行检索，该方式与一般互联网搜索引擎检索方式相同，允许用户通过输入任意关键词作为检索条件。

（2）本体解析模块。主要是对本体文件或数据库进行解析，从而获得本体模型。Protégé 提供了多种解析本体的方法及 API 函数，可直接调用以实现本体解析功能。

（3）概念匹配模块。主要是将用户输入的信息与本体中的概念进行匹配，使得用户自定义条件检索能够转化为本体概念条件检索。该模块以系统匹配和用户匹配相结合的方式实现概念匹配过程，即用户每输入一个关键词，系统首先按照词形与本体概念进行匹配，并将匹配结果显示出来供用户选择符合其语义的概念，最终匹配结果由用户而非系统自行决定。

（4）语义查询模块。在将用户输入的信息转化为本体概念条件后，语义查询模块即可通过特定的本体查询语言 SPARQL 对本体模型进行查询。在推理查询方式下，该模块将调用本体推理模块对查询条件进行扩展后再实施查询。

（5）本体推理模块。为语义查询模块提供本体推理功能，通过本体推理挖掘本体模型隐含的语义信息，使得语义查询模块能够获得更丰富的查询结果。这可使用 Protégé 内置的 Pellet 本体推理插件，通过 Protégé 提供的 API 接口调用本体推理功能。

（6）数据查询模块。该模块主要提供数据库查询和空间特征数据查询功能。由于大部分信息仍然存储在数据库中，并未以实例的形式包含在本体中，因此需要提供数据库查询功能，以提取必要的数据（如人口、经济数据等）。此外，由于语义查询模块只能按照属性特征方式进行检索，为了弥补这种不足，数据查询模块还提供了空间特征方式检索功能。

5.4.2　检索实现

该系统以自然灾害为例，主要目的是为政府部门应急保障人员提供有关自然灾害事件相关信息的检索工具。当用户检索自然灾害事件信息（主要以时间、地点和事件类型为条件）时，自动提取用户关心的所有信息。这要求首先建立包含检索信息及其相关信息的语义关系模型，再以此模型为基础对目标信息进行自动提取。目前，语义关系模型已通过地理事件本体构建完成，其内容主要包含地震历史事件及其与人口、经济、河流、道路等社会要素和自然要素之间的关系。信息检索工具则是在设计并实现上述检索系统主要模块基础上构建的信息检索系统原型。在用户执行信息检索之前，必须对其检索条件进行准确的概念匹配，这是得到正确结果的前提。

1. 概念匹配结果

准确的概念匹配结果能让检索系统明确用户检索的真正意图。因为用户最了解其自身的检索意图，只有用户把自己的检索意图告知检索系统，才有可能得到最佳的语义匹配结果。因此，检索系统的最终概念匹配结果由用户选择确定。

（1）精确匹配。如果自动匹配结果包含词形上完全相同的最佳匹配项，则称其为精确匹配。假设用户需要查询“地震”事件类型，在输入关键词“地震”后，检索系统调用概念匹配模块对输入的关键词与本体模型中的概念名称进行匹配，获得名称包含关键词“地震”的所有概念，供用户选择。由于地理事件本体中包含“地震”这一概念，系统将其作为最佳匹配项，提供用户确认。用户通过查看关于该概念的描述信息（见图 5-29）以确认是否符合自己的查询意图。如果完全符合，则继续输入其他信息；否则，用户可在相关的候选概念中重新选择。

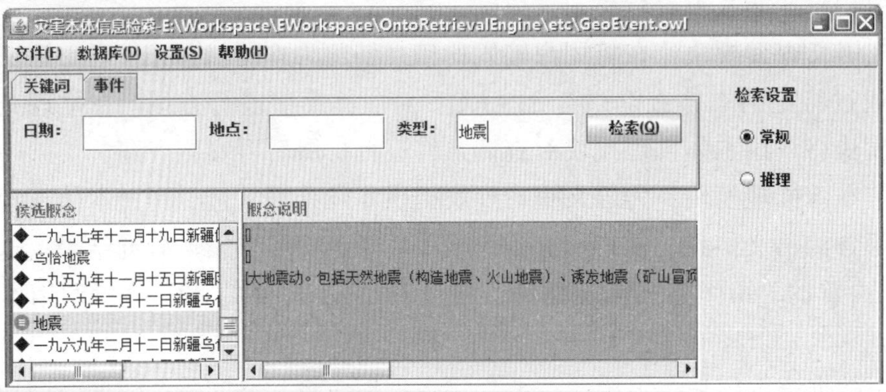

图 5-29　本体概念“地震”精确匹配关键词“地震”

（2）相似匹配。如果自动匹配结果不包含最佳匹配项，但匹配结果仍不为空，则称其为相似匹配。假设用户需要查询新疆地区所有地震事件信息，在输入地点“新疆”后，系统自动将关键词“新疆”与本体模型中的所有概念名称进行词形匹配，获得名称包含关键词“新疆”的所有概念供用户选择。由于地理对象本体中只包含“新疆维吾尔自治区”这一概念，而不包含“新疆”概念，因此只能得到相似匹配结果（见图 5-30）。

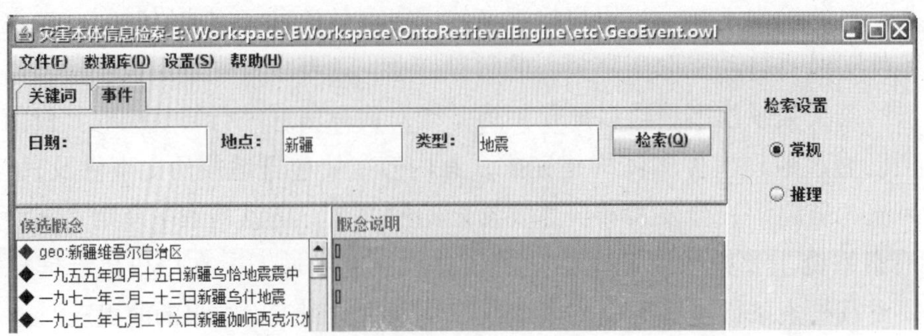

图 5-30　本体模型中不包含“新疆”概念时自动匹配结果只包含相似概念

用户通过查看候选概念的描述信息，明确“新疆维吾尔自治区”概念完全符合其查询意图后，选择此概念作为查询条件。此时，系统自动用此概念名称替换用户输入的关键词“新疆”，如图 5-31 所示。

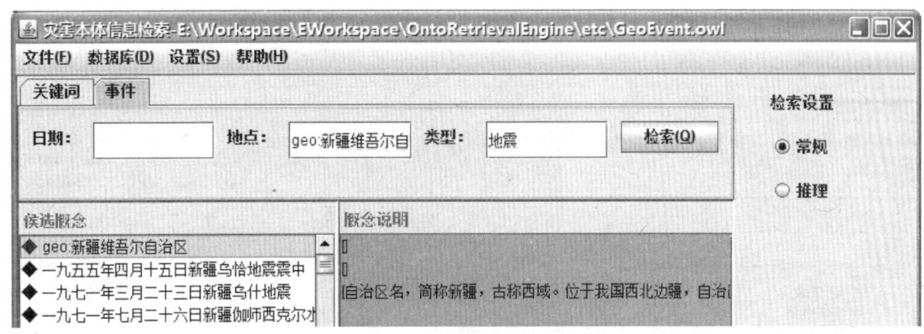

图 5-31　用户选择能表达其查询意图的最佳概念

（3）零匹配。自动匹配结果不包含最佳匹配项，并且匹配结果为空。

2. 常规信息检索方式

在用户确认查询条件的所有语义信息后，即可执行检索操作。通过常规检索方式，对乌恰地区发生的地震信息进行检索获得的结果如图 5-31 所示。在检索结果条目中，用户可查看与条目相关的所有信息。例如，结果显示 1955 年 4 月 15 日发生在新疆乌恰的地震为 7.0 级（见图 5-32），根据本体模型，用户还可动态获得该事件发生地的经济、人口等相关信息，如图 5-33 所示。

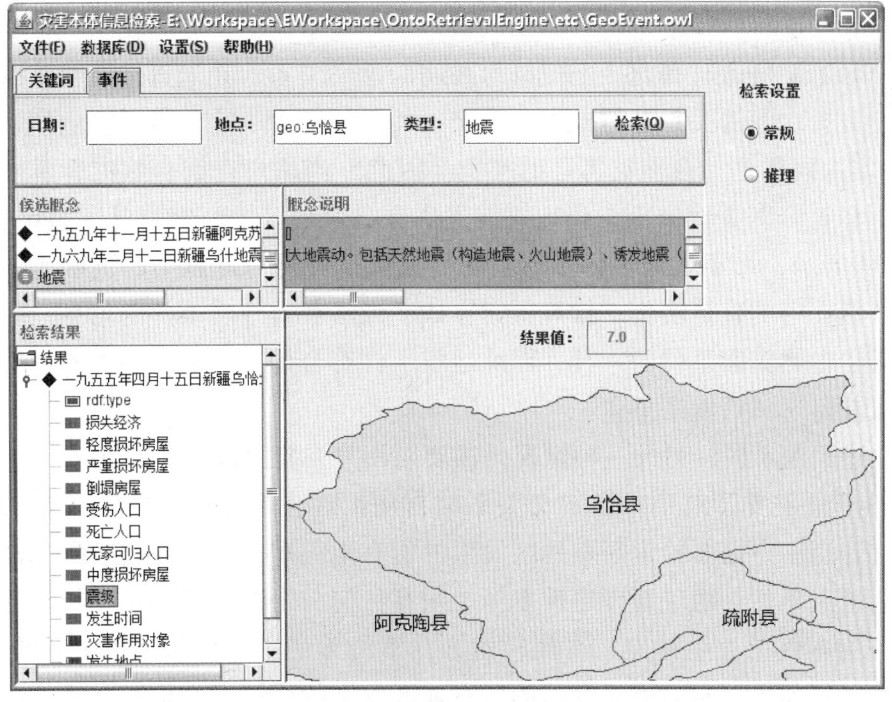

图 5-32　发生在乌恰地区的地震事件信息检索结果

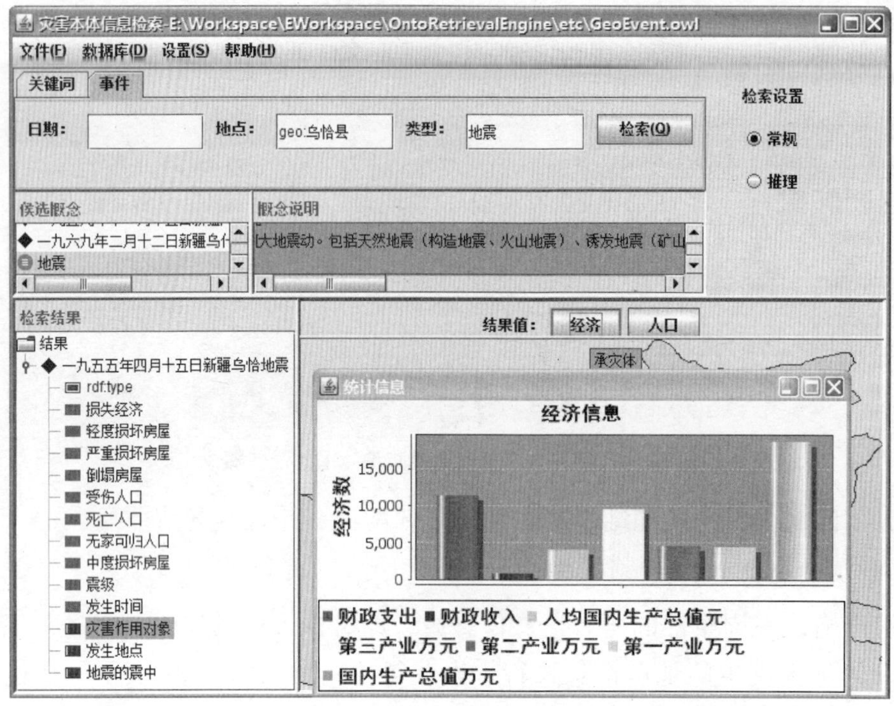

图 5-33　与乌恰地震相关的乌恰地区经济统计信息

由于地理事件本体中存在的地震事件概念与用户查询意图完全相同，因此可以直接得到以上查询结果。而当地理事件本体与用户的查询意图不完全相同时，通过常规检索方式进行的检索则有可能无法获得任何结果。主要原因在于，构建本体实例时只声明了某概念与其直接上位概念之间的语义关系，并未直接声明该概念与其所有上位概念之间的关系，但概念间的层次关系却隐含了这一事实。例如，所有的“地震”实例同样是“自然灾害”的实例。因此，当用户查询自然灾害事件时，地震事件同样符合其查询要求。仍以查询发生在乌恰地区的所有自然灾害事件为例，如图 5-34 所示，由于地理事件本体中所有地震事件均为地震类的直接实例，并未声明为自然灾害的直接实例，常规检索方式下无法获得地震事件的信息，而地震事件显然属于自然灾害事件的一种，因此地震事件符合用户查询意图，通过推理检索方式可以获得这一检索结果。

与上述问题不同，另外一种情况是需要对用户自定义关系的推理查询，其主要原因是推理机不支持对用户自定义关系的自动推理，需要用户制定一定的推理规则。例如，当用户需要检索新疆地区发生的所有地震事件时，将“新疆维吾尔自治区”作为地点条件。由于地理事件本体中没有任何一个地震实例以“新疆维吾尔自治区”作为事件的发生地点，常规检索方式下将无法得到任何结果（见图 5-35）。显然，归属新疆维吾尔自治区管辖的所有地区发生的地震事件均符合此条件，这同样可以通过推理检索方式获得。

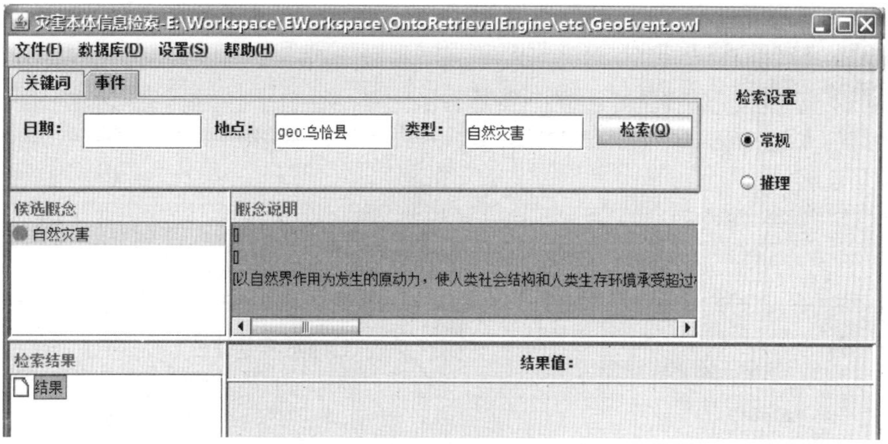

图 5-34　常规模式下无法检索到发生在乌恰的自然灾害事件信息

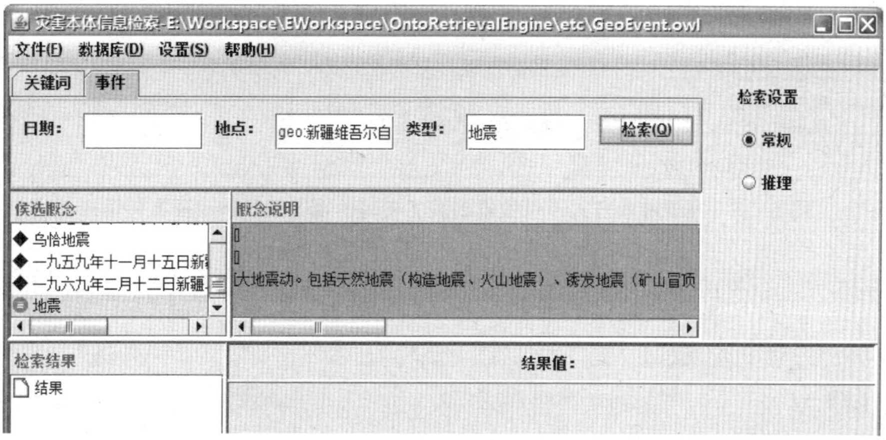

图 5-35　常规模式下无法检索到发生在新疆的地震事件信息

3. 推理信息检索方式

为解决常规信息检索方式存在的上述两个问题，可采用本体推理进行查询扩展，从而获得符合要求的隐含信息。当用户选择“推理”检索方式后，系统首先调用推理机对象的推理方法对本体模型实施一次全局推理，以明确声明子类实例与该类所有父类之间的关系，此时可完全解决上述第一个问题。当用户再次检索发生在乌恰的自然灾害事件信息时，可得到乌恰地震事件信息，如图 5-36 所示。

对于第二个问题，需要对地点条件按照空间关系属性进行扩展。如图 5-37 所示，在推理检索方式下，对用户输入的“新疆维吾尔自治区”地点条件按空间关系“包括”进行扩展后，可得到发生在新疆区域内所有地震事件的信息。

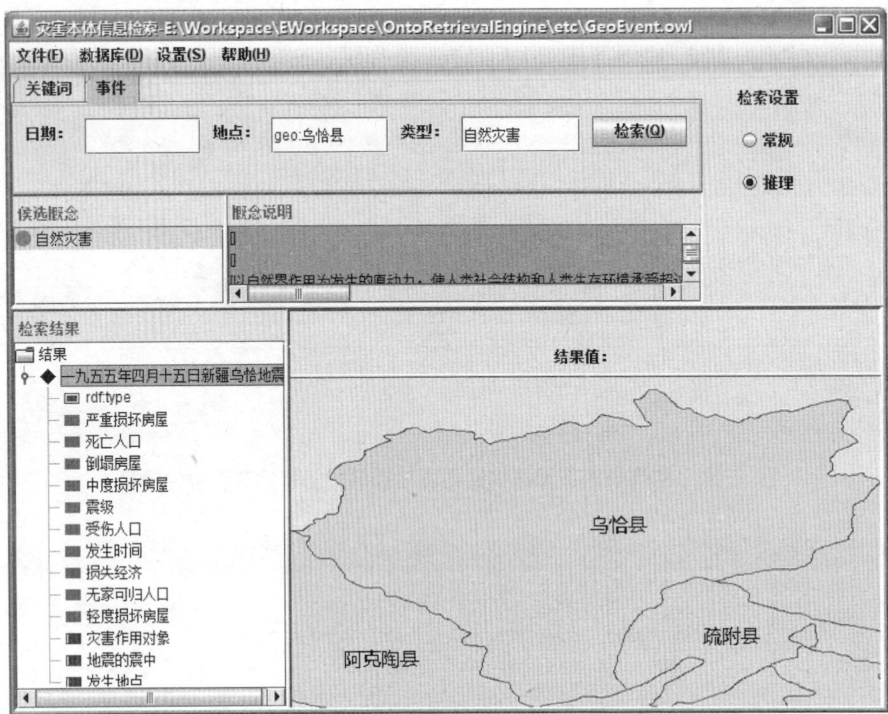

图 5-36　推理检索方式下可检索到发生在乌恰地区的自然灾害事件信息

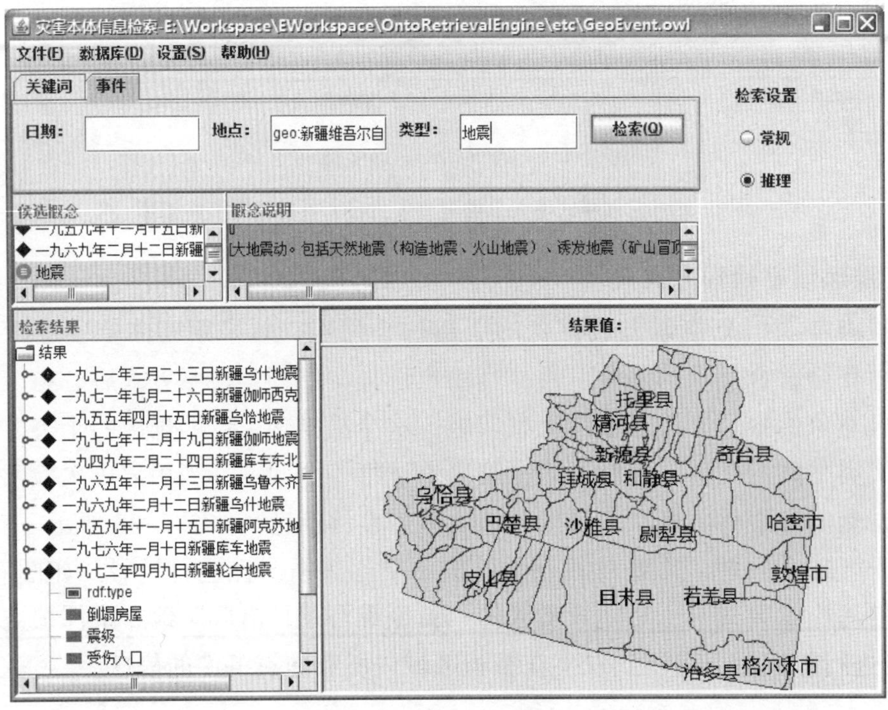

图 5-37　推理检索方式下可检索到发生在新疆区域内所有地震事件的信息

从上述结果中可以看出，本体通过对知识建模，的确能够带来较高质量或更为丰富的检索结果，但由于本体研究刚刚起步，如做大规模应用，在关键技术环节上尚存在问题，如本体的构建（实质是知识的自动获取）、概念自动匹配、本体查询语言、推理机等方面。随着本体在各领域应用的深入研究，这些问题都将逐步得到解决，本体的大规模应用将会给地理信息检索技术的智能化提供一条新途径。

第6章　面向电子政务的多源空间数据仓库构建与数据挖掘

电子政务涉及的数据类型较多，其中就包括大量地理信息数据。因为缺乏有效的地理信息提取和空间数据挖掘技术支持，空间数据在电子政务服务方面尚没有发挥其应有的作用。因此，有必要面向电子政务需求构建空间数据仓库，对各种数据进行集成管理，形成面向分析和挖掘的数据集，进而通过研究点、线、面三类矢量要素特征值以及文本中地理信息的提取和挖掘技术，深入分析地理因子提取技术和空间关联规则提取方法，在此基础上，本章还介绍了电子政务多源地理数据的提取和挖掘的有关技术实现情况。

§6.1　空间数据仓库构建

6.1.1　空间数据仓库与数据集市

1. 空间数据仓库

随着信息技术的飞速发展和应用领域新需求的不断提出，以面向事务处理为主的空间数据库系统已不能满足需要，信息系统开始从数据管理转向决策处理，空间数据仓库就是为满足这种新的需求而提出的地理信息集成方案。数据仓库概念诞生于20世纪80年代中期，号称"数据仓库之父"的W. H. Inmon在其著作《数据仓库》一书中比较系统地给出了数据仓库的定义："数据仓库是在企业管理和决策中面向主题的、集成的、时变的、稳定的数据集合，主要用于支持经营管理中的决策制定过程。"（于戈 等，2003）

在电子政务领域，采用空间数据仓库可以对各种类型空间数据及其属性数据进行彻底梳理，解决数据多源、异构等问题所带来的数据不一致性，形成一个逻辑同构或物理同构的空间数据仓库，为部门数据共享、政府科学决策提供可靠的数据源基础。空间数据仓库作为数据仓库的应用实例，同样具有四个基本性质，即主题性、集成性、时变性和非易失性。

（1）主题性。传统的操作型系统是围绕数据的应用来组织的，数据仓库中的数据是针对特定的客观分析领域组织的。这些特定的客观分析领域称为主题，如经济、环境和社会等。主题是一个抽象的概念，是在较高层次上将信息系统中的数据综合、归类并进行分析利用的抽象。数据仓库不是泛泛的、无序的数据集合，而是为了支持高效的、按主题分析而组织起来的特定数据集合。数据仓库中的主题有多个物理表，通过该主题的关键字关联在一起，即在数据仓库中，通过表示该主题的关键字可以获得一组物理表，其中每个表用来实现主题的一部分。这些表可以集中存储，也可以分开存储，对数据仓库没有影响。

（2）集成性。数据仓库中的数据是从原有的数据库中按一定的主题和规则抽取出来的。在数据进入数据仓库之前，必须经过清洗、集成和转换。这主要是因为：数据仓库的每一个主题所对应的数据来源于不同的分散数据库，它们之间可能存在许多重复和不一致；不同的联机事务处理系统的数据都与不同的应用逻辑相关联，因而它们之间存在更加复杂的异构性；数据仓库中的综合数据需要在源数据的基础上做进一步的加工。在创建数据仓库时，不同的源数据都要进行转换、重新格式化、重新排列以及汇总操作。

（3）时变性。数据仓库中的数据相对稳定是针对应用来说的，并不是说从数据集成输入数据仓库开始，到最终被删除或转存的整个数据生存周期中，所有的数据仓库数据都是永远不变的。数据仓库的数据内容随时间不断变化，表现在以下几个方面：一是数据仓库随时间的推移不断增加新的数据内容，数据仓库系统必须不断捕捉数据库中变化的数据，追加到数据仓库中去；二是数据仓库随时间的推移，需要转存旧的数据内容，数据仓库中的数据也是有存储期限的，一旦超过了这个期限（如 5~10 年），过期的数据就会被转存；三是数据仓库中包含大量综合数据，其中很多与时间有关，如按照时间段进行汇总，或隔一定的时间区段进行抽样等。随着时间的推移，需要不断地进行新的综合。所以，数据仓库中的数据常常包含时间项，以标明数据在时间流程中的属性，不同于操作型数据库的当前值只在访问时有效，数据仓库中的数据是一系列时刻生成的数据快照。

（4）非易失性。数据仓库的数据主要是相当一段时间内的历史数据，是不同时间点数据快照的集合，以及基于这些快照进行统计、汇总和重组等重新生成的数据，而不是联机处理系统中需要及时更新的当前数据。数据仓库中的数据在进行装载时以静态快照的格式进行。当产生后继变化时，一个新的快照记录就被写入数据仓库，而先前使用的数据就变化为历史数据。

数据仓库是实现数据集成的一个有效手段，是数据分析和数据挖掘的数据容器。采用数据仓库可以将数据按专题、学科等有机地组织起来，不但能很好地起到数据供应的作用，同时也是抢救数据的一种好方法。由于空间数据在各个领域的应用越来越广，数据量呈几何级数上涨，科学地存储、管理和访问空间数据越来越受关注，空间数据仓库已成为解决多源数据集成问题的重要途径。

2. 数据集市

关于数据集市有许多描述，一般认为数据集市相当于部门级数据仓库，是一个小型的、面向部门或面向工作组的数据仓库。数据集市是一种更小、更集中的数据结构形式，是从数据仓库中派生出来的，更适应具体业务数据分析的一条捷径。它是具有特定应用目标的数据仓库子集，主要针对某个具有战略意义的应用或具体部门级的应用，它支持用户利用已有的数据获得重要的、新的解决方案。由于每个部门都有自己特定的需求，因而对数据集市的要求也不一样。数据集市中数据选取的基本原则是能满足本部门的需求。

数据集市是用来满足部门需求的，各部门的目标可能差别很大，这也是各部门拥有的数据集市在结构和特征方面都不同的原因，而数据仓库则是用来满足整个单位的综合需求的。针对整个单位的设计和针对部门的设计通常存在着很大的差别。一个设计方案对一个特定部门或单位可以是最优的，但不可能对两者均是最优方案。对业务分析而言，详细数据在很多场合都非常重要。虽然数据集市和数据仓库在建立过程中的某个阶段具有一些相同的特征，无论是在结构方面还是在数据存储量方面，数据仓库和数据集市都存在着显著的差别，数据集市不可能增长到一定程度后直接转换成数据仓库。数据集市与数据仓库之间的主要区别如下。

（1）服务对象不同。数据集市主要用于支持某个部门的决策支持，而数据仓库的目标是用于满足整个单位的综合需求。因此，数据集市的用户范围比数据仓库的用户范围小得多。

（2）数据集市的设计与数据仓库的设计具有显著的区别。数据集市的设计通常采用多维技术（如星型结构），并且所采用的优化技术主要是为了提高分析的灵活性和效率，而不是针对大数据量，如建立大量的索引，进行预连接和预聚合运算等。数据仓库通常采用基本规范化的结构进行设计，主要为了反映整个单位的数据需求，考虑大数据量数据而选择优化技术，并使用少量的索引。

（3）数据集市中的历史数据信息量比数据仓库少很多。数据集市中的数据只是与特定部门有关的数据，而数据仓库中存储着整个单位的决策分析所需要的数据。

（4）数据的详细程度完全不同。数据集市中包含许多概括的和汇总的数据，而数据仓库中则包含有大量的详细数据。显然，可以从详细数据中计算出概括和汇总数据，反之则不行。

（5）数据集市中的主题比数据仓库中的主题涵盖范围小。数据仓库的主题域涵盖整个单位的分析主题，而数据集市则只是涵盖一个部门的分析主题。

（6）查询类型差别很大。数据集市中的用户查询是具有明确的可预知需求的查询，而数据仓库中的查询带有探索行为，或者涉及整个单位的报表和分析。

6.1.2　空间数据仓库模型

空间数据仓库模型的建立主要包括空间数据仓库数据组织模型、空间数据仓库元数据模型、空间数据仓库的粒度设置及空间数据仓库应用主题的确定。

1. 空间数据仓库数据组织模型

空间数据仓库是多维分析的基础，它的逻辑数据模型被称为多维数据模型，是多维结构的数据视图。在多维数据模型中，主要数据依赖于一组“维”，而这组维为这些数值提供逻辑关系，如政区维中有河北省、四川省、江苏省等数值；土地利用类型维中有建筑用地、农业用地等数值。另外该模型是针对一个或多个维进行的集合运算，如对不同类型维的用地面积按省维进行计算和排序。目前，较常使用的多维数据模型包括星型模型、雪花模型和星网模型。

以东南亚森林资源分布为例，东南亚森林资源空间数据仓库的数据组织采用按空间主题分区组织的星座模型。这个模型与主题设计中的关系图、事实表设计中的关系图相一致，如图 6-1 所示。

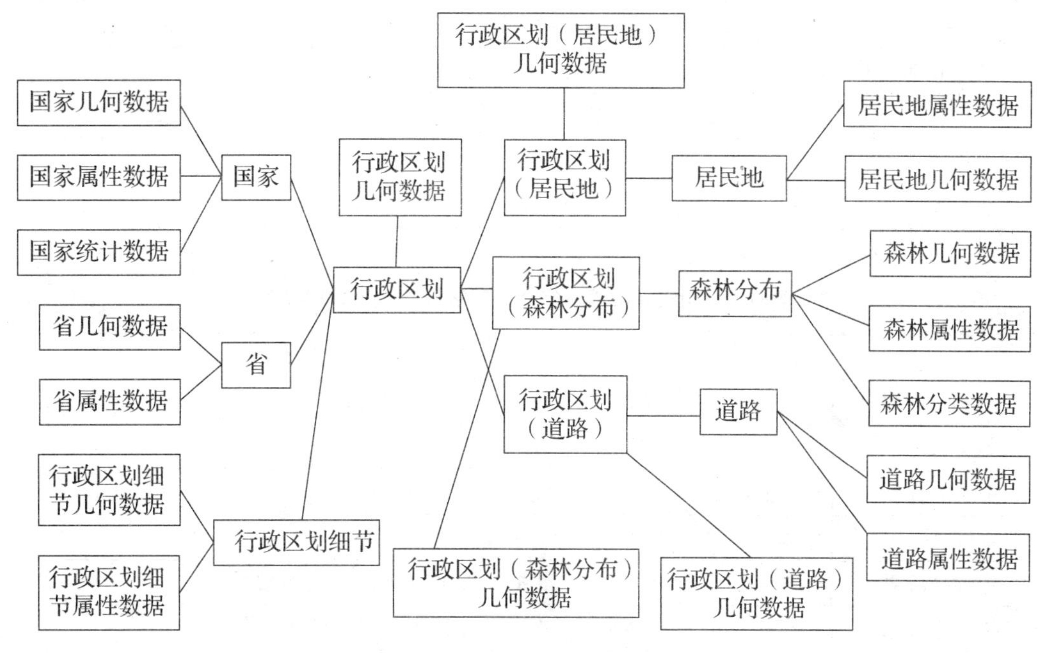

图 6-1　数据表组织模型

2. 空间数据仓库元数据模型

元数据是关于数据的数据，是信息处理的基础。在空间数据仓库中，元数据与指向数据内容的索引相似，处于数据仓库的上层，并且记录数据仓库中数据对象的位置。元数据为数据仓库的使用者提供了详细的数据结构、数据时态等信息，方便使用者对数据的筛选。

空间数据仓库元数据的具体设计如表 6-1 至表 6-11 所示。

表 6-1　组成元数据—公共元数据模型

名称	英文名称	类型	指标值列表
英文名称	Ename	文本	[数据文件的英文名称]
中文名称	Cname	文本	[数据文件的英文名称的中文含义]
数据类型	Type	文本	[空间矢量 / 空间栅格 / 非空间数据 / 数据库]
存储方式	Store	文本	[Image/Table/Shp/Coverage/Doc/Xls 等]
数据容量	Size	文本	[数据文件的大小]
数据精度	Precision	文本	[数据的比例尺、分辨率或无]
数据质量	Quality	文本	[数据的使用质量说明]
初始目录	Directory	文本	[数据文件的原始磁盘目录地址]
目标目录	Target	文本	[数据文件的目标目录]
获取者	Acceptor	文本	[数据的获取者或接收者]
获取日期	Gettime	文本	[数据文件的获取日期]
创建者	Creator	文本	[数据的创建者]
创建日期	Createtime	文本	[数据的创建日期]
原始文件	Origin	文本	[数据的最初来源]
数据审核	Auditing	文本	[数据审核情况的说明]
数据说明	Explains	文本	[文件的使用说明]

表 6-2　组成元数据—空间矢量数据文件元数据模型

名称	英文名称	类型	指标值列表
公共元数据	DBFinfoID	整型	[与公共元数据的关系]
英文名称	Subname	文本	[数据子层的英文名称]
中文名称	Subcname	文本	[数据子层的中文名称]
空间类型	Shapetype	文本	[点 / 线 / 面]
地理坐标系	Coordinate	文本	[数据文件地理坐标系的参数集]
投影坐标系	Projection	文本	[数据文件投影坐标系的参数集]
字段数	Fieldsnum	整型	[数据文件字段个数]
字段名列表	Fieldslist	文本	[数据文件字段名称列表集]
字段类型列表	Fieldstype	文本	[数据文件字段类型列表集]
字段长度列表	Fieldslen	文本	[数据文件字段长度列表集]
记录数	Records	整型	[数据文件的记录条数]
数据说明	Explains	文本	[文件的使用说明]

表 6-3　组成元数据—空间栅格数据文件元数据模型

名称	英文名称	类型	指标值列表
公共元数据	DBFinfoID	整型	[与公共元数据的关系]
地理坐标系	Coordinate	文本	[数据文件地理坐标系的参数集]
投影坐标系	Projection	文本	[数据文件投影坐标系的参数集]
像元类型	Pixtype	文本	[空间栅格文件的像元类型]
像元深度	Pixdepth	整型	[像元包含的单元个数]
单元宽度	Cellx	浮点	[单元在横坐标的长度]
单元高度	Celly	浮点	[单元在纵坐标上的长度]
像元列	Columns	整型	[像元在横坐标上的个数]
像元列	Rows	整型	[像元在纵坐标上的个数]
光谱数	Binds	整型	[空间栅格文件的光谱个数]
金字塔	Pyramids	布尔	[空间栅格文件是否建有存储金字塔]
颜色表	Colormap	布尔	[空间栅格文件是否带有颜色表]
数据说明	Explains	文本	[文件的使用说明]

表 6-4　组成元数据—文档类文件元数据模型

名称	英文名称	类型	指标值列表
公共元数据	DBFinfoID	整型	[与公共元数据的关系]
导入标志	Input	布尔	[是否可进行数据表的转换]
分隔字符	Charsign	文本	[转换时的分隔字符]
数据说明	Explains	文本	[文件的使用说明]

表 6-5　组成元数据—多媒体文件元数据模型

名称	英文名称	类型	指标值列表
公共元数据	DBFinfoID	整型	[与公共元数据的关系]
外部程序	Outer	文本	[多媒体文件所要依赖的外部程序]
数据说明	Explains	文本	[文件的使用说明]

表 6-6　组成元数据—数据库元数据模型

名称	英文名称	类型	指标值列表
公共元数据	DBFinfoID	整型	[与公共元数据的关系]
用户名称	Dbuser	文本	[数据库连接的用户名称]
用户密码	Dbpass	文本	[数据库连接的用户密码]

续表

名称	英文名称	类型	指标值列表
数据表数量	Tablenum	整型	[数据库中包含的数据表的个数]
数据表列表	Tablelist	文本	[数据库中的数据表名称列表]
数据表编码表	Tableid	文本	[数据库中的数据表编码列表]
数据说明	Explains	文本	[文件的使用说明]

表 6-7　组成元数据—数据库数据表文件元数据模型

名称	英文名称	类型	指标值列表
公共元数据	DBFinfoID	整型	[与公共元数据的关系]
数据表名称	Name	文本	[数据表的名称]
数据表意义	Cname	文本	[数据表的中文含义]
空间数据标志	Spatial	布尔	[数据表是否空间数据表的标志]
空间数据类型	Shapetype	文本	[空间数据的类型：点/线/面]
地理坐标系	Coordinate	文本	[数据文件地理坐标系的参数集]
投影坐标系	Projection	文本	[数据文件投影坐标系的参数集]
字段数	Fieldsnum	整型	[数据文件字段个数]
字段名列表	Fieldslist	文本	[数据文件字段名称列表集]
字段类型列表	Fieldstype	文本	[数据文件字段类型列表集]
字段长度列表	Fieldslen	文本	[数据文件字段长度列表集]
记录数	Records	整型	[数据文件的记录条数]
数据说明	Explains	文本	[文件的使用说明]

表 6-8　要素元数据—维度表元数据模型

名称	英文名称	类型	指标值列表
维度表名称	Name	文本	[维度表的名称]
维度表类型	Type	文本	[空间维/非空间维]
面向主题	Mythos	文本	[面向的主题或事实表名称]
字段数	Fieldsnum	整型	[数据文件字段个数]
字段名列表	Fieldslist	文本	[数据文件字段名称列表集]
字段类型列表	Fieldstype	文本	[数据文件字段类型列表集]
字段长度列表	Fieldslen	文本	[数据文件字段长度列表集]
记录数	Records	整型	[数据文件的记录条数]
数据表大小	Filesize	浮点	[维度表的存储量]

表 6-9　要素元数据—事实表元数据模型

事实表名称	Name	文本	[事实表的名称]
面向主题	Mythos	文本	[面向的主题名称]
粒度	Granularity	文本	[事实表的粒度级别]
上级事实表	Upper	整型	[上级事实表的个数]
上级列表	Upperlist	文本	[上级事实表的连接列表]
下级列表	Lower	整型	[下级事实表的个数]
下级列表	Lowerlist	文本	[下级事实表的连接列表]
维度表	Dimnum	整型	[维度表个数]
维度表列表	Dimlist	文本	[维度表名称列表]
属性个数	Property	整型	[事实表自身属性个数]
属性列表	Prolist	文本	[自身属性列表]
记录数	Records	整型	[数据文件的记录条数]
数据表大小	Filesize	浮点	[维度表的存储量]

表 6-10　要素元数据—数据立方元数据模型

名称	英文名称	类型	指标值列表
立方体名称	Name	文本	[立方体的名称]
参与列	Rowname	文本	[参与的数据列名称]
参与表类型	Tabtype	布尔	[数据列所属数据表的类型：事实表 0/ 维度表 1]
参与表名称	Tabname	文本	[参与的数据表名称]
筛选条件	Selectstring	文本	[筛选条件]

表 6-11　操作关系元数据

名称	英文名称	类型	指标值列表
数据源名称	Origin	文本	[操作的数据源名称]
目标数据名称	Target	文本	[操作后的数据名称]
操作说明	Operate	文本	[操作的文本说明]
操作命令	Command	文本	[操作的命令]
操作日期	Otime	文本	[操作的时间]

实际上，以上设计与空间数据仓库的数据流方向（源数据 → 事实表和维度表 → 数据立方）相一致。在组成元数据的设计中，元数据分为空间矢量文件、空间栅格文件、文本类文件、数据库四类，体现了空间数据仓库数据集成方面的特征。

3. 空间数据仓库数据粒度设置

这里的试验空间数据仓库含有国家、省区、道路、河流、森林五个单一空间主题，其中国家和省区具有综合关系，单一空间主题的全偏序图如图 6-2 所示。

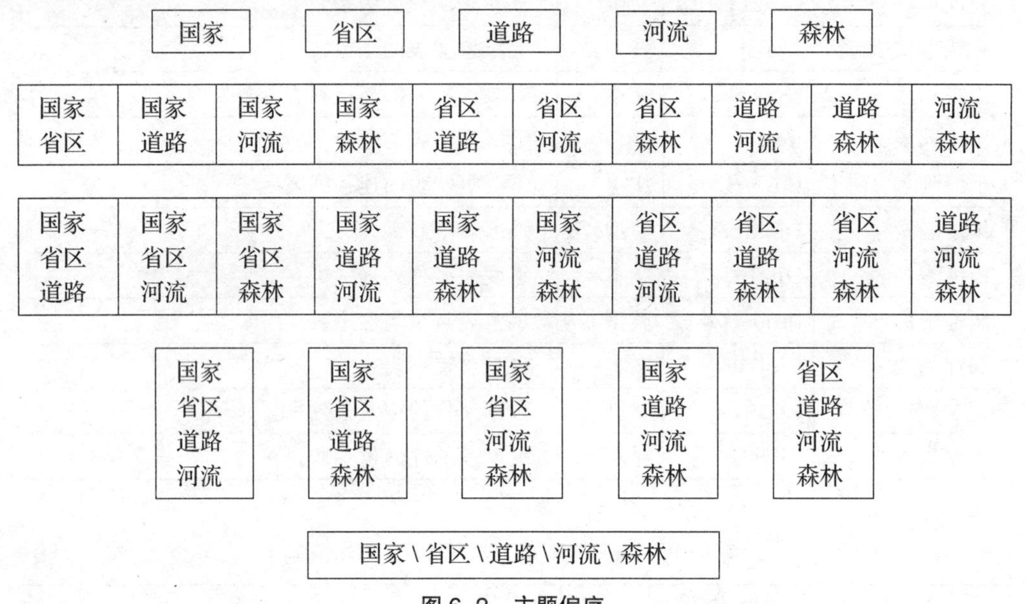

图 6-2　主题偏序

偏序图的最上层为单一空间主题，是空间数据仓库的高粒度，需要保留；单一空间主题之下都是关联空间主题，需要筛选。对偏序图进行筛选，获得主题与粒度关系如图 6-3 所示。

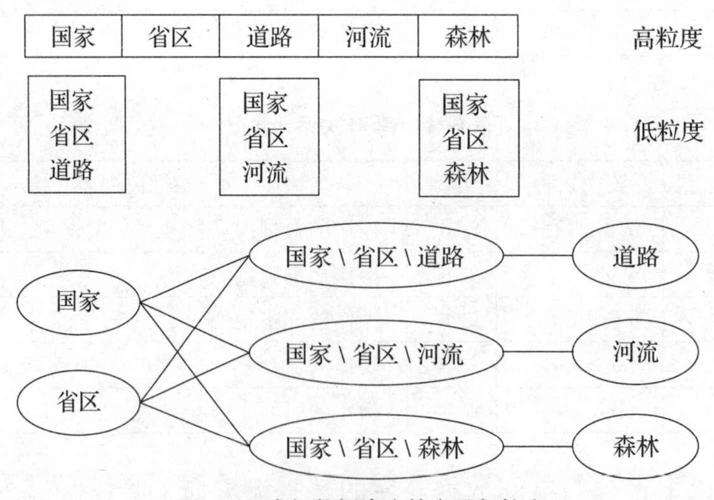

图 6-3　空间数据仓库的主题与粒度

4. 空间数据仓库应用主题确定

主题是在一个较高层次上对数据归类的抽象，每个主题对应一个宏观的分析领域，用于满足该领域决策分析的需求。主题是根据数据分析的需求来确定的，与按照数据处理或应用的要求来组织数据不同。在空间数据仓库系统中，事实表存储的是同一主题内所有维度表的行标识以及一些与该事实表相关的属性数据，这些内容分别描述了维度表之间的关系以及事实表自身的信息，它是与数据分析相对应的主要数据项。空间数据仓库的应用主题选取原则如下。

（1）符合空间数据分层存储的使用习惯。空间数据的分层存储是人们对空间数据长期研究的成果，有利于空间数据的分类表达、空间数据的分析和空间数据的挖掘。因此，空间数据仓库的主题可根据空间数据的层分类确定，以继承空间数据良好的使用性。

（2）采用较少的关联主题覆盖所有主题关系。关联空间主题描述了单一空间主题之间的关系，是空间数据仓库不可或缺的部分。然而，关联空间主题也会带来如下问题：如果某一区域内的空间数据层为 n 的话，关联主题将为 2^n-n-1 个，主题之间将形成网状关系，不利于数据组织。基于以上原因，空间数据仓库中的关联主题应在粒度选择之前，采用关系传递的方法来简化，以较少的关联主题覆盖最多的主题关系。

6.1.3　空间数据立方体

相对于关系数据库的实体关系模型，数据仓库采用的是多维数据模型。多维数据模型是面向分析应用而提出来的一种直观的概念模型，可以直接地表达分析目标。数据仓库和联机分析处理（OLAP）都是基于多维数据模型的。

1. 数据立方概念

数据立方利用维和事实来定义，允许以多维的方式对数据进行建模和观察，如图 6-4 所示。维是人们观察数据的特定角度，例如，企业常常关心产品的销售数据随时间推移而产生的变化情况，这是从时间的角度来观察产品的销售情况的，所以时间就是一个维（时间维）。企业还关心自己的产品在不同地区的销售情况，这是从地理分布的角度来观察产品的销售，所以空间分布也是一个维（空间维）。每一个维通常有一个表与之相对应，称为维表。多维数据模型是围绕主题进行组织的，主题用事实表来表示，事实是制定决策过程中，决策者所感兴趣的概念，如森林覆盖情况、矿产分布等，一般是数值型数据辅以空间可视化。事实表中包含度量值以及相关维表的关键字，度量是事实的数值属性，表示与维相关的业务行为和业务表现，如面积、长度等。综合起来，数据立方技术涉及以下一些基本概念。

（1）维。是人们观察问题的特定角度，如时间维、地理维、产品维。

（2）维的层次。数据的某个维还可以存在细节程度不同的多个描述方面，称为维的层次。一个维往往具有多个层次，如描述时间维时，可以从日期、月份、季度、年等不同层次来描述，描述地区维时，可以从国家、省、市、县、乡等不同层次描述。

（3）维成员。维的一个取值称为该维的一个维成员。如果维是多层次的，那么该维的维成员是在不同维层次上取值的组合。例如，时间维具有日期、月份、年这三个层次，分别在日期、月份、年上各取一个值组合起来，就得到了时间维的一个维成员，即“某年某月某日”。

（4）多维数组。一个多维数组可以表示为：（维 1，维 2，…，维 N，变量）。例如，销售数据可看作是按时间、地区和销售渠道组织起来的三维立方体，变量“销售额”就组成了一个多维数组：

（地区，时间，销售渠道，销售额）

（5）数据单元。多维数组的取值称为数据单元。当多维数组的各个维都选中一个维成员，这些维成员的组合就唯一确定一个变量的值。那么数据单元就可以表示为：（维 1 的维成员，维 2 的维成员，…，维 N 的维成员，变量的值）。例如，在地区、时间和销售渠道上各取维成员“沈阳，2008 年 4 月”和“批发”，就唯一确定了变量“销售额”的一个值（假设为 500），则该数据单元可以表示为：

（沈阳，2008 年 4 月，批发，500）

（6）多维数据集的度量值。多维数据集的度量值（测量值）基于多维数据集中事实表的一列或多列数值。多维数据集的度量值是联机分析处理（OLAP）的核心值，是用户在数据挖掘中需要查看的数据，如面积、长度等。

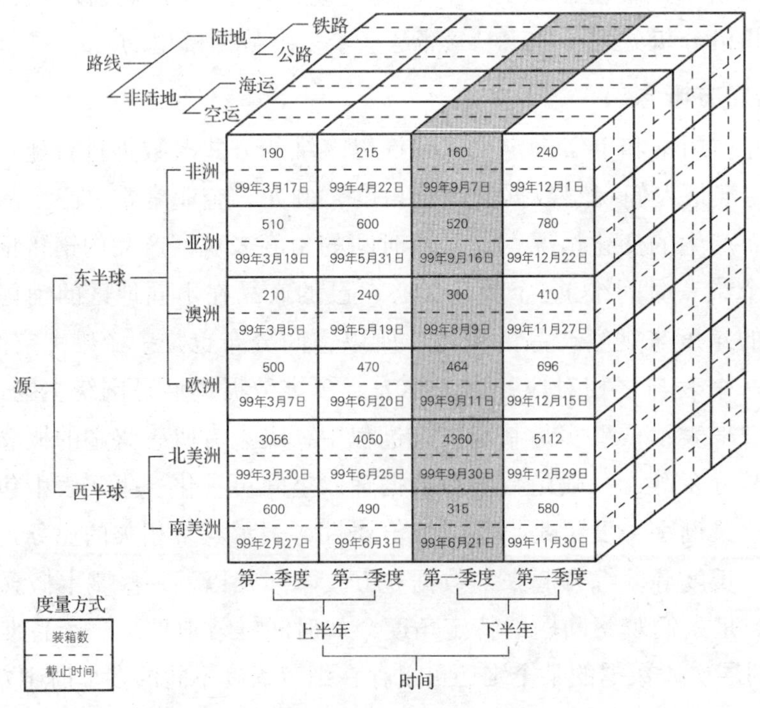

图 6-4 立方体结构（来源：IT 专家网）

2. 数据立方的模式分类

多维数据模型的存在形式可以分为星型模式（star schema）、雪花模式（snowflake schema）、星座模式（fact constellation schema）。

（1）星型模式如图 6-5(a) 所示，是最常见的模式，由一个包含大量数据、不含冗余的中心表（事实表）和一组小的附属表（维表）组成，每个维对应一张维表。这种模式图很像星星爆发，维表围绕中心表显示在射线上。

（2）雪花模式如图 6-5(b) 所示，类似于雪花的形状，是星型模式的变种，在这里某些维表是规范化的，维表中消除了数据冗余，把数据进一步分解到附加的表中。由于维表已规范化，消除了冗余，所以易于维护，且节省存储空间。由于查询时需要对维表进行连接操作，故此种模式效率较低，应用上不如星型模式流行。

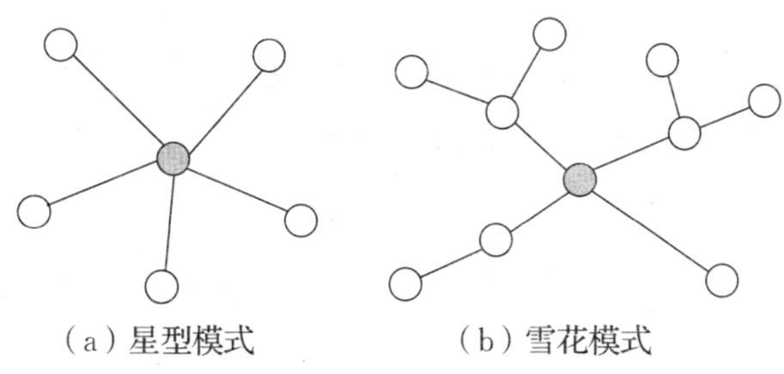

图 6-5　数据仓库数据星型和雪花模式组织模型

（3）星座模式。复杂的应用可能需要多个事实表共享维表，如图 6-6 所示。这种模式可以看作星型模式集，因此也称为星系模式（galaxy schema）或事实星座。

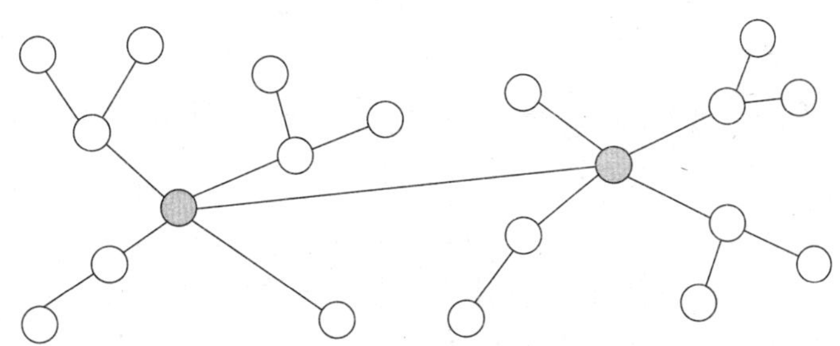

图 6-6　数据仓库数据星座模式组织模型

3. 数据立方的预计算

数据仓库主要是为分析和决策服务的，因此对效率要求较高。举例来说，对于存储着 20 年历史数据的数据仓库，数据规模上百万条，如果要查询某一个事实表的前 10 年的度量值均值，计算量将会非常大，会消耗很多的时间。巨大的时间开销对于提供即时的决策支持非常不利，因此要想办法减小时间的开销。数据仓库中的预计算采用以牺牲空间效率换取时间效率的方法策略来提高时间效率。预计算主要是针对事实表进行的，主要的方法是对事实表中所有维的所有组合进行"GROUP BY"操作，计算的结果称之为数据立方（data cube），每一个组合的"GROUP BY"操作产生的结果称为一个立方体分组（cuboid）。例如，假设有一个事实表由两个维 A、B 和一个度量值 M 组成，对于这张事实表的预计算将产生四个cuboid，分别是〈A〉、〈AB〉、〈B〉、〈none〉，其中〈A〉代表对 A 进行"GROUP BY"操作产生的结果，〈none〉代表不进行"GROUP BY"操作。通过这样的方法生成的全部数据立方称为全立方（complete cube），这样的计算过程称为完全物化。

当物化结束以后，事实表查询的耗时就会大量减少，用一条很简单的查询语句就可以实现，因为所要查询的均值已在物化的时候计算出来并存储到数据立方中了。预计算最大的问题是计算时间长和存储开销大，"维度爆炸"就是这个问题最直接的结果。所谓的"维度爆炸"，是说随着维度数量的增多，cuboid的数量会以指数方式迅速增长，计算时间和存储代价非常大，通常都无法完成完全物化。

为了克服完全物化带来的高昂的时间、空间代价，人们在进行物化的时候通常采用以下技术。

（1）不进行物化。可完全避免冗余，节省计算和存储开销，但由于查询时需要动态聚集，因此查询效率很差。

（2）不完全物化。针对应用，选择出几个在查询时经常要用到的维，在这几个维上进行物化，是不物化和完全物化的折中办法，在计算时间和占用空间方面都要比完全物化高效得多，但是一旦查询请求的维没有被物化，查询时就需要临时计算，此时开销就比较大。

（3）数据压缩。即利用信息论的相关理论，通过应用数据编码技术，压缩原始数据的存储空间。常用的方法有小波变换法（Vitter et al，1998；Vitter et al，1999；Wu et al，2000）、主成分分析法（Shanmugasundaram et al，1999）等。在数据立方的增量维护过程中也可以使用压缩技术。数据压缩技术虽然压缩了存储空间，但在应用的过程中需要增加解压缩的时间开销。

（4）维度约减。完全物化的计算代价随着维数的增多而呈指数级地增长，维度约减技术的出发点就是减少数据仓库中冗余的维。例如，如果一个维的内容可以通过另一个维的内容计算得到（类似于数据库系统中的函数依赖），或者一个维的内容对聚集值的计算或者挖掘过程不产生影响，在计算的时候完全可以去除这些维。维度约减技术现在还不是很成熟，主要问题是确定不相关维的时间开销过大（Acharya et al，2000）。

6.1.4　物化视图

在面对拥有海量数据的数据仓库时，OLAP 需要支持各种可能的查询，相当一部分查询可能要涉及大量的数据，并需要对数据进行选择、投影、连接等处理，这是一个非常耗时的过程，但决策支持系统要求查询能够被快速响应（高洪深，2000；黄梯云，2001）。解决这一矛盾通常采用的一个有效方法是：数据仓库针对 OLAP 可能的查询，对原始数据进行选择、投影、连接等预处理，建立物化视图（materialized view），即通过物化视图技术，将一部分视图预先进行计算并加以物理存储，当执行 OLAP 查询时，可直接从物化视图中获取查询结果，避免对底层数据进行复杂的综合操作，从而可有效提高查询响应速度。鉴于物化会带来巨大的存储空间和视图维护开销，并非所有视图都要进行物化（龚安 等，2010），必须在缩短响应时间和资源限制二者之间权衡，选择出恰当的物化视图集合。物化视图的选择问题作为设计、构建数据仓库的关键问题之一，已成为当前数据仓库领域的一个研究热点。

1. 物化视图的概念

由于决策分析系统关心的是发展趋势，而不是独立的单个或者若干个少量的记录，因此 OLAP 的查询处理通常会涉及大量的历史数据，而且要求有快速的响应速度。因此需要事先针对大量的详细数据从不同维度以及不同层次进行快速的聚集、投影等预处理，建立许多“物化视图”。这与数据库中的“视图”概念不同之处在于：物化视图不是虚拟的，而是经过计算，含有大量数据，并存储在数据仓库中的表中。通过预计算，大部分查询就可以直接通过对物化视图的查询或简单计算得到结果，从而大大地提高数据库的性能和响应速度。物化视图的目的是尽可能地缩短数据仓库的平均查询响应时间，因此，数据仓库支持的所有查询，以及这些查询所有执行的中间结果，都可能构成候选的物化视图。物化视图在很多方面与索引很相似，使用物化视图的目的是为了提高查询性能；物化视图对应用透明，增加和删除物化视图不会影响应用程序中查询的正确性和有效性；物化视图需要占用存储空间；当基本表发生变化时，物化视图也应该随之更新。

2. 物化视图的作用

物化视图的主要作用是为了加快查询响应的速度，提高系统的性能与吞吐率，尽量在最短的时间内满足用户的查询分析需求。有了物化视图，那些过去需要数小时运行的报告可以在几分钟内完成。物化视图提供了一种储存预计算查询结果的方法，可以实现更少次数的物理读写，消耗更少的 CPU 计算时间，达到更快的响应速度。数据仓库中大型的、长时间运行的表格扫描或复杂的连接操作的结果已经被预先计算并保存在物化视图中，这样在执行这些复杂查询时，就可以避免耗时的操作，快速地得到结果。在这个过程中，会出现预先计算好的结果并不完全符合用户查询要求的情况，这就用到了查询重写（query rewriting）机制。查询重写不需要修改原有的查询语句，也不需要重新执行用户的查询，只需要对用户发出的查询进行改写，将其映射到合适的物化视图上就可以满足要求。

物化视图的研究是随着 DBMS 的发展而不断改进的，主要研究内容包括：物化视图选择、物化视图维护和物化视图重写。目的都是不断地提出更加有效的算法来支持复杂的查询和决策支持。由于空间数据类型及空间操作的特性，传统的数据仓库视图选择算法不能很好地应用于空间数据仓库，因此，针对空间数据仓库的物化视图方法也得到了重视，比如研究采用扩展代数的方法，把关系代数表达式的转换规则扩展到包含空间操作的混合代数表达式，研究物化视图的空间贪心算法和基于元组的物化视图选择算法。

传统的物化视图是静态的，对于不断变化的查询需求来说，必然不能满足要求。为了适应数据量的不断增长和查询模式的不断变化，人们提出动态物化视图的办法来保证数据库的性能，即物化视图随着查询的变化不断产生新的物化视图，同时去除使用率较低的物化视图。为了提高数据库的性能，提高响应速度，减少系统负担，就需要对物化视图进行不断的优化，如在物化视图上建立索引来加快响应，或合并现有的物化视图以满足一定条件的快速查询等。

6.1.5　联机分析案例

可以基于支持多维表达式（MDX）的关系型数据库系统开发联机分析工具，实现对立方体数据的查询分析，得到动态、多视角的统计分析结果。联机分析操作通常包括钻取（上卷、下钻）、切块、切片、旋转等。以下以东南亚森林资源与林火数据仓库为例，说明联机分析主要功能的实现（见图 6-7）。

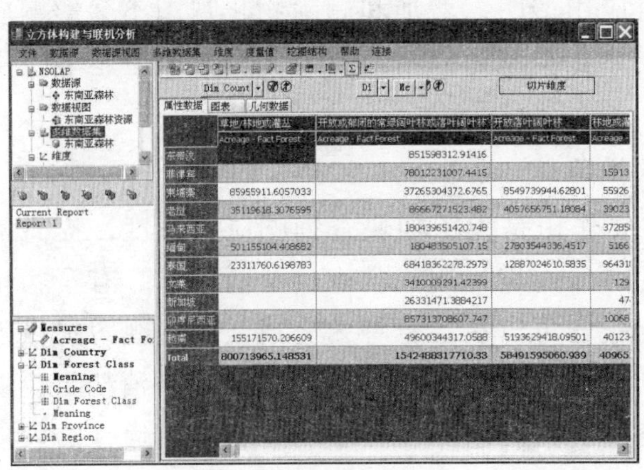

图 6-7　联机分析结果

东南亚森林资源与林火数据仓库共建立了“2004 年森林类型分布”“2010 年森林类型分布”“森林过火面积”“森林生物蓄积量”“东南亚土地利用”五个主题，其关系图分别是“森林分布 2005 年事实表与维表关系”图、“森林分布 2009 年事实表与维表关系”图、“过火区事实表与维表关系”图、“森林生物蓄积量事实表与维表关系”图、“东南亚土地利用事实表与维表关系”图（见图 6-8、图 6-9）。

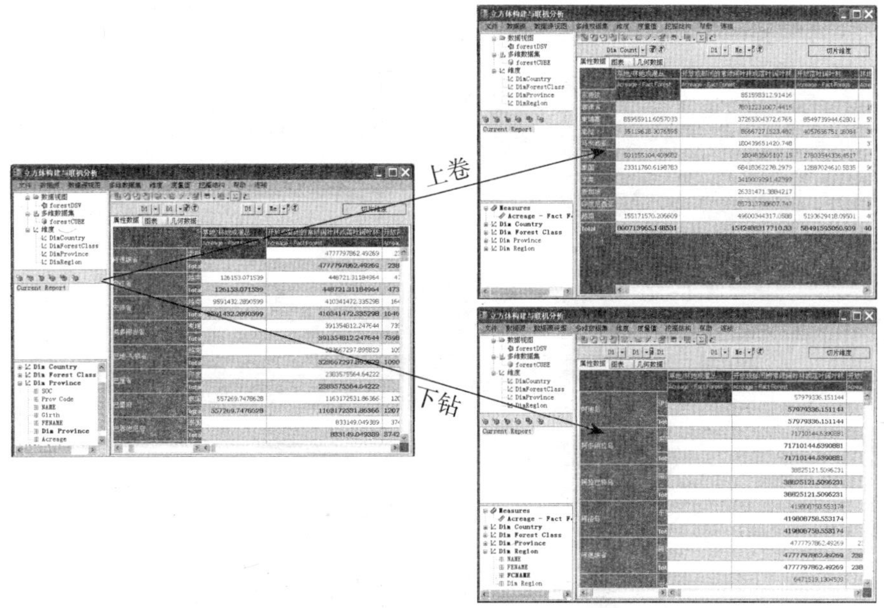

图 6-8　东南亚森林资源立方体钻取操作结果

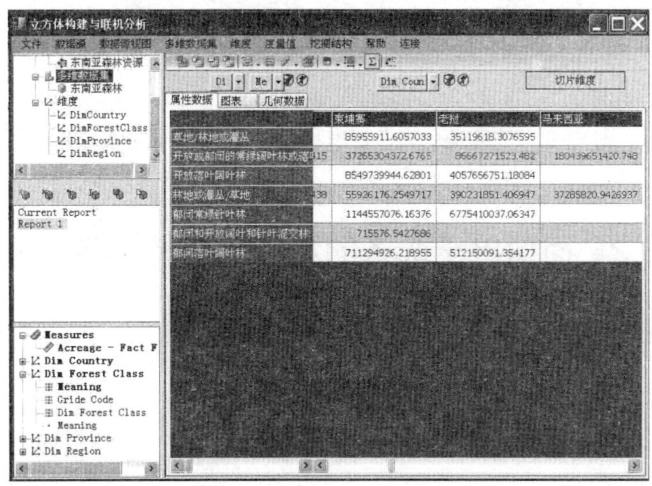

图 6-9　森林资源属性立方体旋转结果

根据建立不同应用的多维数据集，并对监测数据在不同维度中进行下钻、上卷、旋转、切块和切片等分析操作，确定各指标在不同维度和粒度中的总和，反映数据统计信息，以图形、表格方式直观地显示数据分析结果（见图 6-10、图 6-11）。

图 6-10　东南亚林火透视表和图表展示（国家级粒度）

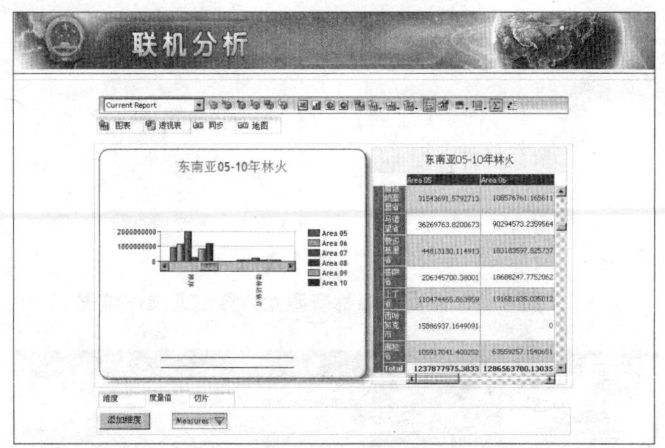

图 6-11　东南亚林火透视表和图表（下钻省级粒度结果）

§6.2　面向电子政务的地理信息挖掘基本框架

6.2.1　电子政务与地理信息挖掘的关系

电子政务空间辅助决策涉及的各种数据具有类型多、量大、来源广、层次多、关系复杂、交换与更新要求高等特点。面向电子政务的各种信息与一般信息相比具有其特殊性（赵命柱，1992）。电子政务空间辅助决策涉及的各种数据需要进行提取和挖掘，以解决其存在的以下不足。

（1）以物理形式的数据提供为主，不利于政务人员的理解和掌握。由于空间数据库自身的复杂性，在其加工处理过程中涉及大量专业知识，与一般办公人员使用的其他类型数据相比，空间数据更多以物理形式提供使用，办公人员不易掌握。

（2）以原始地理数据提供为主，缺乏地理信息和知识的支持，限制了地理信息作用的发挥。空间数据隐含着大量信息乃至知识。从传统地图分析的角度看，可以通过观察、量算、对比、推断获得空间分布特征和规律，并可以采用多种方法完成分布现象的趋势分析（祝国瑞 等，1992）。利用机器学习、模式识别、数据库、统计学、人工智能以及管理信息系统各学科的成果，可以对空间数据的关联、特征、分类和聚类等空间知识进行挖掘（李德仁 等，2002a）。目前，空间数据在电子政务领域中的应用主要以信息查询和可视化为主，除空间数据本身的数量和质量特征属性外，初级信息产品也需要进一步加工和处理，提供深层次的空间知识就更困难。

（3）数据量大，不适合网上传输和服务。电子政务的应用是网络环境下的应用，许多电子政务的应用是以办公自动化为主，往往需要空间数据提取的结果，特别是为政府领导服务的信息，具有很强的宏观性、综合性，经过加工后的信息更加系统化、条理化，需要对来源于不同渠道的信息进行综合处理，因此，对网络的传输性能有很高的要求。此外，网络提供给用户的只是信息素材或粗加工过的信息，不能立即应用于实际。为了得到这类原始信息或数据，通常需要多种方式的处理，效率低，信息的利用率也低（孙富春，2002）。

（4）地理数据与其他非地理数据的综合开发利用不够。电子政务的应用不仅仅是地理信息的应用，往往还需要大量文本、报表数据的支持（费云量 等，1990；赵命柱，1992）。除处理传统数据库中的数值型结构化数据外，电子政务数据提取与挖掘更多的是文本、图形、图像、万维网信息资源等半结构、非结构的数据（孙富春，2002）。因此，需要对相关的空间数据、文本数据、统计数据进行综合开发和提取，形成面向电子政务的集成信息，才能发挥数据的综合价值。

6.2.2　多源地理信息挖掘主要技术方法

常规空间数据处理侧重于将原始采集的数据或不符合地理信息系统（GIS）质量要求的数据进行处理，以形成 GIS 数据或符合 GIS 要求的数据；对已存储于 GIS 的数据进行变化、内插，以适应不同应用的需要。主要的空间数据处理方法有图形编辑、拓扑关系建立、图形裁切与合并、图幅接边、坐标变换、投影变换、矢量栅格数据转换、三维数据处理等（龚健雅，2001）。地理信息提取可以看成地学数据分析，目的在于利用空间处理、空间分析、统计分析等技术从大量地理数据中获得各种地理信息特征。传统地图分析是对地图上所载负的客观实体信息进行的科学分析，采用描述分析、图解分析、图解解析、解析分析等方法从地图上获得有用的数据，探索和揭示它们的分布、联系、演化过程，预测和预报它们的前景，如图 6-12 所示（祝国瑞 等，1992）。

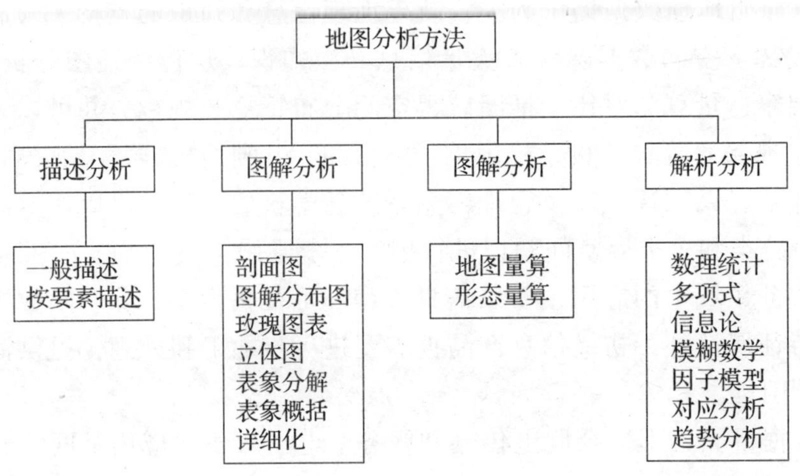

图 6-12　传统地图分析的基本方法

地理信息提取（见图 6-13）与地图分析存在一定联系，可以采用以往的数学分析方法，分析手段更加方便、灵活、准确。但也有一些不同，主要体现在如下方面。

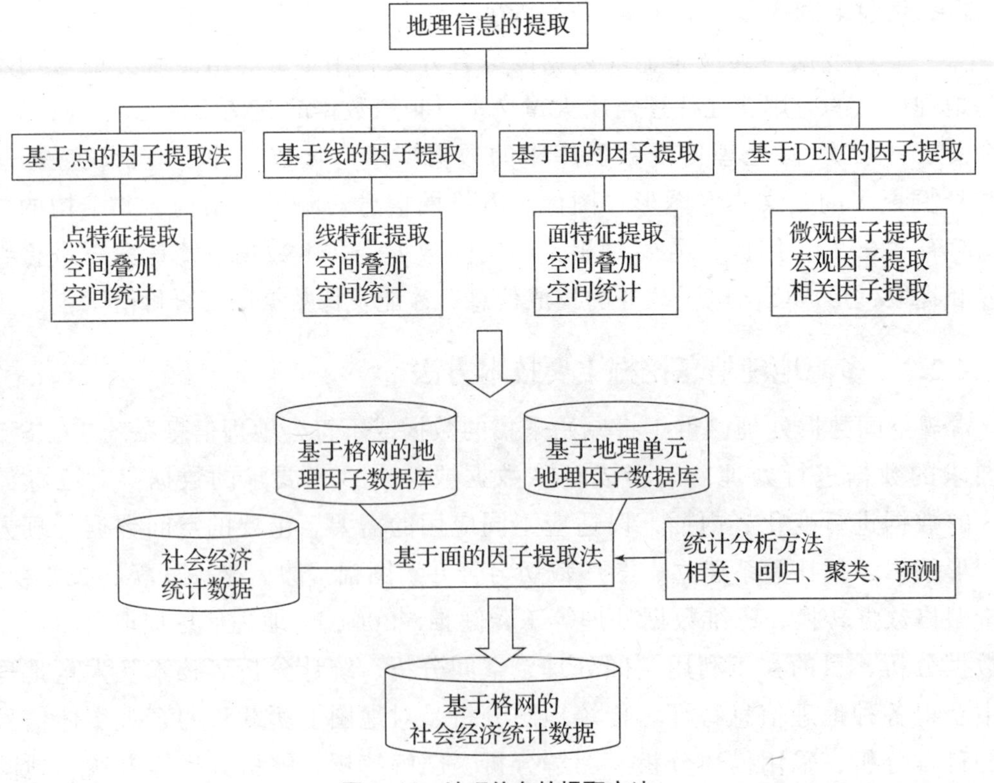

图 6-13　地理信息的提取方法

（1）地理信息提取的处理对象为点、线、面以及 DEM 等物理数据对象，而不是“图化”的地图，可以突破图幅的限制在更广阔的区域进行信息提取。另外，电子政务中大量的文本资料为地理信息提取扩展了数据源。

（2）地理信息提取的更加侧重于各种计算方法的应用，处理结果更加量化。在计算机图形理解没有解决的前提下，类似于图解分析方法的定性分析并不适合。

（3）提取的信息可以与原始数据具有相同的几何特征，也可以具有不同的几何特征。例如，根据 DEM 提取的坡度可以与原始数据一样是栅格数据，而由居民点提取的密度则属于面状地理信息。

（4）根据电子政务的实际需要，既要提取基于实体和基于空间格网的信息，也要提供基于行政单元等人文和自然地理单元的因子数据库。

（5）除空间数据处理和空间分析外，通过与多种统计分析方法结合，可以提取与空间位置相关的社会和经济地理信息。

目前，空间数据挖掘技术在电子政务领域还没有发挥其应有的作用，主要有如下一些原因。

（1）GIS 技术本身发展较快，但是在空间数据中的许多知识和有用信息的提取和发现方面，功能仍然很薄弱（周海燕，2003）。

（2）空间数据挖掘与电子政务系统衔接不够密切，没有形成完整的数据挖掘流程。

（3）关于空间数据挖掘的大多数研究集中在提高数据挖掘的效率上，如在并行计算、数据集划分、数据随机采样、预处理、数据约束挖掘等方面，但是缺乏对空间数据处理方法的归类研究。

（4）空间数据挖掘侧重于空间数据本身，缺乏与文本信息挖掘、统计信息挖掘的集成，难以满足以文本数据和统计数据为主的电子政务应用。

（5）空间数据资源比较丰富，但是支持数据挖掘的地理信息比较缺乏。电子政务用户更关心地理对象的空间分布特性和地理对象能否支持辅助决策，但是目前的空间挖掘技术难以满足电子政务用户这两方面的需求。

由于电子政务辅助决策涉及的数据来源比较广泛，地理信息提取与挖掘需要在空间数据、文本数据和统计信息基础上开展，根据多源空间数据挖掘的需要，通过空间分析、统计分析、文本挖掘、知识提取与管理等技术集成，可以形成从数据处理、特征值提取、泛化、因子提取和规则提取完整的多源空间数据挖掘技术方法，主要技术如图 6-14 所示。

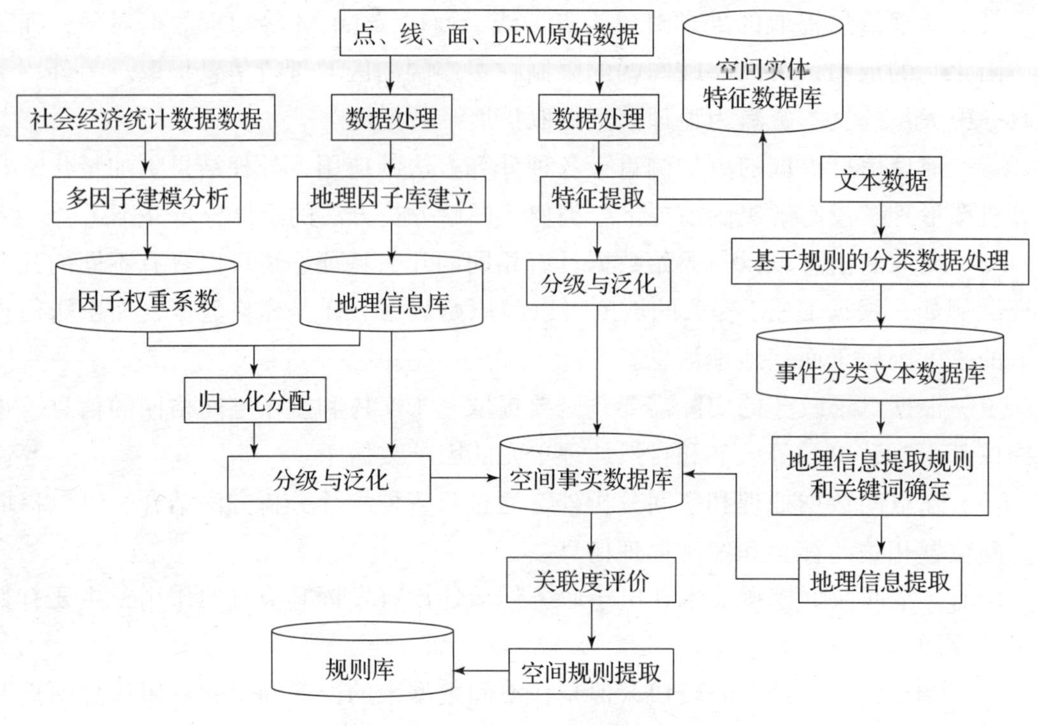

图 6-14　多源空间数据挖掘整体框架

（1）通过空间数据处理、特征值提取获取关于点、线、面类型空间实体的空间分布特征，再通过分级处理形成基于空间实体的事实库。

（2）通过空间分析、空间叠加等技术获得基于格网的各种地理因子数据库，并通过多元统计分析的方法获得社会经济地理因子库，通过分级处理形成地理因子事实库。

（3）采用经验规则方法，形成从文本中提取地理信息的规则，提取与地理位置相关的信息，通过分级处理形成基于空间实体的事实库。

（4）利用统计分析方法对各种因子的关联度进行评价，采用多维数据挖掘算法获得空间关联规则。

§6.3　基于文本的地理信息提取

电子政务中许多事件类信息采用文本描述，对信息处理的结果也以文本的方式体现。因此，从文本数据中提取地理信息，不仅可以促进数据挖掘技术与电子政务应用的结合，为政府关注各种事件分析、研究和决策提供支撑，同时也可以丰富地理信息的内容。基于文本的地理信息提取包括文本的分类和地理信息提取两个处理过程。

6.3.1　文本的分类

文本分类采用的基本方法是全文检索技术，文本分类主要包括以下三个过程，如图 6-15 所示。

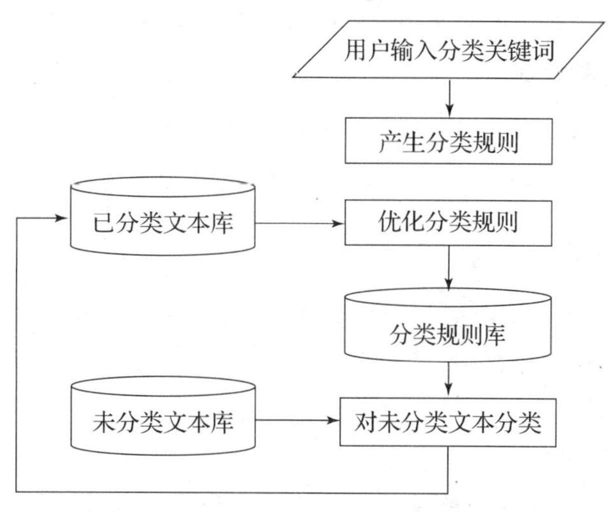

图 6-15　基于分类规则的文本分类过程

（1）建立能够正确反映事件属性的关键词库和分类规则。例如，对地震类文本，“地震”“震级”“震中”“余震”可以定义为分类关键词，由此产生的分类规则如下：

地震→地震类
地震 & 震级→地震类
地震 & 震中→地震类
地震 & 余震→地震类
地震 & 震中 & 震级→地震类

（2）通过对已知分类文本的检验来优化分类规则。

（3）利用分类规则对未分类的文本分类，形成不同事件类型的文本。

6.3.2　地理信息的提取

从文本提取地理信息通常采用经验规则方法，由设计人员对语料库进行分析，形成信息提取规则。对时间、地点和事件属性等信息进行识别，采用基于提取规则的方法，用文本匹配规则提取需要的信息。

1. 时间提取规则

规则 1：子句句法结构符合“时间信息 + 发生词 + 关键词”或“时间信息 + 关键词”的，可以从中提取事件的时间信息。

规则 2：时间信息按年、月、日、时、分、秒的顺序排列。

规则 3：在一个完整的子句中（以定义的标点符号为界），如果挖掘出一个时间信息，同时还挖掘出关键词和发生词，则这个时间信息为事件发生的时间。

规则 4：在一个完整的子句中，如果挖掘出两个以上的时间信息，以接近关键词和发生词的时间为准。

关键词概念与分类关键词相同，发生词是用来描述事件发生的词，最常用的是“发生”，如“发生地震”，其他词还包括“造成”“引起”“遭到”等词。

2. 地理位置提取规则

规则 1：时间信息、发生词、关键词与地理位置词中的一个或几个同时出现，其中“地理位置词”是提取地理位置信息的对象。

规则 2：发生词、关键词与地理位置词中的一个或几个同时出现，其中“地理位置词”是提取地理位置信息的对象。

规则 3：时间信息、关键词与地理位置词中的一个或几个同时出现，其中“地理位置词”是提取地理位置信息的对象。

规则 4：时间信息、发生词与地理位置词中的一个或几个同时出现，其中“地理位置词”是提取地理位置信息的对象。

地理位置词主要用于确定地理位置，需要不断总结和完善，目前总结出来的部分地理位置信息词如表 6-12 所示。

表 6-12 常见的与地理位置相关的词

地理位置词分类	范例	备注
地名词	“北京”“江苏省”“李家村”“沪”“渝”	分词系统可以提取的地名
方位词	“东北”“中部”“以东”	表示位置方位
数量词	“公里”“里”“英里”“米”	后面的词一般为单位词
区域词	“县”“区”“街道”	修饰地名隶属
经纬度地理位置词	“东经 110 度，北纬 30 度”	后面的词一般为数字词
范围词	“沿海”“流域”	修饰位置范围信息的词
企事业单位词	“天津化工二厂”	企事业单位名称或简称，往往与方位词、空间关系词或距离词配合使用
空间关系词	“在”“位于”“从”“邻接”	后面至少要有地名词、方位词、企业词、经纬度词、范围词或区域词中的一个
距离词	“距”“距离”“离”	后面至少要有地名词、方位词、企业词、经纬度词、范围词或区域词中的一个

6.3.3 文本分类和地理信息提取的实现

利用自主开发的文本处理工具软件，将各种文本信息转换入库，建立文本分类关键词并经过样本文件训练，提取生成文本分类规则；根据分类规则生成适于提取各种信息的文本，最终根据经纬度、地名、方位词、定位词（如在、位于、从、到等）、距离词等特征词组合提取地理信息（包括位置、属性）。实验流程如图 6-16 所示，文本分类关键词训练和分类规则提取与根据地震分类的地理信息文本提取分别如图 6-17 和图 6-18 所示。

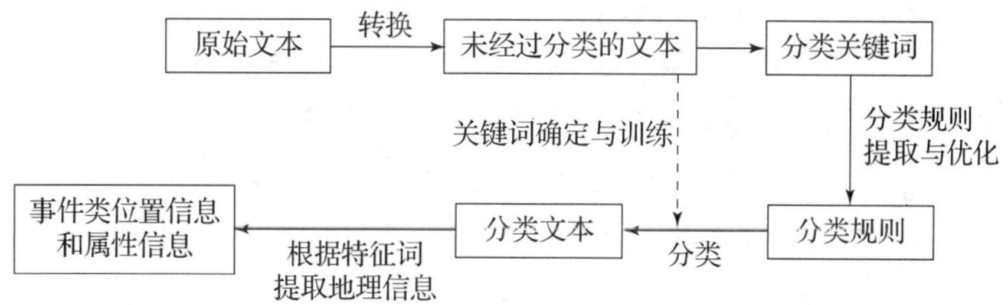

图 6-16　文本分类关键词训练和分类规则提取流程

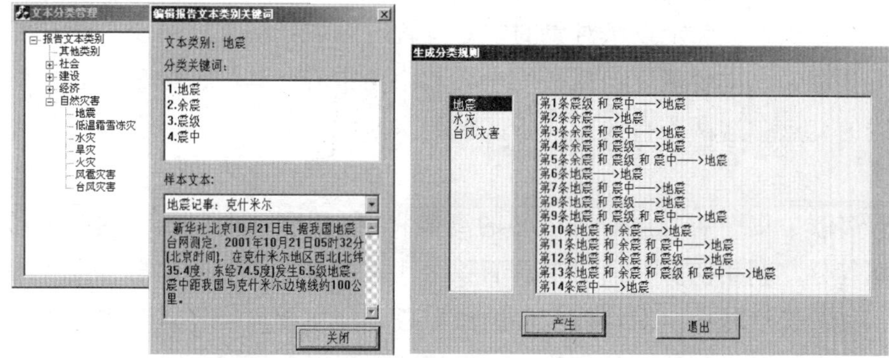

图 6-17　文本分类关键词训练和分类规则提取

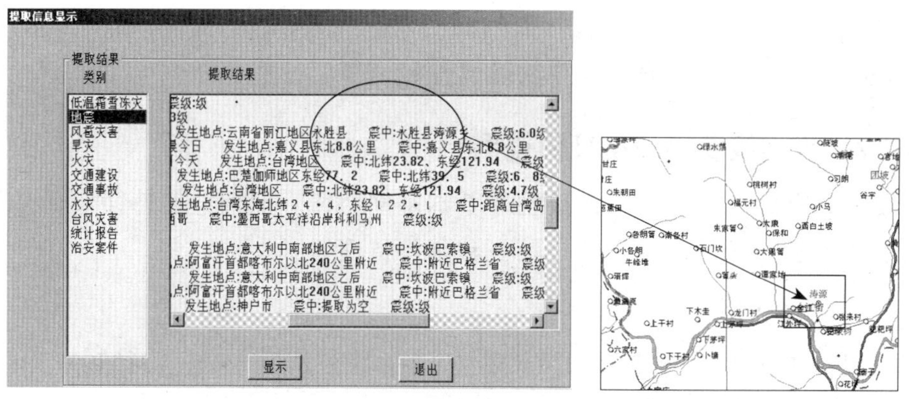

图 6-18　根据地震分类的地理信息文本提取

§6.4　基于点、线、面要素的空间特征值提取

6.4.1　基于点要素的特征值提取

地理信息中许多实体以点的形式存在，如矿井、加油站等。基于点要素的空间特征值提取包括通过数理计算获得点要素的空间分布特征，也包括通过空间分析和

处理获得的特征值。基于点要素的分布特征主要包括空间分布类型特征、中心位置、离散程度和集中程度，需要通过数理统计计算获得。

（1）空间分布类型特征。点的空间分布特征由邻点指数确定，是一种提取一定区域内（如行政区划、经济带等）点状要素空间分布特征的方法，计算公式为

$$R=\bar{D}_{\text{obs}}/\bar{D}_{\text{ran}}$$

式中：$\bar{D}_{\text{obs}}$为各点与其邻接点距离的平均值；$\bar{D}_{\text{ran}}$为随机分布各点的平均距离，$\bar{D}_{\text{ran}}=\frac{1}{2}\sqrt{\frac{N}{A}}$（$N$为点的总数，$A$为给定区域的面积），当$R\leqslant 0.5$时为密集分布，当$0.5<R\leqslant 1.5$时为随机分布，当$R>1.5$时为均匀分布。

（2）中心位置。确定点状对象的中心位置对区域经济、城镇及工业、商业的分布具有重要意义，主要测度包括平均中心和中项中心。其中，中项中心是两条相互垂直直线的交点，这两条直线为分析区域的东西向和南北向，每条直线将离散点二等分。

（3）离散（集中）程度。对中心的离散程度，以平均中心或中项中心为中心，对区域四等分，利用四分位面积与总面积之比来衡量对中心的离散程度。四分位面积越小，离散程度越小。对特征位置的离散程度，主要以特定点为中心，计算周围各点与特定点的距离，统计其频数，该指标可以用于分析城市服务业的分布状况。

（4）通过空间分析和处理获得的特征值。通过空间关系运算和空间分析运算获得点与其他信息的关联信息，包括点的DEM叠加获得的高程值、点与线的距离值和拓扑连接信息、点与面叠加获得的面属性数值等。

6.4.2 基于线要素的特征值提取

线要素具有距离、方向和连接性等基本空间特征。空间分布特征包括基于路径的特征、以区域为单元的路径统计特征和拓扑特征等。

1. 基于路径的特征

主要包括曲率（w）、平均路径长度（$\bar{l}$）、路径密度（e）、路径频率（f）和完整性系数（∂），计算公式如下：

$$w=L/L_1$$

$$\bar{l}=\sum l_i/n$$

$$e=\sum l_i/A$$

$$f=n/A$$

$$\partial=f/e^2$$

式中：L为路径长度，L_1为路径起点到终点的直线距离，n为路径数，l_i为每条路径的长度，A为区域面积。

2. 以区域为单元的路径统计特征

包括区域内路径总长度、平均曲率、平均路径长度、平均路径密度和路径频率等。

3. 拓扑特征

包括不同类型线要素的交叉比（如不同级别水系的交叉比，可以反映地表的切割程度）、路径的连接度和节点连接最大路径数。

4. 其他特征

通过线与 DEM 叠加获得的路径坡度信息和高程信息，线与面叠加获得的面属性数值等。

6.4.3　基于面要素的特征值提取

描述面的形状特征比计算面积困难，而且没有一种测度可以唯一适用于一种形态描述。基于面要素的空间形状度量指标通常包括基于轴比率的测度、基于周长的测度、基于周长和面积的测度、基于面积的测度、基于面积和区域的测度等。

1. 基于轴比率的测度

延伸性：$E = W/L$

圆度：$C_1=\sqrt{L\cdot W/L^2}$

2. 基于周长的测度

形状指数：$G_s=P/L$

形状系数：$SF_1=P_c/L$

$SF_2=(P/P_c)\times 100\%$

3. 基于周长和面积的测度

圆度：$C_2=4A/P^2$

$C_3=4A/(LP)$

紧凑度：$K_1=(2\sqrt{\pi A})/P$

$K=P^2/(4\pi A)$

瘦度率：$TR=4\pi A/P^2$

4. 基于面积的测度

紧凑度指数：$C_4=\sqrt{A/A_c}$

形状系数：$SF_3=A_i/A$

$SF_4=(A_c-A_i)/A$

$SF_5=(A/A_c)\times 100\%$

5. **基于面积和区域的测度**

形状率：$FR=A/L^2$

椭圆指数：$EI=\pi L^2/(2A)$

6. **其他测度**

圆度：$C_5=\sqrt{D_i/D_c}$

平均半径：$\bar{R}=\sum R_j/n$

半径方差：$S_R^2=\sum(R_j-\bar{R})^2/n$

平均边长：$\bar{S}=\sum S_j/n$

边长方差：$S_R^2=\sum(S_j-\bar{S})^2/n$

以上式中，A 为面积，A_C 为最小外切圆面积，A_i 为最大内切圆面积，D_c 为最小外切圆直径，D_i 为最大内切圆直径，L 为长轴长度，P 为周长，P_c 为面积相同圆的周长，R_i 为第 i 个半径长，S_j 为第 j 边的长度，n 为边数，W 为宽度（祝国瑞等，1992）。

§6.5　多种地理因子的提取

6.5.1　地理因子概念和构成

地理因子定义为描述每个空间单元内各种地理要素（因子）的量化值。地理因子有广义和狭义两个范畴：狭义的地理因子指来自地形数据库和数字高程模型数据库，包括水系、交通、居民地、地形等要素的地理因子；广义的地理因子除此之外，还包括植被分布、土地利用、矿产资源分布、地表土壤构成、人口、经济、社会等专题要素（董春 等，2000）。

电子政务中，常用的地理因子数据基本单元有两种类型：行政区域和网格。以行政区域为单位的地理因子数据，基本单元可以是县（县级市）、地区（地级市）或省（自治区、直辖市）。而基于网格的地理因子数据的基本单元可人为地根据需要确定，例如可采用 500 m × 500 m、100 m × 100 m 的正方形网格，或者其他形状、大小的网格。一个内容丰富的地理因子数据库是由众多地理要素和与地理位置有关的社会经济要素构成的多类型海量数据库，如图 6-19 所示。

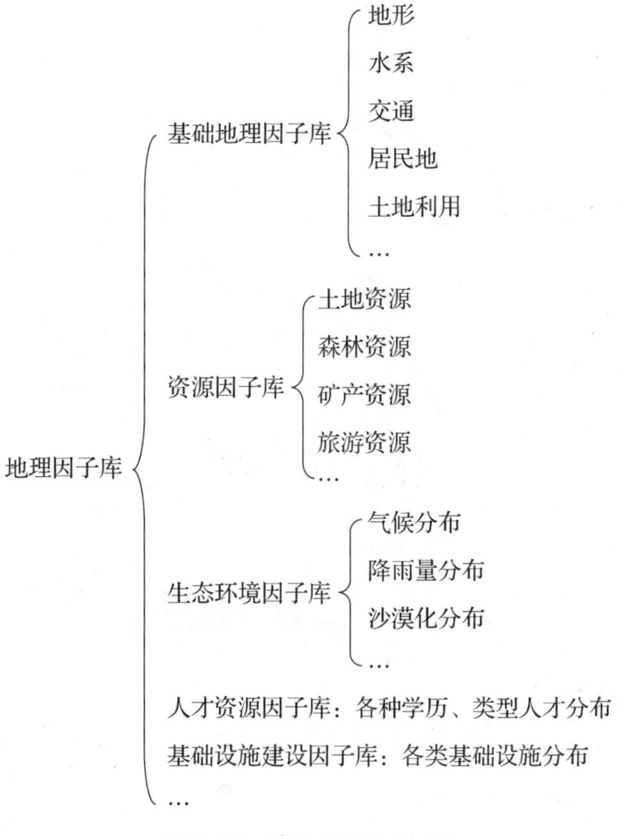

图 6-19　地理因子库的构成

地理因子库的建立，不仅可以弥补电子政务空间数据比较单调的不足，同时可以满足政府工作人员基于行政区划应用和任意区域应用的不同要求。此外，地理因子库可以用于对区域经济发展的定量研究，是下一步空间数据挖掘的重要基础。

6.5.2　基于图形要素的地理因子提取

通常采用空间检索、空间关系查询和空间叠加分析等方法，将原来的空间实体分解到格网或行政单元中，并通过空间统计计算格网或行政单元的各种属性信息。主要过程包括数据提取、各类因子与网格叠加计算、以网格为单元的属性统计计算、输出数据库体，如图 6-20 所示。根据基础空间数据提取的地理因子库如图 6-21 所示。

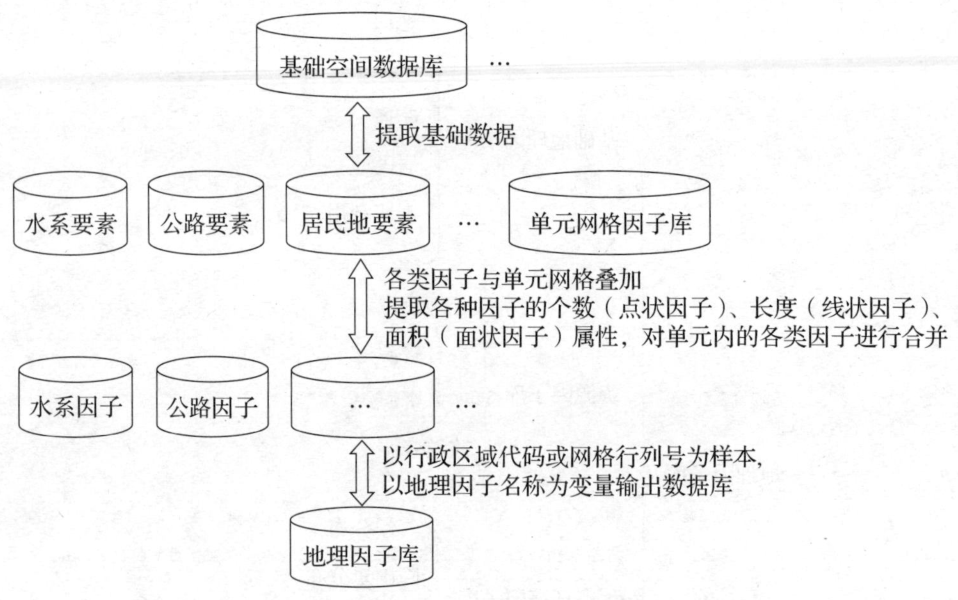

图 6-20　地理因子提取流程

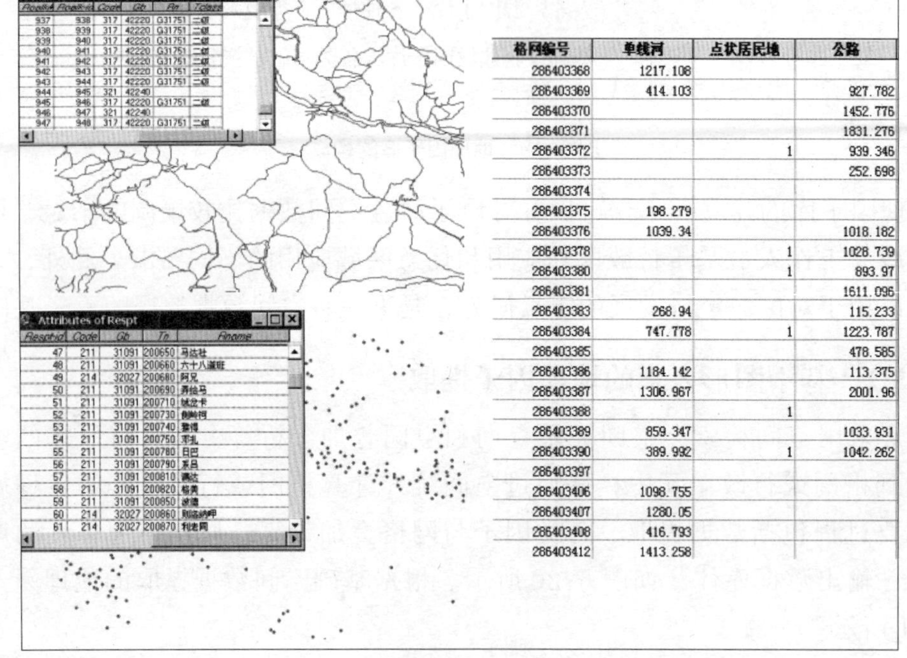

格网编号	单线河	点状居民地	公路
286403368	1217.108		
286403369	414.103		927.782
286403370			1452.776
286403371			1831.276
286403372		1	939.346
286403373			252.698
286403374			
286403375	198.279		
286403376	1039.34		1018.182
286403378		1	1028.739
286403380		1	893.97
286403381			1611.096
286403383	268.94		115.233
286403384	747.778	1	1223.787
286403385			478.585
286403386	1184.142		113.375
286403387	1306.967		2001.96
286403388		1	
286403389	859.347		1033.931
286403390	389.992	1	1042.262
286403397			
286403406	1098.755		
286403407	1280.05		
286403408	416.793		
286403412	1413.258		

图 6-21　根据基础空间数据提取的地理因子库

6.5.3　基于 DEM 的地形因子提取

基于 DEM 的地形信息挖掘指从数据挖掘的理论出发，利用聚类、聚合、信息复合、追踪和窗口等 GIS 分析方法，从 DEM 离散数据背后发现、提取描述地形信息特征的各类地形因子。利用 DEM 数据可以提取的地形因子*包括宏观因子、微观因子和地形相关因子（李志林 等，2000；刘学军，2002；汤国安 等，2000），如图 6-22 所示。

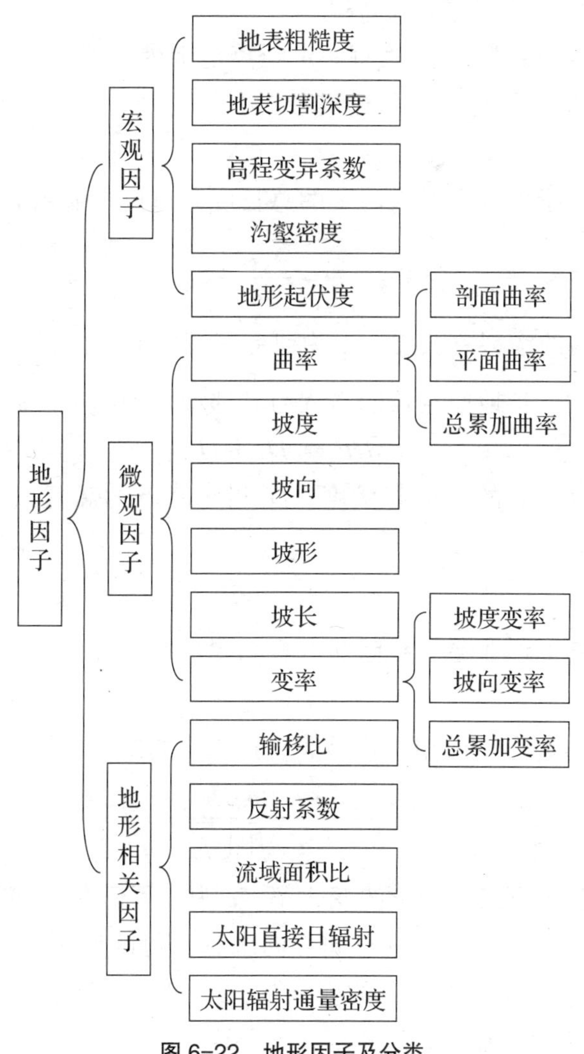

图 6-22 地形因子及分类

1. 宏观因子

（1）地表粗糙度。是反映地表起伏变化和侵蚀程度的指标，一般定义为地表单元的曲面面积 $S_{曲面}$ 与其在水平面上的投影面积 $S_{水平}$ 之比。

$$R = S_{曲面} / S_{水平} = 1 / \cos S$$

（2）地表切割深度。指地面某点邻域范围的平均高程与该邻域范围内的最小高

* DEM 地形因子提取部分主要引用了本书作者和合作者汤国安教授完成的“863”课题成果的技术资料，特对汤国安教授表示感谢。

程的差值。

$$D_i = H_{mean} - H_{min}$$

式中：D_i 指地面每一点的地表切割深度，H_{mean} 指某个固定分析窗口内的平均高程，H_{min} 指某个固定分析窗口内的最低高程。

（3）地形高程变异系数。指地面一定距离范围内（即最佳统计窗口），不同高程点的栅格数 M 占最佳统计窗口总栅格数 N 的百分比。

$$R = M / N$$

（4）沟壑密度。指单位面积内沟壑的总长度，单位一般用 km/km^2 表示。

$$D = \frac{\sum L}{A}$$

式中：$\sum L$ 指流域内的沟壑总长度，A 为研究区域的流域面积。

（5）地形起伏度。指地面某点的高程与其邻域范围的平均高程的差值。

$$RF_i = H_i - H_{mean}$$

式中：RF_i 指地面每一点的地面起伏度，H_i 指每一点的高程值，H_{mean} 指某个固定分析窗口内的平均高程。

2. 微观因子

（1）曲率。包括剖面曲率、平面曲率、总累加曲率。

剖面曲率指在地形表面的任何一点上经过该点的法线方向和微小范围内高程变化最大方向的平面与地形表面相交所得曲线在该点的曲率值。

$$K_v = -\frac{p^2 r + 2pqs + q^2 t}{(p^2 + q^2)\sqrt{1 + p^2 + q^2}}$$

式中：p 为高程值在 x 方向上分量的变化率，q 为高程值在 y 方向上分量的变化率，r 为高程值在 x 方向上的变化率进行同方向求算而得的变化率，s 为高程值在 x 方向上的变化率进行 y 方向求算而得的变化率，t 为高程值在 y 方向上的变化率进行同方向上求算而得的变化率。

平面曲率指在地形表面的任何一点，用过该点水平面沿水平方向切地形表面所得的曲线在该点的曲率值，也就是每一点所在的地面等高线的弯曲程度。

$$K_h = -\frac{q^2 r - 2pqs + p^2 t}{(p^2 + q^2)\sqrt{1 + p^2 + q^2}}$$

式中：p、q、r、s、t 的含义与剖面曲率公式一致。

总累加曲率指地表每一个微域单元内，剖面曲率和平面曲率的总累计值。

$$K_a = K_h + K_v$$

式中：K_a 指总累加曲率，K_h 指平面曲率，K_v 指剖面曲率。

（2）坡度。计算公式为

$$S=\arctan\left(\sqrt{f_x^{\ 2}+f_y^{\ 2}}\times 180/\pi\right)$$

式中，f_x 是东西方向高程变化率，f_y 是南北方向高程变化率。

（3）坡向。计算公式为

$$\theta=\arctan\left(\frac{q}{p}\right)$$

式中：q 为法矢量 $\boldsymbol{n}$ 在 y 方向上的分量，p 为法矢量 $\boldsymbol{n}$ 在 x 方向上的分量。

（4）坡形指数（SF）。从微观上表征坡面形态的指数，数值范围为 $\{-1, 0, 1\}$，分别代表凹形坡、直形坡、凸形坡。设 H 为高程，m 为微观区域内的分析点，1，…，n 为邻域点，令 $P=H_m-(H_1+H_2+\cdots+H_n)/n$。如果 $P>0$，则 $SF=1$；如果 $P<0$，则 $SF=-1$；如果 $P=0$，则 $SF=0$。

（5）坡长。指地面上一点沿水流方向到其流向起点间的最大地形距离。坡长因子是水土保持的重要因子之一。当其他条件相同时，水力侵蚀的强度依据坡面的长度来决定，坡面越长，汇聚的流量越大，其侵蚀力就越强。坡长直接影响地面径流的速度，从而影响对地面土壤的侵蚀力。

（6）坡度变率。指在地表的坡度提取基础之上，对坡度变化率值的二次提取。

$$SOS=\arctan\sqrt{\left[\frac{(a_S+2d_S+g_S)-(c_S+2f_S+i_S)}{8\times x_{\text{mesh\_spacing}}}\right]^2+\left[\frac{(a_S+2b_S+c_S)-(g_S+2h_S+i_S)}{8\times y_{\text{mesh\_spacing}}}\right]^2}\times\frac{180}{\pi}$$

式中：SOS 指坡度变率，a_S、b_S、c_S、d_S、e_S、f_S、g_S、h_S、i_S 分别代表 3×3 分析窗口中各个栅格点的坡度值，$x_{\text{mesh\_spacing}}$、$y_{\text{mesh\_spacing}}$ 分别为 x、y 方向栅格像元大小。

（7）地面坡向变率。指在地表的坡向提取基础之上，对坡向变化率值的二次提取，亦即坡向的坡度。

$$SOA=\arctan\sqrt{\left[\frac{(a_a+2d_a+g_a)-(c_a+2f_a+i_a)}{8\times x_{\text{mesh\_spacing}}}\right]^2+\left[\frac{(a_a+2b_a+c_a)-(g_a+2h_a+i_a)}{8\times y_{\text{mesh\_spacing}}}\right]^2}\times\frac{180}{\pi}$$

式中：SOA 指坡向变率，a_a、b_a、c_a、d_a、e_a、f_a、g_a、h_a、i_a 分别代表 3×3 分析窗口中各个栅格点的坡向值，$x_{\text{mesh\_spacing}}$、$y_{\text{mesh\_spacing}}$ 分别为 x、y 方向栅格像元大小。

（8）总累加变率。指在地表的坡向变率和坡度变率提取基础之上，对地表的每一点进行两种变率的总累计值。

$$\text{总变率}=\lambda\cdot SOS+SOA$$

式中：SOS 指坡度变率，SOA 指坡向变率，参数 λ 代表 SOS 在总变率中的权值。

3. 地形相关因子

（1）输移比。指流域实测输沙量与流域侵蚀总量之比。

$$D_R=\frac{10R_F}{L}$$

式中：D_R 指输移比，R_F 指起伏度，L 指坡长。

（2）反射系数。指单位面积内太阳辐射的反射量与入射量之比。反射系数越大的地方，地表对太阳光的反射越强，此地接受日照辐射量越大，地表温度越高，而温度对于植被的生长、分布有着很大的影响。

$$R=\frac{1-p\cos\theta/\tan\psi-q\sin\theta/\tan\psi}{\sqrt{1+p^2+q^2}\sqrt{1+(\cos\theta/\tan\psi)^2+(\sin\theta/\tan\psi)^2}}$$

式中：θ 指太阳方位角，ψ 指太阳高度角，p 指 $\frac{\partial h}{\partial x}$，$q$ 指 $\frac{\partial h}{\partial y}$。

（3）流域面积比。指某段等高线上游汇水面积 TCA 与等高线长度 CL 的比率。

$$SCA=\lim\frac{TCA}{CL}$$

式中：SCA 指流域面积比，TCA 指汇水面积，CL 指等高线的单位长度。

（4）太阳直接日辐射。指任一坡向为 β、坡度为 α 的斜坡上的太阳辐射日总量。

$$w_{\beta,\alpha}=\frac{I_0E_0T}{2\pi}\sum_{i=1}^{n}[u\sin\delta(\omega_{s,i}-\omega_{r,i})+v\cos\delta(\sin\omega_{s,i}-\sin\omega_{r,i})-$$
$$\sin\alpha\sin\beta\cos\delta(\cos\omega_{s,i}-\cos\omega_{r,i})]\tau$$

$$u=\sin\phi\cos\alpha-\cos\phi\sin\alpha\cos\beta$$
$$v=\cos\phi\cos\alpha+\sin\phi\sin\alpha\cos\beta$$

式中：I_0 为太阳常数，采用世界气象组织 1981 年的推荐值 1 367 W/($m^2\cdot s$)；r 为日地平均距离，约为 1.5×10^{11} m；E_0 是地球轨道修正率因子；T 为日长；α 是坡度；β 是坡向角（正南向为 0°，顺时针方向为正，逆时针方向为负）；δ 是太阳赤纬；$\omega_{s,i}$ 和 $\omega_{r,i}$ 分别为研究地点的日落和日出时角；τ 为大气透射系数；ϕ 为地理纬度。

6.5.4　基于统计数据的社会经济地理因子提取

统计数据在国家的宏观经济管理和政策决策中具有重要作用，其中大约 80% 的内容直接或间接与地理信息有关。在地理信息技术中，实现统计数据与地理空间数据一体化应用的核心是实现统计数据与所反映的地理要素对象相匹配，以便将统计数据纳入到空间框架体系中，从而可以利用 GIS 的可视化功能客观全面地表达自然环境与社会经济现象，利用空间建模功能研究统计数据与其他可定位数据间的空间关系与空间联系，为科学决策提供合理的、直观的信息描述。常用的统计数据地理因子提取方法有以下两种。

1. 通过地理编码关联统计数据

我国现行的统计体制和行政管理模式决定了行政区是统计数据的重要统计单元。行政区划代码作为统计工作中的一个基础标准，是确定和划分统计范围的重要依据。我国人口普查、农业普查、经济普查和水利普查等大型普查过程中所作的首要工作就是划分调查区和调查小区，并对其编码，而这个代码就是在行政区划代码的基础上形成的。目前广泛使用的 12 位长度的行政区划代码将为各项普查工作提供了扩展基础，也为统计成果数据提供直接定位基础。基于行政区划代码的统计数据可以分级分层管理，由不同级别的行政区划单元构成的不同层次组织体系，使得按行政区划统计的数据具有系统性和整体性。政府部门常用统计数据的定位精度可分为国家级、省级和市（地、县）级三个等级，统计数据中一般含有标准统一的行政区划代码。通过行政区划代码可以直接确定统计数据的地理分区，实现社会经济统计数据的快速提取。

在社会经济活动中，空间位置信息常常是以地名、地址形式来描述的，例如，物流公司每天都要处理大量的货物地址清单，邮政部门每天要面对海量的通信地址，地名地址已成为部门之间交流时应用最广泛的信息。通常情况下地名地址信息是用文字来描述的，自身没有空间位置信息，无法直接与地理位置关联并用于地理信息处理，需要借助地理编码技术解决定位、寻址和基于位置服务等问题，实现社会经济统计数据的空间定位提取和集成应用。

地理编码通常有两种方法，一种基于统一地理坐标（经纬度），另一种基于规则地理格网系统。用坐标描述地理编码较为简单，首先确定地名地址的地面位置点，然后采用统一坐标系统描述该地面位置点的坐标，实现地名地址的空间定位，以支持空间数据建立关联，地理编码就是地名地址的地面位置点坐标。基于地理格网系统的地理编码则按规则或不规则图形单元对地球表面进行格网划分，然后再按统一编码体系对格网进行编码。通过确定地名地址所在位置的格网及其编码，解译出该格网代码对应的空间范围，实现地名地址的空间位置匹配，进而提取含有地名地址的社会经济统计数据。目前，这两种地理编码方案在国内外都有广泛应用，国外如美国人口调查局的 TIGER 系统、澳大利亚的 G-NAF 系统，又如联合国地理信息工作组（UNGIWG）的国际地理编码等，国内主要应用于局部地区和部门内部，如市政综合监管网格、地籍管理的宗地地理编码等。

2. 基于地理规则的数学模型方法

由于管理体制的原因，社会经济统计数据多以行政区域为统计单元，导致这些数据的空间位置不精细，难以真实反映社会经济要素的空间分布，与自然生态数据的集成分析也难以获得科学客观的结果。为了正确分析、挖掘空间知识，需要解决统计数据的空间分辨率过低问题。目前常用的方法是利用网格化转换，通过地理现象的分布规律、地理要素的相互关系等地理规则，构建专用空间数学计算模型，以更精细的网格为单元重新确定统计数值，消除诸如统计区域边界不一致、界线变动、单元过大而空间精度不够等问题，进而获得位置更精确、分布更合理的社会经济地理因子数据。由于社会经济统计数据是自然和社会经济规律共同作用的结果，统计现象存在复杂性、多样性，一种通过数学模型运算提取更高空间精度的社会经济统计数据方法，并不适用于所有区域，需要根据具体的地理环境和统计对象区别进行，所以在模型构建中采用的地理规则与分析方法各不相同。

人口分布与地理位置、地形因子、地貌形态、土地覆盖现状及经济发展状况等都密切相关。在现有地理信息系统技术和空间数据条件下，通过建立包括地形要素、海拔高程带、坡度带、坡向带及土地利用数据等地理因子库，通过各类因子与人口的相关分析，可以建立以县为单元的人口和社会经济信息分布模型，通过确定各因子权重系数和统计各标准单元内各相关因子数值，并结合人口和社会经济信息的限制条件以及相关分析中奇异点的处理等技术，实现人口和社会经济信息在空间单元内的定量分布，进而为任意区域人口的统计建立数据基础（董春 等，2002）。

国内生产总值（GDP）数据、农业产值的空间化方法则多基于土地利用类型、地形因子等数据构建相关模型实现网格化模拟。GDP 数据的空间化精细提取研究成果较多，在全球范围的大尺度研究上，Paul 等人于 1997 年发现了 GDP 和人口的分布与夜间遥感数据特征信息之间的强相关性。2001 年，美国耶鲁大学依据 GDP 与年均气温之间的大致关系，绘制了美国的 GDP 和人均 GDP 的空间分布图（栅格大小为 100 km × 100 km）；2004 年，美国国际地球科学信息网中心（CIESIN）采用比例系数法，基于世界人口数据集生成了全球范围 1° × 1° 的 GDP 网格分布数据。我国也有许多研究机构开展了相关研究，中国科学院资源环境科学数据中心于 2005 年根据 GDP 与土地利用之间的关系，生成了中国 1995 年和 2000 年两期 GDP 数据（栅格大小为 1 km × 1 km）。

农业产值的空间化提取方法则大多基于土地利用类型、地形因子等数据构建相关模型从而实现网格化模拟。根据海拔高度与农业产值不同的拟合关系，运用地统计学方法和地理信息系统空间分析功能，在土地利用的基础上，综合考虑地形因子对农业产值空间分布的影响，实现农业产值的空间化模拟（张晶 等，2007）；基于玉米单产统计数据，在地理信息系统技术支持下分析影响玉米产量的地理环境因素，采用多元回归模型方法研究玉米单产与各种环境因子之间的相互关系，以此为基础实现玉米单产统计数据的空间栅格化，为政府部门综合分析、农业资源科学管理与决策提供基础数据，也为作物的遥感监测提供有效参数（石淑芹 等，2011）；利用空间分析技术，把基于行政区为单元的畜禽养殖废弃物统计数据转换到单元格网上，实现对畜禽养殖废弃物数据的空间分布统计分析，可提高畜禽养殖废弃物数据在空间上的可对比性，从而便于定量计算（阎波杰 等，2011）。

§6.6　空间关联规则的提取技术与实例

6.6.1　关联规则的定义

知识是一个或多个信息关联在一起形成的有应用价值的信息。在实际应用中，把不与其他信息关联的信息定义为事实，而把用“如果……则……”关联起来的知识定义为规则（邸凯昌，2001；苏理宏 等，2000；周海燕，2003）。规则类知识是知识中常见的一种，可以用谓词逻辑的形式定义如下：

$$X_1 \wedge \cdots \wedge X_m \rightarrow Y_1 \wedge \cdots Y_n\ (c\%)$$

或表示为

$$\text{If}\ \ X_1\ \text{and}\ \cdots X_m\ \text{then}\ Y_1 \wedge \cdots Y_n\ (c\%)(s\%)$$

简写为

$$X \rightarrow Y$$

式中：X_1，…，X_m，Y_1，…，Y_n 是谓词，c 是置信度（confidence），只有当置信度超过一定值时，才认为是规则。此外，s 支持度（support）是度量规则的测度。

就关联规则 $F \rightarrow B$ 而言，c 和 s 是规则的两个测度。

支持度 $s = P(F \cup B)$，即事实库中同时包含 F 和 B 两项的百分比。例如，同时满足“湿润度指数为 1”“地貌类型为平原”以及“适合居民地分布”的支持度为 0.05，即表示：事实库中，同时存在“湿润度指数为 1”“地貌类型为平原”以及“适合居民地分布”的地理单元对象百分比为 5%。其中 B 对应于“适合居民地分布”。

置信度 $c = P(B|F)$。即事实库中包含 F 的项同时包含 B 项的百分比。例如，同时满足“湿润度指数为 1”“地貌类型为平原”以及“适合居民地分布”的置信度为 0.6，即表示：事实库中，所有满足“湿润度指数为 1”和“地貌类型为平原”的地理单元对象中，有 60% 的还满足“适合居民地分布”。

此外，为了体现挖掘规则的不同特点，可以在挖掘之间定义挖掘的范围（如华北地区）、主题（居民地分布）等，相应地需要对事实库中的格网记录和因子指标进行筛选。

6.6.2　基于泊松分布的因子指标精简

为了提高规则提取的速度，要在规则提取之前，剔除与挖掘主题不相关的规则。由于泊松（Poisson）对数线性模型是统计中广义线性模型中的一个，它可以有效地处理非统计类或离散类样本的回归分析，用于在规则提取前分析事实库中各种指标的关系，并根据最终获得模型的相关系数剔除干扰性指标，保证规则精度。

对于计数的观测变量 Y（这里是每一个格网上的因子值），认为它是服从泊松分布的，即

$$p(Y=k)=\frac{\lambda^k}{k!}e^{-\lambda}$$

式中：$k=0, 1, 2, \cdots$，λ 代表 Y 的平均值，$\lambda>0$。建立的模型为

$$\ln(\lambda)=\beta_0+\beta_1 V_1+\beta_2 V_2+\cdots+\beta_N V_N$$

式中，$V_1, V_2, \cdots, V_N$ 是影响因素（如表土质地、高程带等因子）。

通过估计各个系数 β_0、$\beta_1, \cdots, \beta_N$，可以评价各个指标对于居民分布影响的情况。

6.6.3 关联规则提取的算法

采用基于先验知识的多维数据挖掘算法，执行挖掘操作，生成 k_ 项集 L_k。该算法的主要步骤如下：

[1] 生成 1_ 项集，记为 L_1；

[2] 当 $(K-1)$_ 项集 L_{K-1} 非“空”时（$K=2, 3, \cdots$），重复执行步骤 [21] 到步骤 [22]：

  [21] 生成新的候选 K_ 项集 C_k；

  [22] 对于 C_k 中的每一个候选项，重复执行步骤 [221] 到步骤 [222]：

    [221] 计算候选项在 TempTable 中出现的次数；

    [222] 如果次数大于最小支持度阈值，就依次执行以下步骤：

      [2221] 将该候选项加入到 k_ 项集 L_k 中；

      [2222] 计算该候选项的置信度；

      [2223] 如果该候选项的置信度大于置信度阈值，就将该候选项加入 k_ 项规则集中；

其中，步骤 [21] 的“生成新的候选 K_ 项集 C_k”，可用如下算法加以实现：

对于 L_{k-1} 中的每一个项 l_1，重复执行以下步骤 [1]；

对于 L_{k-1} 中的每一个项 l_2，重复执行以下步骤 [1]、[2]：

[1] 如果 l_1 项与 l_2 项只是在第 k-1 个地理因子的类别不相同，其余对应地理因子的类别和取值都相同，则使用“自然连接”算法，把具有 k-1 个地理因子的 l_1 项与 l_2 项，连接成为具有 k 个地理因子的 k_ 项 c。

[2] 若 c 的每一个 k-1 项子集都已经存在于（k-1）_ 项集 L_{K-1} 中，则将 c 加入候选 K_ 项集 C_k；否则，舍去 c（“剪枝”！）

由 L_{k-1} 生成关联规则，并计算每一个关联规则的支持度和置信度。

6.6.4 灾害分布特征规则提取实例

根据基础空间数据、地貌数据、土地覆盖数据、气象数据、灾害数据建立基于格网的地理因子数据库；对地理因子库进行泛化和归类处理后，形成规则提取事实因子库，利用规则提取工具，可获得对各种灾害与地貌、水系、气象、土地覆盖等各种因素的关联规则。灾害分布特征规则提取流程如图 6-23 所示，实例为贵州省

地质灾害关联规则提取及查询，结果如图 6-24 所示。

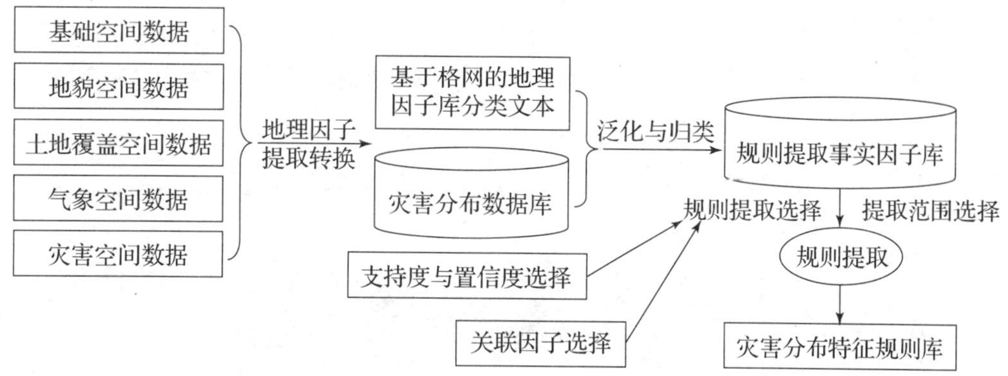

图 6-23　灾害分布特征规则提取流程

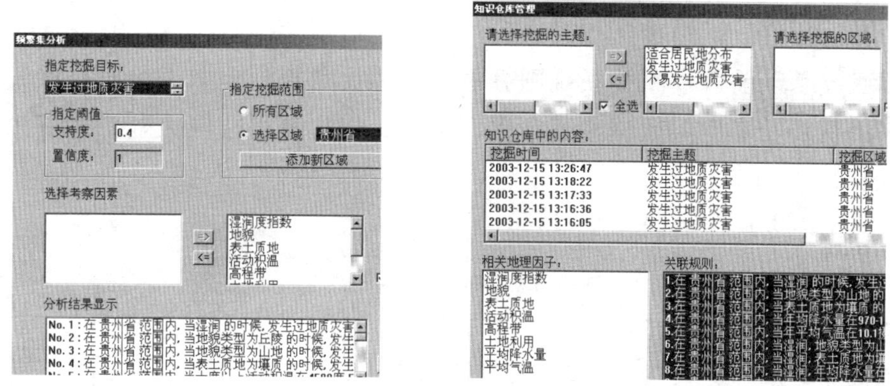

图 6-24　贵州省地质灾害关联规则提取及查询结果

6.6.5　居民地空间分布特征挖掘的实例

针对我国政府部门宏观管理的需求，采用前述点要素挖掘方法，基于中小比例尺基础空间数据、地貌数据、土地覆盖数据、气象数据，建立基于格网的地理因子数据库，同时建立居民地分布格网数据库，利用规则提取工具，形成对居民地与地貌、水系、气象、土地覆盖等各种因素的关联规则。居民地分布特征规则提取流程和居民地规则提取与规则查询结果分别如图 6-25、图 6-26 所示。

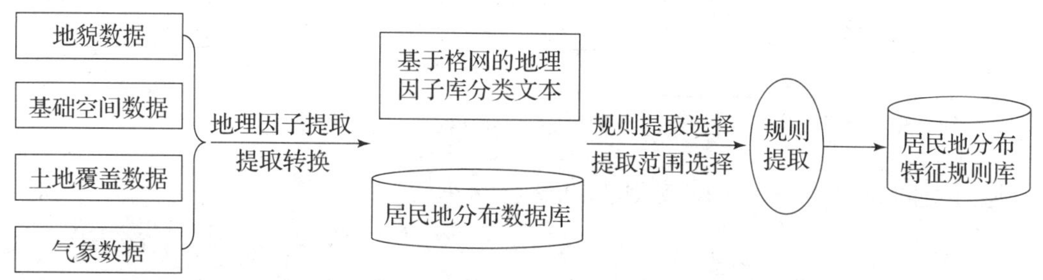

图 6-25　居民地分布特征规则提取流程

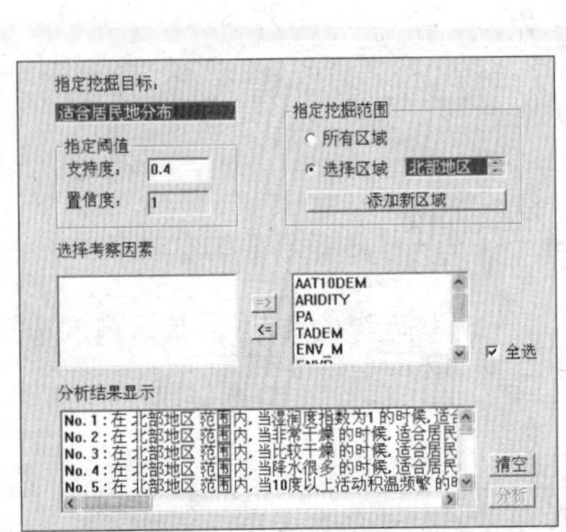

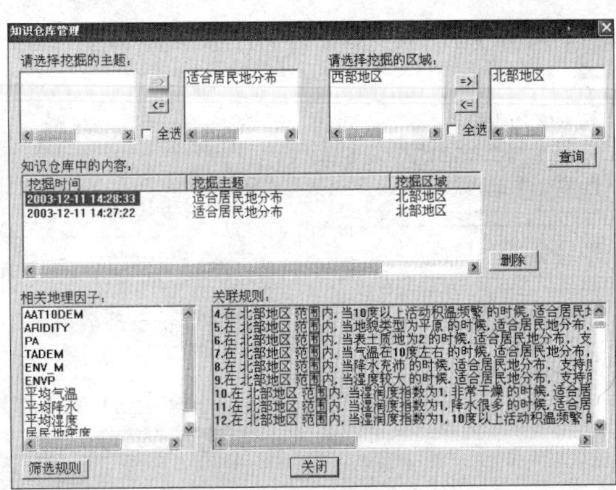

图 6-26　居民地规则提取与规则查询结果

6.6.6　非洲矿产数据空间关联实例

本项研究基于前述空间关联规则算法，运用关联规则提取工具对点状矢量形式的非洲矿产资源分布空间数据集进行关联分析，以期获得非洲大陆矿产资源数据的空间关联特征。

非洲各国主要矿产如表 6-13 所示。

表 6-13　非洲各国主要矿产

国家	钼	银	锌	石墨	铜	…
阿尔及利亚	0	0	1	0	1	…
安哥拉	0	0	0	0	1	…
博茨瓦纳	0	0	0	0	1	…
布基纳法索	0	0	1	0	0	…
布隆迪	0	0	0	0	0	…
喀麦隆	0	0	0	0	0	…
刚果（布）	0	0	1	0	1	…
刚果（金）	0	0	1	0	1	…
埃及	0	0	1	0	1	…
埃塞俄比亚	0	0	0	0	1	…
…	…	…	…	…	…	…

说明：“1”表示该国家出产此主要矿产；“0”表示该国家不出产此主要矿产。

通过空间关联算法产生的规则表如表 6-14 所示。

表 6-14　规则表

前件	后件	支持度	置信度	兴趣度
锌、铜、金	锰	0.15	0.86	2.09
锌、锰、金	铜	0.15	0.86	2.09
锌、锰、铅	金	0.13	0.83	1.35
锌、铅、金	锰	0.13	0.83	2.03
锰、铅、金	锌	0.13	0.83	2.95
锌、铝	锰、金	0.13	1.00	3.00
锌、铝、锰	金	0.13	1.00	1.63
…	…	…	…	…

规则分析结果：以生成的第一条规则为例，该规则说明锰矿的分布与锌、铜、金的分布具有较高的关联度，这些矿产集中分布在阿尔及利亚、埃及、纳米比亚、刚果（布）、刚果（金）和南非这些国家。这些规则对在非洲国家进行矿产开发有很大的指导意义。

非洲矿产资源关联结果如图 6-27 所示。

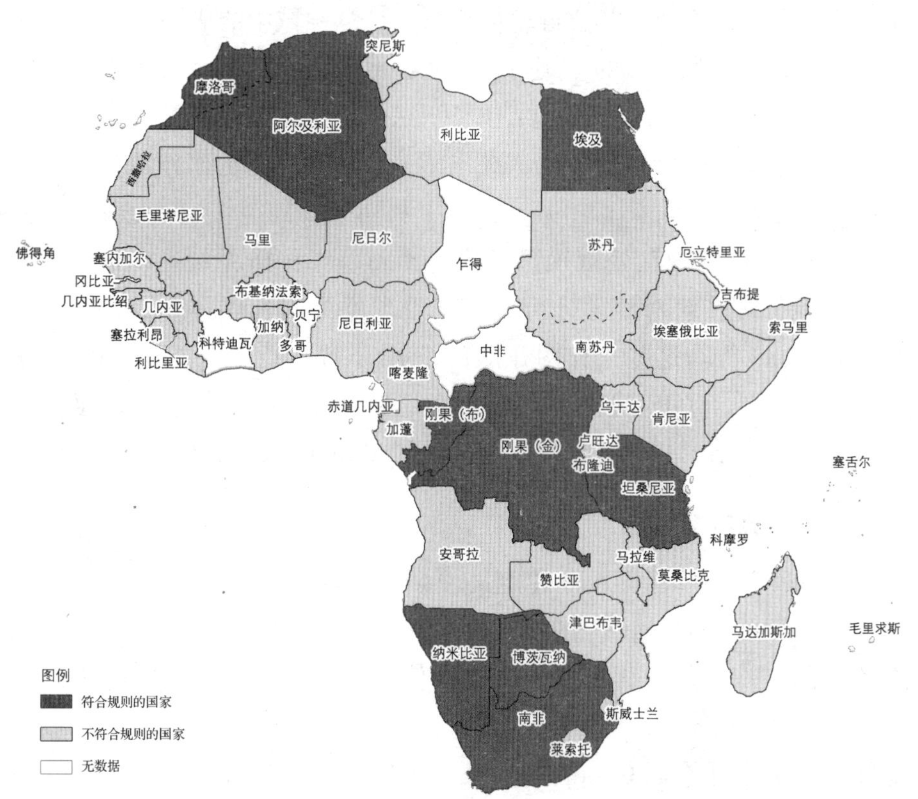

图 6-27　非洲矿产资源关联结果

第 7 章　基于工作流的电子政务地理信息服务

工作流是一类完全或者部分自动化的业务过程，在此过程中，数据、文档或任务按照一定的规则在参与者之间流转、执行，从而实现业务的整体目标。在电子政务领域，由于用户缺乏处理复杂地理信息的相关专业知识，所以引入工作流来简化地理信息的应用，实现数据和操作的部分或完全自动化就显得至关重要。利用工作流技术对复杂地理空间分析、办公流程进行管理，可以提高构建电子政务地理信息服务的灵活性。本章通过建立基于工作流的地理信息处理模型，分析电子政务地理信息服务过程参考模型，构建电子政务地理信息服务工作流模型和形式化描述方法，并开展了相关试验。

§7.1　工作流定义及参考模型

工作流技术在企业管理、办公自动化和科学计算领域中的成功应用，使得 GIS 工作者看到了其在地理信息领域的应用价值。Weske 等人（1998）明确提出了地理信息工作流（Geo-Workflow）的概念，详细阐述了工作流和空间应用的关系以及工作流管理系统应用到地理研究领域的方法，提出了一个较为完善的工作流技术在地理信息处理领域的理论框架。Alonso（1994，1995）利用开放的工作流基础平台 Opera，专门为了管理空间分析和信息处理模型，设计了 Geo-Opera 系统。Geo-Opera 基本实现了利用工作流管理系统对地理分析和信息处理模型的管理。类似的原型系统还有 GOOSE、WOODSS 等。这些工作对于 GIS 应用非常有意义，能使 GIS 更好地管理专业模型，大大增强了 GIS 的功能，扩大了专业分析的应用范围，加速了专业应用模型的开发过程（Marr，1994；Seffino，1999；Manolescu，2002）。

7.1.1　工作流的定义

工作流有如下一些具有代表性的定义（Aalst et al，2004）。

工作流管理联盟（WFMC）的定义：工作流是一类能够完全或者部分自动执行的业务过程，根据一系列过程规则、文档、信息或任务能够在不同的执行者之间传递、执行。

行业知名商务企业 GigaGroup 的定义：工作流是业务过程中可运转的部分，包括任务的顺序以及由谁来执行、支持任务的信息流、评价与控制任务的跟踪、报告机制。

IBM 公司的定义：工作流是业务过程中的一种计算机化的表示模型，定义了完成整个过程所需用的各种参数。这些参数包括对过程中每一个单独步骤的定义、步骤间的执行顺序、条件以及数据流的建立、每一步骤由谁负责以及每个活动所需要的应用程序。

美国莱特州立大学计算机科学家 AmitSheth 的定义：工作流是涉及多任务协调执行的活动，这些任务分别由不同的处理实体来完成。用来执行任务的处理实体可以是人，也可以是计算机系统（如一个应用程序）。工作流基本定义间的联系如图 7-1 所示（Workflow Management Coalition，1994）。

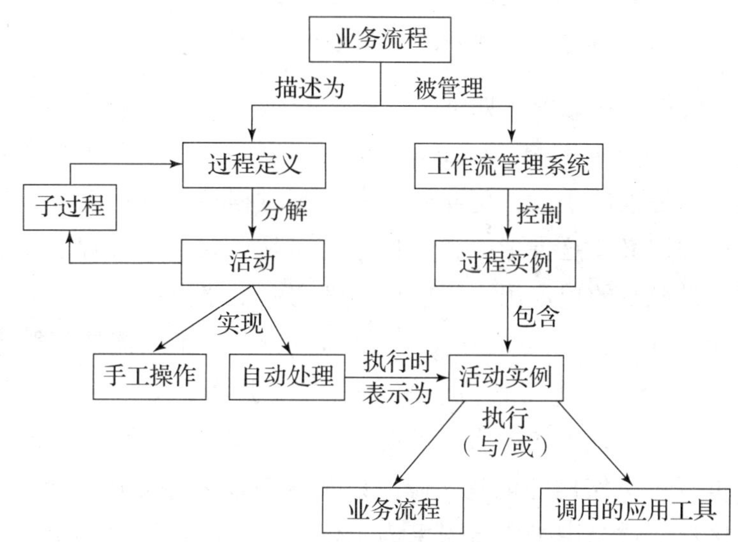

图 7-1　工作流基本定义间的联系

7.1.2　工作流参考模型

由于工作流系统的多样性，为了实现彼此的互联和互操作，有必要为不同的工作流系统提供一个共同的设计框架，对工作流的结构加以标准化（黄裕霞 等，2001）。1994 年，工作流管理联盟提出工作流系统的参考模型，在这个参考模型中对工作流系统的相关概念进行了详细的描述，同时描述了组成工作流各个模块的功能，以及各个功能模块之间接口的定义。

工作流系统参考模型已成为工作流系统结构设计应遵循的标准，它描述了工作流引擎参考模型的逻辑体系。这个参考模型描述了其主要接口，所有接口都设计成工作流程序接口（workflow application interface，WAPI），工作流执行服务通过图 7-2 所示的五个接口与其他构件进行交互（郑毅强 等，2005）。

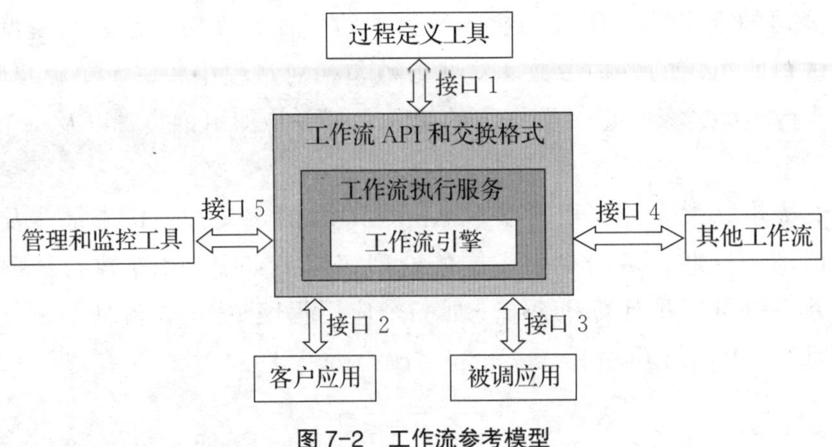

图 7-2　工作流参考模型

图 7-2 中各构件的功能说明如下。

过程定义工具（process definition tool）：过程定义工具向用户提供实际业务处理过程进行分析建模的手段，将实际业务处理过程转化为可为计算机所处理的形式化描述，即过程定义。这种形式化的描述可以是形式化的过程定义语言或对象关系模型，也可以是简单的规定用户间信息传输的一组路由命令。

工作流执行服务（workflow enactment service）：工作流执行服务也称为业务执行环境，包括一个或多个工作流引擎。工作流引擎是工作流管理系统的核心组件，在工作流运行时间，工作流服务借助工作流引擎，对预先定义的过程模型进行解释，完成对过程定义实例的创建、修改以及状态设置等操作，WAPI 接口作为其与应用程序的接口。这当中工作流引擎为工作流实例的执行提供执行环境。工作流引擎是工作流管理系统的核心软件，工作流引擎主要包括以下一些功能：解释过程定义；过程实例的创建、激活、暂停、终止等；在过程之间“导航”，包括串行并行操作、最终期限调度、工作流相关数据解释等；参与者的登录与注销；提供用户交互接口；维护工作流控制数据和相关数据，将工作流相关数据从应用程序或用户端传送到其他应用程序或用户；支持调用外部应用和连接工作流相关数据的接口；对活动加以监视，以实现控制管理和审查。

管理和监控工具（management and monitoring tool）：对工作流过程实例的状态进行监控和管理，如用户管理、角色管理、审计管理、资源控制和过程执行监视。

客户应用（workflow client application）：向用户提供工作流实例交互工具。在工作流实例运行期间，必然要同用户进行交互，例如文档的审核、意见的填写、分流流向的控制等。用户通过客户应用程序了解待处理的工作项列表，完成对工作项的处理操作。

被调应用（invoked application）：指在工作流实例运行期间，有工作流执行服务所调用的用于处理应用数据的外部应用程序，例如：对于电子表格（如 Excel）格式的文档型应用数据就需要调用电子表格编辑器对其进行处理。

§7.2　电子政务地理信息服务工作流模型

7.2.1　电子政务地理信息服务工作流

电子政务地理信息服务工作流是通过将电子政务地理信息服务分解为定义好的任务、角色，按照一定的规则和过程来执行这些任务并对它们进行监控，以达到功能组合和流程化信息服务的目的。

工作流是电子政务业务流程的全部或部分自动化。在此过程中，数据、文档或任务按照一定的规则在参与者之间流转、执行，实现业务的整体目标。

工作流管理系统是一种通过软件定义、创建工作流并管理其执行的系统，可以对过程进行定义、解释，能与工作流的参与者（人或软件）进行交互。

过程定义是业务流程的形式化描述，用来支持自动化操作，如通过工作流管理系统（WFMS）进行系统建模。过程可分解为一系列的子过程和活动，过程定义包括活动及其关系网络、过程起始和终止的标准以及一些活动个体的行为信息。

活动是一项工作任务（即过程的一个逻辑步骤）的描述，活动是过程执行中可供工作流引擎调度的最小工作单位。

活动实例是实际运行中的一个过程。每个实例代表一个能独立控制执行、具有内部状态的线程，可被外界通过标识存取。

原子服务是在对现有电子政务地理信息服务基本操作的抽象形成的，每个原子服务功能简单、数据独立、接口简洁，是地理信息原子操作的地理信息处理节点。

工作表始于制定工作流参与者相关的工作项列表，是工作流引擎和工作表管理器的部分接口。

7.2.2　电子政务地理信息服务工作流生命周期

工作流技术支持下的电子政务地理信息服务生命周期包括过程定义、过程部署、过程运行三个部分，过程整个生命周期是在工作流引擎的监控下实施的（见图 7-3）。

1. 过程定义

过程定义是电子政务地理信息服务业务流程的形式化描述，用来支持自动化操作，过程可分解为一系列的活动，过程定义包括活动及其关系、过程起始和终止的标准。过程定义一般由工作流建模工具完成。

2. 过程部署

过程部署是将已经定义好的过程为运行准备部署到工作流引擎中，同时，在建立的电子政务的专题中配置好相关的数据和运行环境，确定具体的空间（或非空间）数据集合、具体边界条件、使用对象等，过程部署一般由电子政务专题维护工具完成。

3．过程运行

借助工作流引擎，在客户端和服务器端协同完成，对预先定义的过程进行解释，完成对过程定义实例的创建、激活、暂停、终止等，支持客户端数据交互，对过程产生的数据进行管理。

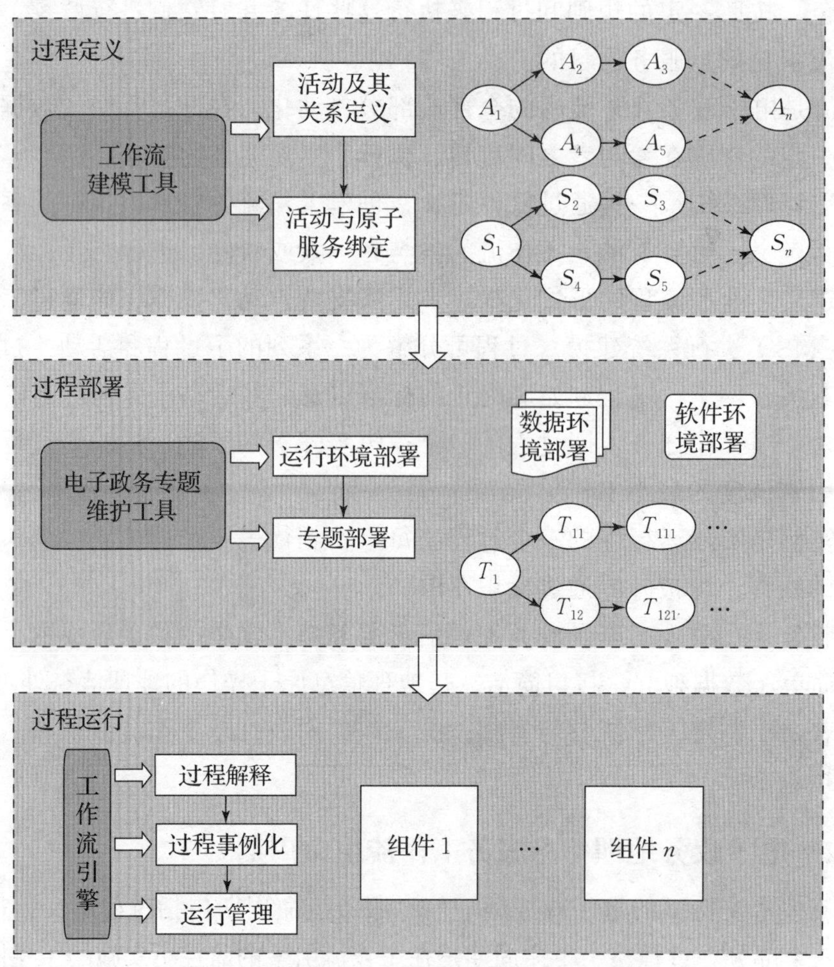

图 7-3　电子政务地理信息服务工作流模型

7.2.3　电子政务地理信息服务工作流数据资源模型

一般工作数据资源模型提出的数据类型包括工作流系统数据和工作流应用数据，工作流系统数据包括工作流的定义数据、部署数据、控制数据、运行数据、工作流应用数据。包括工作运行后需要输入的数据、处理结果数据等（赵正德 等，

2005）。电子政务地理信息服务涉及的数据类型较多，根据电子政务地理信息服务的实际需要，可以将数据资源抽象为工作流系统数据、交互信息、处理结果数据等三类。数据组织以工作流监控为核心，由工作流引擎、工作流建模工具完成数据管理（见图 7-4）。

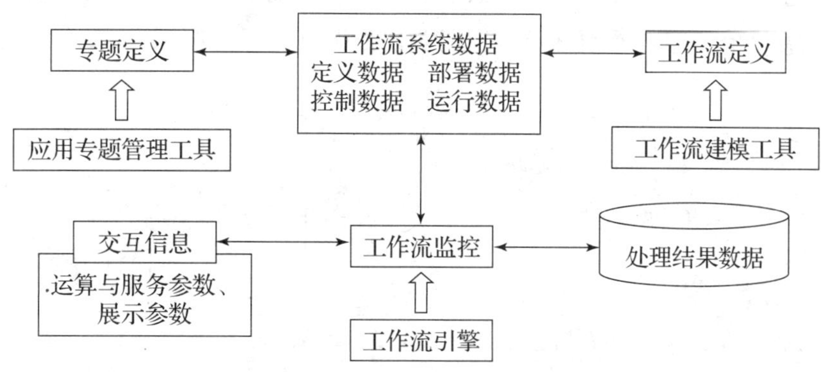

图 7-4　工作流数据资源模型

1. 工作流系统数据

包括工作流定义数据、部署数据、控制数据和运行数据，其中定义数据和部署数据在工作流定义阶段由工作流建模工具和应用专题管理工具形成，控制数据和运行数据由工作流引擎控制。

定义数据：对工作流程的定义数据包括工作流节点、节点连接信息（流程有向边）、节点连接条件信息等。

部署数据：记录工作流服务的系统、专题等信息。

控制数据：控制工作流运行数据。

运行数据：记录工作流运行的用户、状态、工作日志等信息。

2. 交互信息

这是地理信息工作流系统服务区别于一般工作流系统的重要特征，地理信息服务节点根据具体服务需要有用户动态设定的交互信息，如选择地理信息对象、确定缓冲区宽度、叠加处理方式等，对不同用户，同一服务流程参数可能存在差异。

3. 处理结果数据

主要是不同用户、不同地理信息服务节点地理计算的结果数据。由于地理计算数据量较大，处理结果需要单独存储，以便于进一步应用。

7.2.4　扩展工作流地理信息服务后的电子政务空间服务模型

扩展工作流地理信息服务后的电子政务空间服务模型仍然是以电子政务专题应

用为核心，对各种空间数据、电子政务非空间数据及其操作功能进行统一组织，形成支持电子政务应用集数据及其操作为一体的信息对象，满足不同类型电子政务用户对空间辅助决策的需要。所不同的是，操作有过程操作和非过程操作之分。非过程操作直接从原子操作集中选择，而过程操作则是在原子操作集基础上，经过工作流建模工具进行过程定义后生成。该模型中基本组成单元可以抽象为应用专题、数据资源、信息对象、过程操作和非过程操作集及用户五个组成部分（见图 7-5）。

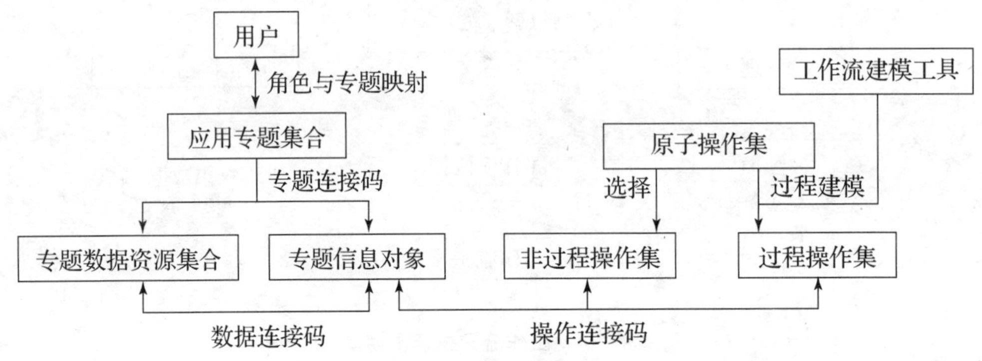

图 7-5　扩展工作流地理信息服务后的电子政务空间服务模型

应用专题是电子政务应用业务的最小逻辑组织单位，是连接各种数据资源、信息对象、过程操作和非过程操作集、用户的纽带和核心，不同应用专题之间存在树状组织结构关系。数据资源以应用专题为单元，定义应用专题涉及的空间数据、综合非空间数据，不同应用专题根据需要可以选择相同的数据资源，也可以选择不同的数据资源。信息对象是在确定数据资源基础上，根据应用专题的不同，将有关数据及其操作封装为一个实体，该实体既可以是空间数据及其操作，也可以是非空间数据及其操作，信息对象本身也可以建立树状关系。非过程操作集是对各种数据资源操作功能的集合，包括空间数据操作、非空间数据操作，各种操作既可以独立完成各自的功能，也可以将操作参数与数据实体封装成为信息对象。过程操作集是对各种数据资源操作功能的集合，包括空间数据过程操作、非空间数据过程操作，各种过程操作既可以独立完成各自的功能，也可以将过程操作参数与数据实体封装成为信息对象；用户是各种应用专题使用者的总称，需要按角色与不同应用专题中的数据资源、信息对象建立映射关系。

电子政务应用系统有逐步规范化、标准化的趋势，分析其处理流程不难发现，许多业务涉及的数据（信息）、操作类型和操作参数都可以分类提炼，形成不同的信息对象，从而提高系统服务的实效。由于信息对象是将空间数据和非空间数据与它们的操作封装后，形成的信息实体，因此，信息对象管理既包括信息对象组织过程的管理，也包括按应用主体建立信息对象之间关系。

数据与操作封装过程主要包括：从数据集中选择操作的数据对象；从操作集中选择操作功能；通过不同操作功能的参数选择与数据对象封装后，形成信息对象。为了便于操作，不同信息对象也需要建立关系树，如图 7-6 所示。

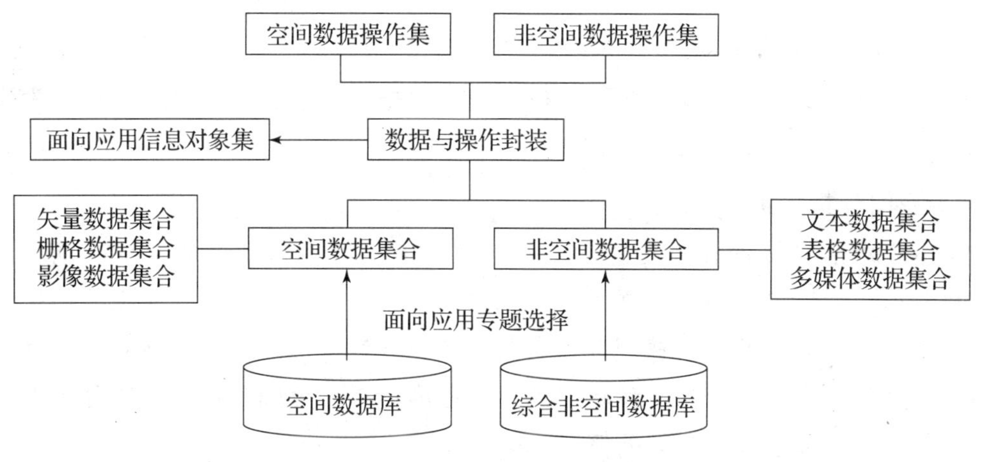

图 7-6　面向应用专题的信息对象组织

§7.3　电子政务地理信息服务工作流实现

7.3.1　基于工作流的电子政务地理信息服务抽象

为了利用工作流技术对复杂地理空间分析、专业分析模型、电子政务办公流程进行管理，提高空间数据处理的能力，简化地理空间分析过程，提高普通办公人员构建政府 GIS 应用的灵活性。政府 GIS 需要有一个门类齐全、功能完善的地理信息服务，作为地理信息服务工作流的集成基础。参考对象关系映射（ORM）的地理信息服务框架，并考虑政府 GIS 的实际需要，抽象出一个地理信息服务的框架，大致可以把政府 GIS 的基本功能可分为以下几类：交互界面服务、信息管理服务、空间数据处理服务、空间分析服务、专题分析服务、数据通信服务。

1. 交互界面服务

交互界面服务是一种地理信息人机交互组件服务，在服务器端与服务器端应用程序、应用服务器或者数据服务器之间进行交互。包括矢量地图浏览器、动画—移动目标浏览器、影像浏览器、图表浏览器、服务定制器、工作流定义器、符号编辑器、地理实体编辑器、数据结构浏览器等组件服务。

2. 信息管理服务

提供基于网络的地理信息资源的分类、注册、描述、查找、维护、访问等功能服务。它们可以为客户应用提供各种地理信息请求，为地图显示、地理信息查询、空间分析服务、统计制图服务等各种需要地理信息的程序或服务提供基础地图数据。可以包括地理实体查询、地图生成、图层数据服务、实体类型管理、信息目录、地名词典等服务。

3. 空间数据处理服务

提供空间数据的一些处理服务，包括矢量数据的坐标转换、投影转换，影像坐标变换、灰度变化、影像纠正等。

4. 空间分析服务

空间分析是GIS的核心功能，也是GIS与其他计算机系统的根本区别。强大的空间分析功能可以从空间数据中发现隐藏的地理分布规律。主要实现的分析功能有子集提取、取样统计、量算服务、实体操作服务、实体匹配、实体概括、路径分析、定位服务、邻近度分析、量算服务、邻近度分析、叠加分析、网络分析、空间自相关、空间局部估计、空间插值等。

5. 专题分析服务

包括地理参数计算、专题分类、实体综合空间计数、变化探测、地理信息提取、影像处理、图像解译、地理解释器、地理编码（解码）服务、时间参考系统转换、时空抽样、地理标注、地理元数据统计等。

6. 数据通信服务

负责网络环境上的数据编码、压缩和传输等工作，包括编码服务、传输服务、地理压缩、地理格式转换、消息服务、远程文件和程序管理。

7.3.2 工作流的统一建模语言活动图表达

工作流建模是把业务逻辑和数据处理逻辑转化成程序流程的手段。建模过程中还可以使用图论等技术手段对流程进行分析，并在此基础上简化和优化处理流程。统一建模语言（unified modeling language，UML）是基于面向对象技术的标准建模语言，它融合了Booch、OMT、OOSE方法中的基本概念，把这些先进的面向对象思想统一起来并对其做了发展，并得到了工业界广泛支持，由对象管理组织（OMG）采纳作为业界的标准（Rumbaugh et al，2005）。

UML活动图是UML用来对系统的动态行为建模的图形工具之一。活动图可描述活动的序列，并且支持对带条件的行为和并发行为的表达，是工作流建模的有力工具。活动图依据对象状态的变化来捕获动作与动作的结果，活动图中一个活动结束后将立即进入下一个活动。因此，活动图特别适合描述工作流和并发的处理行为。

对于工作流，可以用以下四元组来表示。

$$G=\{N(\text{Node}), L(\text{Link}), E(\text{Event}), C(\text{Condition})\}$$

式中：$N=\{n_1, n_2, \ldots, n_s\}$ 为节点的集合，也就是活动；$L=\{\langle n_1, n_2\rangle, \cdots, \langle n_i, n_j\rangle\}$ 表示节点之间的连接弧；E 为根据连接弧上的事件集合；C 为连接弧上对应的条件集合。

节点状态：对于 $n\in\mathbf{N}$，有限状态函数 State(n)=$\{I, A, S, F\}$，初始时刻，State(n)=I，类推，若活动处于执行状态，则 State(n)=A 等。

UML 活动图是由节点和有向边连接而成的，如图 7-7 所示。

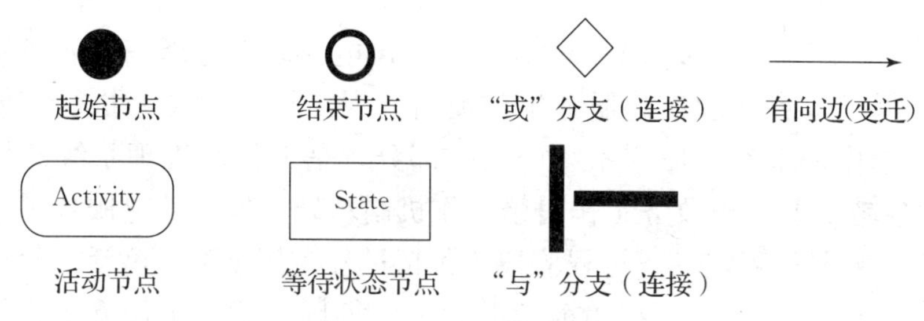

图 7-7　活动图的基本组成

以下是用活动图对工作流建模采取的一般步骤。

（1）确定工作流的初始状态和终止状态，明确工作流的边界。

（2）从工作流的初始状态开始，找出随时间发生的活动和动作。

（3）对于复杂的动作或多次重复出现的一组动作，可以把它们组成一个活动状态，并且用另外的一个活动图来展开表示。

（4）给出活动间的连接和与之对应的事件、转移条件，并划分好活动间的关系，如顺序、并发等。

（5）在活动图中给出与工作流有关的角色，这点可以用活动图的泳道来实现。

活动节点表达原子任务，它用来为实体原子动作的执行步骤建立模型。活动节点的框内可以设置动作名称或动作表达式。一个业务过程可以由如下一些基本结构组成（Aalst et al，2004）。

（1）串行结构：依次执行活动 A 和 B。

（2）“与”分支：活动 A 执行完后，同时执行 B、C、D。

（3）“与”连接：活动 B、C、D 都完成后，才执行 A。

（4）“或”分支：活动 A 执行完后进行条件判断，若满足条件 C_1 则执行活动 B，若满足条件 C_2 则执行活动 C，若满足条件 C_3 则执行活动 D。

（5）“或”连接：A、B、C 中任一个活动执行完后立即执行活动 D。

（6）循环：执行活动 A 后进行判断，如满足条件 C_1 则循环执行活动 A。

对于一个业务流程，还需要给出建模时的完整性约束。即：每个业务流程只能有一个开始节点，可以有多个结束节点；开始节点没有前置路径，结束节点没有后续路径；每个业务流程中不存在孤立节点，即从开始节点出发可以到达流程中的每一个节点，亦即业务流程是一个强连通图。

7.3.3 基于工作流引擎过程监控与管理

1. 工作流引擎工作机制

工作流引擎的主要功能包括：解释过程定义；创建过程实例并控制其执行；调度各项活动；为用户工作表添加工作项；调用应用程序（高勇 等，2002；吴慰娜，2006）。根据一般工作流引擎工作原理，可以提出电子政务地理信息服务工作流引擎基本机制。电子政务地理信息服务工作流引擎为工作流实例的执行提供执行环境。工作流引擎作为工作流应用系统中的一部分，是工作流管理系统的核心软件（见图 7-8），参考一般电子政务工作引擎工作机制基础，地理信息服务工作流引擎功能主要包括：解释过程定义、过程监控（包括过程实例创建、激活、暂停、终止等）、过程之间导航（包括串行、并行操作、最终期限调度、工作流相关数据解释等）、过程数据管理（包括对工作流系统数据、交互信息、处理结果数据的管理和调度）、任务分配（根据负载情况进行任务的分配和调度）、日志历史记录（负责保存与系统恢复有关的信息，例如工作流活动中的所有状态，同时记录工作执行的相关信息）、消息管理（负责监听消息和发送消息）。

2. 过程监控与管理消息机制

对于监控与管理交流，采用消息机制不但要指明信息向哪儿发送、如何发送，还能告诉信息接受者采取什么行动；其中，消息的类型及其内容与过程监控和管理相关。

在分布式计算环境中，对应用提供公共的信息交换主要的通信方法有远程过程调用（PRC）和消息队列等。其中，消息队列技术作为分布式应用间交换信息的一种技术，其主要特点是，消息队列可驻留在内存或磁盘上，队列存储消息直到它们被应用程序读走。通过消息队列，应用程序可独立地、异步地执行——它们不需要知道彼此的位置或在继续执行前不需要等待接收程序接收此消息。其主要的通信模式包括点对点通信、多点广播、发布（订阅）模式和群集。

过程监控与管理消息机制主要是解决将任务队列表中待处理的电子政务地理信息服务活动分发到相应的节点，各个节点将执行情况通过消息返回。

利用消息中间件（message oriented middle ware，MOM）可以保证松耦合，健壮的消息中间件保证其消息传递的可靠性，并且可以满足多种消息传递模式。因此，过程监控与管理采用基于消息中间件的消息机制：消息服务层从工作流服务、各工作流活动中获得工作流系统的状态，将其包装成一定的消息格式发送到消息中间件，电子政务地理信息服务活动参与者从消息中间件获得所需要的工作流系统状态信息，然后再与工作流系统进行交互，如图 7-9 所示。

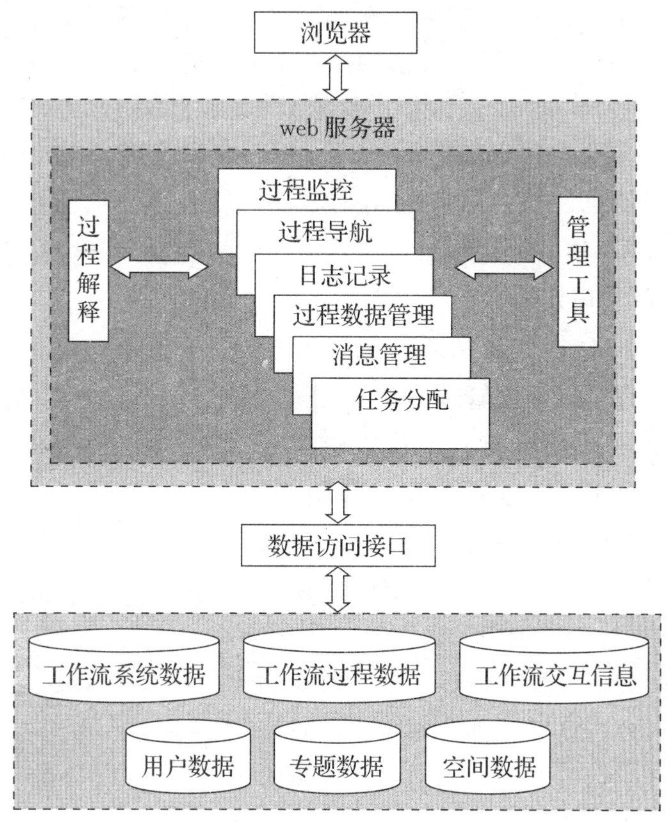

图 7-8　工作流引擎工作机制

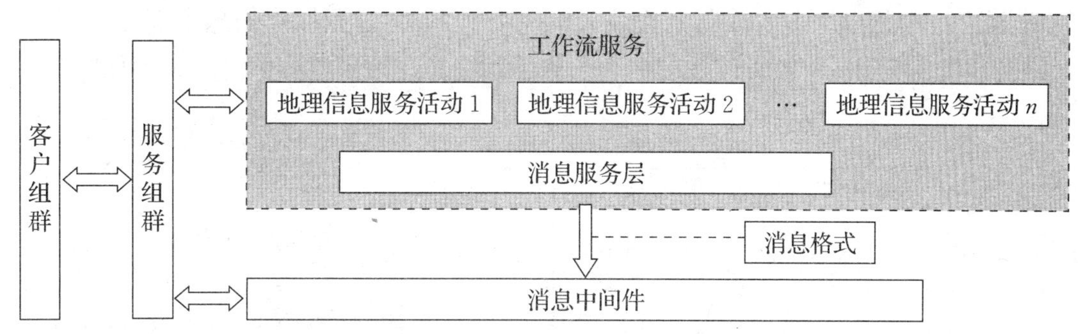

图 7-9　基于消息中间件的过程监控与管理消息机制

按照上述基于消息中间件的过程监控与管理消息机制，交流的每个消息是如下元组，包含 11 个元素。

$$Msg = \{\text{Aid, Tid, Mid, from Server, to Client, Pid, Atype, rePly With, rePly to, Lid, msgContent}\}$$

式中：Aid 是活动每次会话的标识，在整个过程期间 Aid 的值不变；Tid 是时间戳，保证会话过程的唯一性；Mid 是会话中当前发送报文消息的标号；from Server 和 to Client 分别是服务发送方和接受客户端的标识；Pid 是通信类型关键词标识；Atype 是电子政务空间服务类型，包括初始化活动（initial）、终结活动（completion）、“与”分支型活动（andBranch）、“与”汇聚型活动（andMerge）、“或”汇聚型活动（orMerge）、投票型汇聚活动（voteMerge）、空活动（void）、交互活动（interaction）和自动执行的活动（automation）共七类；rePly With 表明该消息是需要应答的，当消息的接收者收到本消息后，应答消息的 rePly to 与 replywith 相同；Lid 是所用表示语言的标识；msgContent 是消息的内容。

3. 过程数据的管理过程分析

过程数据的管理包括工作流系统管理、交互信息管理以及处理结果数据管理。

工作流系统数据管理主要由工作流建模工具和工作流引擎控制管理，主要在工作流定义、工作流执行监控阶段生成，主要过程如下。

（1）由工作流建模工具对工作定义，生成工作流程的定义数据，如图 7-10 所示。

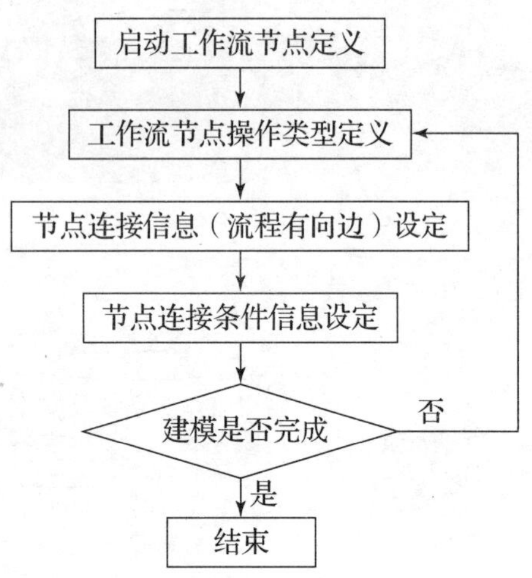

图 7-10　生成工作流程的定义数据

（2）由电子政务空间服务管理系统，将对需要工作流支持的地理信息服务进行部署，针对相应的电子政务地理信息服务的专题和操作，设定工作流部署信息的步骤为：选择已定义的地理信息服务的专题→选择专题中的地理信息服务操作→建立地理信息服务操作与工作流程的映射关系→过程操作信息事例化。

（3）由工作流引擎监管过程的启动、执行和终止，记录过程信息，步骤如图 7-11 所示。

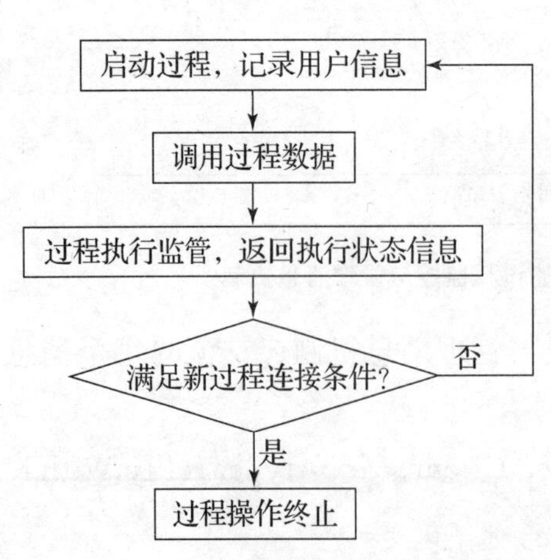

图 7-11　工作流引擎对过程进行监管

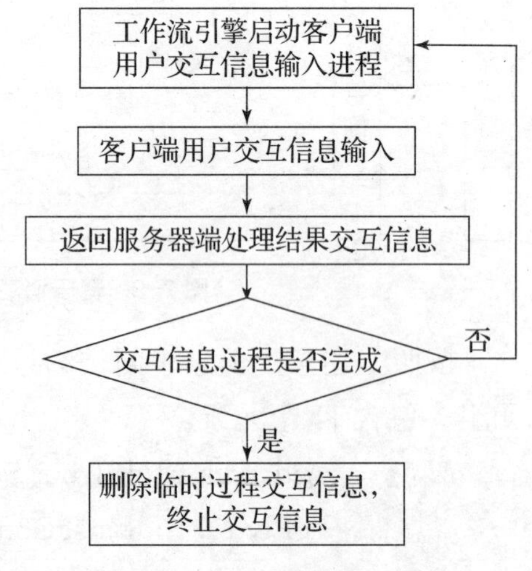

图 7-12　交互信息管理过程

交互信息管理即由工作流引擎对用户输入的信息进行管理。步骤如图 7-12 所示。

对于地理计算，由于不同过程生成结果的数据量比较大，有些过程的结果往往需要供下一个过程作为输入数据参与计算，因此，工作流引擎还需要对过程处理的结果进行存储和管理，包括以下几个步骤：创建处理结果数据存储空间 → 以子过程为单位存储处理结果，并记录日志信息 → 处理结果访问与调用 → 地理信息服务完成后，如需要保存处理结果，则以图层为单位存入空间数据库，否则删除处理结果 → 释放处理结果数据存储空间。

4. 过程空间数据的存储与管理

过程空间数据由于数据量大、结构复杂、临时性强，数据管理的核心是数据入库、关系建立，最终实现方便、快速的数据调度。以大型关系数据库为基础管理空间数据，可以将各种空间数据定义为图库、图层、图幅数据、实体数据五个不同层次的存储对象（见图 3-2），利用关系库中的各种表建立各层次存储对象关联关系，并通过对各种表的维护实现对空间数据的整体管理。

5. 工作流系统数据管理

对于过程产生的其他工作流系统数据，也采用关系库来管理，可以分为以下几个存储对象：工作流过程管理表，定义工作流的活动组成、各种活动及其关系；活动管理表，管理活动绑定的原子服务信息、活动的限制信息；部署信息管理表，管理过程与专题之间的关系、运行环境信息；流程任务列表，反映实体化的工作流信息，主要包括当前活动号、前一活动号、用户、任务状态号，交互信息、管理用户动态设定的交互信息；过程数据管理表，管理过程执行过程中生成的空间数据、非空间数据。工作流系统数据管理是上述各种关系表创建、修改、维护的过程，流程如图 7-13 所示。

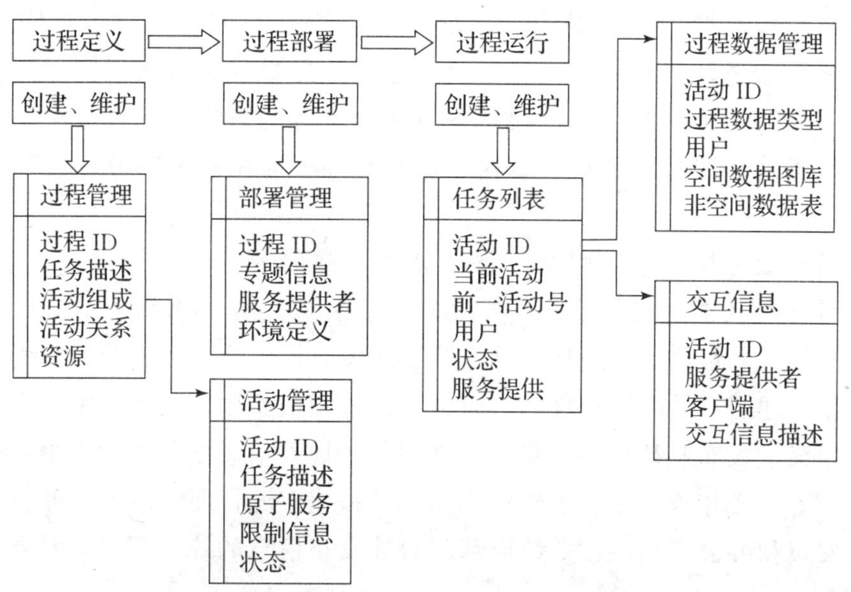

图 7-13　工作流系统数据管理流程

7.3.4 工作流支持下的电子政务地理信息服务架构

以工作流程联盟（WFMC）提出的工作流管理系统参考模型为基础，利用Web服务技术对现有的政府GIS进行改造，提出一种面向工作流的政府GIS体系结构，模型的体系结构如图7-14所示。

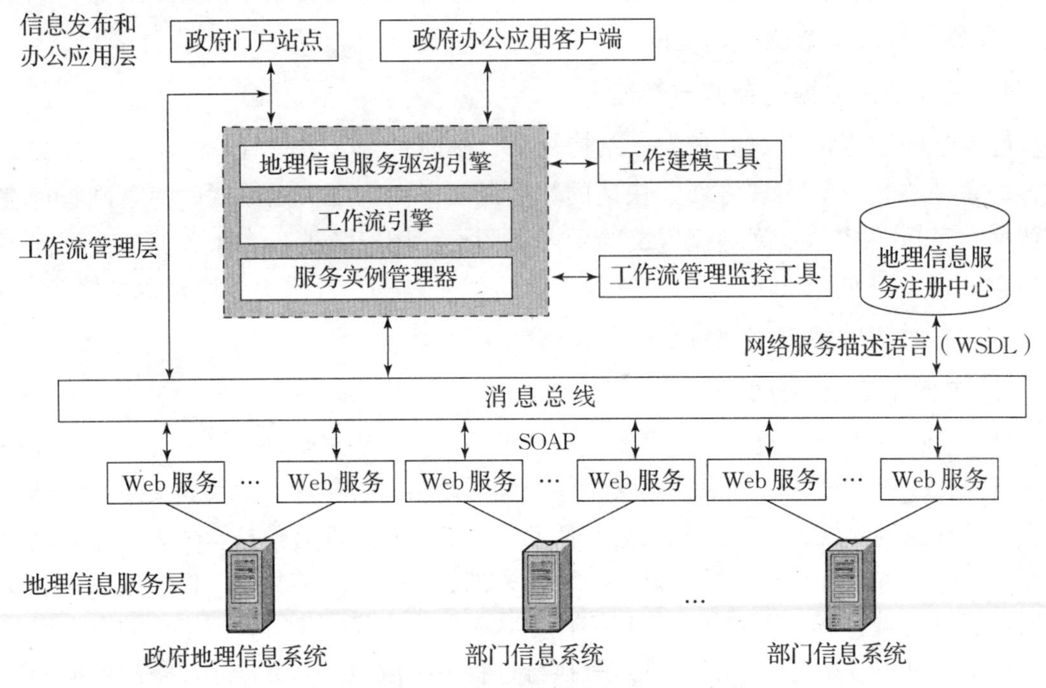

图7-14　电子政务工作流的系统体系结构

基本模块包括政府门户站点、政府办公应用客户端、地理信息服务驱动引擎、地理信息服务注册中心、消息总线、地理信息服务、流程建模工具、工作流管理监控工具等组成部分。按照模型中各部分所属网络的不同可将模型纵向分成地理信息服务层、工作流管理层、信息发布和办公应用层三部分，各部分具体描述如下。

地理信息服务层：通过用Web服务技术对政府GIS的数据处理、空间分析、数据管理等各种功能进行封装，其他政务信息系统也用Web服务对要向外发布的功能进行封装，并最终通过地理信息注册服务中心提供给工作流管理系统。

工作流管理层：是应用管理的核心，它在地理信息服务的支持下，完成工作流的建模、定义、发布和执行。工作流管理层包括地理信息服务驱动引擎、地理信息服务注册中心、工作流引擎、工作流建模工具和工作流管理监控工具等。

信息发布和办公应用层：是政府部门对外发布信息的统一门户，对外提供“一站式”服务。

7.3.5　地理信息工作流实例

地理信息工作流系统的设计目标是一个中间件，通过这个中间件可以提供 GIS 分析流程建模、运行管理和应用集成能力，为基于 GIS 分析的各种应用提供坚实的基础平台，能够根据应用的变化，对原有 GIS 分析模型进行快速的修正，以及快速定义、部署新的流程。为了达到这个设计目标，系统的设计特性如下：工作流软件符合 WFMC 提出的工作流参考模型，实现相关的应用接口及特性，并可以支持可扩展标识流程定义语言（XPDL），以实现工作流系统的标准化和开放性；基于 J2EE 架构，系统使用 Java 开发，完全符合标准的 J2EE 架构，保证能与其他应用系统的数据以及功能调用上的无缝融合；基于 XML 技术，利用 XML 技术来进行工作流程定义、数据交换、信息发布、服务调用等，实现系统的开放性和灵活性；系统利用一个可以支持多种主流数据库的持久化层，透明地支持多种主流的数据库软件；支持分布式应用，支持高可靠性的集群服务，系统支持分布式的应用，并根据需要，利用多台服务组成高可靠性的集群服务，提高系统的高度可拓展性。

本实例即试验的地理信息工作流系统的总体框架如图 7-15 所示，整个系统主要分成四层：用户接口层、工作流服务层、地理信息服务层、数据库层。

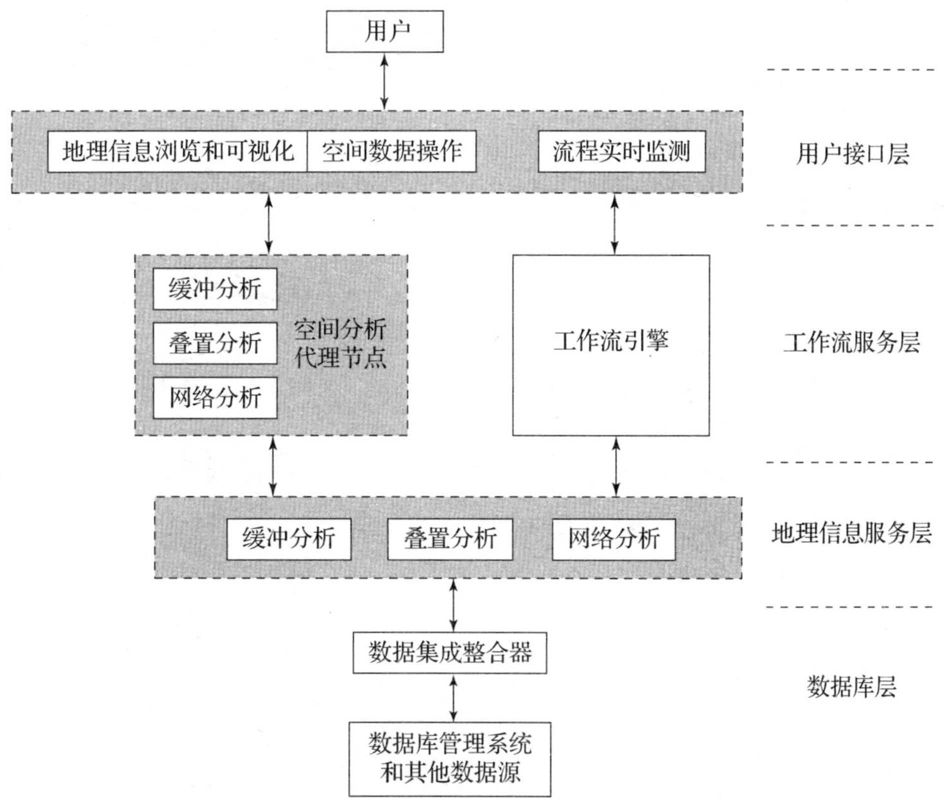

图 7-15　地理信息工作流试验系统结构

1. 用户接口层

本实例利用基于业务流程管理（JBPM）可视化过程建模工具，可用图形化拖拽方式建立业务过程模型。该建模工具提供了图形化的实时性能监控，系统负载和用户工作量可图形化或列表显示。实现了地理信息浏览和可视化，提供了用户与地理信息工作流系统交互的人机接口。

2. 工作流服务层

工作流引擎仍以开源的JBPM为基础，实现过程定义的装载解释、过程实例的创建、过程和活动以及工作项的控制，系统还实现了流程数据的管理，外部应用程序的调用等。运行服务提供系统日志服务，用于跟踪系统运行情况，作为错误恢复和分析统计的依据，提供更加完善的回退机制。

3. 地理信息服务层

本试验系统实现了丰富的GIS分析功能：具有“包含”“穿越”“邻接”等空间关系查询节点，以及缓冲区分析、叠置分析、网络分析、栅格统计和各种统计分析服务。工作流建模工具可以利用这些空间分析节点和普通工作流节点建立空间处理流程，实现地理信息工作流。

4. 数据库层

通过数据集成整合模块也就是独立的数据持久化层，把各种分布式的、异构类型的空间和非空间数据整合起来，提供给地理信息工作流节点。

图7-16所示的是一个简单的空间分析工作流流程，运行后各步骤的截图如图7-17至图7-21所示。

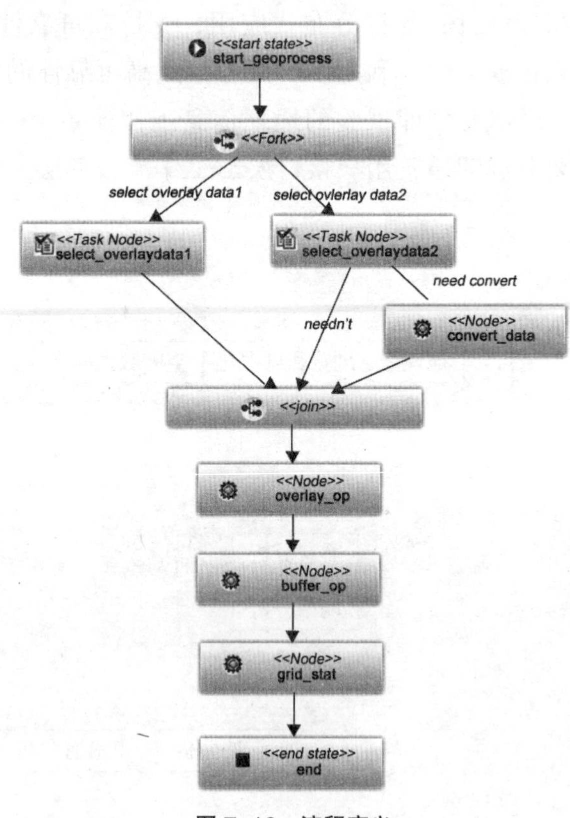

图7-16　流程定义

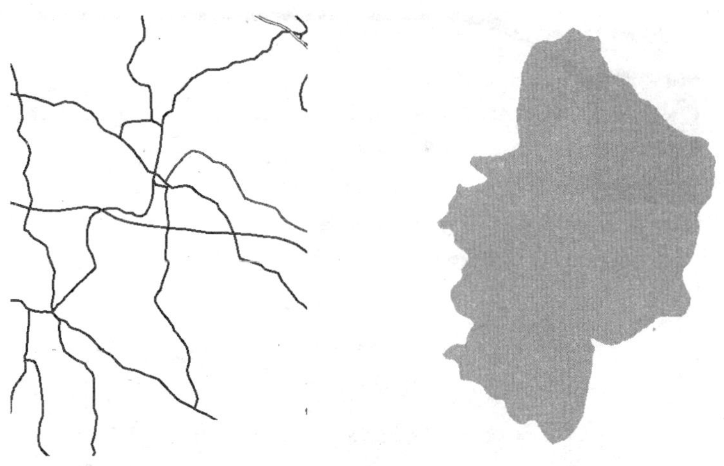

图 7-17　进行叠置分析的数据

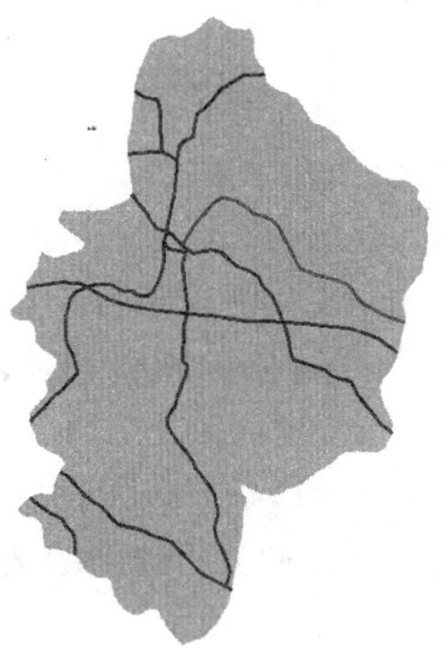

图 7-18　叠置结果

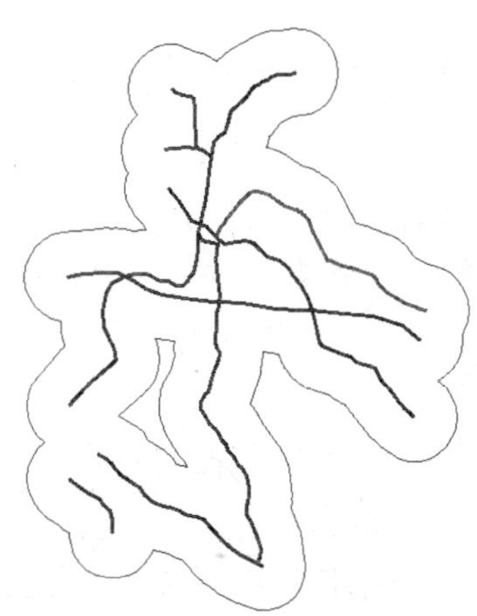

图 7-19　缓冲结果

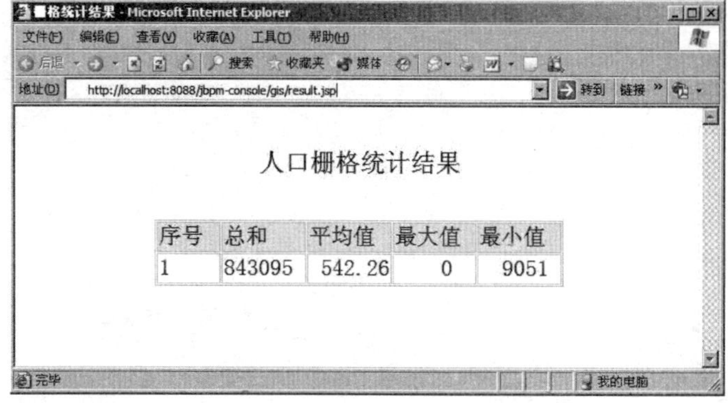

人口栅格统计结果

序号	总和	平均值	最大值	最小值
1	843095	542.26	0	9051

图 7-20　人口栅格分析结果

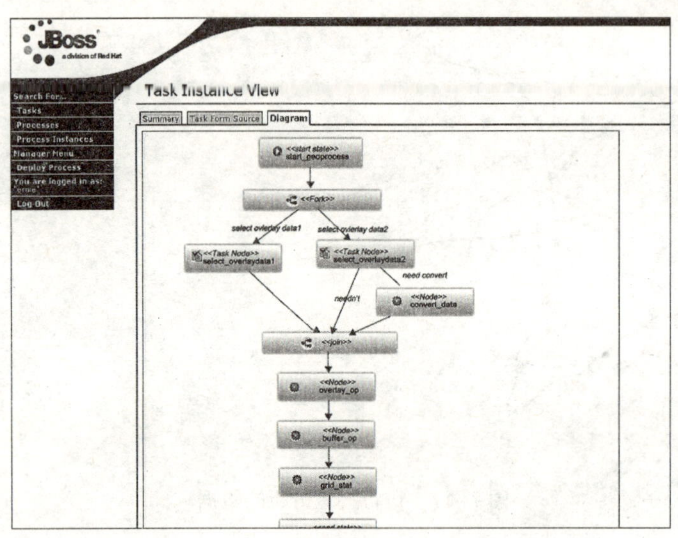

图 7-21 地理信息工作流运行监控

5. 流程说明

通过启动节点“start_geoprocess”开始空间分析流程；然后一个分支节点把流程分成并行的两支：分支 1 在“Select_overlaydata1”通过交互式选择要分析的空间数据 1，分支 2 在“Select_overlaydata2”通过交互式选择空间数据 2，并自动判断是否需要进行数据转换，如果需要则进行转换处理；在流程合并节点（join）工作流引擎等待两个分支运行完，合并执行流程后到下一个节点；接着根据流程前半段选择和设置的数据进行了叠置分析（节点 overlay_op）；在叠置分析的结果上进行和缓冲分析（节点 buffer_op）；最后用缓冲分析得到的缓冲区对人口栅格数据进行统计分析（节点 grid_stat）。

第 8 章　基于语义的地理信息服务聚合

地理信息服务聚合将地理信息服务按照一定的规则组织起来以完成特定功能，并且保证服务执行的可操作性以及用户的易用性。单一的地理信息服务的匹配聚合方法忽略了服务聚合过程中的约束条件，因此，在不同的服务链模式及约束条件下，如何合理调度地理信息服务是地理信息服务聚合的关键问题。本章通过语义检索得到的地理要素作为服务聚合的数据源，转换地理信息聚合模型为工作流可执行语言，同时采用混合模式的数据调度方法来增强服务聚合的可操作性，是一种新的聚合方法，可以显著提高服务链的执行效率，是将数据共享提升到服务共享的一种重要技术，对电子政务地理信息实现“服务层次上的聚合共享”进行了初步试验。

§8.1　地理信息服务聚合

8.1.1　地理信息服务聚合方法

地理信息服务的聚合就是按照用户的要求将所需服务从服务注册中心中检索出来，并将这些服务按照一定的业务流程逻辑合成起来，构成复杂的复合服务以完成具体的任务（刘书雷，2006）。目前，在地理信息服务领域，服务聚合的主要技术可以归纳为基于服务链和基于工作流两种方法。

1. 基于服务链的聚合方法

服务链是服务组合的体现，是基于 Web 服务应用于比较复杂应用的一种技术。国家标准《地理信息服务》（GB/T　25530—2010）给出了服务链的简单定义：服务链是一种服务序列，在该序列中，前一个服务的行为是产生后一个服务行为的必要条件。针对服务链的设计方法一般分为以下三种类别。

（1）自定义服务链（也称透明服务链）。由用户创建并管理服务链的执行。

（2）半透明服务链。用户调用一个工作流管理的服务，由该服务去控制执行服务链，用户可以单独地执行单个服务链中的服务，但用户并不了解单个的服务。

（3）聚合服务链（也称不透明服务链）。服务链以单个服务形式出现，在聚合服务链中，由核心算法协调管理其中全部服务。用户可以了解服务链中执行的服务类别，但不能监测单个服务链的执行。

如表 8-1 所示，对于自定义服务链，用户自定义服务的执行，其细节没有被隐藏，可以由用户完全控制。虽然定义的服务链灵活性很高，但并不适合普通用户，专业用户也需要大量的时间查找、发现并执行所需服务。

表 8-1　服务链模式对比

服务链	服务自动发现	服务自动组合	业务流程定义	单个服务调用	服务执行监控
自定义服务链	否	否	是	是	是
半透明服务链	否	否	是	是(否)	是
聚合服务链	否	否	否	是	否

聚合服务链是将所有的服务整合在一起，通过单个服务的形式出现，并由核心的服务处理隐藏在聚合服务链中的所有单个服务，以完成服务之间的协作。用户不必关心聚集服务隐藏的内部服务，因此可减少用户的工作量，同时也降低了客户端灵活性以及用户对服务链中服务的控制能力。

半透明服务链中存在一个服务链流程服务，通过它控制服务链的执行。与不透明服务链相比，半透明服务链主要通过工作流技术分离业务逻辑和应用逻辑，在三种服务链中是最灵活，也是功能最强的一种。

2. 半透明服务链模式下的 BPEL 聚合方法

工作流就是对工作流程及其操作步骤之间业务规则的抽象、概括、描述。基于工作流的 Web 服务聚合是通过定义一个 Web 服务的执行流程实现的，在流程中详细指明了 Web 服务之间的控制流和数据流。

2002 年由微软、IBM 和 BEA 公司联合发布了“网络服务业务流程执行语言（business process execution language for web services，BPEL4WS）”，用于商业流程描述的规范化、标准化，其作用是将一组现有的服务组合起来，从而定义一个新的 Web 服务。BPEL4WS 作为工作流描述语言已成为业界的既定标准。

目前，商业化的工作流引擎都采用基于 BPEL4WS 标准的工作流方法聚合服务，可以动态实现服务绑定。然而，这些传统的工作流方法并不能实现地理信息服务以及地理要素基于语义的发现，仅仅是针对一般 Web 服务的静态查找，并最终通过工作流引擎执行服务链。因此，设计一种松耦合的服务发现与聚合的架构并合理地利用工作流引擎，才能保障服务的动态选择与执行。这种松耦合的架构，抛开成熟的商业工作流客户端，通过自己定义地理信息服务以及地理要素的代理，实现服务与要素的语义检索，并将其映射到 BPEL，工作流引擎只负责服务执行监控，并不干涉地理信息服务的业务逻辑。

8.1.2　地理信息服务聚合的关键问题

随着工作流技术的成熟和应用范围的不断扩大，工作流技术已开始应用到地理信息领域，结合地理信息服务，为共享和互操作提供了有力的工具。然而，工作流技术来源于计算机技术领域，其应用范围并不涵盖地学领域，也就是说工作流技术并不能直接应用于地理信息领域。这是因为，地理信息服务与一般信息领域的 Web 服务有一定的区别。针对地理信息服务聚合的关键问题，主要包括以下几个方面。

（1）地理信息服务聚合的前提条件是地理信息服务的智能发现。所谓智能发现指在聚合的过程中用户通过最简单的输入操作，系统能够根据语义识别用户的请求，并且动态的发现需要参与聚合的服务以及要素的过程，本质上是地理信息服务以及地理要素的语义选择。

（2）聚合过程中的约束条件。在地理信息服务聚合过程中，系统能够提供给用户简单易用的聚合模板，也就是聚合的流程设计，实际上在服务器端，系统要采用多种约束方法来保障用户设定的模板能够顺利执行，这就要求在第一阶段服务和要素语义匹配的基础上，考虑服务聚合的上下文约束条件，考虑上下服务时候能够联通。

（3）工作流实例执行中的数据、流程控制。由于地理信息服务的接口不统一，所处理的空间数据量大，算法也较为复杂，因此，在地理信息服务聚合过程中，空间数据的调度方法也是系统应该着重考虑的问题。

因此，地理信息服务聚合的关键是要增强地理信息服务的语义表达，消除地理信息服务之间的语义障碍，利用工作流引擎通过一定的规则自动地识别地理信息服务，并保障聚合过程的顺利实施。

§8.2　基于语义地理要素检索以及跨领域要素映射的提取方法

8.2.1　“五元”本体模型的多源网络要素服务语义检索

地理要素的语义检索对于地理信息的共享和互操作具有重要意义，它促使程序能够“理解”地理要素以及要素之间的关系，使得要素的检索更加智能化。

目前，开放地理空间信息联盟（OGC）标准化的网络要素服务（web feature service，WFS）在数据层面上提供了异构空间数据的共享接口，但仅仅从技术层面实现空间数据的共享和互操作，不能解决空间要素语义层面的互操作（Nebert et al，2004）。例如，当想要以自然语言“五一小学附近的大型超市”检索某个兴趣点的信息，使用当前的 WFS 要素查询接口只能通过硬编码方式、多步骤的空间运算解决，不能识别“小学”“附近”“超市”概念之间的关系，实现不了这种包含语义推理的检索。

本体是实现概念的共享和规范的常用方法，能够实现对象概念在语义层面上的互相理解及通信。目前很多学者利用本体的形式化表达以及逻辑推理方法，试图解决要素的语义检索问题。黄茂军等人（2005）提出了一种空间对象拓扑关系的形式化表达方法。Klien（2006）通过形式化查询本体、要素类型本体、域本体等多本体的方法提取地理要素。但以上研究主要侧重于地理本体的表达，没有涉及如何将空间关系映射到地理本体中以及对象之间关联或者隐含的空间关系推理。Wiegand 等人（2007）提出了一种基于任务的地理要素的语义获取方法，主要是通过形式化任务与地理要素之间的关系，通过推理的方法实现面向应急响应的地理要素检索。然而其研究并没有体现地理要素之间的语义检索。张传荣提出了基于描述逻辑的要素检索方法（Zhang，2010b），但是在其阐述的本体中，要素之间并不映射空间关系，而主要通过父类与子类的逻辑关系推理检索要素，使得基于要素层次的检索缺乏直接的空间关系推理支持，导致要素的推理查询能力较弱。

综合分析，目前利用本体的方法来解决要素语义的检索，主要存在以下三个方面的问题。

（1）缺乏多空间关系的映射方法。已有研究忽视了要素之间的多种空间关系的映射方法研究，而这恰恰是本体空间推理规则的基础，因为在本体的实际文件中，如果不明确存储的空间关系，就无法实施空间推理。

（2）单凭逻辑关系推理不能很好地实现要素的语义检索。逻辑关系是依赖于特殊领域、由专家定义的概念之间的关系，假如用户获取的 WFS 要素层之间缺乏逻辑关系，就需要空间关系推理的支持，并且需要扩展多空间关系的推理规则以及特定应用本体的逻辑规则。

（3）缺少针对逻辑关系和空间关系的联合检索算法和实用的多源 WFS 语义查询接口。目前的 WFS 接口不能实现语义推理查询，已有的研究只给出了逻辑关系查询算法。

针对上述问题，本书提出了要素本体的表达模型以及面向多源 WFS 服务的要素语义检索方法，旨在通过自动构建应用本体，映射多种空间关系（包括拓扑、方位、距离等空间关系）以及扩展要素推理规则来实现要素的空间、逻辑联合推理检索，并用具体的算法、流程详细阐述语义层次的要素检索过程。

1.“五元”要素本体模型

要素的本体表达是实现要素语义检索的关键步骤，用户首先在要素本体层中检索要素的实例，然后转换为 WFS，请求获取地理标记语言（geography markup language，GML）数据。因此，本体模型的表达直接影响要素语义检索的算法，是语义检索的基础。

在要素的本体表达中，需要明确要素类、实例、属性、关系这四种概念之间的关系，同时制定一定的规则约束，才能实现让计算机模拟人类的思维在多个 WFS 中推理检索要素。因此，这里以城市基本要素层城市路网（NetWork）、路网节点（NetJunction）、学校（School）、商业中心（ShoppingMall）、地区（Region）等多个 WFS 要素层为例，以兴趣点（POI）的检索为目标，构建应用本体模型，如图 8-1

所示。在分析应用本体中各种概念之间的关系之后，采用五元组表示要素本体：

$$FeatureOntology=\{WO,\ FO,\ AR,\ SR,\ RC\}$$

WO（WFS ontology）表示 WFS 服务本体的集合，包括 WFS 的实例、属性、用于描述 WFS 的 URL 地址、包含的所有要素层 FeatureLayer 的名称、要素层的范围 BoundingBox、要素层的空间参照 SrsName、要素层的地址 URL。

FO（feature ontology）表示要素本体及其实例、属性集合，该集合用于表达所有要素层中要素之间的本体层次表达，并不包含逻辑关系和空间关系。

AR（attributes relation）表示要素类之间的逻辑关系集合，该集合用于表达所有要素层中要素之间的数据类型关系，例如连接道路 Route 以及站点 Stop 的属性关系"link_stop"，本质上是一种包含关系。

SR（spatial relation）表示要素之间空间关系的集合，该集合用于表达所有要素层中要素之间的多类型空间关系，例如空间关系"Within""North""NearBy"等。

RC（rules collection）表示上述 WFS 本体和要素本体，以及要素和要素本体的规则集合，通过使用这些规则对要素实施语义层面的推理。

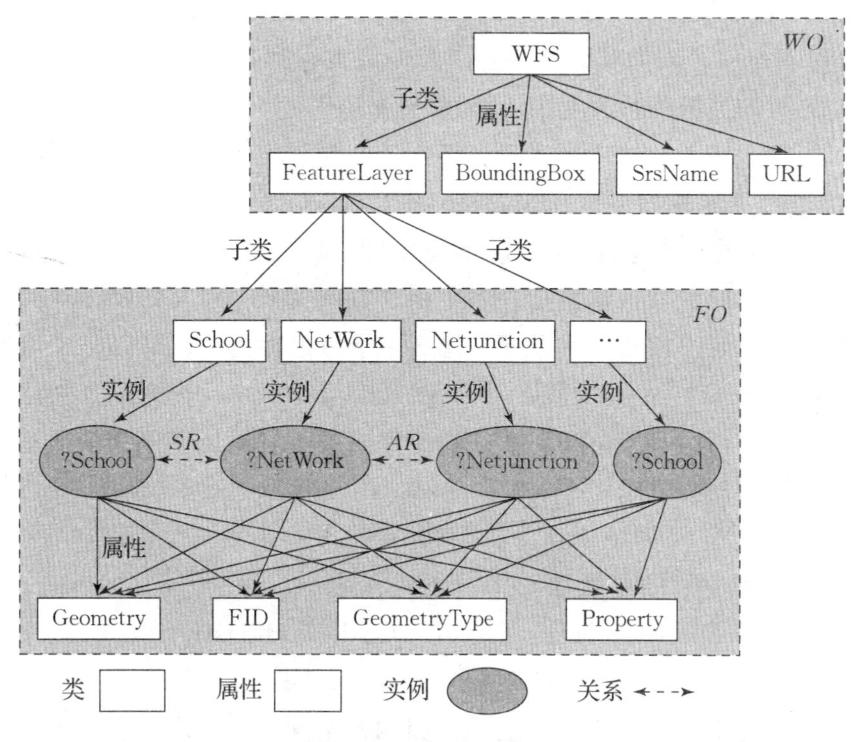

图 8-1　WFS 的本体表达

2."五元"要素本体模型的实现

实现"五元"要素本体模型的过程包括本体的创建、要素关系映射、映射算法和推理规则。

要素本体的创建需要从WFS服务中获取要素，然后映射到本体中。本书以OWL作为本体表达文件。其构建的原则是按照“五元”模型，以WFS的专题层为单位划分单元，并以要素为粒度，将其本体化。如图8-1所示，从多WFS数据源中自动提取要素本体的方法和步骤如下（崔巍，2004）。

（1）创建FeatureLayer类从而构建*WO*本体。通过GetCapabilities请求，获取每一个WFS数据源的元数据，并分别创建FeatureLayer类（要素层的父类）、BoundingBox属性、空间参考SrsName属性、WFS的URL地址属性等。

（2）创建FeatureLayer的子类从而构建*FO*本体。通过GetCapabilities请求，获取每一个WFS数据源每一层Layer的名称，根据Layer的不同名称来创建子类。例如某WFS有两层Layer，一层是学校，一层是购物商场，在前面步骤中已经生成了FeatureLayer类，现在就可以在其下面动态地添加School和ShoppingMall要素类。

（3）创建要素的实例。通过GetFeature请求，获取每一层Layer的要素。

（4）创建要素的属性。根据WFS要素的特征，抽象出四种属性：要素的几何坐标Geometry、要素的ID、要素的几何类型GeometryType、要素的其他属性Property。针对每一个要素实例，将各个属性值映射到各个实例的属性节点上。

要素类之间的逻辑关系表达用于描述特定应用本体之间的逻辑关系，是逻辑推理的依据，依赖于所在领域内专家对应用本体的预先定义。本书通过手工方式为道路层NetWork和交通枢纽层NetJunction添加HasJunction逻辑关系。

要素空间关系的形式化表达用于要素的空间推理，指在本体表达模型OWL中显式地存储要素的空间关系，包括拓扑、距离、方位关系，以及OWL:ObjectProperty对象属性标识。例如“47中学”位于“第3中学”的西南边，可以形式化为“47中学”is_Westsouth_of“第3中学”。本书以兴趣点（POI）的检索为主，主要研究POI与道路、POI与区县的空间关系，因此需将要素之间的空间关系表达局限于点与点、点与线、点与面之间。

（1）点与点的空间关系表达。点与点之间的拓扑关系可由“相等Equal”和“相离Disjoint”表达；方位关系可由以下八种表示，分别是is_North、is_South、is_West、is_East、is_Eastsouth、is_Westsouth、is_Eastnorth和is_Westnorth；距离关系只表达当前点与最近点的关系Nearby。

（2）点与线的空间关系表达，主要存储四种空间关系，即“相离Disjoint”“在内部Within”“包含Contain”和“附近Nearby”。

（3）点与面的空间关系表达。通常意义上的点与面的拓扑关系有四种：在内部Within、包含Contain、外面Outside、在边缘Edge（本书将Edge归入到Within）。

针对上述定义的 POI 与其他类型要素的空间关系，需要采用相应的算法实现空间关系到 OWL 的映射。实际上不可能将地理要素两两之间的关系全部形式化，假如每个要素与其他要素之间的关系都形式化，这会导致效率低下和出现数据冗余，也就没有推理的必要了，因为所有要素的关系都已经明确化。因此，本书只表达当前要素与临近要素的空间关系。需要指出的是，“临近”指在距离上并且四方向邻域最近，当前要素与其他要素的空间关系通过扩展的空间规则推导出来，以满足要素的语义检索需要。具体算法如下。

（1）输入先前构建好的 OWL 本体文件（之前已将要素实例化，并且已将其空间和逻辑关系作为 OWL:dataproperty 节点属性构建完成）。

（2）遍历每个要素实例节点（OWL:Individual），同时设当前节点为 F，以当前节点 F 为种子，计算 F 与剩余所有节点的空间关系。

如果当前要素实例 F、下一个要素 F' 的类型都为 Point，那么比较 F 和 F' 在东南、西南、西北、东北方向上的方位关系，并存储这四个方向上最近距离点的方位关系；如果 F 与 F' 的坐标不同，设置其拓扑关系为 Disjoint，并存储离 F 最近的 F' 的距离关系 Nearby（见图 8-2）。

如果当前要素实例 F 的类型为 Point，F' 的类型为 Line，计算 F 是否在 F' 中，并且计算 F 与 F' 的距离。如果 F 在 F' 中，设置其拓扑关系为 Within，并存储离 F 最近的 F' 的距离关系 Nearby；同样，如果 F 与 F' 的类型相反，并且 F' 在 F 中，设置其拓扑关系为 Contain(见图 8-3)。

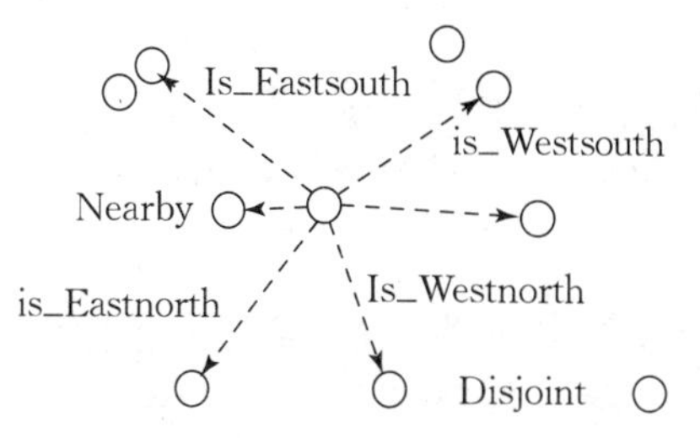

图 8-2　点与点的空间关系

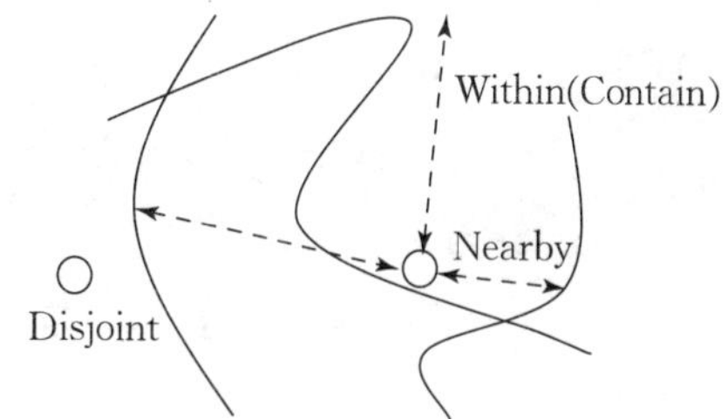

图 8-3　点与线的空间关系

如果当前要素实例 F 的类型为 Point，F' 的类型为 Polygon，计算 F 是否在 F' 中，如果 F 在 F' 中，设置其拓扑关系为 Within；同样，如果 F 与 F' 的类型相反，并且 F' 在 F 中，设置其拓扑关系为 Contain（见图 8-4）。

通过上述算法，可存储部分要素实例之间的空间关系，图 8-5 为某个要素与其他要素之间的部分空间关系表达实例。而要素与要素之间的关系以及隐含的空间关系，则需要用扩展的描述逻辑推理得出。

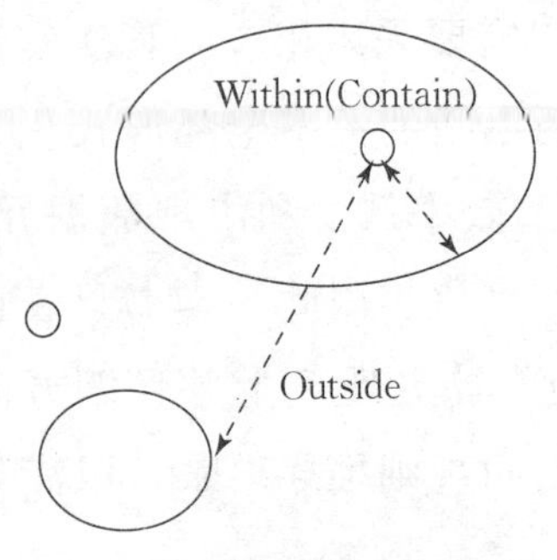

图 8-4　点与面的空间关系

```
<owl:Thing rdf:about="#海星超市">
    <rdf:type rdf:resource="#place"/>
    <Geometry rdf:datatype="@xsd:double">
        4012.76472,2469.41115</Geometry>
    <GeometryType rdf:datatype="@xsd:string">
        Point</GeometryType>
    <srsName rdf:datatype="@xsd:string">
        epsg:4326</srsName>
    <is_westSouth_of rdf:resource="#世纪金花"/>
    <is_eastNorth_of rdf:resource="#唐城大厦"/>
    <is_westNorth_of rdf:resource="#秋林公司"/>
</owl:Thing>
```

图 8-5　空间关系形式化表达实例

OWL 通过 Description Logic（Baader，2003）推理概念之间的语义关系，但是并不适合特定应用本体的逻辑关系推理，甚至不适合空间关系的推理。根据前面提出的要素本体模型，编写推理规则 RC，包含逻辑关系和空间关系。例如，对于空间关系而言，“海星超市 Within 金水区”“金水区 Within 郑州”之后，可以通过推理规则推知隐含的空间关系“海星超市 Within 郑州”；对于逻辑关系而言，“道路网 HasJunction 交通枢纽”可以通过逻辑规则推知道路网和交通枢纽的从属关系，实现道路网和交通枢纽的关联检索。基于 OWL 文件定义三元组（Klyne et al，2004）的推理规则如下。

定义 1：? 为变量标识，没有 ? 的三元组节点为常量，(?a, r, ?b) 为三元组的主谓宾结构，-> 为向前推理符号。

应用本体逻辑推理规则包括 *WO* 的范围推理规则和 *FO* 的关联推理规则。

WO 的范围推理规则根据 WFS 本体的 BoundingBox 条件，推理检索要素。

规则为

```
Rule1:(?WFS BoundingBox c(minx,miny,maxx,maxy))->(?Feature rdf:type?WFS.FeatureLayer.filter(Feature.minx>c.minx&&Feature.miny>c.miny&&Feature.maxx<c.maxy&&Feature.maxy<c.maxy))
```

FO 的关联推理规则根据要素类之间的逻辑关系和属性，检索要素实例。

规则为

```
Rule2:(?networkhasJunction ? netjunction) ->(?network rdf:typeNetWork. ?netjunctionrdf:typeNetJunction. ?network Geometry ?Geometry1. ?netjunction Geometry ?Geometry2.filter(Geometry1= Geometry2))
```

空间关系推理规则包括互反空间关系规则、传递空间关系规则、对称空间关系规则。

互反空间关系规则表示某两个要素空间关系的对立特征，包括 is_EastSouth 与 is_Westnorth、is_Westsouth 与 is_Eastnorth、is_East 与 is_West、is_North 与 is_South、Within 与 Contain。

例如：

Rule3:(?a Within ?b)−>(?b contain ?a)

传递空间关系规则表示三个要素空间关系的传递特征，包括 is_Eastsouth、is_Westnorth、is_Westsouth、is_Eastnorth、Contain、Within、Equal、Nearby。

例如：

Rule4:(?a contain ?b)(?b contain ?c)−>(?a contain ?c)

对称空间关系规则表示两个要素之间的对立空间关系特征，包括 Disjoint、Cross、Uncross、Connect、Disconnect、Equal、Outside。

例如：

Rule5:(?a disjoint ?b)−>(?b disjoint ?a)

3. 基于联合推理规则约束的要素语义检索

主要方法是设计 SPARQL 查询接口、相似度匹配、联合规则约束过滤。

（1）利用 SPARQL 语言设计查询接口，实现利用自然语言对本体的查询。

（2）相似度匹配即计算要素类、实例、属性之间的相似度，这是对要素进行语义检索的基础。在张传荣提出的相似度方法 (Zhang et al，2007，2010) 基础上添加要素实例以及实例的几何坐标属性。相似度公式见式（8-1）。

$$S(F,F')=ST(T,T')\cdot WT+SI(I,I')\cdot WI+SP(P,P')\cdot WP+SB(B,B')\cdot WB+SG(G,G')\cdot WG \tag{8-1}$$

式中：$ST(T,T')$ 为两个本体要素类的相似度，$SI(I,I')$ 为实例的相似度，$SP(P,P')$ 为属性相似度，$B(B,B')$ 为范围相似度，$SG(G,G')$ 为要素的几何坐标相似度；WT、WI、WP、WB、WG 为参量的权重，由专家或者用户直接按照需求设定，且其和为 1。

在要素类的相似度计算中，假如 $T\in T'$，即 T 等于 T' 或者 T 是 T' 的子类，则 $ST(T,T')=1$，否则 $ST(T,T')=0$；其他匹配项有相似的计算方法。

（3）联合规则约束过滤。本书引入空间和逻辑关系的规则约束，目的是在要素检索过程中，基于相似度匹配之后，自适应地选取相应的推理规则，采用基于规则的最终相似度计算公式计算最终相似度，规则约束的相似度计算公式见式（8-2）。

$$\left.\begin{aligned}S&=S(F,F')(1+\mu S(RA,RA'))\\S&=S(F,F')(1+\varphi S(SA,SA'))\end{aligned}\right\} \tag{8-2}$$

式中：$S(SA,SA')$ 为空间关系相似度，$S(RA,RA')$ 为逻辑关系相似度，μ 和 φ 分别为空间关系和逻辑关系的影响因子，用于调节规则影响的权重。

以前的研究在要素的检索匹配过程中并不考虑逻辑和空间关系规则，在获取最大的要素相似度之后就将检索结果映射为 WFS 请求，并将服务器端生成的 GML 返回客户端 (Zhang et al，2007，2010；Zhao et al，2008)。本书的算法在其基础上顾及实例、几何要素等多条件要素匹配，并利用自适应推理规则约束筛选要素，具体流程如下。

（1）首先解析用户的自然语言请求，将其转换成 SPARQL（插入引文）语言。

（2）通过相似度匹配方法获取最大相似度的要素实例。

（3）通过逻辑关系和空间关系的自适应算法实现要素的过滤。

（4）将子查询语句转换为 WFS 的规范要素查询接口，为用户提供满足要求的地理要素，以 GML 数据格式返回。具体检索方法如图 8-6 所示。

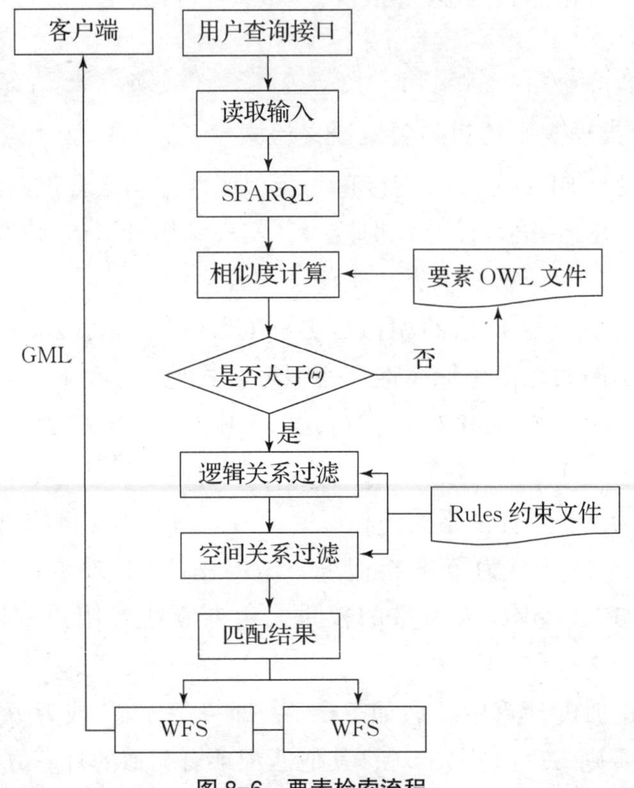

图 8-6　要素检索流程

按前面提出的方法和流程，要素语义检索的算法主要分为三个步骤：首先将所有相关的要素添加到实例集合中，然后在这个实例集合中依据检索条件、相似度计算选取大于设定阈值的要素实例，最后通过规则约束过滤空间关系、逻辑关系，实现最终的要素检索。

这里，为算法定义三组概念，作为检索变量。

定义 1：T 为要素类名称，I 为要素实例名称，P 为要素属性，G 为要素几何坐标，B 为 BoundingBox 范围。

定义 2：要素本体 FO，规则集合 RS，属性对象关系集合 AR，空间关系集合 SR，S 为要素之间的对象关系，包括 AR、SR。

定义 3：$Filter(X, Y, Z)$ 为要素实例的过滤函数，其中 X 为 FO 本体的要素实例，Y 为实例之间的关系，Z 为对应的推理规则 RS。

要素检索的具体算法如下。

从 WO 以及 FO 本体中匹配要素实例

输入：检索条件 $Q(T', I', P', G', B')$

输出：要素实例集合 FO_Collection2

```
Initialize FO = empty set, WS = empty set
for each FO′ ∈ FO
if Q.T′ ∈ FO′.T ∩ Q.I′ ∈ FO′.I Q.P′ ∈ FO′.P ∩ Q.G′ ∈ FO′.G ∩ Q.B′ ∈ WS′.B
add FO′ to FO_Collection2.
```

最大相似度计算

输入：要素实例集合 FO_Collection2、阈值 Θ、检索条件 $Q(T', I', P', G', B')$

输出：要素实例集合 FO_Collection3

```
for each FO′ ∈ FO_Collection2
if S(Q, FO′) = ST(T, T′) * WT + SI(I, I′) * WI + SP(P, P′) * WP + SB(B, B′) * WB + SG(G,
G′) * WG > Θ
add FO′ to FO_Collection3.
```

根据要素的对象关系进一步过滤要素实例。

输入：检索条件 Q(FO_Collection3, AR, SR)

输出：要素实例 FO_Collection4

```
Initialize FO′ = empty set, S′= empty set
for each FO′ ∈ Q.FO_Collection3
  if S′ ∈ SR
      Filter(FO′,SR,RS)
      if S(Q, FO′)(1+ μS(RA, RA′))>Θ
      add FO′ to FO_Collection4
else if S′ ∈ AR
      Filter(FO′,AR,RS)
  if S(Q, FO′)(1+ φS(SA, SA′))>Θ
      add FO′ to FO_Collection4
```

8.2.2 跨领域本体驱动的要素语义映射

同一领域的本体要素易于互操作，而异构域本体支撑下的本体要素互操作则相对困难许多。长期以来，异构空间数据如军用数字海图和地形图都沿用本领域内的公共要素分类标准，导致不同的专题部门对于同地区、同类型要素的分类规范方法各不相同，造成地理要素概念上的语义异构，这些问题就给跨领域专题部门之间的地理信息互操作带来极大的不便（吴孟泉 等，2007）。

目前，采用语义方法建立异构空间数据之间的映射，是现阶段空间数据共享和互操作的重要课题（崔巍，2004），这包含两个关键步骤：地理本体的构建和地理要素的本体映射。在地理本体的构建过程中，需要明确形式化地理要素的概念，告诉计算机“表达的是什么”，即数据语义。例如 Torres 等人（2011）提出的地理域本体的概念化方法，李霖等人(2006)提出的形式化基础地理要素等。然而，上述研究主要侧重于同一领域内的异构数据集成。跨领域异构数据的集成不仅涉及不同领域内共享概念的语义异构，同时涉及来源于不同应用专题图层的要素实例的语义异构，其集成方法既应该考虑不同的域本体的概念相似度，也要考虑地理要素的实例相似度，需要将这两个方面的因素结合起来处理。其集成的结果需要达到要素层次上的本体统一。

1．本体映射思路

跨领域的地理要素之间（以海图要素和地形图要素为例）存在诸多的差异，如编码、名称、属性以及分类体系等，主要是各个专业领域对同一对象的认知、应用不同造成的（郭黎 等，2002）。例如：地形图里面的“水库”要素，在海图标准里面并不存在，而是将其等同于“湖泊”要素；“水库”对应地形图的实例名称为“赤坎水库”，对应海图则可能为“chikan”，并且其分类编码遵循不同的标准，分别为“51300”“240000”。这一问题归结为同一地理要素在不同域本体的概念异构和实例异构。克服地理要素跨域的概念异构以及实例异构，首先需要构建域本体概念树，从域层次建立跨域概念的语义表达及其映射关系，实现跨域的概念统一（Agarwal，2005），然后为应用本体提供共享词汇（来自于概念树）以构建要素实例。因此，跨领域地理要素语义映射必须基于统一的共享词汇库，其语义映射才有可比性。海图和地形图的地理要素集成思路如图 8-7 所示，主要分为以下三个步骤。

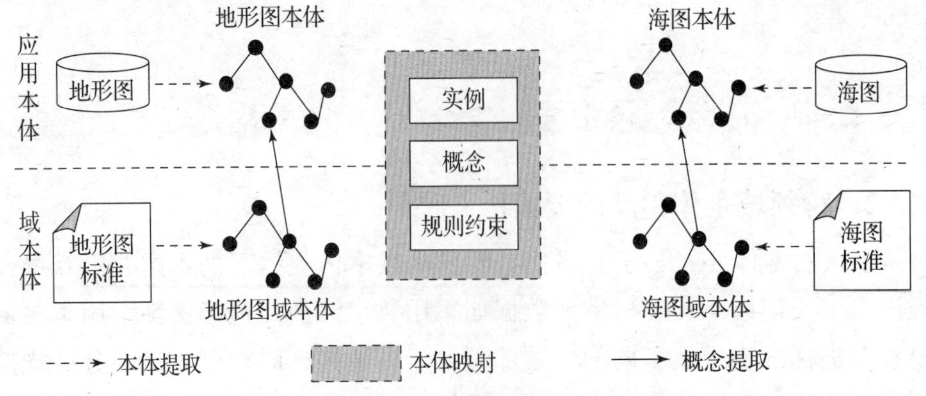

图 8-7　域本体支持的异构空间数据集成模型

（1）从海图和地形图领域内的标准中提取共享词汇，建立概念树，构建域本体。

（2）应用本体从具体的海图和地形图数据文件中提取，并且其概念来自于域本体的共享词汇库，即“概念提取”。

（3）从概念和实例两个层面对海图和地形图的要素实施语义映射。

2. 域本体支持的海图和地形图的本体构建

海图和地形图域本体的语义表达主要来自于各个专家领域制定的基础地理信息分类标准。李霖等人（2006）将地理概念语义定义为：$G_c=(c, \{A\})$，其中 A 为概念的属性。本书提出的要素概念由分类名称表示，概念的属性由分类编码表示，且由海图和地形图的标准提供。对于域本体的构建，仍然需要依赖专家系统，并通过手工的方式建立，如图 8-8 所示。

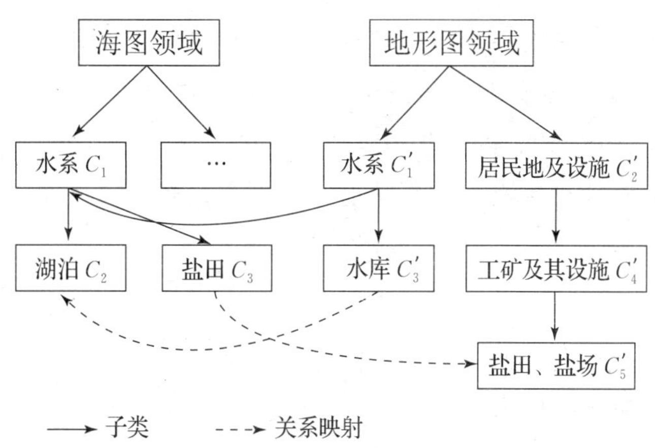

图 8-8　域本体和地形图域本体的部分概念语义表达

海图概念树中的“水系”子概念“湖泊”和“盐田”在地形图概念树中有不同的语义表达，即使来源于标准，也仍然存在概念异构。对于域本体的概念异构，需要通过人工判别的方式建立概念之间的关系映射。如表 8-2 所示，C_1、C_2 和 C_3 来源于海图概念树，其对应于地形图的概念及其父概念或者子概念为 C_1'、C_2'、C_3'、C_4'、C_5'，其映射规则（以下称规则约束）主要包括 $\equiv$、$\supseteq$、$\subseteq$、$\varnothing$ 这四种类别，并且四种语义关系具有不同优先级，等价关系（$\equiv$）优先级最高，父概念（子概念）关系（$\supseteq$、$\subseteq$）其次，语义不交的语义关系（$\varnothing$）最低。通过规则约束能够实现概念之间的语义映射，快速计算概念之间的相似度。例如，$C_1 \equiv C_1'$ 时，可以认为 C_1 与 C_1' 的概念相似度为 1。

表 8-2　概念关系映射

	C'_1	C'_2	C'_3	C'_4	C'_5
C_1	$\equiv$	$\varnothing$	$\supseteq$	$\varnothing$	$\supseteq$
C_2	$\subseteq$	$\varnothing$	$\equiv$	$\varnothing$	$\varnothing$
C_3	$\subseteq$	$\varnothing$	$\varnothing$	$\varnothing$	$\equiv$

海图和地形图的应用本体来自于具体的空间数据文件，一个地理要素对应一个应用本体实例。应用本体的提取过程分为以下三个步骤。

（1）首先获取某一地理要素的分类编码，然后遍历所在领域（如海图）的概念树。

（2）通过匹配概念的分类编码属性，寻找当前要素的所属概念。

（3）在匹配的概念下，创建要素实例。

本书主要通过概念的编码属性实现应用本体实例和域本体概念的挂接，应用本体的提取过程，实际上是地理要素实例对应于某概念的自动创建过程。

3. 基于规则约束的语义测度和语法测度的语义映射

前面分别为海图和地形图创建了地理要素的本体概念、概念规则约束以及实例，这样就可以实施地理要素的语义映射了。设存在海图的地理要素 e_1、地形图的地理要素 e_2，将 e_1 到 e_2 的本体映射函数形式化定义为

$$f = Map(e_1, e_2) = Map(\{RC_1 \cap RC_2\}, \{I_1 \cap I_2\})$$

式中：C_1、C_2 为要素的概念；R 为概念之间的规则约束，来源于域本体；I_1、I_2 为要素的实例，来源于应用本体。

在系统分别构建完成海图和地形图的应用本体之后，调用本体映射算法，对应用本体中的所有地理要素实施相似度计算，寻找海图和地形图中每一个地理要素的最相似概念，并实现最相似要素关联，如图 8-9 所示。

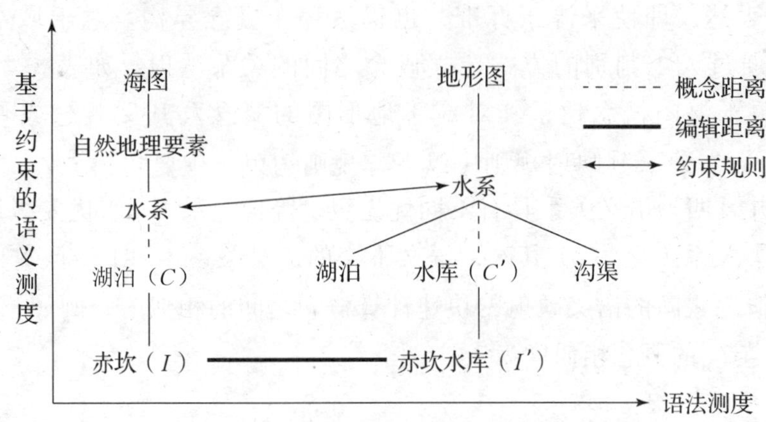

图 8-9　基于本体的相似要素关联

要对海图和地形图的地理要素进行语义映射，就要计算要素之间的邻近度。如图 8-9 所示，将地理要素的邻近度分解为语义测度方法和语法测度方法两个向量。地理要素的概念都来自于概念树，具有域本体的支持，如概念 C、C'，因此可以采用语义测度的方法。而地理要素的实例往往具有特殊性，如实例 I、I'，无法从语义上实施映射，因此，针对地理要素的实例，采用语法测度的方法计算相似度。

在语义测度的度量中，利用知网词库能够实施汉语词汇的相似度计算（刘群 等，2002），但是知网词库并不针对地学领域，无法全部收录具有地学特征的特殊词汇，而海图和地形图的域本体提供了地学领域的通用概念树，可以弥补知网词库领域相关性的不足。因此，考虑在知网的基础上，结合海图和地形图的概念树，利用两个概念在概念树中的语义距离计算相似度。两个概念的综合相似度计算公式定义为

$$Sim(C,C')=\frac{\alpha\lambda}{Depth(C,C')+\lambda}+(1-\alpha)HowNetSim(C,C') \tag{8-3}$$

式中：$\frac{\alpha\lambda}{Depth(C,C')+\lambda}$为基于语义距离的概念相似度；$Depth(C, C')$ 为概念 C 和 C' 的语义距离，由计算连接这两个概念的最短路径通路所跨的边数获取，如图 8-9 中的“概念距离”，并且受到约束规则的限制，采用不同的约束规则，语义深度的计算方法会有所变化；λ 为控制概念深度的参数，$0<\lambda<1$；$HowNetSim(C, C')$ 为知网相似度；α 为调节知网相似度和基于语义距离的概念相似度的权重参数，$0<\alpha<1$。

语义测度的最相似概念满足

$$Sim(C, C')=\max(Sim(C, C'))$$

考虑到算法的效率，采用编辑距离的方法计算地理要素的实例相似度。其相似度定义为

$$Sim(I, I')=1-d(I, I')/\max(length(I), length(I')) \tag{8-4}$$

式中：$d(I, I')$ 为两个实例 I、I' 之间的编辑距离，$length(\,)$ 为字符串长度函数。

本算法顾及概念的规则约束，结合多种方法实施地理要素的语义映射。具体算法流程如图 8-10 所示。

（1）首先建立海图和地形图域本体，并且在域本体的概念下创建对应的实例。

（2）通过本体提出的映射算法，在知网（HowNet）的支持下，采用规则约束以及概念距离的方法计算概念相似度，并且采用编辑距离的方法计算实例相似度(Dong et al，2000)。

（3）选取每对地理要素的最大相似度，如果大于给定的阈值 Θ，则认为这一对地理要素最相近，并建立映射关系（等价）。

（4）对不符合条件的要素映射进行专家纠正。

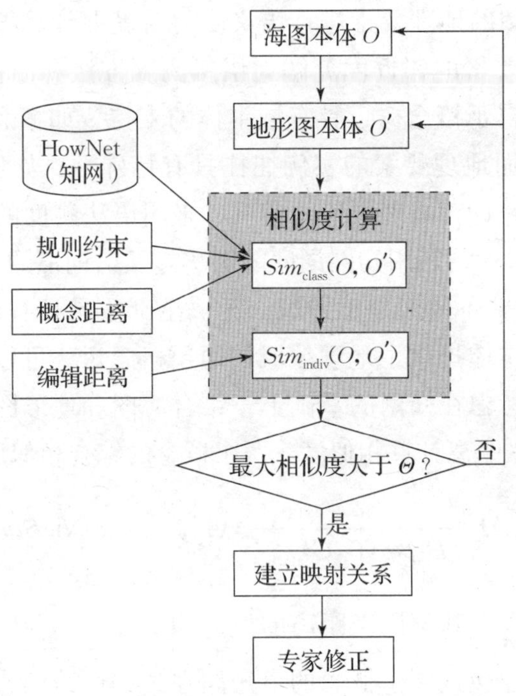

图 8-10　语义映射流程

定义海图本体 $O=\{I_1, I_2, \dots, I_n\}\cup\{C_1, C_2, \dots, C_n\}$ 和地形图本体 $O'=\{I_1', I_2', \dots, I_n'\}\cup\{C_1', C_2', \dots, C_n'\}$，建立基于概念、实例 $\langle C, I\rangle$ 两个层面的相似度匹配项，为其分配权重向量 $W\{W_C, W_I\}$，其中 $W_C+W_I=1$，且 $W_C>W_I$。在本体相似度计算的实际情况中，动态地调整权重的大小，直到相似度计算的结果满足用户要求。

遍历海图本体 O，获取当前实例 I_1 及其概念 C_2。

遍历海图本体 O'，根据规则 R 的四种类别 $\equiv$、$\supseteq$、$\subseteq$、$\varnothing$ 分为四种情况计算要素的相似度。

（1）当 $C_2\equiv C_2'$，即地形图概念集合 $\{C_n'\}$ 中存在与 C_2 相同的概念 C_2' 时，C_2 和 C_2' 的概念距离 $Depth(C_2, C_2')=0$，调用式（8-3），得出概念相似度为

$$Sim(C_2, C_2')=\frac{\alpha\lambda}{0+\lambda}+(1-\alpha)HowNetSim(C_2, C_2')$$

寻找 C_2' 的实例，如果存在，遍历实例列表，调用编辑距离公式（8-4）计算实例相似度，获取实例的最大相似度 $Sim(I, I_i')=\max(Sim(I, I_i'))$。如图 8-11 所示，$C_2\equiv C_2'$，假设 I_1 与 I_1' 最相似，则综合相似度为

$$S=W_C\,Sim(C_2, C_2')+W_I\,Sim(I_1, I_1')$$

（2）当 $C_2\neq C_2'$，且 $C_2\subseteq C_1$，$C_1\equiv C_1'$，即地形图概念集合 $\{C_n'\}$ 中不存在与 C_2 相同的概念，但是其父类 C_1 存在相同的概念 C_1'，此时 C_1 和 C_1' 可以看成一个根节点，C_2 和 C_2' 的语义距离由各自到父节点的语义深度之和得出，如图 8-12 所示，

深度距离 $Depth(C_2, C_2')=2$。调用式（8-3），得出概念相似度为

$$Sim(C_2,C_2') = \frac{\alpha\lambda}{2+\lambda}+(1-\alpha)HowNetSim(C_2,C_2')$$

然后遍历地形图节点C_2'的所有子概念，分别计算子概念的实例的最大相似度

$$Sim(I_1, I_i') = \max(Sim(I, I_i'))$$

综合相似度与情况（1）类似。

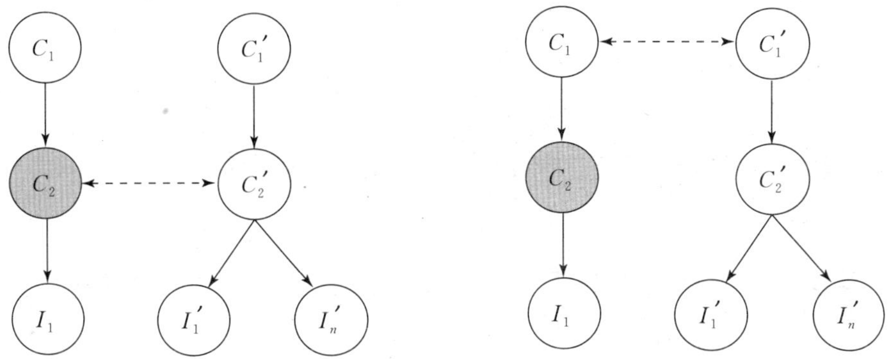

图 8-11　当前概念 C_2 存在等价的概念C_2'　　**图 8-12　当前概念 C_2 的父类 C_1 存在等价概念 C_1'**

（3）当 $C_2 \neq C_2'$，且 $C_2 \supseteq C_1$，$C_1 \equiv C_1'$，即地形图概念集合｛C_n'｝中不存在与 C_2 相同的概念，但是其子类 C_1 存在相同的概念C_2'，如图 8-13 所示。此时，C_1 和C_1' 也可以看成一个根节点，C_2 和C_2' 的语义距离由各自到等价的父节点 C_1 和C_1' 的语义深度之和得出。但是在实际情况中，一个概念跟它祖先相比的相似程度高于其祖先与它相比的相似程度（赵巾帼，2008），也就是说 $Depth(C_2, C_1)\geqslant Depth(C_2', C_1')$。因此，$Depth(C_2, C_2')$可以量化为 $K_1\times1+K_2\times1$，且 $K_1\geqslant K_2$。那么 C_2 和C_2' 的概念相似度为

$$Sim(C_2,C_2') = \frac{\alpha\lambda}{K_1+K_2+\lambda}+(1-\alpha)HowNetSim(C_2,C_2')$$

实例相似度和综合相似度类似情况（1）。

（4）当 $C_2 \neq C_2'$，并且其子类和父类都没有相交，即地形图概念集合｛C_n'｝中不存在与 C_2 相同的概念，也不存在与 C_2 父类或者子类相同的概念，如图 8-14 所示。那么语义距离在海图和地形图概念树中无法度量，即 $Depth(C_2', C_1')=\infty$，因此概念相似度由知网相似度计算得出

$$Sim(C_2', C_2')=HowNetSim(C_2', C_2')$$

综合相似度与情况（1）相同。

如果综合相似度 $S = W_C Sim(C_i, C_i') + W_I Sim(I_i, I_i') \geqslant \Theta$，则认为当前海

图和地形图的元素最相似，并建立海图与地形图元素的映射关系。

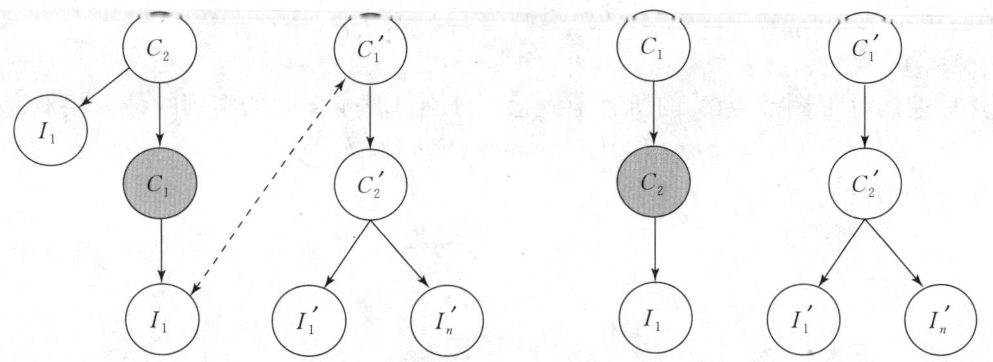

图 8-13　当前概念 C_2 的子类 C_1 存在等价的概念 C_1'　　图 8-14　当前概念 C_2 不存在有关系的概念 C_2'

§8.3　规则约束的地理信息服务及要素的语义聚合

8.3.1　规则约束的地理信息服务与要素的语义聚合模型

构建工作流可执行的动态地理信息服务链，需要解决地理信息服务和要素的动态选择机制、基于规则的服务链设计与实现、工作流引擎合理的调度地理信息服务、地理信息服务到 BPEL 的映射四个核心模块，如图 8-15 所示。

1. 地理信息服务和要素的动态选择机制

即服务、要素的动态发现模块允许用户以“拖拽”的方法从服务类别本体中选取“服务发现代理”(实际上也是用户查询的形式化描述)，用户可以给每个服务发现代理指定服务参数，系统根据地理信息服务特征自动查找地理信息服务注册中心，并且返回符合用户要求的地理信息服务列表，并自动选取相似度最大的服务。根据用户的请求检索得到地理信息服务之后，对多源的地理信息服务进行要素的语义检索。系统根据用户的要素请求，从 OWL-S 的本体文件中找出对应的服务地址，并将服务映射为上述文章提出的五元本体要素模型构建要素语义层，从中找出要素本体实例，最终访问数据服务，返回最符合用户要求的地理要素，如图 8-15 所示的“发现”。

2. 基于规则的服务链设计与实现

即制定服务以及要素的聚合规则以及实现在规则约束下的服务链算法。地理信息服务以及地理要素的聚合不仅仅需要实现地理信息服务以及要素的正确匹配，还要从匹配出来的服务和要素列表中选择最优资源，同时需要顾及聚合过程中服务功能的逻辑顺序以及聚合过程中的上下文类型约束条件，只有保障服务执行的逻辑顺序正确、上下位的服务参数一致，才能保障服务聚合的正确实施。

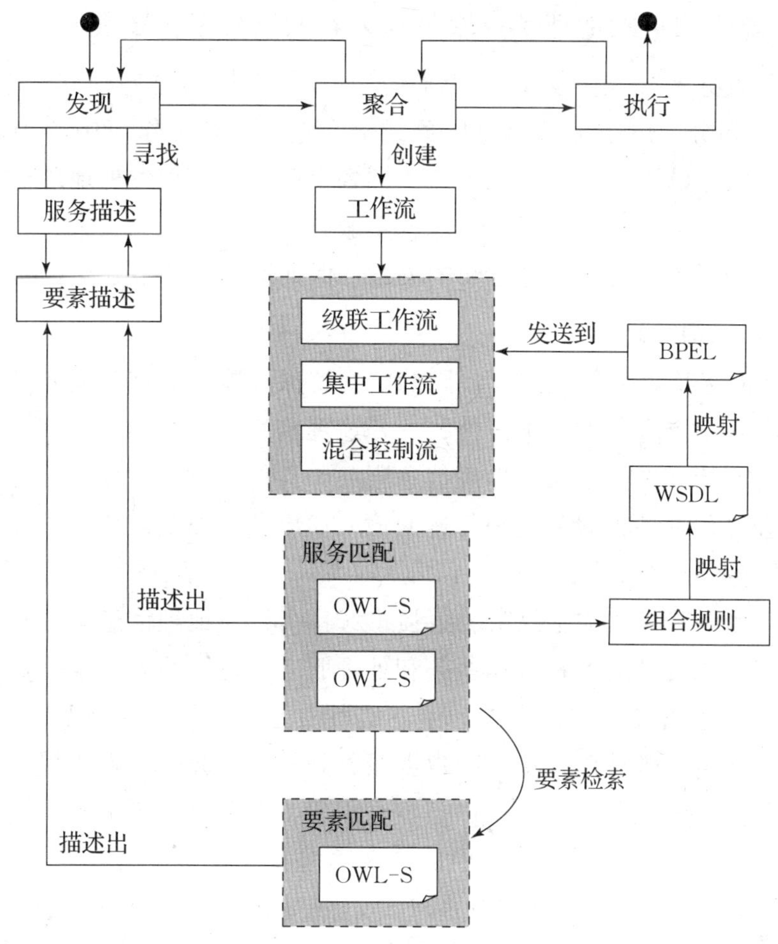

图 8-15　基于语义的地理信息服务和地理要素的聚合模型

3. 工作流引擎合理的地理信息服务调度

地理信息服务不同于一般的 Web 信息服务，需要在线获取或者处理大量的地理数据，复杂的算法和庞大的数据量将使地理信息的聚合耗费大量的时间，并且在网络上传输高度密集的空间数据同样会给服务聚合效率带来一定的影响。因此，合理的地理信息服务调度策略将提高服务聚合的效率，节省执行服务链的时间。根据地理信息服务的特点，提出 BPEL 驱动服务链的三种调度策略——串行控制、中心控制、混合调度模式。

4. 地理信息服务到 BPEL 的映射

根据服务动态发现模块，用户可以检索到语义相似度最大的地理信息服务，这是动态服务链聚合的第一步。工作流依赖 BPEL 执行用户的业务流程，因此利用工作流引擎执行地理信息服务链，需要将检索到的地理信息服务动态地映射到 BPEL。

8.3.2 规则约束的地理信息服务与要素的语义聚合实现

地理信息服务聚合是由多个地理信息“原子”服务通过各种方式组合起来的，主要包括两个部分：原子地理信息服务的语义选择、在工作流中的控制调度。因此，地理信息服务的聚合并不是简单地找到各个服务，再将各种地理信息服务以及地理要素的集合组装在一起，而是考虑各个服务之间的上下文关系，通过一定的约束规则建立各个服务及要素集合之间的关系，保证地理信息服务聚合的顺利实施。

1. 聚合的规则定义

地理信息服务聚合的过程中，规则的定义是保证地理信息服务能够正确聚合的关键，主要存在两个方面的约束条件，一是地理信息服务的类型约束，主要是基于服务执行的功能特征考虑；二是地理信息服务聚合的上下文约束条件，这类约束条件约定了聚合过程中各种服务之间传递的输入输出参数类型，从服务传递的相互作用效果考虑服务的聚合。

（1）地理信息服务的类型约束。王强（2010）针对地理信息服务的聚合提出了一种规则约束，主要针对的是数据服务和处理服务的逻辑约束。本书在其研究基础上增加了地理要素语义查询接口的类型，实质上是地理要素的类型，如图 8-16 所示。那么，服务聚合既可以是单一的数据服务到处理服务的逻辑流程，也可以是要素到处理服务的逻辑流程，甚至可以是数据服务、地理要素语义检索接口、处理服务的逻辑流程。这里，定义服务链中的空间数据服务以 WFS 为主，则数据服务就是各 WFS 的集合 $WFS=\{WFS_1, WFS_2, \cdots, WFS_n\}$，空间处理服务以 WPS 为主，则处理服务就是各 WPS 的集合 $WPS=\{WPS_1, WPS_2, \cdots, WPS_n\}$，WFS 要素语义检索接口也可以参与地理信息服务的聚合，因为其检索的是要素的集合，因此，WFS 语义查询接口的集合可以定义为 $FC=\{FC_1, FC_2, \cdots, FC_n\}$，其中，$FC$ 为 FeatureCollection。而在服务链聚合的过程中，所有的服务集合可以表示为 $S=\{S_1, S_2, \cdots, S_n\}$。为了约束参与聚合的服务之间的上下文关系，定义上位服务为 P，下位服务为 N。

定义 1：整个服务链中必然存在 WFS（不含其他服务如 WCS），可以形式化为

$$\forall s \in WFS, \exists s \in S$$

定义 2：空间数据服务 WFS 或者地理要素语义获取接口服务总是位于空间处理服务 WPS 的上位节点，可以形式化为

$$\forall N \in WPS \rightarrow P \in WFS \cup P \in FC$$

定义 3：地理要素语义获取接口总是位于空间数据服务的下位节点，整个服务链中可以不必强制要求对 WFS 的要素语义检索，可以形式化为

$$\forall N \in FC \rightarrow P \in WFS$$

定义 4：空间数据服务 WPS 的下位节点必然是空间处理服务 WPS，除非整个服务链结束，可以形式化为

$$\forall P \in S,\ P \in WPS \rightarrow N \in WPS$$

具体的服务类型关系如图 8-16 所示。

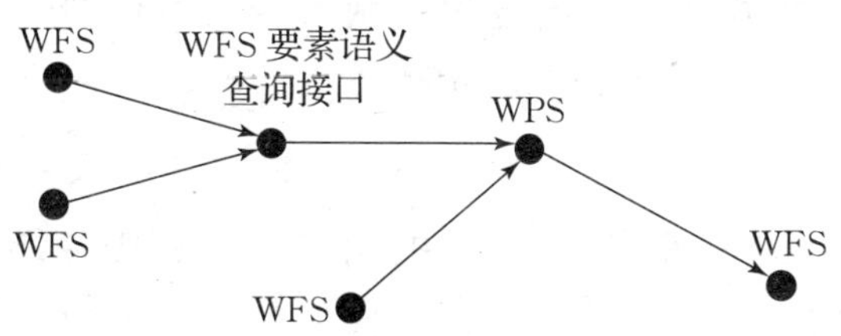

图 8-16　地理信息服务聚合的类型约束

（2）地理信息服务聚合的上下文类型约束。在服务聚合的过程中，后置服务的输入参数类型必须能够接受前置服务提供的输出参数类型。例如，假设存在一个下位服务 Buffer，需要对上位服务 WFS 或者一个 FeatureCollection 进行缓冲区分析。如果上位服务输出参数 GML 不能包含下位服务 Buffer 的输出参数 Polygon，那么服务聚合就会产生错误，造成服务的聚合失败。因此，服务的聚合过程中，如果单纯地匹配服务的实例，简单地对服务实例进行聚合，可能会造成其中某些服务无法处理前置服务输入参数的结果。针对这种情况，对服务之间的上下文输入输出参数类型加以约束。

定义 5：服务聚合过程中，要求参与聚合的上位服务（见图 8-17 中的 Service1），其输出参数等于或者包含于下位服务（见图 8-17 中的 Service2）的输入参数类型。

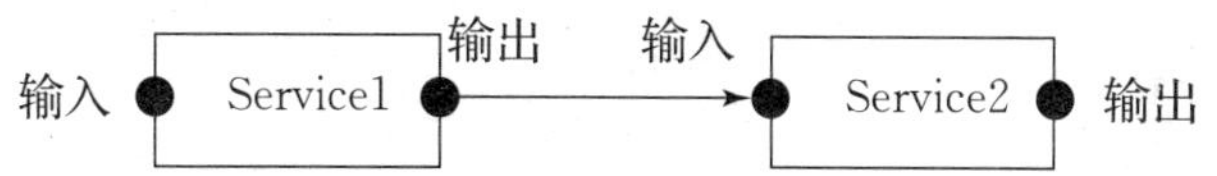

图 8-17　地理信息服务聚合的上下文类型约束

定义 6：服务聚合过程中，要求参与聚合的要素集合（见图 8-18 中的 FeatureCollection），其要素数据类型等于或者包含于下位服务（见图 8-18 中的 Service2）的输入参数类型。

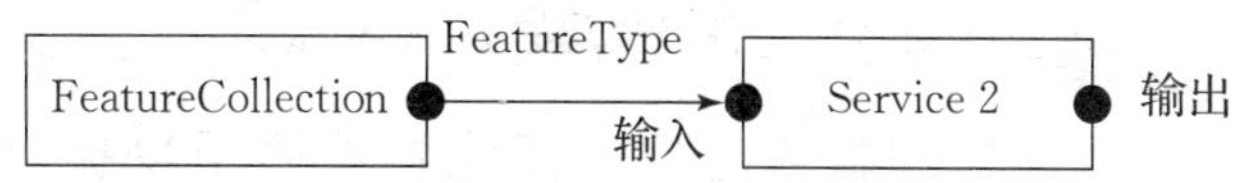

图 8-18　地理要素与服务的上下文类型约束

2. 服务与要素的语义选择

服务和要素的语义选择指用户在给定的服务及要素域本体中，选取或指定原子

级别的服务以及感兴趣的要素概念本体，系统通过服务匹配器动态适配语义匹配算法，选取地理信息服务，并通过地理要素的语义推理检索算法动态地匹配地理要素。该过程包括服务的动态发现和要素的语义推理检索两个环节。

（1）地理信息服务的动态发现。服务匹配器指模拟用户请求服务的过程，通过地理信息服务的多层匹配算法，匹配与用户请求语义最相近的地理信息服务，本质上可以看成是一种服务代理。如图 8-19 所示，将服务链的动态选择通过 UML 序列图来描述：系统将用户的请求封装成 XML 格式，并向服务匹配器提交请求；服务匹配器按照用户提交的请求构建 CSW 的用户请求；服务匹配器从 CSW 服务目录中请求应用本体文件 OWL-S，将用户的请求与应用本体和域本体进行匹配，如果服务能够按照 ServiceType 服务类型进行匹配，则继续构建以服务的输入和输出为条件的用户请求，并采用基于 IO 的服务匹配算法进行服务匹配（彭辉 等，2009），假设服务 IO 匹配有效，则继续构建以服务输入和输出的前置条件和效果为条件的用户请求，并调用基于规则约束的前置条件和效果的匹配算法进行服务匹配，最后将服务匹配的结构返回给客户端。

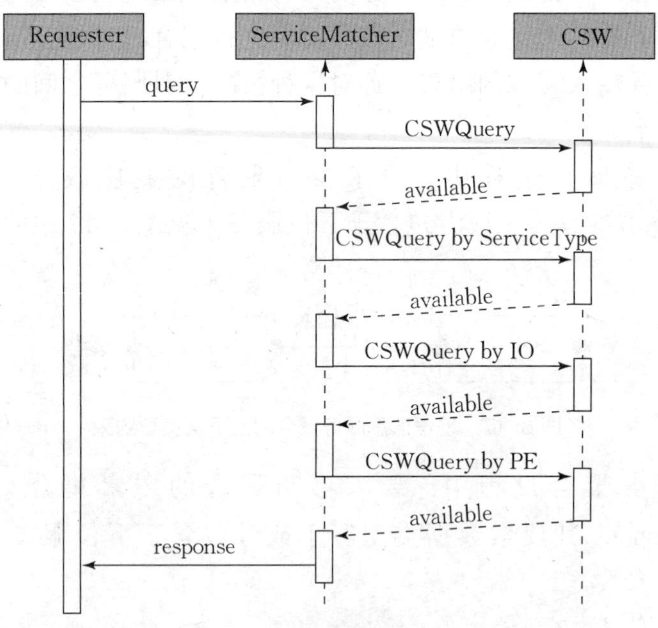

图 8-19　服务发现的 UML 序列

（2）地理要素的语义推理检索。要素匹配器按照用户提交的要素请求构建 CSW 目录查询。要素匹配器从 CSW 服务目录中请求空间数据服务，如果服务类别为 WFS，即表示当前发现的服务为地理要素服务，寻找服务的 OWL-S 本体文件。如图 8-20 所示，如果当前的 WFS 本体文件有效，按照要素语义推理检索算法以及映射提取方法，将用户的要素请求与应用本体文件中的要素本体进行一一匹配，最后将要素匹配的结果返回给客户端。

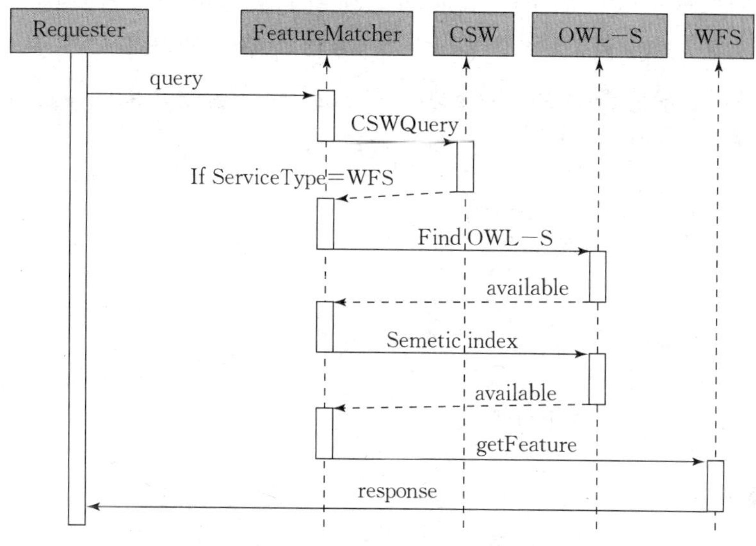

图 8-20　从已发现的 WFS 服务中检索提取要素的 UML 序列

3. 基于规则约束的聚合算法

如图 8-21 所示，地理信息服务聚合的方法主要是在上述地理信息服务以及地理要素动态选择的基础之上，按照本文提出的基于服务类型以及上下文参数类型的约束条件之下对地理信息服务进行组合。其方法为：首先将"服务发现代理"（用户查询条件的形式化）与注册中心的地理信息服务实例进行匹配，按照相似度选取相似度最大的服务实例，如果用户需要从数据服务中对要素进行语义检索，则选取最优的要素集合，将选取的服务实例和要素实例按照规则进行约束，不符合约束条件的通知用户，如果符合条件，则进一步实施聚合。

具体算法描述如下。

（1）单个地理信息服务模板的读取。单个地理信息服务模板也就是用户通过拖拽的方法从服务类别中找出的抽象的服务，这是服务匹配的基础，也可以理解为用户的查询服务本体。

（2）单个地理信息服务的匹配。用户从服务的分类表中找到参与聚合的单个"服务发现代理"后，将它匹配注册中心中的服务实例，发现算法按照服务的相似度对查找到的服务进行相似度排序，并且选取大于某一个阈值的服务列表，如果选取的服务都小于用户给定的阈值，则表明系统中没有符合用户需求的服务，此时直接跳出算法，服务聚合失败。

（3）单个最优服务选取。从用户匹配出来的大于某个相似度阈值的服务列表中选取相似度最大的服务，作为当前参与服务聚合的种子服务，并且将这一服务从列表中删除，以后的服务聚合中不再重复使用这一服务。

（4）假设相似度最大的服务选取成功，利用上文提出的聚合规则判断地理信息服务的类别是否符合聚合的要求。例如，假设聚合服务的叶子节点为 WFS 服务类型，则判断后置服务是否为 WPS 处理服务，或者是否是 FeatureType 要素类型。如果不符合规则要求则跳出算法，聚合失败。

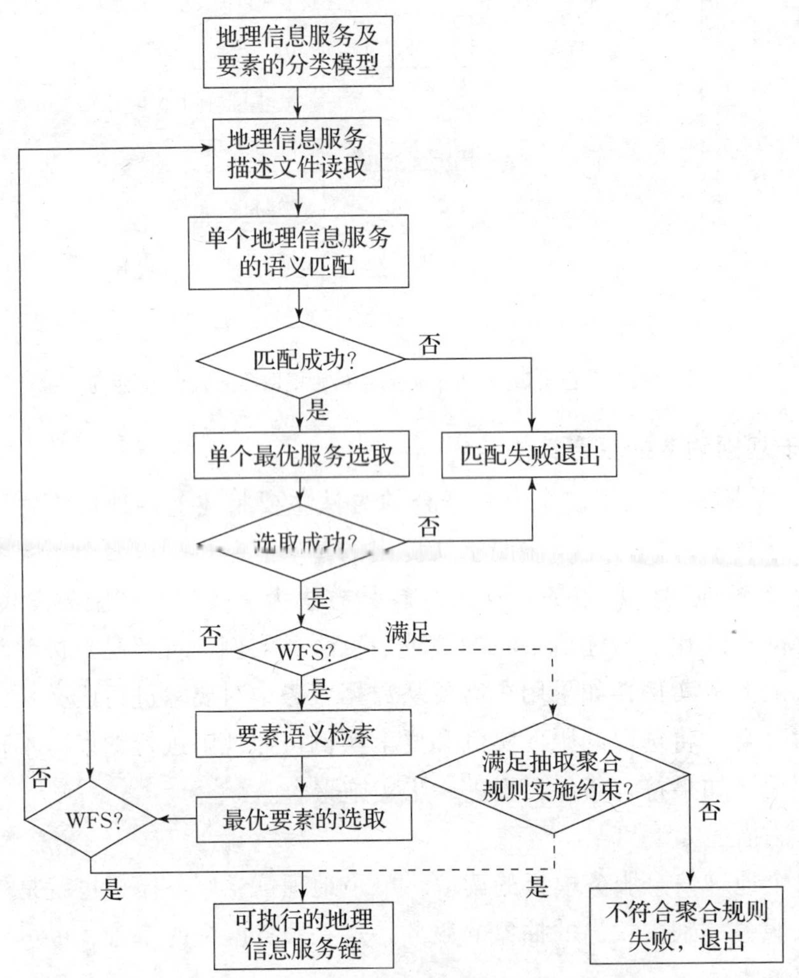

图 8-21　基于本体的地理信息服务和地理要素的聚合模型

（5）如果用户需要从已经选择的数据服务 WFS 中通过语义接口检索地理要素，那么利用算法调用 WFS 服务的描述文件，从中检索要素，获取要素集合。

（6）上下文服务类型约束。当采用约束规则判断出当前参与聚合的节点服务类型为 WPS 服务类型，则判断当前的 WPS 服务的输入参数类型是否包含前置服务或者要素集合的类型，如果当前的 WPS 服务输入参数能够接受前置服务的参数类型，继续下一步，否则跳出算法，聚合失败。

（7）形成可执行的服务链。根据服务链实例之间的链接关系，将各个原子服务的实例服务组合起来，形成可供工作流执行的地理信息服务链，本书采用 BPEL 工作流执行地理信息服务链。

4. 基于规则约束的聚合实现

地理信息服务与要素的聚合主要分为三个部分：对单个地理信息服务的语义选择（匹配）、从已经选择的数据服务 WFS 中匹配用户需要的地理要素、按照约束规则对服务的类型以及上下文参数类型进行聚合约束。其伪代码如下。

（1）单个地理信息服务的语义选择（匹配）。

输入：OWL−S FromebRIM 获取服务的实例本体、ServicesType（用户指定的抽象服务类型）、DataType（用户指定的输入输出参数类型）、Order and SpatialRelation（用户指定的空间关系以及参数序列）、初始化服务集合 $\boldsymbol{S}=\{S_1, S_2, \cdots, S_n\}$。

```
for each OWL-Sin Service Composition
{
   Math a S.ServicesType with OWL-S.ServicesType   /* 匹配服务类别 */
   Math a S.DataTypewith OWL-S.DataType            /* 匹配服务输入输出 */
   Math a S.Order and S.SpatialRelation with OWL-S.Order and
      OWL-S.SpatialRelation                        /* 匹配服务前提和效果 */
}
```

输出：服务实例 S。

（2）从已经选择的数据服务 WFS 中匹配用户需要的地理要素。

输入：用户查询条件 q、WFS_OWL−S FromebRIM、获取的 WFS 实例本体域本体。

```
for each Feature in WFS_OWL-S
{
   Match Feature with q.Feature
}
```

输出：FeatureCollection 和 FeatureType。

（3）按照约束规则对服务的类型以及上下文参数类型进行聚合约束。

输入：服务实例 S、FeatureCollection 和 FeatureType。

```
Match_(output, input)
{
   If Spre.Type is WPS and Snext.Typeis WFS
   Return false
   If Spre.Output is Exact or plugin Snext.Input
   Return true
}
```

通过聚合的约束规则，既能够保证参与聚合的地理信息服务以及要素能够对应具体的实例，又能够保证服务和要素的实例满足用户设计的聚合要求。

§8.4 地理信息服务聚合实现

8.4.1 本体注册

本体注册模块主要分为域本体注册和应用本体注册两个部分。

域本体注册指面向专家提供地理空间领域本体，是地理信息服务和地理要素语义检索的最基础也是最关键的部分。如图 8-22 所示，系统根据专家通过 Protégé OWL 编辑工具将构建好的本体文件 *.OWL 通过上传接口保存至服务器。这里的本体类别主要包括 GeoServiceType、DataType 以及地理要素的典型应用海图本体和地形图本体。

应用本体注册主要指地理信息服务本体（地理要素本体通过系统内存构建，不需要注册）。如图 8-23 所示，在进入应用本体注册界面之后，系统首先提供两棵域本体树。一棵为服务类型本体树，提供服务类别的语义分类，另一棵为数据类型本体树，为地理信息服务的输入输出参数以及前提条件和效果参数。用户可以根据左右本体概念对应用服务进行描述，使用方法是直接将左右树节点拖拽到相应的参数列表中。

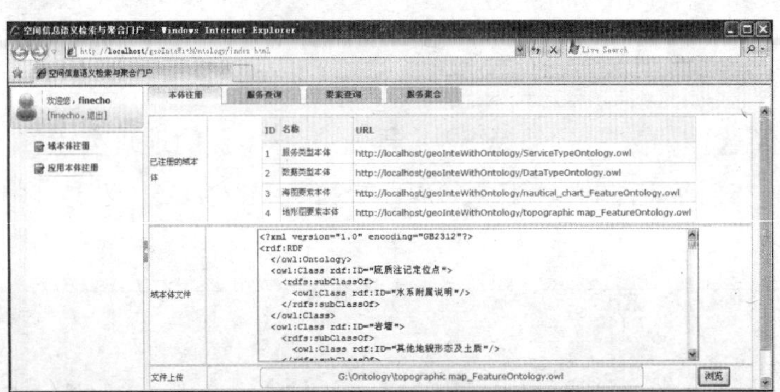

图 8-22 域本体注册

图 8-23 应用本体注册

8.4.2　语义检索

系统客户端提供针对地理信息服务和地理要素的检索界面。

（1）地理信息服务的语义检索。如图 8-24 所示，服务的语义检索主要基于服务的特征参量，包括服务的类别、输入输出参数类型以及前提效果等。

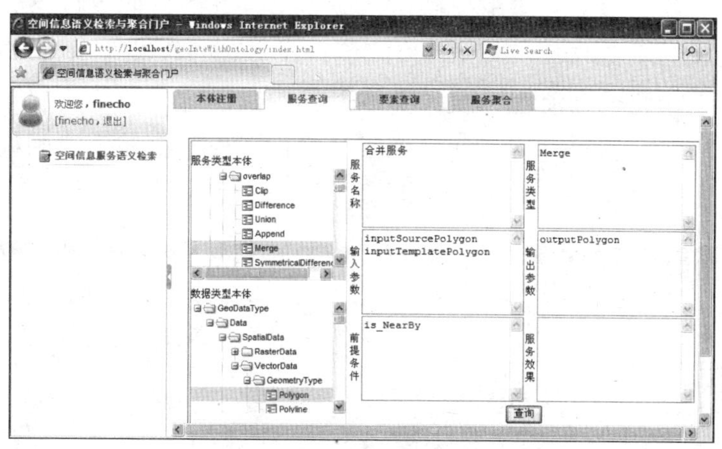

图 8-24　服务的语义检索

（2）地理要素的语义推理检索。如图 8-25 所示，基于语义推理的要素检索功能模块，根据用户选择的 WFS 数据服务，从多个 WFS 服务中检索要素，其查询条件主要包括本体中的概念、关系和实例，如图中的“Railway cross zhengzhou”。

图 8-25　要素的语义检索

8.4.3　服务和要素的聚合

地理信息服务和要素的聚合模型是对用户要求的以地理信息服务和空间要素为基本单元的业务逻辑的直观表达。相对于传统的地理信息服务聚合，本书在数据服务的基础上扩展了要素检索模块，因此，聚合模型主要包括原子服务、要素以及它们之间的数据流及其控制。需要重点说明的是，本书提出的要素检索方法是在WFS接口的基础上构建语义层，并不改变WFS查询接口，因此，要素检索的结果仍然以WFS服务的结果体现。

（1）模型设计。为了方便用户操作，应提供友好的界面设计器，以辅助地理信息聚合模型的构建。如图8-26所示，此模型设计器主要由三个部分构成：可拖拽界面，方便用户构建聚合流程；服务类别及其参数设定，系统给出了服务类型本体和数据类型本体树，用户可将其拖拽到服务代理元件上，并可以同样的方式设定服务的参数类型；要素的语义检索条件设定。

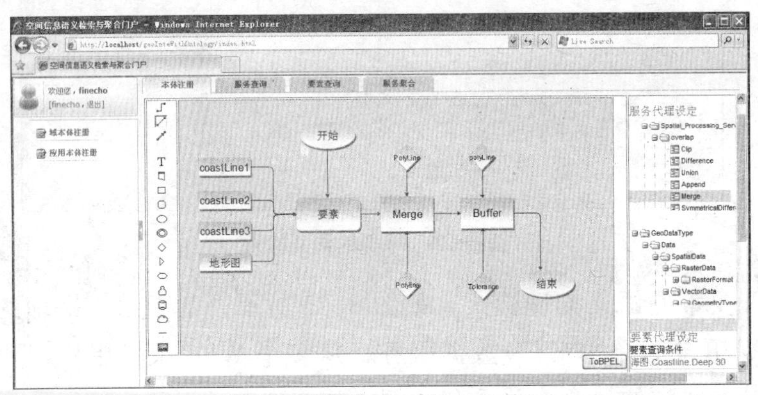

图8-26　地理信息服务聚合的业务流程设计

在此模块中，以海图和地形图的典型业务处理为例，定制如下的服务链：首先，服务链模型通过CoastLine1、CoastLine1、CoastLine1以及地形图四个服务代理发现海岸线和基本的地形图WFS数据；其次，要素代理从上述几个服务代理中按照用户设定的“海图.CoastLine.deep 30”检索条件，通过语义检索接口寻找海图中海面下30 m处等深线的地理要素，并将地理要素交给Merge和Buffer空间处理服务代理实施要素合并和缓冲区操作。

（2）生成BPEL。系统根据调度策略以及原子服务（要素以WFS服务形式输出）之间的调用关系，将原子服务实例连接起来，并生成工作流的可执行文件BPEL，如图8-27所示。

（3）工作流执行。生成的BPEL交给Oracle BPEL工作流引擎执行。

（4）通过工作流执行引擎管理服务链。图8-28、图8-29分别为原始数据和处理结果。

图 8-27　生成 BPEL

图 8-28　服务聚合的原始数据

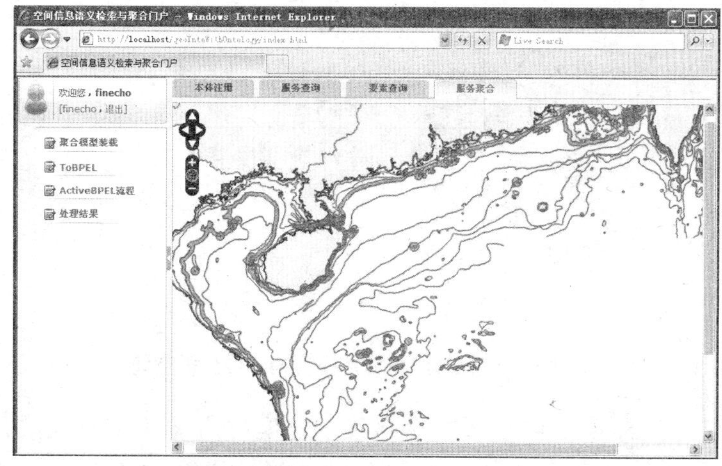

图 8-29　服务聚合的最终结果

第 9 章　电子政务地理信息服务应用模型管理

随着地理信息服务在社会经济发展和人民日常生活中的应用范围越来越广泛，各级政府对地理信息服务的需求越发旺盛，地理信息服务应用模型辅助政府决策的作用也越来越突出。面对各行各业产生的地理信息服务应用模型，本章将通过分析电子政务地理信息服务应用模型的管理体系、技术流程与关键技术，探讨基于适用度的模型适用性评价方法，提出应用模型的全关系数据库管理技术思路，为开发电子政务地理信息服务应用模型管理系统提供方法和技术支持，以期更好地优化设计、筛选、应用和管理电子政务地理信息服务应用模型。

§9.1　电子政务地理信息服务应用模型分类

针对电子政务地理信息服务应用模型的基本分类特征，建立一个包含三个维度的分类空间（见图 9-1），每一个地理信息应用模型都可以被映射到这个三维坐标空间中。

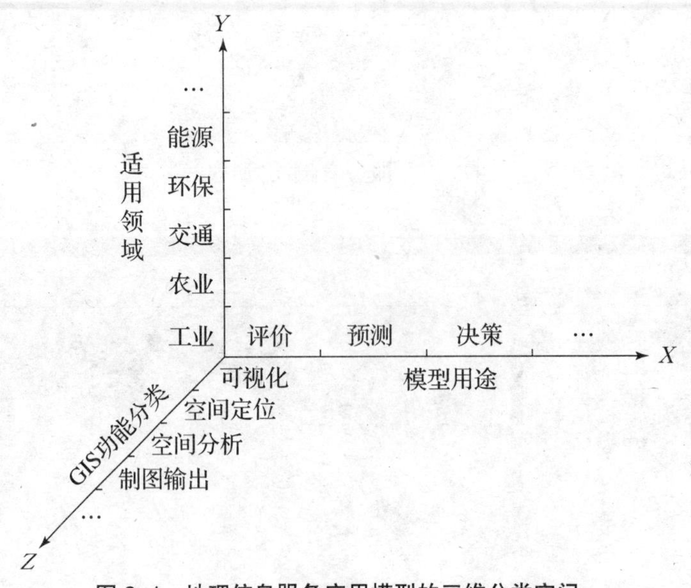

图 9-1　地理信息服务应用模型的三维分类空间

三维分类空间坐标系中包含了三个维度——模型用途（X）、适用领域（Y）和 GIS 功能分类（Z），每一个地理信息服务应用模型在此三维分类空间中的定位坐标都可以描述为

$$P = (X, Y, Z)$$

与三维笛卡儿空间定位坐标系不同，在地理信息服务应用模型的三维分类空间坐标系中，每一个维度的数值取值都是对应于指定分类标准的离散值。

1. 适用领域维

该维度描述了应用模型的主要适用领域，其典型取值主要包括经济、社会、交通、环保、能源、水利、国土、气象等（见表 9-1）。

表 9-1　适用领域分类示例

适用领域	典型模型举例
水利	水污染扩散、洪水灾害风险评估等
国土资源	震源分析、地震灾害影响评价、山洪灾情评估、土壤流失预测、土地利用的时空变化分析、土地资源可持续利用评价等
林业	森林火场蔓延的空间模拟模型
气象	空气污染模型
沙漠化	沙漠化系统动态仿真
经济	资源最优空间配置的系统经济数学模型
人口	人口预测模型
其他	…

2. 模型用途维

该维度描述了应用模型的主要用途，包括评价类、预测类、决策类、其他等四个类型的取值（见表 9-2）。

表 9-2　模型用途分类示例

用途分类	典型模型举例
评价类	模糊综合评价、主成分分析法综合评价等
预测类	回归预测、时间序列、灰色预测等
决策类	决策树、层次分析决策、随机型决策等
其他	…

3. 地理信息功能分类维

地理信息功能是电子政务地理信息服务应用模型计算和成果表达不可缺少的组成部分，地理信息功能分类维描述了某一应用模型中所采用的地理信息功能特征，其典型取值主要包括可视化、空间定位、空间分析、制图输出等。表 9-3 是基于已设计的三维空间分类方法，对常用模型进行的示例分类。

表 9-3　电子政务地理信息服务应用模型的三维分类

典型模型举例	分类表达
洪水灾害风险评估等	〈水利，评价，空间定位〉
土地利用的时空变化分析	〈国土资源，评价，制图输出〉
森林火场蔓延的空间模拟模型	〈林业，模拟，空间趋势分析〉
空气污染模型	〈环境，模拟，空间分析〉
资源最优空间配置的系统经济数学模型	〈经济，评价，可视化〉
人口预测模型	〈人口，预测，空间统计与分析〉

§9.2　应用模型管理体系架构

9.2.1　角色体系

一般而言，模型管理软件平台的主要作用是提供模型应用服务，方便模型使用者使用模型。模型管理软件平台的现状是一旦开发完成后，再添加新模型，操作就比较复杂。即使有的模型管理软件平台提供模型构建功能，可以随时构建新的模型，然而对操作要求比较高，而且整个平台比较繁冗，后台管理复杂。这里所要构建的电子政务地理信息服务应用模型管理软件平台，其目标是向政府机关提供模型服务，即平台里的模型都要与政府管理工作相关，避免多余模型影响工作效率。其服务对象是非专业的政府工作人员，为便捷使用模型，采用面向对象的方法，只提供模型动态链接库，操作人员只需点击驱动即可。同样为避免繁杂的管理，政务地理信息服务应用模型的管理提供删除、更改等简单操作，作为模型使用人员进入模型管理平台后，还可筛选出所需的模型，驱动运行应用。

电子政务地理信息服务应用模型管理体系可分为三个角色：模型提供者、模型管理者和模型使用者。模型提供者的任务主要是引进新的模型，不断充实模型库，为模型使用者服务；模型管理者负责管理所有模型，为整个模型提供过程以及保障模型使用过程的正常进行；模型使用者的主要工作是使用模型，对模型进行应用反馈，向模型管理者反映模型的服务质量，以便电子政务地理信息服务应用模型的应用效果逐步得到改进。

1. 模型提供者

模型提供者负责向系统提供模型，由来自各行业、各领域的专业研究开发人员组成。他们研究本行业、本领域中的特定问题，并对问题进行系统建模，开发符合标准规范的软件模块。

模型提供者的任务包括领域建模、软件开发、模型注册。领域建模指各领域专业人士通过对本行业特定问题的研究，建立相应的模型；软件开发指根据已建立的模型，以及模型管理系统接口规范，采用某种计算机语言进行模型软件开发；模型注册指在分布式网络环境下，模型提供者通过广域网络向模型库管理系统提交模型代码。

2. 模型管理者

模型管理者负责对用户提交的模型进行审核、归档与评价等。模型审核指对模型注册信息进行校验，审核其是否与已注册模型的信息冲突（如重复注册）；模型归档指根据模型的注册信息和基于地理信息服务应用模型的分类指标，对注册模型进行分类归档；模型评价指模型管理者根据动态建立的模型评价指标体系，对指定模型进行定量评价。

3. 模型使用者

模型使用者是整个模型管理体系中的最终用户，之前所有的准备工作都是为了模型能有效发挥作用，为政务地理信息决策更好地提供服务。模型使用者可以是政府工作人员，也可以是辅助政府决策提取信息的人员。

模型使用者可以进行模型查询调用、自定义模型链、模型应用反馈。模型查询调用指模型使用者通过提交查询条件，从模型库中查询符合条件的相应模型，并可进行链接驱动（葛艳 等，2007）；自定义模型链指模型使用者对功能或数据上存在关联或依赖关系的多个模型，进行组装以形成“模型链”，并将模型链定义信息存储到模型链库中，模型使用者可通过组合模块对模型链库进行查询，具有模型链调用权限的用户可以启动指定的模型链；模型应用反馈指模型使用者在应用模型后，对此模型的服务水平进行应用反馈，以辅助下一模型使用者了解此模型的性能。

9.2.2　数据体系

应用模型管理系统的数据体系主要由模型库、元数据库、评价库和模型链库组成。其中，模型库是核心基础库，而元数据库、评价库和模型链库通过模型代码与模型库进行关联。

模型库用于存储模型提供者上传的模型运行代码；元数据库用于存储模型的元数据信息，如模型名称、适用领域、提供单位、提交时间等；评价库用于存储模型评价信息，该评价信息由模型在统一评价指标体系中的得分情况组成；模型链库用于存储用户定义的模型链定义信息。

9.2.3 软件体系

模型管理系统的软件体系主要由注册模块、评价模块、检索模块、调度模块和组合模块构成。

1. 注册模块

注册模块负责接收模型提供者提交的模型运行代码和模型注册信息，并对模型注册信息进行校验，同时将是否成功注册的信息返回给模型提供者。模型提供者和模型管理者可以访问本模块。

2. 评价模块

在评价模块中，模型管理者可以对模型评价指标体系进行动态维护（创建、修改、删除），并在该指标体系下对指定模型进行评价，评价结果表现为该模型在各指标中的得分。通过评价模块，用户可以对同类或近似的应用模型进行定量化比较，以筛选出适合特定需求的应用模型。评价模块主要面向模型管理者和模型使用者，模型提供者不能访问该模块。

3. 检索模块

检索模块接收用户提交的查询条件（如模型名称、问题领域等），从模型库中查询出符合条件的模型集合；同时，检索模块根据适应性评价算法，自动计算各个模型的适用性指数，并按照从高到低的顺序将模型元数据信息返回给用户。模型提供者、模型管理者和模型使用者均可访问本模块。

4. 调度模块

调度模块根据用户指定的条件，从模型数据库中定位并装载模型运行代码（动态库）。同时，调度模块还将模型运行代码在特定的软件运行环境中进行实例化，并将用户的输入条件动态地传递给实例化的模型运行对象。在模型运行对象执行完毕后，调度模块还将处理结果返回给用户（Lenard，1993）。调度模块主要由模型使用者访问，模型管理者也可以访问该模块，以检验模型运行代码的完整性。

5. 组合模块

对功能或数据上存在关联或依赖关系的多个模型，组合模块可对其进行组装，以形成模型链，具体功能包括模型链定义、模型链查询、模型链校验与驱动等。模型使用者通过组合模块创建模型链，并将模型链定义信息存储到模型链库中；模型提供者、模型管理者和模型使用者通过组合模块对模型链库进行查询；具有模型链调用权限的用户可以启动指定的模型链。

§9.3　模型实用性评价方法

9.3.1　适用度评价模型

目前国内外对模型适用性的评价方法主要从适用范围比较、应用实例检验、参数比较、经验判断、概率统计方法等方面进行研究。国外学者 R. D. Peng、F. P. Schoenberg 和 J. Woods 曾在评估火灾影响时采用 AIC（Akaike information criterion）标准对类似功能的模型进行比较判断，以便选择适用的时空条件密度模型（Peng et al，2005）；D. Peters、R. Laur 通过引入常用参数的提取而建立了评价模型组件行为模型的自动评价方法（Peters et al，1999），M. Wojcik、H. S. Venter 和 J. H. P. Eloff 基于收集的直接经验及推荐信息对相关模型进行了评价（Wojcik et al，2006）；M. Fuentes 和 A. E. Raftery 采用贝叶斯理论方法，针对空气质量相关的模型进行了实践评价（Fuentes，2005；Raftery et al，2005）。国内姜文来、武霞等人在水资源价值模型的评价研究中，从模型的适用范围、应用局限性、算法难度、参数满足实际应用情况，以及最后的实践应用效果等方面对各种水资源价值模型进行了分析评价（姜文来 等，1998）；段晓君、王正明在评价参数模型时，提出了综合考虑模型拟合残差大小、残差信息量与参数数目的一种模型选择方法（段晓君 等，2003；姜文来 等，1998）。

以上所提到的评价方法具有一个共同特点，即这些评价方法是静态的，不能随具体应用场景的变化而变化。然而，在电子政务地理信息服务中，由于政府各部门所提出的要求不一样，单一的模型评价方法难以满足多种评价需求，多个模型评价方法虽然评价比较精确，但是应用过程存在冗余。因此需要一种新的模型评价机制，以便能够为不同政府部门的信息服务需求和不同应用场景的要求定制不同的评价因子，并通过评价因子的权重分布反映服务需求倾向以及通过评分值反映模型自身符合程度。

适用度指的是某一空间应用模型在相关部门的地理信息服务中的可用程度。基于适用度的概念，本书提出一个综合考虑各种服务需求和场景要求的适用度评价模型，该模型可通过定量计算模型的适用度来对模型在政务地理信息服务中的适用性进行评价。同时，与一般模型具有的静态指标体系相比，此适用度评价模型设计了应用模型共性与特性相结合的、支持多层次并可扩展的动态评价指标体系。

9.3.2　适用度评价模型的原理

适用度评价模型由四个因子组成，$M=\langle T, FW, RP, RS\rangle$，$T$ 指模型评价指标体系，FW 指权重分布值，RP 指每一评价指标的评分值，RS 指模型适用度评价算法。

将评价指标体系表示为评价树 T，$T = \langle t_i, set, w_i \rangle$，其中，$t_i$ 表示评价类别，set 表示评价类别的集合，w_i 表示评价类别（t_i）的权重，即在模型适用度评价中用来描述模型评价类别 t_i 在 set 中所占的重要性（见图 9-2）。例如：模型基本信息、模型应用信息、用户反馈信息、专业评价信息等可共同组成模型评价类别集。

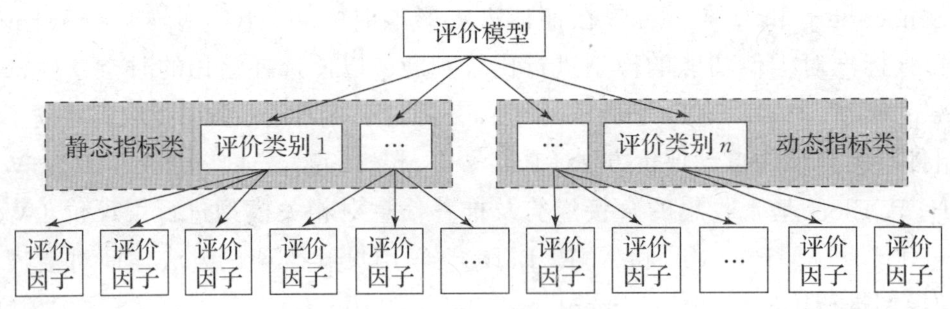

图 9-2　模型评价指标体系树

模型评价类别又可分为静态评价和动态评价，每一评价类别都是模型评价因子的集合，即 $t_i = \langle t_{ij}, w_j, s_j \rangle$，$t_{ij}$ 表示评价类别 t_i 的各分支评价因子，w_j 表示评价因子 t_{ij} 在评价类别 t_i 中所占的重要性程度，s_j 指专家或决策人员根据设立的评价因子与模型自身的特点进行评分所得的结果值。评价因子如果可以根据设立的判断标准进行定量化，则评价因子不可再分；反之，评价因子可继续再分为位于较低一层次的多个评价因子。静态评价类别指该类别的各评价因子不会因为服务和场景要求的变化而改变，而动态评价类别的评价因子则不然。例如：模型基本信息作为静态评价类别，包括模型名称、模型运行过程中涉及的变量及相关参数等模型共有的属性；而专业评价信息作为动态评价类别，包含的评价因子则需要根据应用场景的不同而通过相关专家或决策者重新设立。如果静态评价因子在模型适用性评价过程中作用不显著，可以将其权重值设为 0。

9.3.3　适用度评价流程及适用度计算

为有效消除评价因子因不同类型的取值范围或量纲的不同所造成的无法比较，需要通过对评价数据的预处理操作，将所有评价因子的值域调整到一个统一的区间。由于多数评价因子的评价效果与评价结果值呈线性变化，所以主要采用最小—最大规格法来规格化评价数据。有两种情况要考虑：一是评价结果越好，相应评价值越大，反之，评价结果越差，相应评价值越小；二是评价结果越好，相应评价值越小，反之，评价结果越差，相应评价值越大。对这两种情况，可分别采用式（9-1）、式（9-2）对评价数据进行规格化，使评价数据的值域在 0~1 之间。

$$X_i=\begin{cases}\dfrac{x_i-\min x_i}{\max x_i-\min x_i} & (\max x_i-\min x_i\neq 0)\\ 1 & (\max x_i-\min x_i=0)\end{cases} \tag{9-1}$$

$$X_i=\begin{cases}\dfrac{\max x_i-x_i}{\max x_i-\min x_i} & (\max x_i-\min x_i\neq 0)\\ 1 & (\max x_i-\min x_i=0)\end{cases} \tag{9-2}$$

适用度评价模型还支持其他数据预处理方法，包括零—均值规范化和小数定标规范化等方法。评价因子采用何种数据预处理方法由专家或决策人员在创建评价因子时确定。

在评价树的同一层次中，所有评价类别的权重和为 1。每一评价类别包含的各评价因子按权重和为 1 进行权重分配，同一层所有评价因子的权重和为 1，如图 9-3 所示。

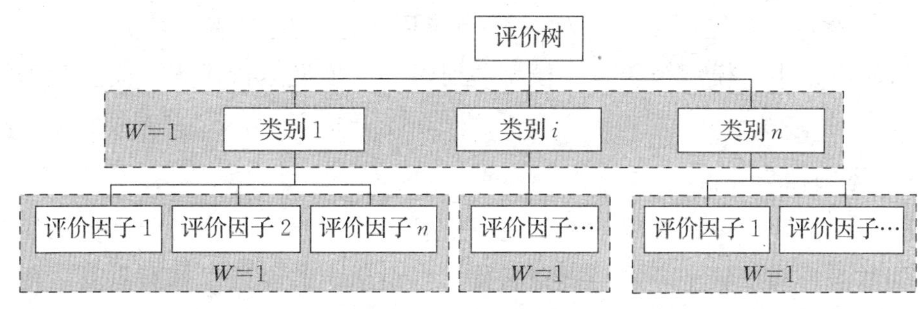

图 9-3　权重分配原则

假设存在 n_1 个评价类别，评价类别 i 在整个模型评价中所占的权重值为 w_i，其所含的评价因子数目为 n_2，评价因子 j 所占的权重值为 w_j，评价因子根据专家或决策人员进行评分得到结果值，经预处理、规格化后为 p_j，则所评价的模型适用度（degree of applicability，AD）通过加权所得的计算公式为

$$AD=\sum_{i=1}^{n_1}w_i(\sum_{j=1}^{n_2}p_j\cdot w_j)$$

§ 9.4　应用模型管理流程设计

9.4.1　管理流程

模型管理包括模型注册、模型归档与评价、模型调用三个相对独立又彼此联系的流程，如图 9-4 所示。

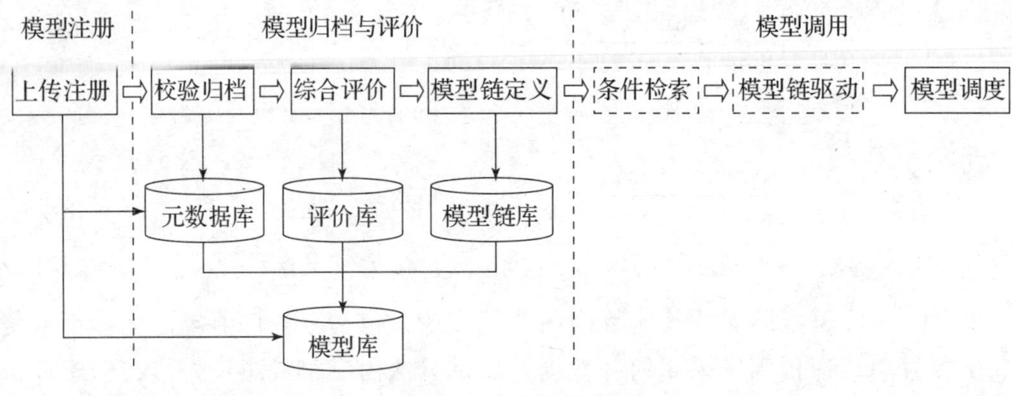

图 9-4 模型管理流程

1. 模型注册

模型注册指模型属性信息的注册和运行代码的上传，目的是将模型信息输入到数据库中，方便模型管理、信息查询以及实时调用。

注册模型时，需提供模型名称、模型应用领域、模型描述信息、模型输入描述、模型输出结果、模型构建者、模型注册时间、模型运行代码、模型版本等必要信息。

2. 模型归档与评价

在模型注册后，模型管理系统对注册信息进行校验，校验可分为自动校验和手动验证两种。自动校验主要是对模型名称、模型版本的验证，如有重复，则不能通过验证，也不能注册进入模型库；手动验证主要是模型管理者对模型上传代码进行手动驱动检验，以验证模型代码接口是否规范，可否正常运行，如模型通过校验，则模型注册成功。成功注册后，模型属性信息进入元数据库，模型运行代码进入模型库（高鑫 等，2007）。

在模型归档的基础上，模型管理者动态创建、修改或删除评价指标体系，并在该指标体系下对指定模型进行评价，以对同类或近似的应用模型进行定量化比较，筛选符合特定需求的应用模型。

3. 模型动态调用

模型动态调度的主要目的是：进行模型使用者与模型管理者之间的消息沟通，满足模型使用者交互操作的模型信息调度，满足模型使用者对模型的请求与结果返回，满足多个模型的链接调度服务需要。

电子政务地理信息服务应用模型的动态调度对满足不同应用需求至关重要。目前，数据调度的主要方式有文件方式、数据库方式和 IPC（进程间通信）方式。文件方式实现起来比较简单，但是管理复杂，对系统的可扩展性差；IPC 方式系统效率比较高，但是实现起来复杂；数据库方式的优点在于可以对复杂的数据结构进行存储管理，且具有良好的扩展性。

电子政务地理信息服务应用模型的基本信息以二维表的形式存在于关系数据库中，模型的运行代码以二进制大对象（binary large object，BLOB）类型进行存储（Tsai，2001）。

模型动态调度的实现方式主要是从模型管理者和模型使用者的角度进行信息调度。模型管理者通过数据库管理实现对模型的删除、修改等维护工作；模型使用者在模型筛选过后，通过模型驱动，调用动态链接库进行具体应用。

电子政务地理信息服务是向政府提供空间辅助决策的复杂服务，单一的决策模型只可以解决某一方面的问题，对于复杂的决策问题往往需要涉及多方面的模型应用，因此需要把即将用到的模型进行链接调用。

模型链定义需满足两个条件：一方面，模型组装基于具体问题的解决流程进行；另一方面进行组装的几个模型须满足输入输出数据格式的统一，即前一个模型的输出结果可以作为后一个模型的输入数据。例如在受灾区人口总数统计问题的解决过程中，可以由两个模型（受灾区范围预测模型、人口栅格统计模型）组装结合起来，即对受灾区范围预测模型的输出结果与人口栅格数据进行空间叠加求交运算，得到受灾区人口栅格数据，进行人口栅格属性的统计计算，即得到受灾区人口总数。

条件检索包括单一模型检索和对已存入数据库的模型链检索。检索的方式主要是关键词检索，检索结果以字符匹配度以及模型评价适用度的大小进行排序显示。通过对检索结果的链接驱动，实现模型的具体应用。

9.4.2　业务流程

系统的主要业务流程包括模型上传与注册、基于 Web 的模型加载、模型链驱动。

1. 模型上传与注册

模型提供者的主要工作是为系统提供模型。上传者通过登录系统，注册模型属性信息及运行代码。在注册过程中，系统自动校验部分模型属性信息，如模型名称、模型版本，经检验没有问题时，可向模型数据库追加相应信息。模型上传的流程如图 9-5 所示。

2. 基于 Web 的模型加载

如前所述，应用模型的元数据与运行代码统一存储于中心数据库中，客户端若要访问、加载相关模型，一般应按照互联网开放协议完成一系列信息交互，相关技术流程如图 9-6 所示。

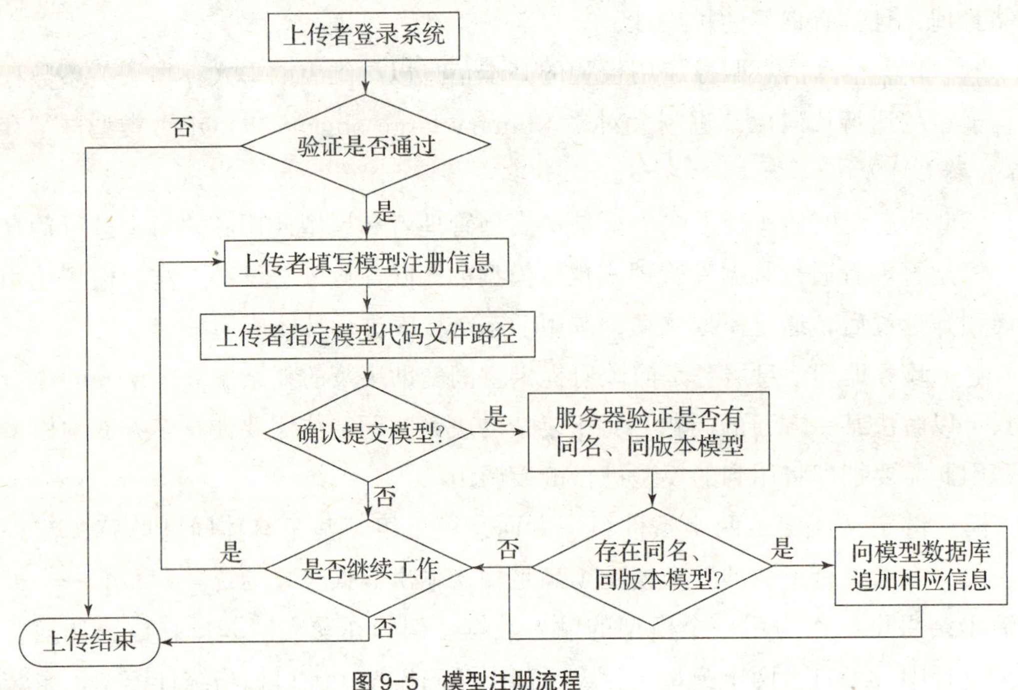

图 9-5　模型注册流程

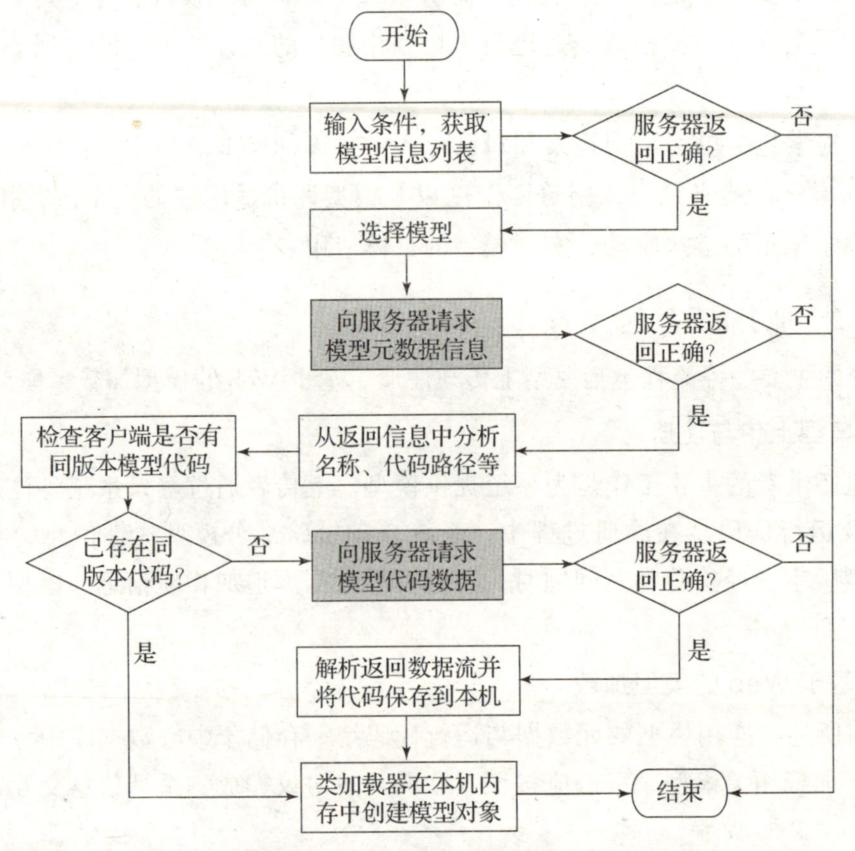

图 9-6　基于 Web 的模型加载流程

首先，客户端通过用户输入条件，经检索获取模型信息列表，在服务器执行正确的前提下，选取相应模型；同时可以向服务器请求元数据信息，从返回信息中分析名称、代码路径，检查客户端是否有同版本模型代码。如存在，则类加载器在本机内存中创建模型对象；如不存在同版本代码，则向服务器请求模型代码数据，解析返回数据流，并将代码保存到本机。

3. 模型链驱动

模型（链）驱动是模型使用阶段的另一个核心工作，模型链驱动流程如图 9-7 所示。

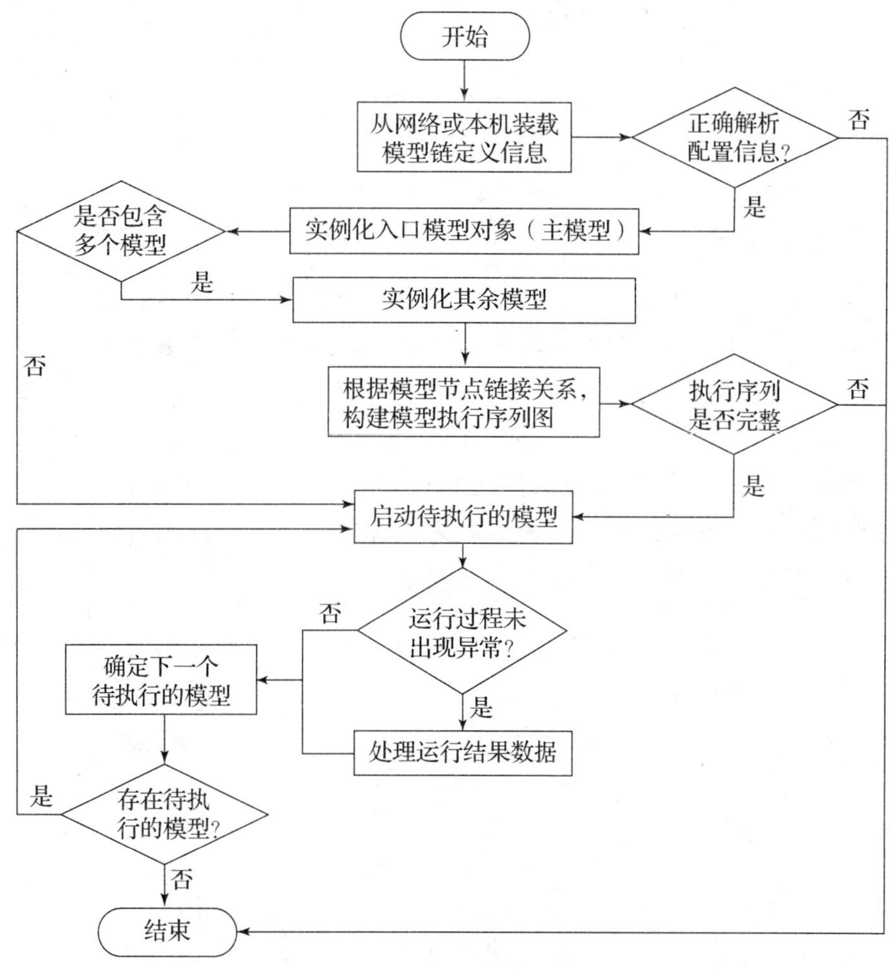

图 9-7　模型链驱动流程

（1）模型链驱动引擎从网络（HTTP 协议）或本地计算机（本地文件访问协议）装载模型链定义信息（XML），在正确解析出配置信息后，驱动引擎根据情况实例化一个或多个模型运行对象。

（2）在成功装载模型对象后，驱动引擎则根据模型节点间预定义的链接关系，构建模型执行序列图，并验证该执行序列的完整性。

（3）在成功完成上述步骤后，模型驱动引擎从“入口模型对象”开始，按照模型执行序列所定义的顺序和条件，依次启动模型链中的各个节点，并对完成多个节点之间的数据保存和数据传递，直至运行结束。

§9.5　应用模型管理实现

基于本书提出的分类、管理及评价方法，以电子政务决策的一个典型问题（基于地理信息的灾情统计分析）为例，实现“注册—管理—筛选—驱动—链接”这一应用模型。

9.5.1　总体思路

基于提出的电子政务地理信息服务应用模型的三维分类体系，建立相应的应用模型管理体系，并对示例模型进行分类；模型提供者对这些应用模型进行注册，提交模型属性信息和运行代码；模型管理者校验模型，验证模型运行代码的可操作性，并对其管理；根据模型的共性特征和示例模型的特性，建立相应的应用模型适用性评价体系，并进行适用度计算；在已完成开发的电子政务地理信息服务应用模型管理软件平台上，实现单一模型的注册、管理、筛选、驱动运行以及两个模型链接定义驱动运行实验。总体思路如图 9-8 所示。

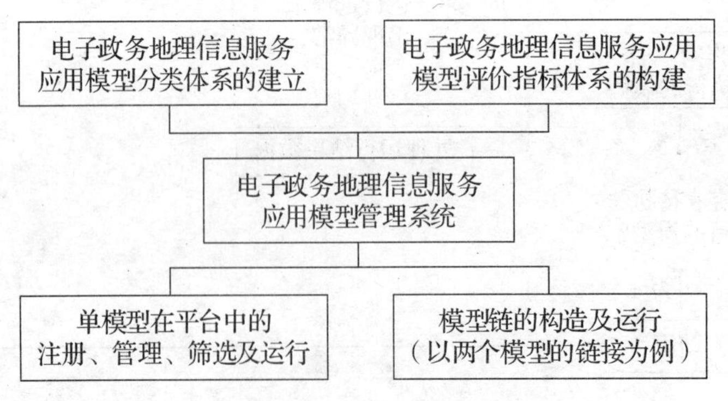

图 9-8　实验设计思路

1. 电子政务地理信息服务应用模型分类体系的构建

结合电子政务地理信息服务自身跨部门、跨领域的特点，以及根据三维模型分类方法，从模型用途、适用领域、GIS 功能集对电子政务地理信息服务应用模型进行分类。基于政府部门的需求，首先从适用专题进行划分，可分为人口、环境、经济以及防灾减灾等专题；然后基于已分类专题，针对具体模型进行用途与 GIS 功能分类（见图 9-9）。

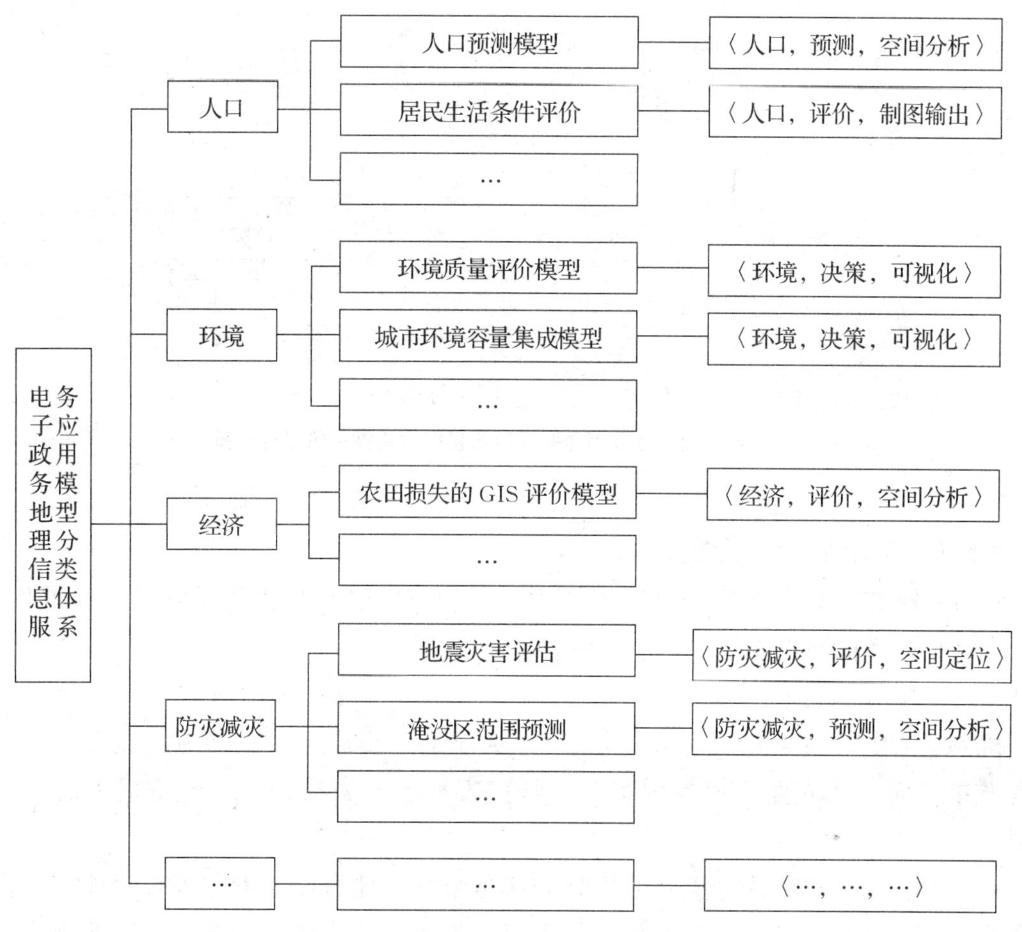

图 9-9　电子政务地理信息服务应用模型分类

2. 电子政务地理信息服务应用模型的适用性评价

根据电子政务地理信息服务应用模型的特征，本书设计了共性与特性相结合，分层次、可扩展、支持动态创建的适用性评价模型，以便对电子政务地理信息服务应用模型作评价。评价指标分为动态指标和静态指标，静态指标指模型具有的公共属性，包括模型基本信息、用户反馈信息和模型应用历史信息，主要用来评价模型参数变量的易得性和模型本身的性价比；单一领域的模型满足不了电子政务地理信息服务应用的需要，因此，在这里设置动态指标，根据评价模型所属领域的不同而动态设置，为保证指标合理并能真实反映所需模型的需求性，可请相关专家与决策人员帮助设置并进行权重赋值。指标体系如图 9-10 所示。

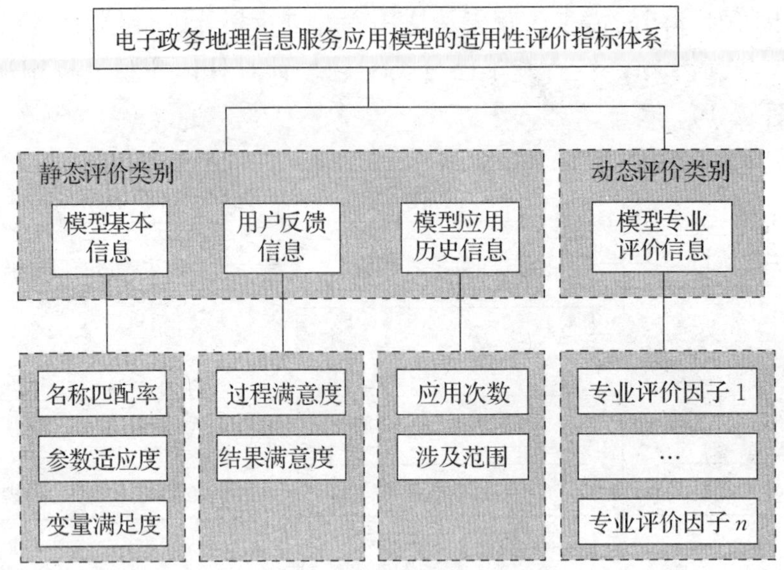

图 9-10 电子政务地理信息服务应用模型适用性评价指标体系

9.5.2 模型筛选评价实验

面向地震灾害评估应用分别对三个不同的地震灾害评估模型进行适用性评价。这三个评估模型的概况如下。

（1）地震灾害分析模型。这是中国科学院地理研究所运用对致灾因素及灾害发生机制已有的较深入研究，并根据 50 个典型的历史震例建立的地震烈度、人口密度、单位面积工农业产值等因素与反映灾害程度的人员伤亡、经济损失的估算模型。

（2）地震灾害损失的分级评估模型。这是山西省地震局兰青龙等人为地震灾害损失等级评估建立的模型，在模型中将灾害损失分为四个级别评估：Ⅰ、Ⅱ级评估属非现场评估，主要是根据之前统计数据对建筑物破坏的经济损失等相关指标进行评估预测，所需时间较短，其结果可初步判断震灾规模；Ⅲ、Ⅳ级评估为现场评估，通过各种最新的统计指标对建筑物破坏的经济损失、人员伤亡估计等指标进行评估。

（3）基于 GIS 技术的快速震害评估模型。这是安徽省地震局建立的一种新的评估模型，针对震后快速评估（盲估）进行基于 GIS 技术调用数据库中的统计数据进行地震灾害损失、室内财产损失和灾区无家可归人数的估计。

决策人员根据实际应用需求，考虑评估过程的合理性、模型计算的专业化程度、评估结果的精确度，简略地为这三个模型设立相同的动态评价因子。建立的评价指标体系以及相应的权重分布如图 9-11 以及表 9-4 所示。

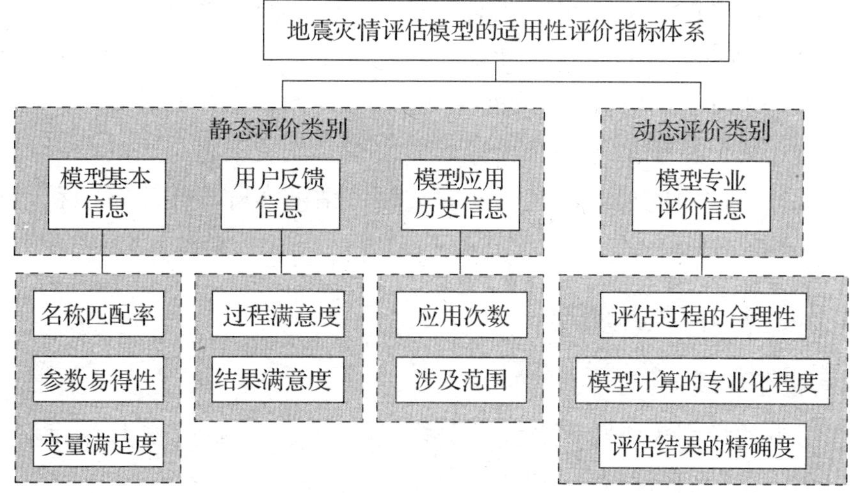

图 9-11　地震灾情评估模型的适用性评价指标体系

表 9-4　模型在同一应用中的适用性评价

评价指标 \ 模型名称		地震灾害分析模型	地震灾害损失的分级评估模型	快速震害评估模型
评价类别	模型基本信息 /(%)	20	20	20
	用户反馈信息 /(%)	20	20	20
	模型应用历史信息 /(%)	5	5	5
	模型专业评价信息 /(%)	55	55	55
模型基本信息	名称匹配率(0%)	0	0	0
	参数易得性(50%)	6	4	7
	变量满足度(50%)	7	5	6
用户反馈信息	过程满意度(50%)	8	9	8
	结果满意度(50%)	7	8	8
模型应用历史信息	应用次数	0	0	0
	涉及范围	0	0	0
模型专业评价信息	评估过程合理性(60%)	7	8	6
	模型计算专业化程度(10%)	3	4	5
	评估结果精确度(30%)	5	8	4
适用度		0.632	0.689	0.5815

根据指标评价体系与各模型的权重及评分值，经过数据预处理及适用度计算可以得到：地震灾害分析模型的适用度为 0.632，地震灾害损失的分级评估模型的适用度为 0.689，快速震害评估模型的适用度为 0.5815。

当采用统一的评价因子对同样用来进行灾情评估的模型进行适用度评价时，即使基于同一应用对某些指标的权重分布相同，但是由于模型自身的特点，每一评价指标的评分却不相同，最后经适用度公式算出的模型适用度也不同。由表 9-4 可知，相比地震灾害分析模型与快速震害评估模型，地震灾害损失的分级评估模型的适用度要高一些，说明此模型在进行地震灾情评估的实际应用中可用程度较高，具有较好的适用性。

9.5.3　模型与模型链实现

1. 单一模型实现

以一个简单的模型（淹没区范围预测模型）应用作为例子，用来阐明政务地理信息服务应用模型的引入、管理和使用过程。

防灾减灾是一项很重要的政府工作内容，也是近年来国家应急工作的重点。当河流、湖泊水位上升，暴雨导致山坡泥石流滑坡时，及时预测淹没区的范围，对防灾、减灾、救灾等工作的安排至关重要。淹没区范围预测模型主要用来对可能的淹没区范围进行预测，包含的主要计算分析模块有：栅格计算和缓冲区分析，用到的数据有水文观测数据、DEM 数据、行政界线数据。该模型的应用流程是：首先从受灾地区获得水文观测数据，然后利用 DEM 数据，根据栅格计算模块生成可能淹没的范围，再与行政界线矢量图层叠加，得到受灾区域的位置，如图 9-12 所示。

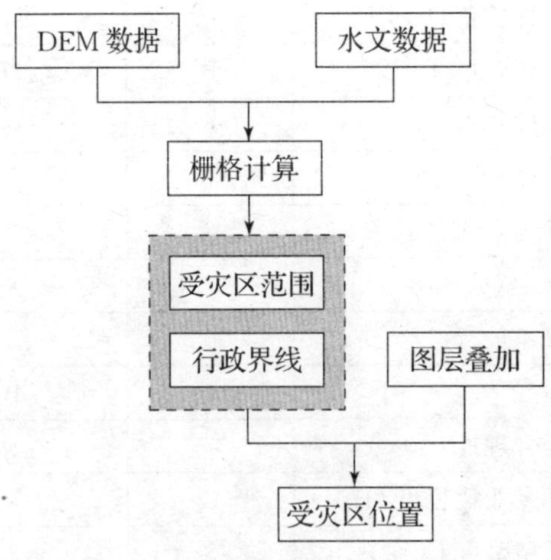

图 9-12　淹没区范围预测流程

模型程序运行界面如图 9-13、图 9-14、图 9-15 所示。

这个例子比较简单，采用传统的平台就可以装入和运行。电子政务地理信息服务应用模型管理软件的优势是能够将电子政务地理信息服务应用模型加以集中有序的管理，可以随时引入新模型，替换旧模型，删除效果不满意的模型，及时提取政府决策所需模型等，可大大提高政府工作效率，为政府地理信息服务所应用的众多模型的高效管理起到关键性的作用。

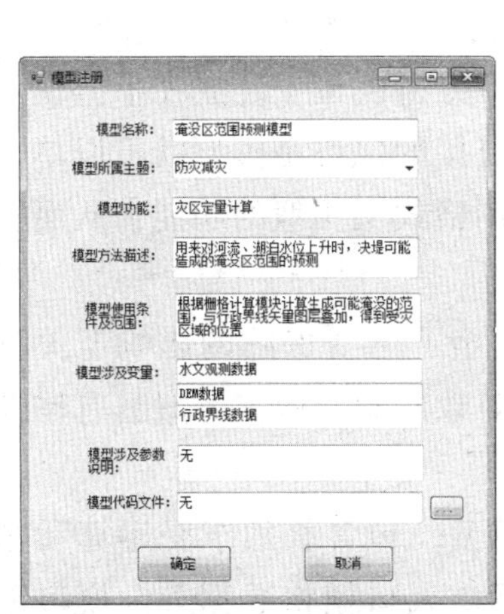

图 9-13　模型注册

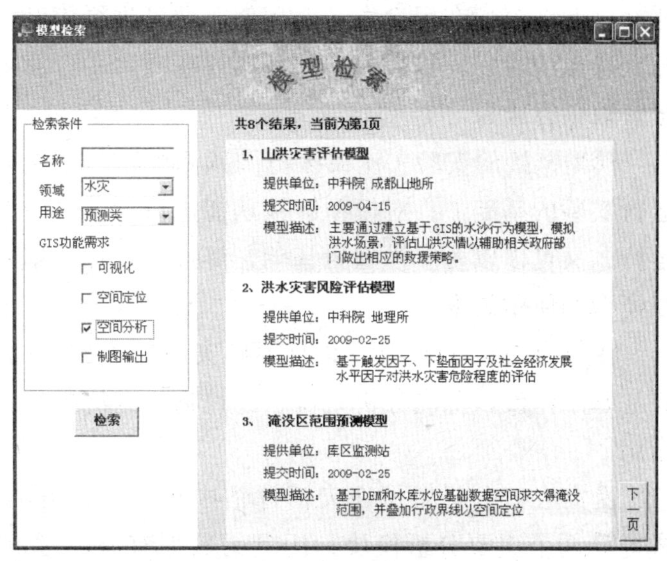

图 9-14　模型检索

图 9-15　淹没区范围预测模型

2. 模型链实现

政府决策需要大量的信息，在复杂的情况下，单一模型的服务往往满足不了决策工作的需要，因此需充分挖掘模型服务的潜力，可采取多模型共同服务的模式，并设计模型链接功能。如果一个模型的输出格式与另一个模型的输入格式相一致，那么这两个模型在用途意义上相似，即可进行模型链接。好处是一方面能节省数据导入导出的时间，提高模型的利用效率，另一方面可以忽略中间过程的复杂性，直接获取最终成果。

模型链接的实验（淹没区范围预测模型与受灾人口分析模型）建立在单一模型运行实验的基础上，对模型链接功能进行检验。模型链接的优势是模型既可以单一运行，又可以以一个模型为基础，链接多个在数据使用格式上相似的功能，从而提高模型的使用效率。

在政府决策工作中，及时了解灾情对人民生命安全、生活保障的影响至关重要。基于淹没区范围分析人口、建筑物、经济损失，对政府制定救灾方案具有辅助作用。

受灾人口分析模型在灾情评估中是一个常见的模型，包含叠加求交运算和栅格统计两个主要分析模块，用到的数据有淹没区范围、人口栅格数据等。模型链接工作的流程是：输入受灾区域后，选择人口栅格数据，采用空间叠加求交运算得到受灾人口栅格数据，基于栅格属性表进行受灾人口总数的统计，最终求受灾人口总数，如图 9-16 所示。

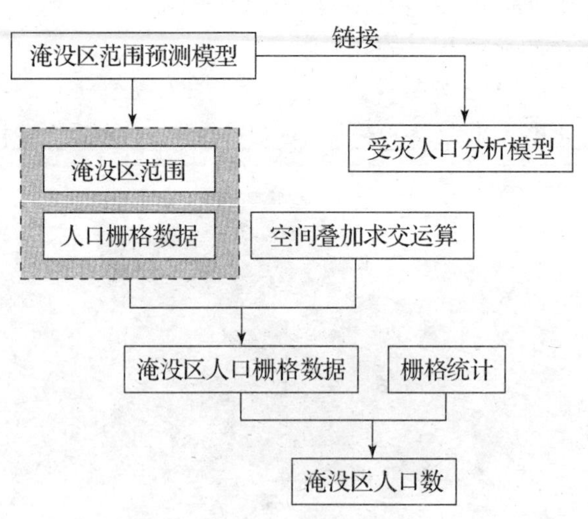

图 9-16　模型链接工作流程

结合淹没区范围预测模型，两个模型的链接指通过将淹没区范围预测模型所得的淹没区范围，作为受灾人口分析模型的输入数据，两个模型排序运行，实现模型链接功能。具体运行界面如图 9-17、图 9-18 所示。

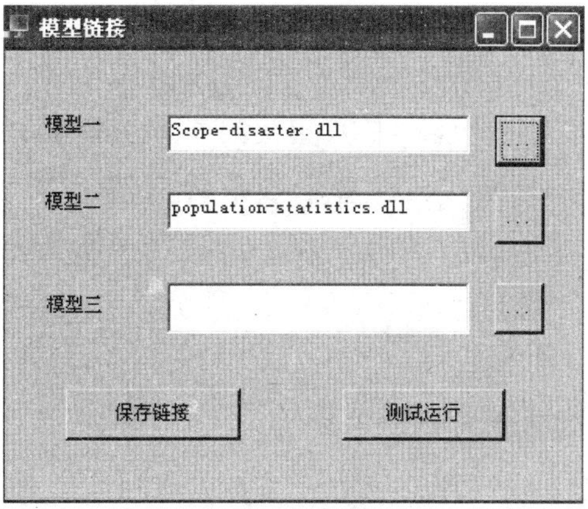

模型一　Scope-disaster.dll

模型二　population-statistics.dll

模型三

保存链接　测试运行

图 9-17　模型链接定义

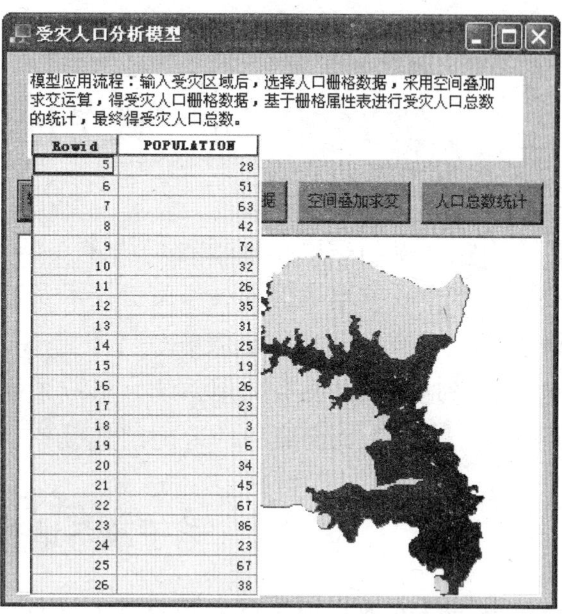

图 9-18　受灾人口分析模型

第 10 章　电子政务地理信息服务应用示范

围绕国家高层电子政务辅助决策、部门和地方政府地理政务地理信息服务需要，在电子政务地理信息服务关键技术及数据的基础上，中国测绘科学研究院自主研发了电子政务地理信息服务软件平台 GeoWindows 7.0，基于该平台构建了多个电子政务地理信息服务应用系统，形成了面向政府部门的电子政务地理信息服务应用体系，实现了面向政务的地理信息服务。

§10.1　电子政务地理信息服务软件平台

电子政务地理信息服务软件平台（GeoWindows 7.0）采用面向服务的体系结构（SOA）设计思想，实现了地理信息服务的网络化、配置灵活个性化以及控制流程化，为构建电子政务地理信息应用系统提供软件支撑工具。

平台技术特点体现在如下几个方面。

（1）网站式信息服务模式。突破了只有专业人员才能操作地理信息系统的限制，解决了目录树信息隐藏深而不直观的问题，做到了会使用互联网就会使用地理信息系统。

（2）系统响应高效、快速。实现低网络带宽条件下海量地理信息数据的高效调度，系统响应时间基本达到 3 秒。

（3）政务信息与地理信息深入融合。做到了文本、表格、图片等政务信息与地理信息的深入融合与联合分析。通过划词搜索功能，可调出相关地名的地图信息。

（4）多时态地理信息展示。通过时态数据动态播放功能、多窗口时态数据对比功能，实现了不同时态地理信息的对比、显示，可直观反映资源、环境信息的动态变化。

（5）综合政务地理信息关联检索。通过统一的信息搜索入口，实现所有相关文档、图、表、地理信息的全文检索，利用本体技术将传统的基于关键字的词形匹配提高到语义匹配的层面，并使用推理工具和相关的推理规则进行知识推理，得出用户可能需要的隐含信息。

（6）快速构建专题应用。利用平台的后台支持工具，可在很短的时间内构建专题应用栏目。

10.1.1　总体思路

网络（Web）技术的发展为地理信息应用拓展了新的领域和支撑方法，在总体设计中及时采用面向服务的体系结构（SOA）技术和方法，有利于提高电子政务地理信息应用水平。电子政务地理信息服务软件平台建设的总体思路如下。

（1）突破传统的以地理信息系统为中心的应用模式，实现以政务信息为主体，整合、融合地理信息。

（2）构建符合 SOA 设计思想的系统架构和技术实现方法，满足多层次应用需求。

（3）实现软件功能服务的网络化和控制的流程化，且可灵活地进行个性化的配置。

（4）建立网站式的地理信息服务模式。

（5）实现地理信息与文本信息的深度融合。

（6）兼容国产操作系统、数据库和中间件。

（7）集成国内多家单位的先进技术。

（8）支持 OGC 标准，建立二次开发体系，满足省级系统建设要求。

10.1.2　平台总体架构

电子政务地理信息服务软件平台总体结构由两大部分组成：外围是支撑平台体系，中间是信息系统的应用体系。外围支撑体系包括标准规范体系、安全保密体系等，是信息系统的基础支撑平台，能够确保系统在统一管理、标准规范、安全保密的前提下进行建设；应用系统是在三大体系基础上，按照 SOA 设计思想，采用多层分布式体系结构构建一个可持续改善的、可按党政机关政务需要而改变的、灵活的综合应用系统。

如图 10-1 所示，每一层以服务的形式对外提供访问接口，包括数据层、服务层和应用层。此外，还有专门用于数据处理的后台工具。

1. 数据层

数据层包括系统建设的基础数据来源，政务综合空间数据库包括基础空间数据库、专题应用数据库、运行管理数据库等三大类型。

基础空间库是地理信息共享平台的基础，包含基础矢量库、数字高程库、遥感影像库、地名库等，为各种共享服务、地图服务、空间查询、地址匹配、专题信息关联等提供数据支持。

政务专题信息库管理与应用相关的数据资源，如自然灾害信息库、全国资源环境动态监测数据库、防汛信息数据库，在地理信息共享平台的支持下，政务专题配置基础地理信息形成一个完整的应用系统。

运行管理数据库用以存储与基础运行环境相关的数据，主要包括系统配置、用户信息和运行日志等。

系统还可以从外部的地理信息服务获取数据作为系统基本数据来源，只要服务符合 OGC 的 WMS、TMS、WFS 标准，就可以连接到系统作为基础数据来源。

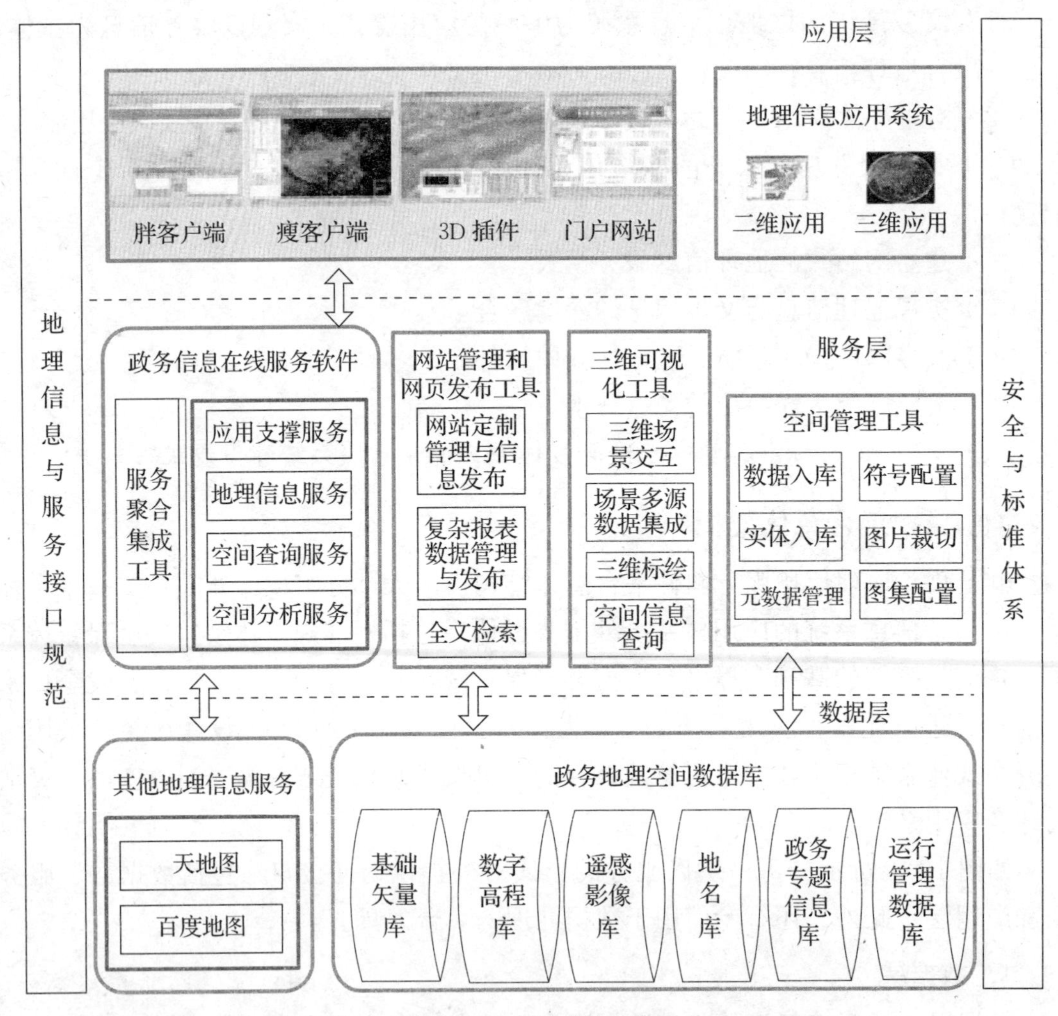

图 10-1　平台总体结构

2. 服务层

服务层提供地理信息服务、空间查询服务、空间分析服务以及各种地图服务，如符合 OGC 标准的 WMS、TMS、WFS 等网络地理信息服务，可以根据客户端的应用请求返回地理信息。服务聚合集成工具主要包括地理信息服务的注册、管理、服务状态监控、服务聚合业务流程设定、聚合流程执行等几个功能。应用支撑服务包含用户管理、服务管理、运行日志等系统支持功能。

此外还有空间数据管理工具、综合信息管理工具、三维可视化工具、网站管理和互联网用户发布工具等一系列支撑工具，支持地理信息应用系统开发建设的各个环境，提供丰富的数据处理工具和系统开发平台。

3. 应用层

基于统一平台的服务，支持四种客户端类型，基于这几种客户端类型，用户可以根据应用系统的需求进行地理信息应用系统的二次开发。

（1）胖客户端。基于 .Net 控件或 Java Applet，实现 GIS 的二次开发应用。

（2）瘦客户端。在客户不安装任何插件的情况下，实现 GIS 的基本功能，并支持灵活的二次开发和用户定制功能。

（3）三维插件。基于统一平台服务的三维可视化，并提供二次开发支持。

（4）门户网站。以门户网站的方式，展示 GIS 专题操作、文本、图像等信息，在没有 GIS 操作时，也可以运行。

10.1.3　平台软件支撑工具

电子政务地理信息服务软件平台的模块及其功能包括空间数据管理工具、综合信息管理工具、三维可视化工具、网站管理和信息发布工具、政务信息在线服务软件。

1. 空间数据管理工具

空间数据管理工具以可视化方式实现大范围海量空间数据管理与建库，支持矢量、栅格、影像、DEM 四种类型的空间数据，具有图库管理、图层管理、外部数据导入、全库浏览、图形编辑、属性批处理、地名注记提取、要素可视化设置、切片图像生成、元数据生成等功能，可为地理信息操作提供数据支持。

空间数据管理工具是采用 VC++ 7.0 开发的一套单机应用程序，用于对空间数据进行建库、入库、管理、处理（包括编辑、投影转换、符号化、注记提取、数据精简、裁切、合并）等操作和后台展示。

系统平台空间数据存储采用大型关系数据库，后台管理工具支持 Oracle、SQL Server 关系数据库。

管理工具大致分为系统维护、矢量数据维护、栅格 /DEM/ 影像数据维护三大功能群。

2. 综合信息管理工具

综合信息管理工具分为空间数据配置管理、综合信息维护、专题维护等功能，具体包括网页、关系表、多媒体和其他类型的非地理信息与地理信息关联，并提供这些类型信息的导入、编辑、建库等功能。在此基础上，系统将信息以及对该信息的操作通过专题形式组织起来，用户可根据应用需要搭建和维护专题，增加、删除、发布各种类型的专题信息。

专题类型可以为地图浏览、多媒体、图查库、统计制图、空间查询等，支持用户发布的功能包括地图符号化显示、空间量算、地名查询、基础属性查询、地图打印等地理信息基础操作，也包含地图浏览、图形属性查询、专题多媒体、实体多媒体、时态多媒体、统计制图、空间查询等专题操作。技术架构为B/S结构，服务器端使用J2EE技术显示，客户端采用HTML和JavaScript技术。如图10-2所示，系统综合管理工具主要功能可以分为下面几大部分。

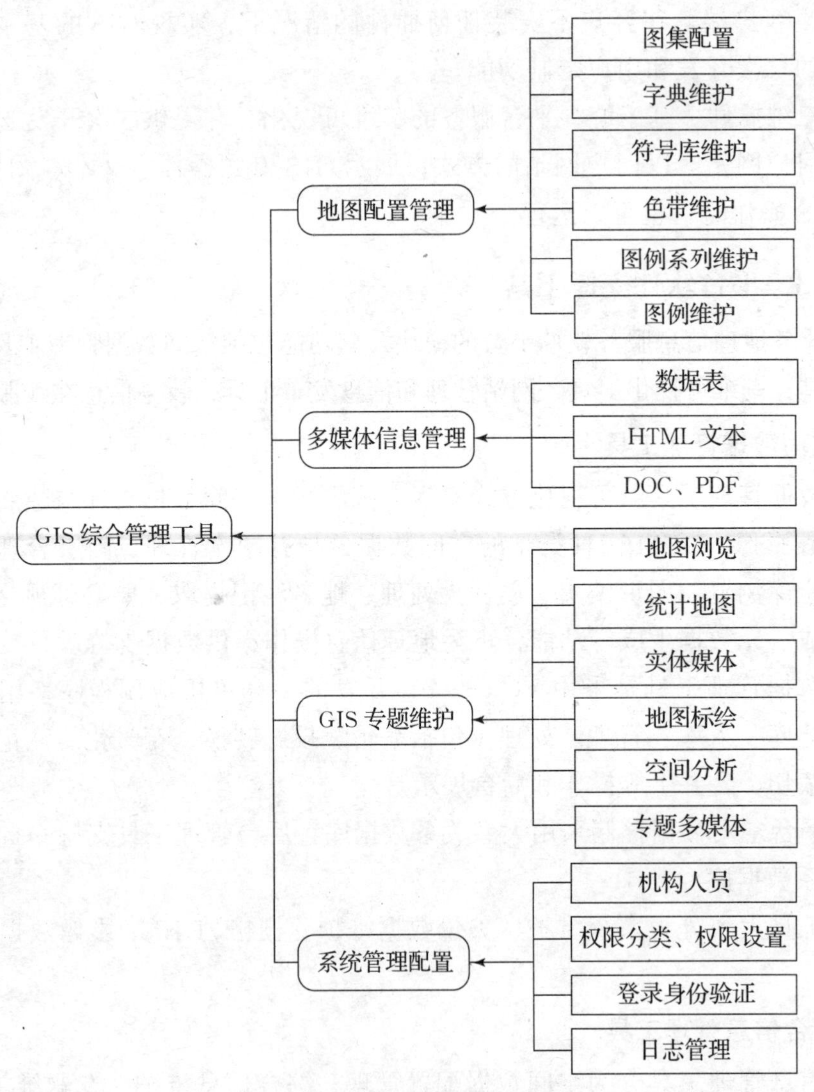

图10-2　综合管理工具功能组成

（1）系统管理配置功能。可以提供用户管理和自定义系统的能力。

（2）地图图集配置管理。数据字典管理、色带管理、图例管理等。

（3）多种格式信息的管理和维护功能。如数据表、HTML、Word、PDF等。

（4）GIS 专题维护的功能。可以根据应用系统的需要，建立不同的 GIS 专题，实现 GIS 应用定制功能。

3. 三维可视化工具

以地形数据库、遥感影像数据库、地名数据库和专题数据为基础，实现网络环境下大范围、多层次、快速的地形三维显示、查询与分析。系统功能包括用户化定制、大场景地形三维浏览与飞行控制、地名快速定位、点线面矢量数据加载、三维空间距离量测、属性查询、图层管理等功能。三维可视化工具功能如图 10-3 所示。

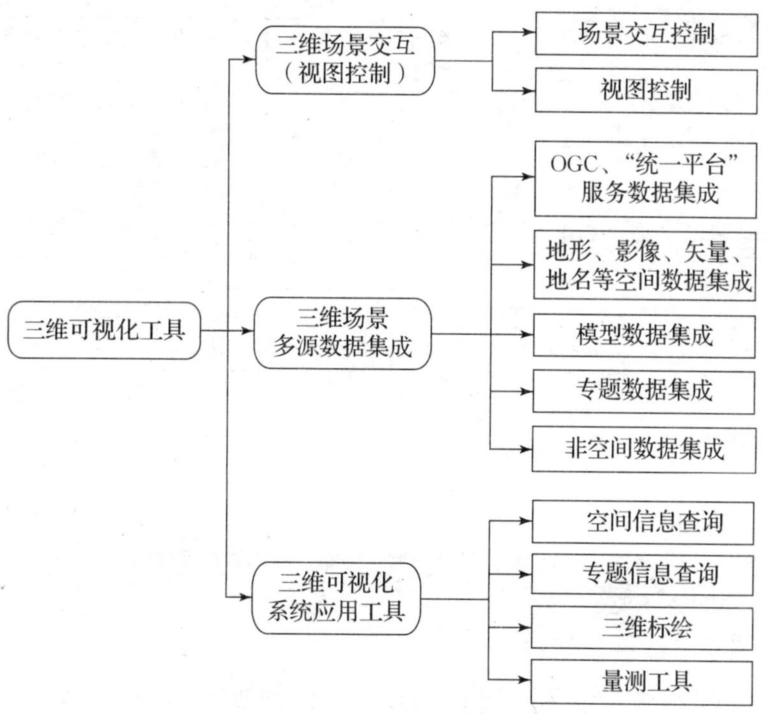

图 10-3　三维可视化工具主要功能

4. 网站管理和信息发布工具

在专题数据库和空间数据库基础上，通过网站方式发布信息服务，以方便、快捷的界面对不同用户提供不同的服务。主要功能包括支持多站点运行与信息发布的网站管理功能；具有样式管理功能，可以对站点的基本信息、站点的样式布局、栏目条目进行修改；具有包括栏目管理、条目管理、信息发布和建立查询索引的内容管理以及基于用户、角色、权限的用户访问控制等功能。

网站管理与信息发布整体分为四层结构，即最终用户应用层、基本功能服务层（支持用户二次开发层）、数据管理服务层、数据库层，如图 10-4 所示。

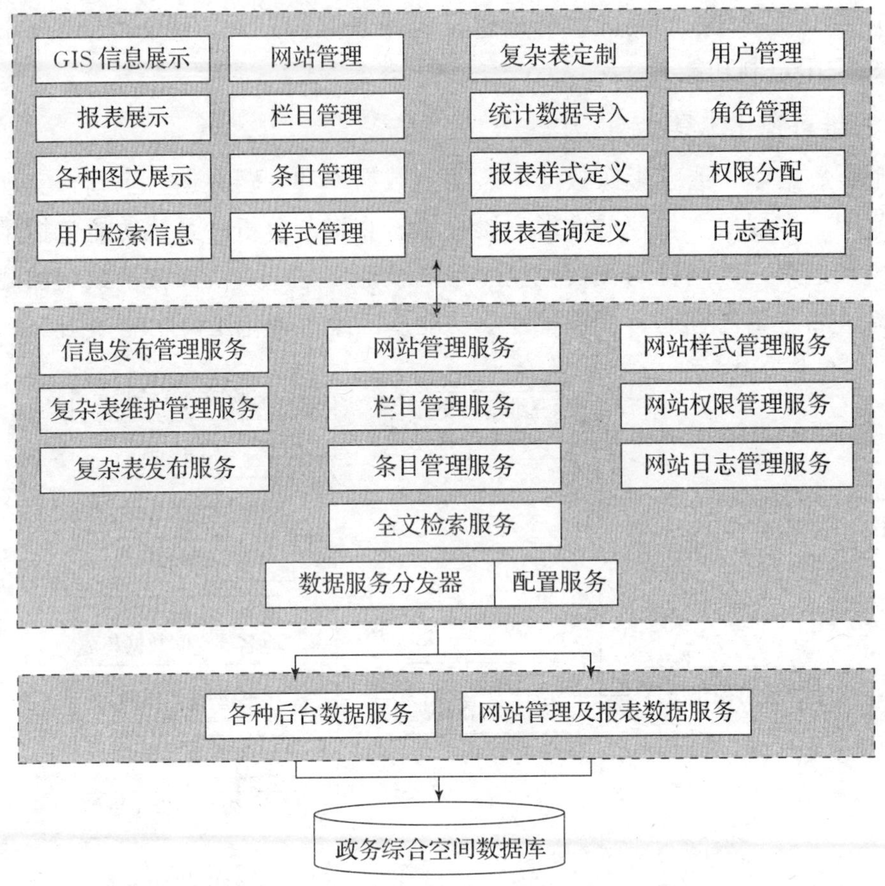

图 10-4　网站管理与信息发布工具的体系框架

5. 政务信息在线服务软件

政务信息在线服务软件为 GIS 应用提供各种数据支持、功能支持，包括空间数据服务、网络在线地图服务、应用支撑服务等。政务信息在线服务软件服务器端设计上强调开放性和灵活性，采用面向服务的架构，把 GIS 的基本功能封装为服务，GIS 应用可以任意使用服务的单个功能，也可以使用各种功能组合。政务信息在线服务软件可以支持各种客户端应用，当前主要客户端包括基于控件的胖客户端和完全基于 HTML 和 JavaScript 的瘦客户端。服务软件充分体现高效稳定和开发应用方便的特点，能快速高效地在网络上进行数据发布、地图发布和 GIS 应用开发。

空间数据服务包括空间数据的存取服务、空间属性数据存取服务和空间数据调度服务等，以及在线的空间数据格式的网络服务；网络在线地图服务是以 OGC 标准提供的 WMS、WFS、WTS、WPS 等在线空间数据和分析服务，负责标准化的地图服务；支撑服务包括权限认证、用户管理、日志管理等系统管理方面的服务，以及在线的应用支持服务。这些在线服务与客户端组件有机配合，就可以快速构建面向政府需求的政务地理信息服务应用。

§10.2　面向政府机关的电子政务地理信息服务应用

针对宏观经济、生态环境、应急救灾等国务院领导关心的热点问题，基于国家电子政务专网和国务院办公厅业务内网，充分利用部门和地方信息资源，以地理信息为基础，建设面向政府机关的全国空间信息系统，推动政府系统信息资源共享与办公业务协同，初步实现"信息共享、深化应用、辅助决策"的目的。

全国空间信息系统基于国家测绘地理信息局提供的国家基础地理信息数据，整合了多个部门的气象、水文、法人单位、灾情、地震、国民经济统计等专题信息，服务内容涵盖综合国情电子地图、热点问题相关企业、资源环境监测、自然灾害、国内外经济发展与分析、改革开放 30 年城市化发展、人口、资源等多个专题。系统部署于政府机关的专网和内网中，作为日常业务系统，不间断地为政府机关提供与空间地理位置相关的信息服务，不仅为领导层科学决策提供了重要支撑，同时形成了服务领导决策的跨部门、跨地方信息的整合"平台"。

全国空间信息系统包括综合国情电子地图、热点问题企事业单位分布、资源环境监测、防灾减灾、重大灾情、经济发展与分析、改革开放 30 年城市发展对比、战略资源、粮食及农业、中国与世界、一体化安排、西部大开发等 12 个栏目、46 个应用专题（见图 10-5），该系统已成为国务院各种与空间位置相关信息的累积、统计、对比、分析的重要工具，以下重点介绍其中 6 个专题的服务功能和内容。

图 10-5　系统主页及主要专题内容

10.2.1　综合国情电子地图

整合国家测绘地理信息局多尺度地理信息、县级以上行政区域综合情况信息，为用户提供各级行政区域线划地图、影像地图、综合情况信息查询以及地名搜索定位等地理信息服务（见图 10-6）。

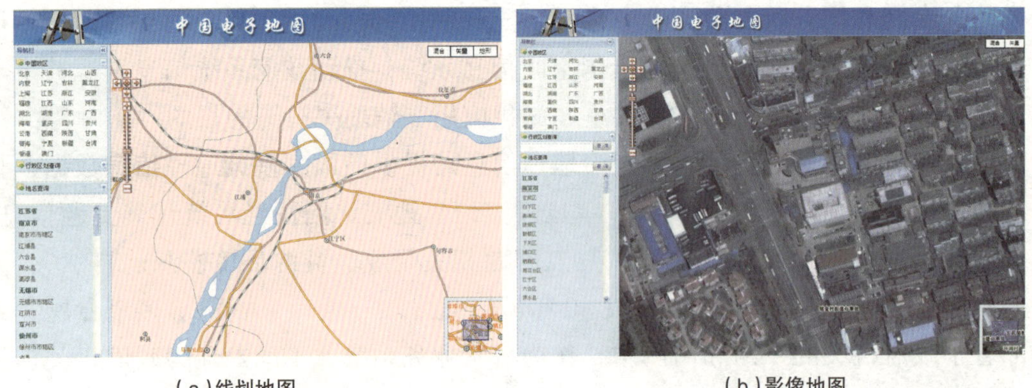

（a）线划地图　（b）影像地图

图 10-6　综合国情电子地图

10.2.2　灾情信息服务

通过与中国气象局、水利部、国家防总办、地震局、国土资源部、民政部减灾中心、科技部遥感中心等部门协同，基于地理信息，为领导层提供防汛气象信息、地震、地质灾害、昨日灾情、重大灾情等灾害专题信息服务（见图 10-7）。

图 10-7　灾情信息内容

1. 水灾信息

水灾信息整合水利部、国家防总办、气象局、科技部遥感中心的每日汛情、水情、气象信息，为领导层提供水灾信息服务。

2. 地震信息

地震信息整合历年地震信息，基于基础地理信息，按震级、发生时间、分类反映历史地震空间分布和详细的地震发生情况信息。

3. 地质灾害信息

地质灾害信息主要包括泥石流、滑坡、崩塌、地裂、地面塌陷等类别信息以及过去发生的地质灾害，实现基于地理信息的灾害信息空间分布、详细灾情信息查询等功能（见图 10-8）。

图 10-8　滑坡“圆”查询泥石流“矩形”查询

4. 其他灾害信息

其他灾害信息整合科技部国家遥感中心的遥感监测信息，不定期地发布全国旱灾、森林火灾、雪灾、沙尘暴、赤潮、地质灾害遥感监测与分析信息（见图 10-9）。

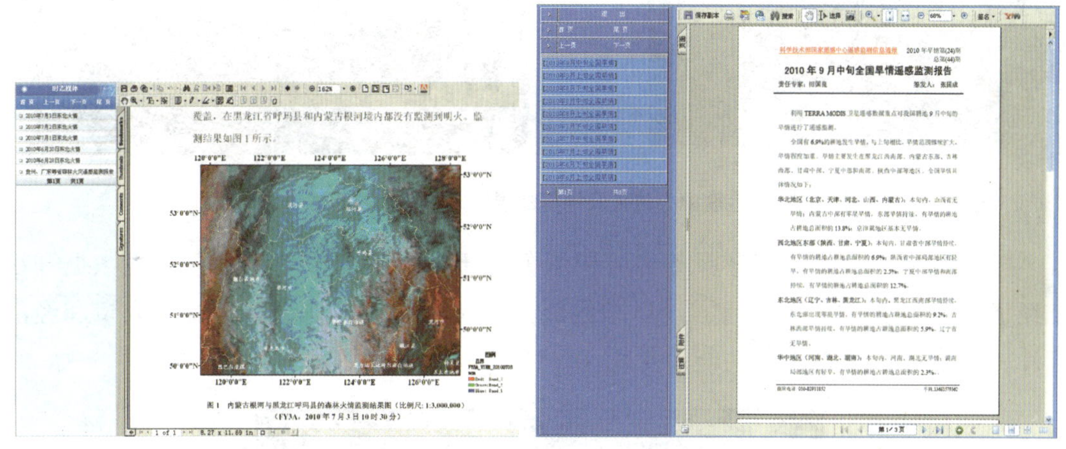

图 10-9　火情遥感监测旱情遥感监测

5. 重大灾情信息

重大灾情指面向政府机关对重大灾情地理信息的需求和实际灾情发生情况提供的信息，基于基础地理信息，建成了汶川地震灾情信息服务、雨雪冰冻灾情信息服务、玉树地震灾情信息服务、舟曲泥石流灾情信息服务、抚州洪涝灾害灾情信息服务等应用专题，为国务院领导提供了及时、现势的灾情地理信息。

灾情信息服务基于三维地理信息，实现了遥感监测信息、地震灾情信息和社会经济信息的可视化展现，支持地震信息、救援信息的过程化表达与查询；基于二维GIS，实现了灾情查询、灾情统计、统计制图、人口与经济信息提取、基础地理信息的叠加显示（汶川和玉树的地震灾情分别如图10-10、图10-11所示）。

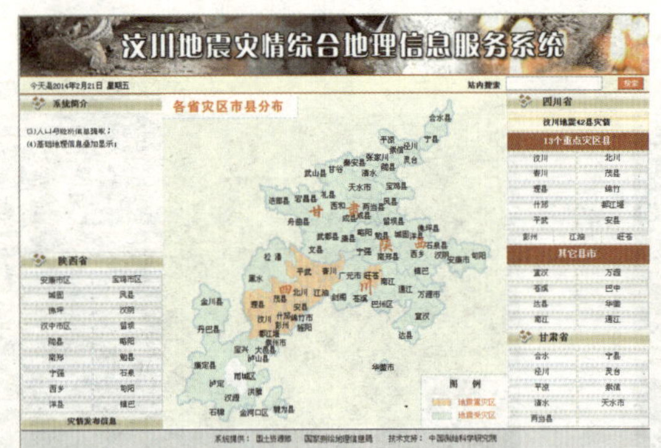

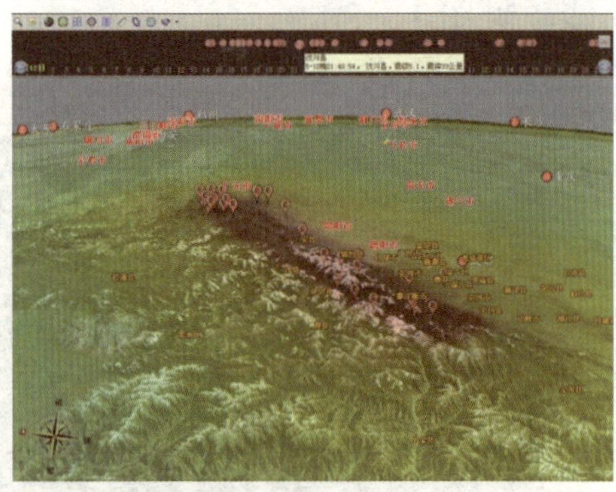

图10-10 地震受灾市县分布地震断裂带

图10-11 地震中心位置及地震断裂带灾前灾后遥感影像对比

抚州洪涝灾害灾情信息服务等应用服务基于多尺度国家基础地理信息数据和社会经济信息，实现了受灾范围计算、地形分析、受灾居民地统计、受灾人口和经济统计、三维可视化等服务功能（见图10-12）。

图10-12 基于数字高程模型的洪水淹没分析

10.2.3　热点问题企事业单位

与国家质检总局代码中心协同建立了热点问题相关企事业单位专题，为领导层提供热点问题的相关企事业单位和信息服务（见图 10-13）。

图 10-13　汶川地震相关企业分布和详细信息以及太湖周边化工企业分布

10.2.4　资源环境监测

面向政府机关对国家资源环境信息的需求，整合遥感监测信息，建成了全国沙漠化土地动态监测、北京周边水资源动态监测两个应用服务专题。

全国沙漠化土地动态监测利用多尺度监测信息和基础地理信息，通过信息集成、功能定制，主要反映全国沙漠化分布、分省沙漠化土地分布、各沙漠（地）分布、全国 / 省 / 县沙漠统计信息、沙漠化土地变化分析信息、典型地区监测分析信息等（见图 10-14）。

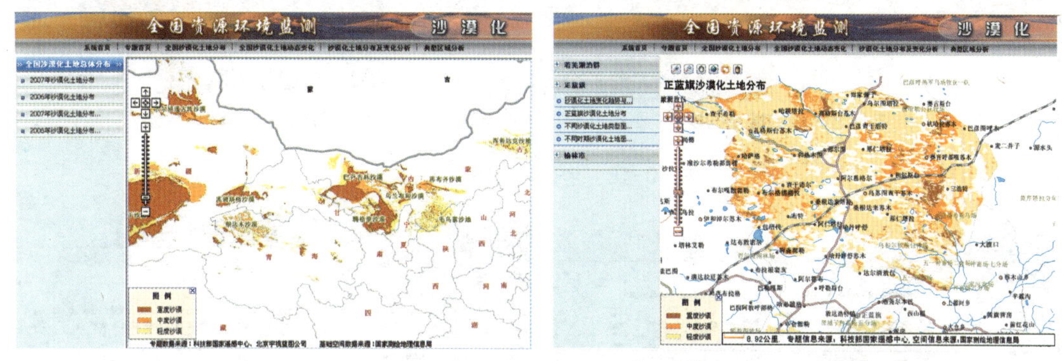

图 10-14　全国沙漠化分布及正蓝旗沙漠化土地分布

北京周边水资源动态监测重点反映北京周边水资源动态变化情况（见图 10-15）。

图 10-15　1999—2011 年密云水库水面变化及密云水库水面范围 2011 年与 1999 年对比

10.2.5　经济发展与分析

基于基础地理信息，整合展示了中国经济主要指标、世界经济主要指标、中国对外经济、对外关系信息，为领导提供中国和世界经济发展情况信息（见图 10-16）。

世界经济主要指标包括世界经济、国际投资、国际贸易、全球粮食、世界能源、区域经济合作、中国对外关系、中国对外经济等（见图 10-17）。

（a）各地区人口的城乡构成

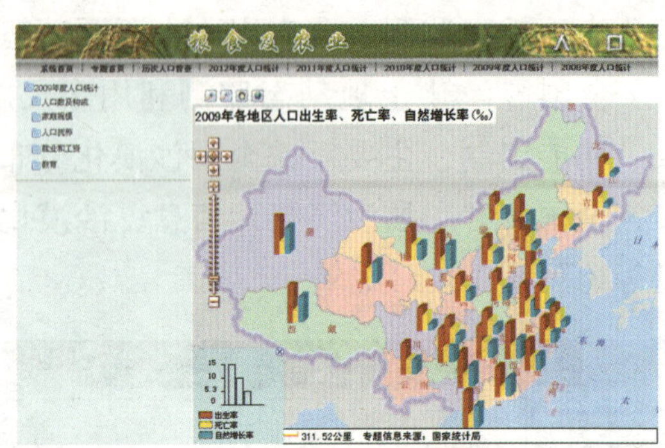

（b）各地区人口增长情况

图 10-16　全国经济发展与分析

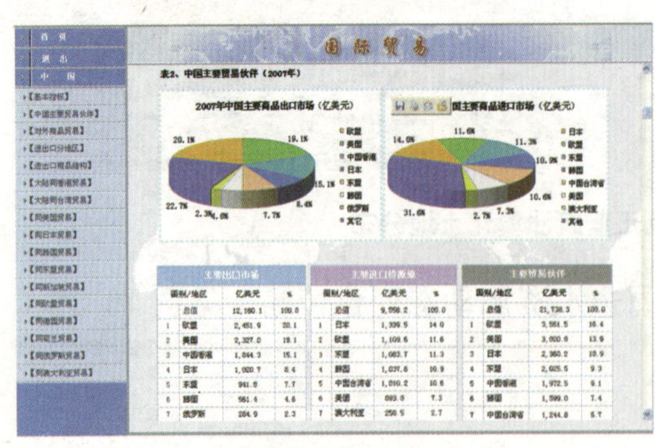

（a）中国主要贸易统计

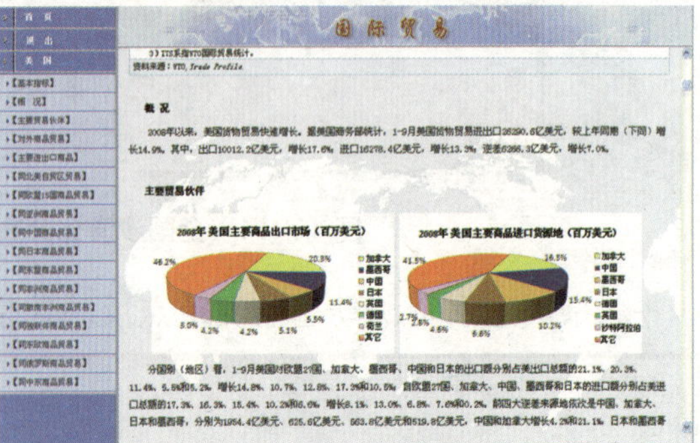

（b）美国主要贸易伙伴

图 10-17　世界经济发展与分析

10.2.6　改革开放 30 年城市发展

以地图、多时态影像、统计图表、多媒体等多种方式，反映全国 50 万以上人口的 131 个城市建成区扩展情况（见图 10-18）。

（a）全国 50 万以上人口的 131 个城市分布

（b）全国重点城市中心建成区扩展速率

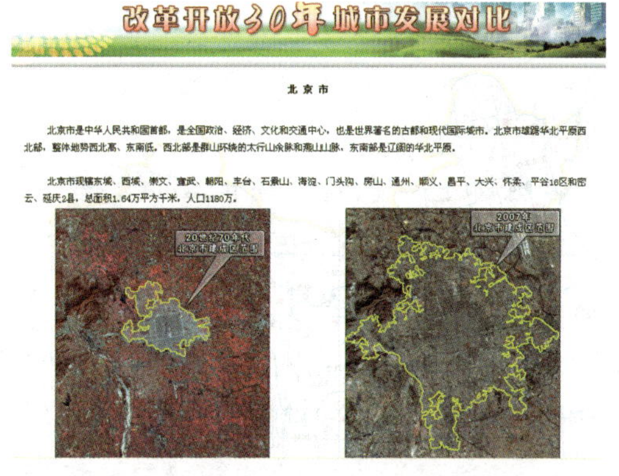

（c）20 世纪 70 年代与 2007 年北京城区范围对比

（d）珠三角地区主要城市扩展情况

图 10-18　改革开放 30 年城市发展

§10.3　面向部委及地方政府的电子政务地理信息服务应用

10.3.1　灾情地理信息系统

灾情地理信息系统通过国家测绘地理信息局和国家减灾中心的门户网站，对社会大众开通服务（见图 10-19）。系统根据每日由国家减灾中心发来的“昨日灾情”文档信息，按灾情发生位置、类型等，采用灾情象形符号标注到“灾情地理信息”系统中，加载灾情的文字描述信息，供用户了解详情，实现快速地为领导和公众提供有关自然灾害的信息服务工作。

图 10-19　“昨日灾情”地理信息系统

10.3.2　教育管理综合服务平台地理信息系统

教育管理综合服务平台地理信息系统根据教育部业务整合、空间布局、统计分析、宏观决策等需求建设而成，为全国重大教育工程实施提供教育业务分析支撑服务与综合决策保障。

教育管理综合服务平台地理信息系统为“校安工程”提供全面、翔实、持续的地理信息服务（见图 10-20）。在教育行业实现在线与离线的地理信息服务、组件化与嵌入式的分析统计服务、快速集成二次开发服务。通过灵活丰富的功能接口、模板化的专题图和便捷的管理功能，完成多类型业务信息的交互统计展示。系统基于 SOA 架构，充分运用教育系统内已建立的软硬件平台，整合众多平台所提供的计算、存储、网络、信息等资源，利用已有分布式资源进行集成调度、科学分配的能力，实现以较少的额外投资，实现教育部内部各种功能整合、灵活扩展、数据分布的目的。

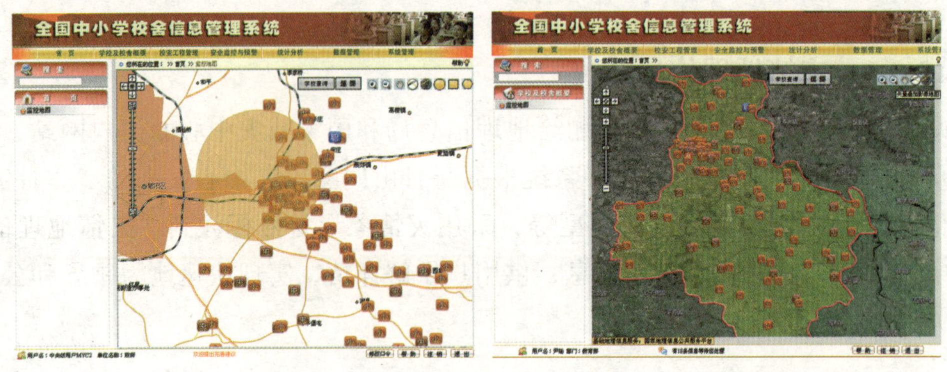

图 10-20　教育管理综合服务平台地理信息系统为“校安工程”提供支撑

教育管理综合服务平台地理信息系统为“金教工程”提供灵活、准确、科学的地理空间动态统计服务。系统实现地图加载显示与调度、矢量地图与遥感影像的动态切换、GIS 基本操作、地图显示级别控制、要素绘制、图层控制、底图控制、添加自定义标签、坐标转换、地图控件事件监听、地图要素事件监听等 11 大类功能 API；空间定位、地理数据服务、Web Service 业务拓展等三大类后台服务。以服务化、模板化的思想定制开发 GIS，满足平台通用性的功能，能够方便快捷地与金教工程各大业务信息系统进行集成整合，提供灵活丰富的功能接口、模板专题图和便捷的管理功能，业务系统开发人员只需少量开发工作即可实现业务系统与 GIS 的快速集成。

10.3.3　中国（云南）—东盟自由贸易区—南亚区域合作联盟空间信息公共平台

中国（云南）—东盟自由贸易区—南亚区域合作联盟空间信息公共平台旨在围绕“把云南建成通向东南亚、南亚的国际大通道”这一战略目标，建立云南省、东盟十国和南亚区域合作联盟八国基础地理空间数据库，建立宏观社会经济信息库，服务于省政府宏观管理决策。平台基于地理信息，整合省政府研究室、省社科院等多个权威部门提供的社会经济专题信息，构建了“区域地理环境”“国际大通道”“资源开发利用”“经济与社会发展”“合作与交流”“次区域合作”“云南省情”“东盟南盟背景”八个应用专题，实现海量信息综合管理、检索查询、统计制图、预测分析和专题信息发布等多功能的服务。平台应用系统已安装部署在云南省政府办公厅内网上在线运行（见图 10-21），作为省政府办公厅政务资源门户网站的重要组成部分。

图 10-21　空间信息公共平台

中国（云南）—东盟自由贸易区—南亚区域合作联盟空间信息公共平台是国内第一个权威、实用的跨境综合空间信息服务平台，解决了多尺度地理空间数据和多类型社会经济专题数据整合建库问题，实现了二维与三维地理信息联动显示以及指标空间化表达及统计信息综合分析评价、创立了地理信息与政务信息图文一体化服务模式、构建了多层次信息关联服务体系。

10.3.4　柴达木循环经济试验区地理信息系统

青海省为生态大省，开展循环经济建设、保护生态环境是青海省经济发展的重中之重。

柴达木循环经济试验区地理信息系统充分利用国家、省级基础测绘成果和西部测图成果，通过信息整合，建成了柴达木循环经济试验区多源、多类型的基础空间数据库、9个循环经济专题数据库、2900多个城市建筑模型，总数据量近1TB。建成了在青海省政府内网在线运行的柴达木循环经济试验区地理信息系统。系统包括六个模块，分别是循环经济产业体系、工业园区和重点企业、资源信息、基础设施、社会经济以及生态环境。其中的三维工业园区、企业选址综合分析、水资源配置分析功能是本系统的亮点，在试验区产业布局规划中发挥了重要作用。三维工业园区在建设柴达木循环经济区的高分辨率DEM数据、高分辨率卫星影像图数据、地形图数据等基础地理空间数据库以及重点公用基础设施、重要建筑等模型数据库基础上，通过虚拟现实技术，在三维数字空间对工业园区进行虚拟现实展示。配合工业园区企业规划、选址的需求，开发了企业选址综合分析功能，选址分析考虑的综合因素包括土地利用状况、距水源地距离、与交通设施的距离、可开发利用土地的面积、地块的坡度等，系统根据设定的各项因素权重值分析出符合要求的企业建设地块，辅助管理部门规划、决策。

合理开发利用水资源是经济长远发展的基础，水资源配置分析功能可展示循环经济区各类水资源信息，用于人饮工程布局的分析和规划，如根据现有人饮工程的分布可分析计算出对试验区内居民点的覆盖率，或根据要达到的某一覆盖率，分析计算出需要增加的取水点个数，也可以根据取水点的增加个数分析出覆盖率。

柴达木循环经济试验区地理信息系统主要服务于青海省政府和发改委等循环经济管理、规划相关部门，是有关部门了解柴达木地区基本地理情况和社会经济发展状况、制定相应规划决策的重要科学依据。系统已安装部署在青海省政府内网和海西蒙古族藏族自治州发改委，为省、州两级政府提供在线的循环经济信息服务（见图10-22）。

（a）企业选址分析　　　（b）人饮工程水资源配置分析

图 10-22　柴达木循环经济试验区地理信息系统

10.3.5　湖北省卫生资源数据共享系统

湖北省卫生厅资源数据共享系统以 GIS 技术、多媒体、网络、数据库技术为支撑，通过与现有信息管理系统结合，借助 GIS 独有的空间分析功能和可视化表达，对卫生厅相关资源等方面进行可视化信息管理，把复杂繁多的资源信息变得清晰可视、生动直观，进一步提高了卫生资源管理的质量和效率，是一个功能齐全、协调高效、信息共享、监控严密、安全稳定的卫生资源管理信息系统。

湖北省卫生厅资源数据共享系统嵌入至省卫生厅资源公众服务基础数据库平台中，提供给卫生厅局域网用户、省电子政务门户和省政务互联网门户的用户等单位使用。该系统整合基础地理信息资源，形成标准化、规模化和可持续更新维护的数据资源，可满足湖北省卫生部门对基础性、战略性地理信息资源的需求。湖北省卫生厅电子政务基础地理信息平台的建设，为卫生部门加强卫生资源数据共享、提高卫生保障服务能力提供了技术手段和信息支持（见图 10-23）。

图 10-23　湖北省卫生资源数据共享系统

展　望

随着地球空间信息技术的发展和地理信息在政府管理与决策领域的广泛应用，构建电子政务地理信息服务技术体系以满足多方面的需求，正成为管理科学、地球科学等领域的重要工作内容之一。电子政务的核心是实现行政和日常事务的网上管理，建立政府、社会和公众之间的服务系统，与计算机支持的协同工作紧密相关。面向电子政务的地理信息服务对数据的内容和组织形式、数据的管理方式、信息交换与整合方法、服务应用模型、信息服务模式等均提出了不同的要求。本书在系统总结和分析国内外大量电子政务、协同空间决策、工作流、本体、语义等相关理论和技术的基础上，对电子政务地理信息服务的理论和技术进行了全面、系统的介绍，就地理信息服务在电子政务中的应用进行了一系列有意义的探索，尤其开展了多方面的探索性试验。

电子政务地理信息服务的研究方兴未艾，目前虽然已经取得了一些成果，在一些政府部门也出现了一些电子政务地理信息服务平台，但其整体水平还处于发展的初级阶段，需要进一步扩展和深化，需要探索、研究的问题有很多，从技术研究到实际应用的路还较长，尤其云计算、大数据等信息技术与地理信息服务融合带来的一些新挑战，将促使空间数据库加速分化，数据存储模型呈现出多样化的特点，地理空间大数据的动态管理显现出功能与性能瓶颈；空间尺度、时间尺度与语义不一致仍然是地理空间数据整合面临的主要问题，探索性空间数据分析逐步成为空间格局分析的主流方法。因此，电子政务地理信息服务的发展呈现以下新的发展趋势（李德仁 等，2009，2010）。

（1）基于云架构的在线多层多类政务地理信息汇聚整合。我国电子政务网络基础设施具有大规模、分布式、并行化等架构特点，需要构建基于云计算的信息汇聚、整合、开发利用的应用系统架构体系，实现政务信息、决策信息等动态信息的在线交换、存储与处理，实现文本信息、地理信息、属性信息、媒体信息等海量信息的实时分类、汇聚，尤其是基础地理信息与人口、法人、工商、税务等国家电子政务基础信息的整合，为实现面向综合决策的信息快速检索、个性化服务，提供统一、实时、动态的信息技术支撑。

（2）电子政务地理信息服务加快向知识服务转化。随着传感技术、信息技术与定位技术的快速发展，地理空间数据体量大、类型多、更新快的特点突显，通过数据仓库、数据挖掘、联机分析、模型算法库等相关技术，实现从海量信息中获取关联、规则、趋势等知识化成果是电子政务地理信息服务的关键；研究地理空间信息中空间实体对象的知识化表达与管理方法，实现地理信息的知识化表达与管理，为空间辅助决策以及空间分析等提供服务；利用丰富的互联网信息资源，提取、挖掘政府关注的决策知识，对技术提出了更多的要求，研发信息智能搜索、专题快速构建、个性化服务等知识应用系统，提高知识的应用及服务水平，加快从信息服务向知识服务的转化。

（3）政务地理信息服务方式逐渐转变。基于地理信息服务的电子政务不只是现代信息技术在政府工作中的应用，也是用地理信息技术和其他技术手段去固化政府的行政管理模式，其应用已越来越同政府职能的转变相结合、同政府机构的改革相结合、同政府业务流程的重组相结合，最终是要促进政府管理职能和办公效率的有效提高。

（4）电子政务地理信息服务平台建设越来越注重于实效。在实际建设中，提高政府办事效率，对公众进行服务是其重要的目标，应尽可能让公众体会到基于地理信息技术的电子政务建设的实效。让公众满意，是衡量电子政务建设是否成功的重要尺度，公众满意了，反过来也会促进电子政务地理信息服务平台建设的良性发展，同时会大力推动地理信息技术的提高以及产业化的提高。

（5）电子政务地理信息服务平台建设越来越以需求为导向，应用为主线，数据为中心。电子政务地理信息服务平台建设经历过一些误区，有些项目纯粹是为政府所做的“形象工程”，对电子政务，特别是地理信息技术的认识比较模糊，认为电子政务地理信息服务平台就是要建设新的网络、新的应用、新的业务支撑系统，铺新摊子，而没有真正从实际需求出发。需求不明确的系统很难成功，成功的电子政务平台一定要来源于社会需求，以需求为引导，目标定位清楚，整合各种数据资源，围绕数据进行应用开发，保持数据的相对集中，应用的相对分散，即数据采集的结果向上集中，数据采集的实际应用与数据分析应向下分发。

电子政务地理信息服务是政务管理精细化、科学化、可视化的必然产物，是一项需要长期建设并不断改进和优化的系统工程，需要通过多部门协同、多学科交叉、多层次开发才能实现。同时，电子政务地理信息服务的快速发展不仅可以有力带动和推进地理信息的应用，尤其可以在很大程度上改变政府的管理模式，无疑是未来政府治理能力现代化的有效手段。因此，未来需要对电子政务地理信息服务的新理论、新技术和新应用加以持续的探索。

参考文献

包国宪，王学军，柯卉 . 2009. 国外服务科学理论研究前沿探析 [C]// 兰州大学管理学院 . 第四届中国管理学年会——组织与战略分会场论文集 . 北京：[出版者不详].

常燕卿 . 2006. 电子政务中地理信息服务现状及未来发展 [J]. 测绘科学，31(2)：57-59.

陈波，王浣尘 . 2002. 各国电子政务的实践与意义 [J]. 科技情报开发与经济，12(4)：91-93.

陈崇成，肖桂荣，孙飒梅，等 . 2001. 空间决策支持系统的集成体系结构及其实现途径 [J]. 计算机工程与应用，37(15)：55-57.

陈桦，曹岩，赵汝嘉 . 2002. Internet 环境下基于多 Agent 的协同设计 [J]. 机床与液压 (1)：75-76.

陈靖，李增智，王云兰，等 . 2002. 南海市区 (镇) 电子政务的研究与实现 [C]// 中国科学技术协会 . 第六届全国计算机应用联合学术会议论文集 . 北京：[出版者不详].

陈述彭，鲁学军，周成虎 . 1999. 地理信息系统导论 [M]. 北京：科学出版社 .

陈友初，谈超洪 . 2002. 电子政务的技术构架 [J]. 广西科学院学报，18(4)：195-198.

陈则谦，白献阳 . 2007. 我国科技信息事业发展的轨迹——从信息服务走向知识服务 [J]. 现代情报 (12)：11-15.

池天河，张新，赵小锋，等 . 2006. 面向电子政务的地理信息服务体系研究——以“数字福建”为例 [J]. 测绘科学，31(2)：11-12.

崔巍 . 2004. 用本体实现地理信息系统语义集成和互操作 [J]. 测绘信息与工程，29(1)：20-22.

邓仕虎，袁超 . 2010. 政务地理信息共享交换新模式——以重庆市为例 [J]. 测绘科学 (1)：189-191.

邸凯昌 . 2001. 空间数据发掘与知识发现 [M]. 北京：测绘出版社 .

董春，刘纪平，李玉祥，等 . 2006. 基于电子政务的中国广播电视统计网络管理体系设计研究 [J]. 电子政务 (11)：37-42.

董春，王桂新 . 2002. 地理因子与空间人口分布的相关性研究 [J]. 遥感信息，4(1)：61-64.

董春，张清浦，张家庆，等 . 2000. 地理因子库的建立及应用探讨 [J]. 遥感信息 (1)：12-16.

段晓君，王正明 . 2003，基于选择准则的参数模型评价方法 [J]. 国防科技大学学报，25(3)：62-65.

段晓君，王正明 . 2003. 基于特征量的小子样试验鉴定精度研究 [J]. 兵工学报，24(3)：367-372.

冯涛，袁占亭 . 2003. 基于代理技术的电子政务系统研究与设计 [J]. 计算机应用，23(4)：19-22.

高洪深 . 2000. 决策支持系统（DSS）理论 · 方法 · 案例 [M]. 北京：清华大学出版社 .

高鑫，李琳 . 2007. 基于 .NET 的参数化模型库的开发 [J]. 计算机与现代化 (10)：130-132.

高勇，刘宇，王永乾 . 2002. 基于 OpenGIS 的空间信息工作流管理系统框架研究 [J]. 地理与地理信息科学，18(4)：28-32.

葛艳，黄冬梅，陈明，等 . 2007. 基于 Web Services 的模型库系统设计方案 [J]. 计算机工程 (33)：258-260.

龚安，窦万蕊，王彦 . 2010. 基于蚁群—遗传算法的物化视图选取策略 [J]. 微计算机应用，31(1)：15-20.

龚健雅 . 2001. 地理信息系统基础 [M]. 北京：科学出版社 .

龚敏霞，闾国年，张书亮，等 . 2002. 智能化空间决策支持模型库及其支持下 GIS 与应用分析模型的集成 [J]. 地球信息科学，4(1)：91-97.

郭黎，崔铁军，吴正升 . 2002. 多源数字地图融合技术问题的研究——以数字海图与地形图融合为例 [J]. 海洋测绘，22(2)：22-25.

郭敏，方家骐 . 2001. 图形协同标绘系统的研究与设计 [J]. 计算机工程与应用，37(3)：106-108.

郭中，王惠芳，黄永忠，等 . 2002. 基于元组空间的 Agent 协作模型的分析与实现 [J]. 计算机科学，29(10)：28-29.

韩海洋，龚健雅，袁相儒 . 2000. 基于 B/S 体系的 Internet GIS 分布式异构空间数据库的集成 [J]. 遥感学报，4(1)：76-82.

郝永平，王崇海，宁汝新，等．2002. 基于协同环境下的冲突管理机制研究［J］. 计算机集成制造系统，8(4)：299-302.

何建邦，李新通，毕建涛，等．2003. 资源环境信息分类编码及其与地理本体关联的思考［J］. 地理信息世界，1(5)：6-11.

洪宁，许端清．2000. 图案协同设计中的数据处理技术［J］. 工程设计(3)：13-17.

胡雪莲，程承旗，孙永军，等．2003. 协同 GIS-COGIS 概念初探［J］. 中国图象图形学报，8(6)：715-720.

黄萃，刘家真．2005. 基于门户网站的电子政务信息资源整合机制研究［D］. 武汉：武汉大学．

黄茂军，杜清运，杜晓初．2005，地理本体空间特征的形式化表达机制研究［J］. 武汉大学学报：信息科学版，30(4)：337-340.

黄茹芬．2003. 电子政务建设中的有关技术问题探讨［J］. 漳州师范学院学报，16(1)：39-41.

黄梯云．2001. 智能决策支持系统［M］. 北京：电子工业出版社．

黄裕霞，柯正谊，何建邦．2001. 可互操作的 GIS 研究［J］. 中国图象图形学报，6(9)：925-931.

纪建悦，王元月，林则夫．2002. 试论我国电子政务现状，问题及发展策略［J］. 科学学与科学技术管理(6)：14-17.

贾黎莉．2007. Ontology 构建中概念间关系的研究［D］. 北京：中国农业科学院．

姜文来，武霞，林桐枫．1998. 水资源价值模型评价研究［J］. 地球科学进展，13(2)：178-183.

金江军，潘懋．2003. 电子政务数据资源的开发利用［J］. 地理与地理信息科学，19(6)：42-46.

李爱勤，李德仁，龚健雅，等．2009. GIS 的空间数据多比例尺表达与处理概念框架［J］. 地球信息科学学报，11(5)：645-651.

李德仁，崔巍．2004. 空间信息语义网格［J］. 武汉大学学报：信息科学版，29(10)：847-851.

李德仁，李德毅．2002a. 论空间数据挖掘和知识发现的理论与方法［J］. 武汉大学学报：信息科学版，27(3)：221-233.

李德仁，龚健雅，李京伟，等．2002b. 中国空间数据基础设施建设［J］. 测绘通报(11)：4-7.

李德仁，钱新林．2010. 浅论自发地理信息的数据管理［J］. 武汉大学学报：信息科学版，35(4)：379-383.

李德仁，邵振峰．2009. 论天地一体化对地观测网与新地理信息时代［C］// 中国测绘学会．中国测绘学会第九次全国会员代表大会暨学会成立 50 周年纪念大会论文集．北京：［出版者不详］.

李德仁．1996. 论发展我国地理信息产业的基础建设［J］. 测绘标准化，12(1)：11-14.

李红梅．2005. 空间实体类型语义相似度计算模型的研究［D］. 武汉：武汉大学．

李霖，王红．2006. 基于形式化本体的基础地理信息分类［J］. 武汉大学学报：信息科学版，31(6)：523-526.

李霞，樊治平，冯博．2007. 知识服务的概念、特征与模式［J］. 情报科学，25(10)：1584-1587.

李祥，王东哲，周雄辉，等．2001. 协同设计过程中的冲突消解研究［J］. 航空制造技术(1)：32-35.

李志林，朱庆．2000. 数字高程模型［M］. 武汉：武汉测绘科技大学出版社．

栗斌，刘纪平，石丽红，等．2007a. 电子政务空间辅助决策系统数据库的安全策略［J］. 测绘科学，32(4)：78-80.

栗斌，刘纪平，石丽红，等．2007b. 防汛服务工作的信息化实践［C］// 中国测绘学会．中国测绘学会九届三次理事会暨 2007 年“信息化测绘论坛”学术年会论文集．北京：［出版者不详］.

栗斌，石丽红，刘纪平，等．2006. 基于 GIS 技术的区县电子政务平台的设计［J］. 电子政务(12)：21-26.

栗斌，石丽红，刘纪平，等．2011. 面向防汛服务工作的电子政务信息化管理和实践［J］. 测绘科学，36(1)：184-186.

梁战平．2001. 情报学的新发展［J］. 情报学报(2)：130-135.

刘纪平，刘钊，王亮．2006a. 基于功能协同的电子政务空间信息服务［J］. 测绘学报，35(4)：299-302.

刘纪平，陶坤旺，王亮，等．2006b. 基于 SOA 的电子政务空间地理信息服务与实现［J］. 辽宁工程技术大学学报：自然科学版，25(6)：81-83.
刘纪平，王亮，雷兵 . 2003. 试论电子政务空间辅助决策环境的建立 [J]. 测绘科学，28(1)：24-24.
刘纪平，王亮，张福浩，等 . 2008. NSDI 支持下的电子政务地理信息服务平台研制 [J]. 测绘科学 (2)：75-77.
刘群，李素建 . 2002. 基于《知网》的词汇语义相似度计算 [J]. 中文计算语言学，7(2)：59-76.
刘书雷 . 2006，基于工作流的空间信息服务聚合技术研究 [D]. 长沙：国防科技大学 .
刘学军 . 2002. 基于规则格网数字高程模型解译算法误差分析与评价 [D]. 武汉：武汉大学 .
罗英伟，高朝华，汪小林，等 . 2002a. Geo-Agents 系统中的合作与并行分析 [J]. 计算机科学 (10)：25-27.
罗英伟，汪小林，许卓群 . 2002b. 面向分布式 GIS 的多 Agent 系统模型 [J]. 北京大学学报：自然科学版，38(3)：375-383.
孟令奎，赵春宇，林志勇，等 . 2003. 基于地理事件时变序列的时空数据模型研究与实现 [J]. 武汉大学学报：信息科学版，28(2)：202-207.
彭晖，陈立民，常亮 . 2009. 基于动态描述逻辑的语义 Web 服务匹配研究 [J]. 计算机研究与发展，45(12)：2102-2109.
彭力，李稳，娄国焕 . 2002. 基于多智体多库协同的一种虚拟现实仿真界面构建技术 [J]. 计算机科学 (11)：90-92.
商彦蕊 . 2005. 我国自然灾害研究进展与减灾思路调整 [J]. 地域研究与开发，24(2)：6-10.
史美林，向勇，杨光信 . 2000. 计算机支持的协同工作理论与应用 [M]. 北京：电子工业出版社 .
施敏，鲁东明，潘云鹤 . 2001. 计算机支持的多用户协同图案设计系统模型 [J]. 中国图象图形学报 (8)：26-32.
石淑芹，陈佑启，李正国，等 . 2011，基于分区和多元回归分析的统计单产空间化模拟——以吉林省玉米为例 [J]. 安徽农业科学，39(6)：193-195.
宋峻峰，张维明，肖卫东，等 . 2005. 基于本体的信息检索模型研究 [J]. 南京大学学报：自然科学版，41(2)：189-197.
宋琳，董春，李青元 . 2005. 浅谈电子政务地理信息系统的信息标准化 [J]. 地理信息世界，3(3)：14-17.
苏理宏，黄裕霞 . 2000. 基于知识的空间决策支持模型集成 [J]. 遥感学报，4(2)：151-156.
孙毅中，严荣华 . 2005. 电子政务 GIS 集成的应用研究 [J]. 测绘科学，30(2)：81-83.
汤国安，刘学军，闾国年，等 . 2007. 地理信息系统教程 [M]. 北京：高等教育出版社 .
王斌，张尧学，陈建二，等 . 2002. 基于 Internet 信息挖掘的 Agent 通信协议 [J]. 计算机科学，29(8)：85-87.
王崇海，郝永平，张德育 . 2002. 协同环境下冲突管理体系框架 [J]. 中国工程科学 (4)：83-85.
王放，顾宁，易于 . 2002. 基于语义的多代理协同数据库平台 [J]，计算机工程，28(4).
王光彩，刘新福，顾君忠 . 2001. 基于代理的信息共享模型 [J]，计算机应用，21(8)：4-5.
王恒山，张琪 . 2000. 决策支持系统与地理信息系统的集成化研究 [J]. 计算机工程与应用 (5)：176-178.
王家耀，2001. 空间信息系统原理 [M]. 北京：科学出版社 .
王亮，刘纪平，雷兵 . 2005. 基于 GIS 与 DSS 技术的空间辅助决策软件平台设计与开发 [J]. 测绘科学，30(1)：18-21.
王强 . 2010. 空间信息服务聚合的关键技术研究 [D]. 郑州：解放军信息工程大学 .
王桥，吴纪桃 . 1999. 空间决策支持系统中的模型标准化问题研究 [J]. 测绘学报，28(2)：172-176.
吴建祖，张兴华，陆俊杰 . 2009. 服务科学、管理与工程（SSME）学科体系构建 [J]. 中国科技论坛，15(1)：21-25.
吴孟泉，宋晓东，崔伟宏 . 2007. 基于本体的异构空间数据的集成研究 [J]. 武汉大学学报：信息科学版，32(10)：915-918.

吴慰娜 . 2006. 基于工作流的“一站式服务”行政许可系统 [J]. 计算机工程，32(18)：267-269.
肖桂荣，陈崇成，涂平 . 2002. 基于特征及地理事件的土地利用更新模型研究 [J]. 计算机工程与应用 (4)：233-235.
肖予钦，景宁，吴秋云，等 . 2003. 空间数据挖掘关键问题研究 [J]. 计算机科学，30(9)：49-53.
徐建民，朱松，陈富节 . 2007. 术语相似度和术语相关度在检索模型中的融合研究 [J]. 计算机应用，27(12)：3013-3015.
徐晓飞 . 1996. 未来企业的组织形态——动态联盟 [J]. 中国机械工程 (74)：15-20.
阎波杰，吴文英，潘瑜春，等 . 2011，畜禽养殖废弃物统计数据空间化方法 [J]. 江南大学学报：自然科学版，10(6)：653-656.
杨娟 . 2007. 基于在线地图服务的专题系统架构设计与实现——以潜江市规划查询系统为例 [D]. 阜新：辽宁工程技术大学 .
姚莉，等 . 2002. 智能协作信息技术 [M]. 北京：电子工业出版社 .
于戈，鲍玉斌，嵇晓 . 2003. 数据仓库工程方法论 [M]. 沈阳：东北大学出版社 .
张程，王云莉，肖田元 . 2002. 分布式实时协同设计环境的研究 [J]. 计算机工程与应用 (14)：61-63.
张家庆 . 2003. 空间信息支持下的电子政务及其展望 [J]. 测绘科学 (1)：21-23.
张晶，吴绍洪，刘燕华，等 . 2007. 土地利用和地形因子影响下的西藏农业产值空间化模拟 [J]. 农业工程学报，23(4)：59-65.
张清浦 . 2003. 电子政务与 GIS[J]. 测绘科学，28(1)：5-8.
张清浦 . 2004. 电子政务与数字中国地理空间基础框架 [J]. 地理信息世界，2(1)：1-6.
张清浦 . 2005. 电子政务地理信息系统的现状与展望 [J]. 测绘科学，30(1)：6-8.
张清浦，刘纪平，等 . 2003. 政府地理信息系统 [M]. 北京：科学出版社 .
张曙光，李春燕，刘英 . 2002. 基于 Java 的 Web GIS 系统的研究与开发 [J]. 计算机工程与科学，24(1)：54-58.
赵巾帼 . 2008. 基于语义距离的概念语义相似度研究 [D]. 长沙：中南大学 .
赵俊三，徐涛，傅晓东 . 2005. 面向电子政务的自然资源与地理空间数据整合方法研究 [J]. 地理信息世界，3(3)：4-8.
赵珊，贾宗璞，汤永利，陈芳静 . 2003. 构建电子政务系统的研究 [J]，电脑开发与应用，16(9)：2-3.
赵阳，刘弘 . 2006. 协同设计中基于规则推理的冲突消解研究 [J]. 计算机应用研究，23(1)：54-56.
赵正德，王晓华，石秀丽 . 2005. 网格工作流模型和协同机制的研究与实现 [J]. 计算机应用与软件，22(10)：90-92.
郑毅强，郭荷清，高伟 . 2005. 面向政务流程的工作流模型 [J]. 华南理工大学学报：自然科学版，33(5)：48-58.
中国测绘学会 . 2012. 中国测绘科学发展蓝皮书 [M]. 北京：测绘出版社 .
周海燕 . 2003. 空间数据挖掘的研究 [D]. 郑州：解放军信息工程大学 .
周星，陈军 . 2003. 面向国家电子政务的基础地理信息资源建设 [J]. 测绘科学，28(1)：17-20.
朱庆，李霞飞，张叶挺 . 2002. 基于 Web 的 CCGIS 浏览器插件的设计与实现 [J]. 测绘学报，31(1)：22-27.
祝国瑞 . 1992. 地图分析 [M]. 北京：测绘出版社 .
AALST W, HEE K. 2004. 工作流管理——模型、方法和系统 [M]. 王建民，等，译 . 北京：清华大学出版社 .
ACHARYA S, GIBBONS P B, POOSALA V. 2000. Congressional samples for approximate answering of group-by queries[C]. ACM SIGMOD Record，ACM.
AGARWAL P. 2005. Ontological considerations in GIScience[J]. International Journal of Geographical Information Science，19(5)：501-536.
ALONSO G, ABBADI A. 1994. Cooperative modeling in applied geographic research[J]. International

Journal of Intelligent and Cooperative Information Systems, 3(1): 83-102.

ALONSO G, HAGEN C. 1997. Geo-Opera: Workflow concepts for spatial processes. In Advances in Spatial Databases[M]. Heidelberg: Springer.

BAADER F. 2003. The description logic handbook: theory, implementation, and applications[M]. Oxford: Cambridge Univ Pr.

CAI Hong, CHUNG J Y, SU Hui. 2008. Relooking at services science and services innovation[J]. Service Oriented Computing and Applications, 2(1): 1-14.

DENSHAM P J, GOODCHILD M F. 1989. Spatial decision support systems: A research agenda[C]. Proc. annual conference, Orlando: [s. n.].

DONG Zhendong, DONG Qiang, 2000. Introduction to hownet. http: //www.keenage.com.

FUENTES M, RAFTERY A E. 2005. Model evaluation and spatial interpolation by Bayesian combination of observations with outputs from numerical models [J]. Biometrics, 61(1): 36-45.

GUARINO N. 1997. Semantic matching: Formal ontological distinctions for information organization, extraction, and integration[M]. Heidelberg: Springer.

HEFLEY W E. 2008. Service science, management and engineering: education for the 21st century[M]. Heidelberg: Springer.

JANKOWSKI P, STASIK M. 1997. Design considerations for space and time distributed collaborative spatial decision making[J]. Journal of Geographic Information and Decision Analysis, 1(1): 1-8.

KIES J K, WILLIGES R C, ROSSON M B. 1998. Coordinating computer-supported cooperative work: A review of research issues and strategies[J]. Journal of the American Society for Information Science, 49(9): 776-791.

KLIEN E. 2007. A Rule-Based Strategy for the Semantic Annotation of Geodata[J]. Transactions in GIS, 11(3): 437-452.

KLIEN E, LUTZ M, KUHN W. 2006. Ontology-based discovery of geographic information services—An application in disaster management[J]. Computers, Environment and Urban Systems, 30(1): 102-123.

LENARD M. 1993. An object-oriented approach to model management[J]. Decision support systems, 9(1): 67-73.

LIM L C, RAJAN K K, JIN J. 2007. Characterization of flux-grown PZN-PT single crystals for high-performance piezo devices[J]. Ultrasonics, Ferroelectrics and Frequency Control, IEEE Transactions on, 54(12): 2474-2478.

MANOLESCU D A. 2002. Microworkflow Architecture Supporting Compositional Object-Oriented Software Development[D]. University of Illinois at Urban-Champaign.

MARR A J, PASCOE R T, BENWELL G L, et al. 1998. Development of a generic system for modelling spatial processes[J]. Computers, environment and urban systems, 22(1): 57-69.

PENG R D, SCHOENBERG F P, WOODS J A. 2005. A space-time conditional intensity model for evaluating a wildfire hazard index[J]. Journal of the American Statistical Association, 100(469): 26-35.

PETERS D, BECHTOLD R L. 1999. Optimized behavioral model of a pressure sensor including the touch-down effect[C]//[s. l.]. International Conference on Modeling and Simulation of Microsystems. Puerto Rico: [s. n.].

RE C, DALVI N, SUCIU D. 2007. Efficient top-k query evaluation on probabilistic data[C]//IEEE 23rd International Conference on IEEE. Istanbul: [s. n.].

RUMBAUGH J, JACOBSON I, BOOCH G. 2005. UML 参考手册 [M]. 2 版 . 北京：机械工业出版社 .

SEFFINO L A, MEDEIROS C B, ROCHA J V, et al. 1999. WOODSS——a spatial decision support system based on workflows[J]. Decision Support Systems, 27(1): 105-123.

SHANMUGASUNDARAM J, FAYYAD U, BRADLEY P S. 1999. Compressed data cubes for OLAP aggregate query approximation on continuous dimensions[C]//Proceedings of the fifth ACM SIGKDD international conference on Knowledge discovery and data mining. San Diego: [s. n.].

SIMON S M D. 1960. The new science of management decision[C]//Proceedings of the 33rd Conference of the Operational Research Society of New Zealand. New Zealand: [s. n.].

SPOHRER J, MAGLIO P P, BAILEY J, et al. 2007. Steps toward a science of service systems[J]. Computer, 40(1): 71-77.

SPRAGUE J H, WATSON H J. 1996. Decision support for management[M]. Prenticc-Hall, Inc.

SU Fenzhen, ZHOU Chenghu, SHI Wenzhoung. 2004. Geoevent Association Rule Discovery Model Based on Rough Set with Marine Fishery Application[C] //Geoscience and Remote Sensing Symposium. Alaska: [s. n.].

STUDER R R, BENJAMINS V R, FENSEL D. 1998. Knowledge Engineering, Principles and Methods[J]. Data and Knowledge Engineering(25): 161-197.

TORRES M, QUINTERO R, MORENO-IBARRA M, et al. 2011. GEONTO-MET: an approach to conceptualizing the geographic domain[J]. International Journal of Geographical Information Science, 25(10): 1633-1657.

TSAI Y C. 2001. Comparative analysis of model management and relational database management[J]. Omega, 29(2): 157.

VARGO S L, LUSCH R F. 2008. Why "service" ?[J]. Journal of the Academy of marketing Science, 36(1): 25-38.

VITTER J S, WANG M. 1999. Approximate computation of multidimensional aggregates of sparse data using wavelets[C] //ACM SIGMOD Record. New York: [s. n.].

VITTER J S, WANG M, Iyer B. 1998. Data cube approximation and histograms via wavelets[C] //Proceedings of the seventh international conference on Information and knowledge management. Washington: [s. n.].

WESKE M, VOSSEN G, MEDEIROS C B, et al. 1998, Workflow management in geoprocessing applications[C] //Proceedings of the 6th ACM international symposium on Advances in geographic information systems. Washington: [s. n.].

WIEGAND N, GARCÍA C. 2007, A Task-Based Ontology Approach to Automate Geospatial Data Retrieval[J]. Transactions in GIS, 11(3): 355-376.

WOJCIK M, ELOFF J H P, VENTER H S. 2006. Trust model architecture: defining prejudice by learning[M]. Trust and Privacy in Digital Business. Springer Berlin Heidelberg.

WU Y, TIAN Q, HUANG T S. 2000. Discriminant-EM algorithm with application to image retrieval[C] //Computer Vision and Pattern Recognition. South Carolina: [s. n.].

XU Zhuoming, ZHANG Shichao, DONG Yisheng. 2006. Mapping between Relational Database Schema and OWL Ontology for Deep Annotation[C] //Proceedings of the 2006 IEEE/WIC/ACM International Conference on Web Intelligence. Hong Kong: [s. n.].

ZHANG Chuanrong, LI Weidong, ZHAO Tian, 2007. Geospatial data sharing based on geospatial semantic web technologies[J]. Journal of Spatial Science, 52(2): 35-49.

ZHANG Chuanrong, ZHAO Tian, LI Weidong, 2010b. Automatic search of geospatial features for disaster and emergency management[J]. International Journal of Applied Earth Observation and Geoinformation, 12(6): 409-418.

ZHAO Tian, ZHANG Chuanrong, WEI Mingzhen, et al. 2008. Ontology-based geospatial data query and integration[J]. Geographic Information Science, 370-392.